Social Policy Studies

Transformation of China and Its Social Policies

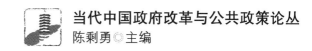

当代中国政府改革与公共政策论丛

陈剩勇 主编

社会政策论
转型中国与社会政策

张敏杰 著

北京大学出版社
PEKING UNIVERSITY PRESS

图书在版编目(CIP)数据

社会政策论:转型中国与社会政策/张敏杰著. —北京:北京大学出版社,2015.4

(当代中国政府改革与公共政策论丛)

ISBN 978-7-301-25515-5

Ⅰ.①社… Ⅱ.①张… Ⅲ.①社会政策—研究—中国 Ⅳ.①D601

中国版本图书馆 CIP 数据核字(2015)第 032033 号

书　　　名	社会政策论——转型中国与社会政策
著作责任者	张敏杰　著
责 任 编 辑	董郑芳（dongzhengfang12@163.com）
标 准 书 号	ISBN 978-7-301-25515-5
出 版 发 行	北京大学出版社
地　　　址	北京市海淀区成府路 205 号　100871
网　　　址	http://www.pup.cn
新 浪 微 博	@北京大学出版社　　@未名社科－北大图书
电 子 信 箱	zpup@pup.cn
电　　　话	邮购部 62752015　发行部 62750672　编辑部 62753121
印 刷 者	北京汇林印务有限公司
经 销 者	新华书店
	650 毫米×980 毫米　16 开本　23.5 印张　340 千字
	2015 年 4 月第 1 版　2015 年 4 月第 1 次印刷
定　　　价	61.00 元

未经许可，不得以任何方式复制或抄袭本书之部分或全部内容。
版权所有，侵权必究
举报电话：010-62752024　电子信箱：fd@pup.pku.edu.cn
图书如有印装质量问题，请与出版部联系，电话：010-62756370

总　序

又到甲午年。蓦然回首，两个甲子前的那个甲午，天朝大国装备了当时最先进坚船利炮的北洋水师，竟然不堪一击，大败于东夷倭国。接踵而至的割地赔款之辱，从天而降的"亡国灭种"危机，终于惊醒了天朝君臣士子，乃知耻而图变法维新。革除秦政专制，建立现代国家制度，以强国富民，复兴中华，从此成为朝野共识。

两个甲子轮回，一百二十年过去。现代性与新的价值观，共和、民主、自由、平等、正义、法治、宪制，已为人心所向，譬如之江大潮，浩浩荡荡，沛然而莫之能御。不过，现代性和新价值一旦落实到国家制度层面，即欧美发达诸国，亦因历史传统、现实国情和国民性特点而自备一体，没有统一适用的制度模式。一百二十年来，面对"二千年未有之大变局"，往圣先贤们开始从世界的眼光看中国，仿效东西，师夷长技，移植法制，致力于政府改革与现代国家制度建设。于是，便有了1898年戊戌变法，1901年晚清新政与预备立宪，1911年辛亥革命与共和宪政，最后在1949年建立了当代中国国家制度。

当代中国政府体制，是执政党为建国初期农业国与计划经济的举国体制而量身定制。六十五年天地翻覆，尤其是1978年中共十一届三中全会开启的改革开放，通过国家在经济、社会、管理及法律等领域的一系列变革，全面推进了从1840年鸦片战争起步、1911年辛亥革命加速的中国社会大转型：工业化、市场化和城市化如风卷残云，摧毁了以小农经济为主的农耕文明和乡土社会格局；国中亿万农民，有一多半离土、离乡，涌进各地的大小城市，转而以工商业和服务业谋生；当下中国社会，已经从改革开放前农业立国、实行计划经济和闭关锁国的传统社会，发展成为工商立国、实行市场经济和对外开放，从社会结构、社会阶层、利益群体到人们的价值观念和生活方式都呈现出越来越多元化和多样性特征的现代社会。因全球化、互联网与自媒体的兴起而迅速普及的现代性和新的价值观，从根本上动摇了旧体制、旧权威和旧秩序的基础。政治社会大转型，工业化，市场化，城市化，全球化，信息化，新变化、新事物和新的社会格局，注定了计划经济时代形成的全能型政府模式已经不堪重用，以及政府改革与治理转型的无可避免。

　　政府改革是个世界性的难题。古今中外，历史经验表明，即使区区几十万人口的蕞尔小国，政府改革从来都是困难重重，何况中国政府这么一个人类文明史上规模超大型、结构超复杂的政治综合体。中国政府改革与制度重建，涉及政府与市场、政府与社会、政府间关系包括中央与地方、政府与执政党、政府与人大和政协、行政权与司法权等一系列关系架构，其中任何一种关系架构的变革与调整，都意味着权力关系的重大调整与利益格局的重新洗牌。公共政策是执政党和政府为解决公共问题、达成公共目标、实现公共利益，经由特定的政治过程选择和制定的施政方案，政治社会大转型时期的政策选择，关乎十三亿国民的切身利益，决定着施政的方向和目标。政府体制要不要改，改什么，怎么改，社会治理结构的重构，国家治理能力的提升，公共政策的选择，社会政策的制定，多元社会利益如何统筹兼顾，公平正义如何实现，等等，既是重大的理论问题，更是极具挑战性的实践课题。

　　浙江工商大学公共管理学院诸学人，僻在东南一隅，百无一用，然食民之禄，又生逢全面深化改革之时，职志所在，敢忘国事？于是讲课之余，坐而论道，井里观天，管窥蠡测，爰有此编。曰：《政府改革论》《公共政策论》《政府成本论》《社会政策论》。野人献芹，略陈刍荛之见云尔。是为序。

陈剩勇

公元 2014 年 2 月 12 日于杭州

前　言

邓小平说"改革是中国的第二次革命"①。确实,中国自20世纪70年代末开始的改革与社会转型,具有在社会主义制度内对旧体制作根本性变革的性质。这场改革不仅反映了领导人的改革意识,而且体现了自下而上的发动,有千百万干部和亿万人民群众的积极参与。然而,如同市场经济不仅使西方国家实现了现代化,而且引发了资本主义世界的各种社会经济问题一样,实行市场经济在使中国走上转型的发展之路的同时,也引发了各种新的经济、社会、政治、思想等方面的问题。

在经济领域,改革开放以来我国经济年均增长9.6%、价格总水平年均上涨5.4%,超越了日本和韩国在经济起飞阶段国内生产总值(GDP)年均增长9.2%及8.5%的速度,②成为30年间世界经济的一道独特风景。可以说,中国人只用一代人的时间,使综合国力大大增强,国际地位显著提高,取得了其他国家用几个世纪才能取得的成绩。2004年起,中国成为世界第三大贸易国;目前,经济总量跃居世界第四位。但是,中国持续三十多年改革的动力减弱现象已经显现,宏观经济效益偏低,国有企业整体效率和活力没有得到明显提高,而且还出现下降趋势;失业、收入分配不公、通货紧缩、地区经济发展不平衡等问题日渐突出;随着经济活动与金融活动的关联日益密切,国有资产流失问题显化,投资风险增大。

在社会领域,改革以来中国社会保持整体稳定和发展的态势,城

---

① 《邓小平文选》第3卷,人民出版社2001年版,第113页。
② 彭森:《关于稳价安民几个重大关系的思考》,《求是》2012年第8期。

乡居民生活水平有了普遍提高，社会转型导致出现某些特殊社会解组现象，人口流动加速，城乡二元社会结构打破，中产阶层崛起，一部分社会成员的心理和行为方式也随之失范，经济领域内的犯罪明显增多，影响社会稳定的突发性事件和群体性事件正在增多。在社会关系方面，人际关系中的功利关系日益严重，人口、婚姻家庭、就业、贫困、环境污染、交通等问题错综复杂，社会消极因素增多。社会结构以及社会成员观念、行为的转变已成为制约改革进程的一个不可忽略的关键因素。同时，潜在的社会冲突与社会不稳定构成了对社会转型的挑战。

在政治领域，政治改革的最大成就是将工作中心转到了经济建设上来，民主和法治建设取得了多方面的成就，公民参与政治的权利空间有了进一步的扩大。但地方利益的自我保护及对中央采取消极态度的情况已经出现，而目前几乎所有的利益调整都是在不触及政府职能的前提下进行的，政府职能的调整只保持了对利益调整的滞后反应；同时，中国的法治建设仍不健全，缺乏有效的监督机制，不断暴露的官员腐败以及奢侈浪费、失职、渎职问题正在动摇公民的信任感、忠诚感和责任感，瓦解着社会公正的基础，对社会心理产生了不可忽视的消极影响。

在思想领域，正经历着较为痛苦的文化嬗变和价值冲突。一方面是适应市场经济发展的相对宽松的意识形态环境，使人民群众的思想更加开放、活跃与多元，但西方价值观念、文化思想及其示范效应对中国人的思想文化领域所产生的影响，使一部分人产生了价值混乱和信仰危机的问题；另一方面是中国民族传统因处在修复过程中而不能正常地发挥作用，同时社会道德系统控制功能的弱化，加剧了改革开放过程中的价值体系紊乱和价值冲突问题，使各式各样的非道德主义泛滥，个人主义、功利主义、享乐主义、拜金主义的毒瘤正在社会的肌体上潜滋扩大。

中国在社会转型过程中所面临的这些问题，并不是独一无二的。从历史上看，英、法、德等目前已实现现代化的国家在从传统社会向现代社会转变过程中，几乎都经历过一个动荡不安的社会转型过程。一方面，经济得到了快速发展，社会财富迅速增加；另一方面，社会严重分化,贫富差距迅速拉大,失业和贫困使社会上相当一部分人口处于生存的边缘,贫困、伤残、疾病、养老等风险空前严峻。

17世纪的英国资产阶级革命是人类历史上资本主义制度对封建制度的一次重大胜利,揭开了欧洲和北美资产阶级革命运动的序幕;但此后200多年间,社会始终动荡不已,英国在阶级斗争、社会动荡的过程中通过实施社会政策,从1601年的《伊丽莎白济贫法》到19世纪的《新济贫法》等法规的颁布,才在19世纪中后期逐渐走向稳定发展的道路。资本主义工业化在法国的发展,也导致社会阶级对抗加剧,在社会转型造成社会不稳定和危机的背景下,法国大革命的爆发摧毁了封建专制制度,建立起资产阶级的政治统治,促进了资本主义经济的发展,传播了资本主义自由民主的进步思想。法国大革命期间颁布的《人权宣言》,拿破仑帝国时期颁布的《民法典》,在世界历史上产生了深远的影响。资本主义发展相对落后的德国,工业革命在19世纪中叶也蓬勃发展,但是社会经济矛盾剧烈表面化;俾斯麦时代的《工伤事故保险法》《疾病社会保险法》《老年和残疾社会保险法》,标志着社会政策在欧洲的出现。这些社会政策具有国家性和义务性等突出特点,即由国家介入并立法规定,通过对国民收入的再分配,向社会成员提供社会保障,以降低市场经济和工业社会中所出现的社会风险;其主要内容是提供失业保障、就业援助、工伤事故保障、医疗保障和养老保障等社会支持。

对于西方发达国家所经历的社会转型历程,国外许多学者曾做过大量研究,发表过很多研究成果,如美国学者亨廷顿的《变化社会中的政治秩序》、阿尔蒙德的《比较政治学》等。这些论著通过量化和实证的研究方法,对一些国家的社会转型进行了比较深入的研究,并发现了一些带有共性的现象。比如,社会骚动不安,不稳定的因素增加;社会成员格外关注自身的经济利益,由此引发诸多利益冲突和利益纷争;社会犯罪率明显上升;政府官员在社会转型期容易出现腐败现象等。①

欧洲的经验表明,社会转型和经济发展并不能自动带来社会和

---

① 汪玉凯:《我们如何面对社会转型?》,《光明日报》2011年4月7日。

谐。在社会转型的过程中，在市场经济的基础上实现工业化，一个以扩大就业、向社会成员提供社会保障为导向的社会政策是不可缺少的。没有基本的社会政策，对于一个工业化国家来说是无法稳定和持续运行的。只要明确坚持国家的社会责任和个人的社会义务，那么转型时期出现的个人自由、市场经济、私有财产、阶级和阶层断裂等现象，就不一定必然会导致不可调和的社会冲突，甚至在追求效率和社会公正之间可以寻求一种包容、兼顾、互补的平衡，使市场经济的发展能服从于社会相对稳定、不同的社会阶层相互认同、社会流动常态化的目标。

"中国的发展离不开世界"。① 当前，中国的经济建设和社会发展已经进入了以现代化、市场化和国际化为基本内容的高速发展轨道，这是对原有经济发展思路的一次全方位的调整，它将经济发展与社会发展、内部发展与对外开放有机地结合起来，进而以一种崭新的姿态汇入到世界发展的时代潮流中去。这是一场不仅影响中国，也影响世界的社会转型过程。

随着改革开放过程中出现的一系列重要变化，要把握中国社会转型的基本轨迹，就必须充分地了解和恰当地判断，今后中国经济政治制度的转型所面临的将是一个怎样的社会环境，哪些社会政策是推动顺利的制度转型所必不可少的，改革开放以来实行的社会政策有哪些方面值得总结、反思与调整。为此，完善和调整社会政策是实现社会成员共享发展成果的重要手段和途径；要充分发挥社会政策的作用，全面加强政府的社会政策能力建设。只要政府能全面顾及、通盘考虑全体社会成员的利益，尤其是承担起为弱势群体提供社会福利的责任，从政策上促进、从制度上保证整个社会的创造活力和不同社会阶层的利益发展和需求满足，一个和谐社会的形成是中国社会转型的题中之义。

---

① 《邓小平文选》第3卷，人民出版社2001年版，第78页。

目录

第一章 社会政策的演进 1

    第一节 社会需要与社会政策的发端 1

    第二节 社会政策的含义、理论及模型 11

第二章 社会转型与社会政策 23

    第一节 西方学者对中国社会转型与社会政策的研究 24

    第二节 社会政策在中国的演进 34

    第三节 中国社会政策的特点 51

    第四节 转型中国的若干重大社会政策问题 58

第三章 社会公正与社会政策 71

    第一节 社会公正的含义 71

    第二节 社会分层与基尼系数上升的警示 76

    第三节 收入分配不公问题 84

    第四节 机会公平问题 94

    第五节 社会政策:以实现社会公平为出发点 108

第四章 人口老龄化与老年社会政策 118

    第一节 中国的人口老龄化 118

    第二节 家庭养老方式的国际比较 127

    第三节 城乡养老方式的变革 139

第四节　老年社会政策问题的反思　　144
　　第五节　西方福利国家老年社会政策的借鉴　　148
　　第六节　政府责任与中国老年社会保障制度的重构　　152
　　第七节　政府主导的居家养老服务模式　　158
　　第八节　养老政策的转型　　170

第五章　残疾人事业与社会政策　　175
　　第一节　中国残疾人的基本状况　　176
　　第二节　残疾人事业发展状况：以浙江为例　　179
　　第三节　残疾人事业与经济社会同步发展　　185
　　第四节　残疾人社会政策的制定与完善　　190

第六章　"国家、家庭、个人"关系与家庭政策　　205
　　第一节　家庭政策是社会政策的重要方面　　206
　　第二节　中国的家庭政策与家庭变迁　　209
　　第三节　家庭政策问题的聚焦　　220
　　第四节　德国的家庭政策回顾与借鉴　　227

第七章　社会政策视域下的社会工作　　245
　　第一节　社会政策与社会工作的关系　　245
　　第二节　中国社会工作的发展历程　　248
　　第三节　专业社会工作面临的挑战与问题　　260
　　第四节　联合督导在社会工作实习中的应用　　268

附录1　他山之石　　279

附录2　China's Changing Social Welfare　　327

参考文献　　351

后　记　　357

索　引　　359

第一章　社会政策的演进

社会政策是一个政党或国家，为实现某个历史时期的路线、任务，以解决社会问题、保证社会安全、改进社会环境、增进社会的整体福利为主要目的而在社会生活和社会活动方面实施的有关行动准则。社会政策是社会公正理念的具体体现。社会政策对于协调社会群体之间的利益关系，保证社会的安全，促进社会的整体化发展，提升社会的质量，实现社会的良性运行和健康发展，均有着不可替代的作用。社会政策的本质，是通过政府的再分配以缩小社会成员初次分配的差距，提高全体成员的社会保障和社会福利。作为国家政策，社会政策必须经过立法机关的处理，才成为政策，实施起来，方能生效，这是各国制定社会政策的共同点。

第一节　社会需要与社会政策的发端

人类社会由不同的个体组成，这些个体都有物质、精神等方面的需要，这些需要反映到社会——结成一定生产关系及经营共同生活的集体，就产生了人类的社会需要。衣、食、住、行是人类最基本的物质需要，教育、文化、道德、政治、法律等是人类社会的基本精神需要。由于不同时代、不同社会制度下个体人的不同背景、不同阶层地位、不同的道德标准和价值观念，人们往往有不同的社会需要，并各具有特殊性，如存在儿童、青年、妇女、老人等年龄与性别的差异，也存在健康人、残疾人、失业者、贫困者等不同个体的需要差别。① 社会是人们经营共同生活的集体,因此,在一个社会中,不管它的社会需要有多少种,必然是彼此相互联系的,必然有其一致性。这种一致性,首先表现在社会特殊需要和共同需要的一致性,其次是各种特殊需要彼此之间的一致性。

社会需要催生了社会政策。社会为了满足各种需要,政府就要制定相应的社会政策,以保证正当社会需要的实现,限制或取消那些妨碍社会需要实现的因素。社会需要的多样性,决定了社会政策的多样性。"社会福利制度的服务对象是行动着的社会成员。社会成员个体与社会成员整体是通过他们的行动来整合的,这些行动同时也是社会政策制定和社会政策实现的依据。社会行动的动态性使需要的含义丰富而深刻,使需要满足的手段多样而具有弹性"②。在一个以公平为理念的社会里,社会政策尤其要关注社会弱势群体的特殊社会需要,向低能儿童、残疾人、孤寡病老和其他困难成员提供相关的社会支持,满足他们的福利需要。

一、需要理论

马克思认为,需要是人的本质属性③。人和动物的本质区别是二者的需要和满足需要的方式不同。人的需要含有社会的意义,而动物则没有。因此,当一个人作为社会人存在于社会时,他的需要存在着;当需要不存在时,这个人在社会中也不存在了。

美国心理学家马斯洛(A. H. Maslow)从人类动机的角度出发提出需要层次理论,该理论基于两个基本假设:其一,人主要是受满足某种需要的欲望所驱使的需求动物。人类的需要是无止境的,当个人满足一种需求之后,就会产生另一种需求。其二,人类所追求的需要具有普遍性,这些需要有层次之分。其中,生理需要是维持人类自身生存的基本需要,是人类最原始、最基本的需要。如衣、食、住、行

---

① 陈誉:《社会需要和社会政策简论》,《华东师范大学学报》1981 年第 4 期。
② 彭华民:《社会福利与需要满足》,社会科学文献出版社 2008 年版,第 10 页。
③ 《马克思恩格斯全集》第 3 卷,人民出版社 1982 年版,第 514 页。

的需要。在生理需要得到满足之后,人就会产生安全需要,如避免职业病及事故,摆脱失业威胁及某些社会保障的需要。再上一层需要,是社交的需要,如满足归属感,希望得到友爱等。尊重需要可分为内部尊重及外部尊重。前者指希望自己有实力,后者指对地位、威望的需求。自我实现的需要是个人的最高需要,要求实现个人抱负,施展才能。马斯洛认为,上述五种需要是按次序逐级上升的。当下一级需要获得满足之后,追求上一级的需要就成为行动的动力了。

人的五种基本需要在一般人身上往往是无意识的。对于个体来说,无意识的动机比有意识的动机更重要。对于有丰富经验的人,通过适当的技巧,可以把无意识的需要转变为有意识的需要。马斯洛的需要层次理论,对揭示人类复杂的需要的普遍规律性做出了贡献,且具有直观、易于理解、相对较合理等特点,因此成为国内外许多管理理论的重要基础。但在心理学界,对该理论还是存在比较大的争议:有些人认为该理论过分强调了人的生理属性,并且只注意了一个人各种需要之间存在的纵向联系,忽视了横向联系,即同一时间内一个人往往存在多种需要,这些需要相互矛盾,导致动机的斗争;有些人认为该理论带有一定的机械主义色彩,人的需要是复杂的,往往不能机械地、绝对地按层次进行划分,也并不一定严格地按上述各个层次逐级去满足。例如会有这样的人,在其温饱尚未解决的情况下,却一味地追求个人价值的实现等。

美国耶鲁大学的阿尔德弗(Clayton Alderfer)在马斯洛提出的需要层次理论的基础上,进行了更接近实际经验的研究,提出了一种新的人本主义需要理论。阿尔德弗认为,人们共存在三种核心的需要,即生存(Existence)的需要、相互关系(Relatedness)的需要和成长发展(Growth)的需要,因而这一理论被称为"ERG"理论。生存的需要与人们基本的物质生存需要有关,它包括马斯洛提出的生理和安全需要。第二种需要是相互关系的需要,即指人们对于保持重要的人际关系的要求。这种社会和地位的需要的满足是在与其他需要相互作用中达成的,它们与马斯洛的社会需要和自尊需要分类中的外在部分是相对应的。最后,阿尔德弗把成长发展的需要独立出来,它表示个人谋求发展的内在愿望,包括马斯洛的自尊需要分类中的内在部分和自我实现层次中所包含的特征;与马斯洛的需要层次理论不同的是,阿尔德弗的"ERG"理论还表明了:人在同一时间可能有不止一种需要起作用;如果较高层次需要的满足受到抑制的话,那么人们对较低层次的需要的渴望会变得更加强烈。①

多亚尔(Doyal)和高夫(Gough)提出对需要的划分可以从理论和实践层面进行,包括:第一,从身体健康和自主性(Autonomy)的角度来考察人的基本需要;第二,满足上述基本需要的社会前提条件,它们分别是生产、再生产、文化传输和(政治)权威;第三,从个人的自由和权利角度来探讨这些需要的满足;第四,将这些需要满足最大化的理论。② 阿尔德弗指出,"需要"与"福利需要"的差别在于,前者是指透过两条途径来满足的个体需要,它一方面由家庭来满足,另一方面透过市场机制,依个人的经济消费能力,从市场购买所需资源,如医疗服务或收费的社会服务;后者则是指透过社会福利机构,以政治力的介入,提供各种福利资源(免费或部分收取费用),提供给有需要的个人或家庭,它是在家庭等非正规系统和市场二者都无法满足的前提下,向福利系统提出的一种需要。③

二、社会弱势群体的需要与社会支持

社会需要的多样性与特殊性的存在,必然会相应地产生各种社会支持。

社会支持大致可分为两类:一是客观的、实际的、可见的支持,如从家庭、婚姻、朋友、邻里、组织、团体、政府中获得金钱、实物等有形帮助,它既涉及家庭内外的供养与维系关系,也涉及各种正式与非正式的支援与帮助。二是主观的、体验到的或情绪上的支持,如个体受到社会的尊重、支持、理解所产生的情绪体验和满意感觉,以及人际

---

① C. P. Alderfer, "A Critique of Salancik and Pfeffer's Examination of Need-satisfaction Theories," *Administrative Science Quarterly*, No. 22, 1977, pp. 658-669.

② [英]莱恩·多亚尔、伊恩·高夫:《人的需要理论》(汪淳波、张宝莹译),商务印书馆2008年版,第78页。

③ C. P. Alderfer, "A Critique of Salancik and Pfeffer's Examination of Need-satisfaction Theories".

间亲密的互动,接受指导,对他人的行为、思想和感受给予反馈等。这些支持形式有些是有形的,有些是无形的。对于社会弱势群体来说,他们最需要的社会支持是解决生活困难等问题。

在欧美社会政策和社会福利文献中,弱势群体主要是从丧失劳动能力和缺乏独立生活能力的角度界定的,他们是社会生活和社会福利制度中的"依赖人群",即行为主体不得不依靠垄断资源的客体获得基本需要的满足。在语意学的角度看,弱势是个内涵外延相对简单明了的一般词汇,它主要是指脆弱的、易受伤害和易受攻击的人或事。弱势群体(Vulnerable groups),应该是指由于自然、经济、社会和文化方面的低下状态而难以像正常人那样去化解社会问题造成的压力,导致其陷入困境、处于不利社会地位的人群或阶层;在社会变迁的进程中,这个群体是社会支持的对象,是社会资源施予的接受对象。在传统意义上,弱势群体具有如下三个基本特征:

第一,它的成因受各种因素的制约,既可能是客观的或自然的,有明显的生理性特征;也可能是主观的或人为的,可以从文化和社会性角度进行界定。前者如人力资本不足、健康状况低下、先天或后天残疾等;后者如对女性的性别歧视、富人对穷人的歧视等。

从弱势群体形成的深层原因看,无论是老弱病残者还是社会的贫困群众,他们之所以陷入弱势困境,是由于他们失去或被剥夺了发展的能力或机会,因此,"能力的弱势"或"机会的贫困"是他们处于弱势地位的本质。因此,一个人创造收入的能力、机会的失去或被剥夺是处于社会弱势地位的根本原因。弱势群体的形成并不是由于他们自身不努力,而是因为社会没有提供一个公平的舞台。比如,与城镇居民相比,农村居民在出生、入学、就业、医疗、养老等各方面都处于不平等的起点。从表面看,这是一种起点的不平等(贫富差距),而实质上是"游戏规则"的不平等(准入限制)。从这个意义上说,弱势群体有意无意地受到了强势群体的不公正对待,相对于其他正常群体而言,弱势群体在社会中的应有权利和占有份额未能得到公平的体现,其公正待遇也未能得到制度的有效保证。

第二,它是一个相对于社会优势群体或正常群体的概念,一般来说,那些被排挤于主流文化生活之外和低于社会认可一般生活水平之下的人群都可以宽泛地被界定为弱势群体。而这种共同类别特征的形成,取决于社会不同发展阶段的特定社会阶级结构、社会分层模式和流行的社会价值观。但依据什么标准和从什么角度去进行界定,通常是由社会优势群体所制定的标准决定的。从弱势群体形成的过程来看,既是新陈代谢的自然规律在起作用,也有社会转型、经济结构变动的原因。例如,许多实行劳动合同制以前参加工作的职工,因为他们的劳动贡献在计划经济时代的低工资制度下已作了部分的"预先扣除",并形成了一部分国有资产积累;随着经济结构调整,以及企业制度改革等多种因素,导致了他们中的一部分人从劳动岗位上被剥离下来,或由于单位改革裁减人员、个人技能条件差、年老体衰等原因而被辞退。所以,国家在承认他们曾为社会发展做出过贡献的同时,无疑应制定有利于他们的相关社会政策,并创造条件向他们提供符合实际情况的保护措施。

第三,贫困性是弱势群体在经济利益上所面临的共同困境,他们普遍缺乏满足基本生活需要所需的经济收入,因此他们的需要层次相对较低,他们最需要的是基本生活需求的满足。

弱势群体的类型和构成都比较复杂多样,主要包括社会中所有的低下阶层、边缘化群体和受压迫者群体。从产生弱势群体的社会背景与社会环境看,弱势群体主要是在正常化的社会环境产生的现象,是因自然和个人因素造成的;因为各种不同原因而丧失和缺乏劳动能力是弱势群体处于依赖境况的决定性因素,从群体成员组成和数量规模角度看,由于弱势群体通常是从生理特征和生命历程的角度界定的,他们主要由肢体残疾者、精神残疾者、身患疾病者、老年人和无劳动能力的依赖人群(主要是儿童)组成。这些特定人群通常具有明显和清楚的生理性特征,人员数量是可以准确计算和统计出来的,而且人数也是相对固定的。

从社会影响和社会后果来看,如果得不到及时和有效的支持与救助,弱势群体将会生活在贫困状况之中。一般来说,贫困分为绝对贫困和相对贫困两类,绝对贫困主要是从严重匮乏维持基本生活所需资源的角度界定的,相对贫困主要是指低于社会认可的一般生活水平的生活状况。鉴于弱势群体的"社会承受能力"十分脆弱,而他们在收入、物质待遇、健康和寻求帮助等方面无疑会遇到更多的麻烦和困难,从而更容易陷入困惑和苦恼之中。如果弱势群体的基本需求得不得满足,社会环境和制度性安排不予改变的话,长此以往弱势群体将会处于系统性和结构性社会排挤过程,于是当弱势群体经济压力和心理负荷累积到相当程度,陷入困境却求助无门时,就有可能导致他们变为具有反社会倾向的边缘性群体,社会风险就有可能先从这一最脆弱的群体身上爆发。

因此,社会为了满足各种需要,或者取消那些妨碍社会需要实现的因素,或者限制那些破坏一致性的要求,通过再分配的方式满足弱势群体的基本需要,为他们提供必需的社会支持和经济救助,以保障他们维持社会认可的最低生活标准便成为社会支持的基本内容。

三、社会政策的发端与发展

1. 英国的《伊丽莎白济贫法》

16—17世纪,英国圈地运动导致大批农民失去土地,四处流浪,社会财富分配不均,社会矛盾尖锐。为缓和矛盾、巩固统治,16世纪70年代,伊丽莎白女王在全国开征济贫税,设立"教养院""济贫院",并颁布过一套被称作《伊丽莎白济贫法》的法案。16世纪末,在全国范围内,英国市民的职责意识得到了发展,一项1598年通过、1601年修订完成的法案提出了帮助穷人的系统性计划。其主要内容包括保障流浪人口的基本生活,也采取强制手段迫使他们进工厂当工人;社会有责任帮助穷人;当地社区要给予救助;以及在国家指导下牧师协助自愿捐款,还建立了通过当地服务起作用的公共职责系统。这项法律标志着济贫从教会系统到非教会系统的转变。随着工业革命的发展,1834年《济贫法修正案》通过,不再无条件地救济有工作能力的人,贫困劳工得到救济的唯一办法是参加工作。这为工业发展提供了大量的、廉价的劳动力。19世纪末20世纪初,英国又颁布了《健康法》《失业法》《儿童保护法令》《教育法》《住房法》《最低工资法》《养老金法》《劳工介绍所法》等法,着力保护童工及女工,改善工人劳动生活条件,建立工伤赔偿制度,推行劳工介绍所制度,解决住房和居住环境问题,对工人的劳动安全、卫生作了规定,对企业进行约束。

　　1869年,伦敦成立了世界上第一个慈善组织协会,其目标是协调政府与民间各种慈善组织的活动,以期有效地救济贫民。1884年,英国牛津大学讲师巴纳特(Samuel Barnett)在伦敦创设了世界上第一所社区服务中心,称之为"汤恩比馆",并由此带动了19世纪末到20世纪初席卷欧美各国的社区改良运动。在这场运动中,由于救济的需要,产生了最初的个案社会工作,这便是最早的社会政策专业化的雏形。这场运动对于现代社团组织及社区工作的创立和发展有着重大推动作用,开创了以民间组织力量直接解决社会问题的行动目标和策略。汤恩比馆的实践表明,最早的社会政策发源于解决社会问题的实践。正因为如此,迄今仍有相当一部分学者认为,社会政策的主体和社会福利的提供不能仅限于政府,而必须有其他社会组织的参与。[①]

　　社会政策演变的第二阶段是费边社(Fabian Society)社会福利观的盛行时期。费边社是英国的一个社会改良主义派别,它注重缓进的社会改良和务实的社会建设,倡导建立互助互爱的社会服务。尽管费边社本身并未创建一套完整的社会福利制度,但提出了许多关于建立福利国家的建议,认为政府应该通过各种财政政策、立法渠道实现财富和权利的再分配。费边社还提出改善政府的服务质量,缩小与私营部门的差距,使社会服务不因公私差别而出现两种不同的标准,导致社会分化。从费边社的实践中,已经显现了现代社会某些社会政策的目标和基本特征。

　　2. 德国的社会政策

　　19世纪中叶,资本主义发展相对落后的德国在俾斯麦任首相期间,完成了国家统一,工业革命也蓬勃发展,随着纺织、钢铁、机械工业的兴起,社会经济矛盾剧烈表面化。为了缓和国内阶级矛盾,以提倡国家权力参与改良社会实践的理论逐渐形成,并得以系统地发展。1873年,德国一批经济学教授为研究处于市场经济初期德国的社会

[①] 严幸智:《西方社会政策的历史沿革及其理论基础初探》,《社会》2001年第10期。

矛盾,以"社会主义"为幌子,兜售资产阶级改良主义,认为资本主义条件下工人阶级状况可以得到根本改善,发起成立了社会政策学会(Der Verein für Sozialpolitik)。学会鼓吹劳资协调,主张实行"社会政策",如缩短工时举办社会保险、改善劳动条件、增进工人阶级的福利等。

1882年,德国议会通过《疾病保险法》,1883年开始实施强制疾病保险,疾病保险基金由雇主承担30%,雇工承担70%。1884年,通过《工伤事故保险法》。1886年工伤事故保险开始适用于农业工人。1889年,通过《老年和残疾社会保险法》。三项社会保险法的通过和实施,基本上构筑起德国近代社会保障制度的框架。1890年,德国威廉二世发布诏书,指责俾斯麦在劳工问题上的失策,并宣布进行社会政策改革;诏书指出,劳工保护是一项"国家任务",并含蓄地认同了工会的地位。威廉二世同时还提出社会政策的目标是"实现对有需要者的保障"。至此,德国步入了社会政策制度化的时代。① 1893年,冯·黑德林(Von Hertling)在《自然法与社会政策》一书中,开始强调社会政策的目标在于实现各阶层的平衡和共同利益,"一切立法及行政手段,都不应以国民中的某一特定阶级或职位的特殊利益为宗旨……而应是经过国家,或于国家的共同生活的利益上,指导、促进并调和各社会差别"②。1911年,德国政府还把各项社会保险法合并成一部法典,共1805条,社会保障制度初步形成。"19世纪末20世纪初的社会保险立法,标志着德国近代社会保障制度的确立,对当时及以后各主要资本主义国家的社会保障制度的建立产生了巨大的推动作用"③。

1918年,第一次世界大战结束,魏玛共和国随之成立。战后德国百废待兴,军人复员、经济复兴、政体确立,各种矛盾纠缠交织,社会问题迭现。在这种局势下,扩大并革新社会政策势在必行。在德国社会政策历史上,魏玛共和国实行了国家与社会的分离,首次将

---

① 孟钟捷:《现代性与社会政策改革:1890—1933年间德国社会政策探析》,《安徽史学》2004年第5期。
② 孟钟捷:《试论魏玛共和国的政策》,《德国研究》2003年第4期。
③ 王珏:《世界经济通史·中卷》,高等教育出版社2005年版,第349页。

"社会公正和社会安全"确立为指导思想,同时,《魏玛宪法》还从法律角度规范了国家实施社会政策的基本目标和在青年、住房、公共救济、社会保险及劳工等方面的责任。①

3. 美国的《社会保障法案》

在20世纪以前,美国差不多是依据英国的济贫模式为本地的贫民提供服务的。20世纪30年代,经济大危机发生后,举国失业人数不断上升,促使美国人改变了对贫困和社会福利的看法,开始明白贫困是一个社会问题,而不只是个人的问题。为摆脱困境,美国罗斯福通过"新政",用实践证明了国家干预的必要性和可行性,通过试验也奠定了国家管理的基础。罗斯福相信,社会保障不应当是一种慈善,而应当是一种公正;在一个文明社会里,每一个人都有权利达到最低水平的生活。1935年8月14日美国通过的《社会保障法案》是美国公共福利的基石,也是美国最重要的社会政策。

《社会保障法案》作为一种收入转换的方法,它的实施运用的是普遍性原则,而不是限定性的保险。它是一项供款性的制度,由此使受助者更容易接受,因为它符合"为你所得而工作"的伦理观。与常规的保险相区别,社会保障是社会性的,它暗示着政府在福利领域中所起的作用。总体来说,这个法案以及它的许多修正案,是国家、州和地方政府为国民提供收入保障的主要方式,它改变了过去由民间团体自助自救或由慈善团体提供救助的传统,开始建立养老金制度、失业保险制度、对残疾和无谋生能力者提供救济,开始了"福利主义"试验。各州在随后两年都建立了失业保险制度,给大约2800万工人提供失业保险。社会保障法当中蕴含的"保险"和"福利"之间的区别,决定了当时某些基本的文化模式,并对20世纪剩余时间的社会福利政策产生了深远的影响。

罗斯福新政的主要内容是救济、复兴和改革。期间,美国通过立法实施社会保障,通过《联邦紧急救济法》,成立联邦紧急救济署。罗斯福新政的一系列措施,"彻底改变了联邦政府和普通民众的关系。

---

① 孟钟捷:《试论魏玛共和国的政策》。

到 1930 年代末,罗斯福的'新政'已经制定了许多我们今天仍在执行的政策。它为联邦福利系统奠定了基础,还开创了新的自由的意识形态,指导着战后几十年间的美国社会改革运动"①,它标志着美国的社会福利体制从过去以私人福利为主的模式向强调更多的政府开支的公共政策模式转变;从地方社会福利模式为主向联邦政府承担更多责任的模式的转变。它标志着美国以一种新的、创造性的方式形成了政府在社会福利方面的责任意识,并确定了美国直到现在的社会福利体系的基本架构。

随着第二次世界大战的结束,社会政策的发展进入了一个以福利国家为标志的新时代。社会政策的发展从萌芽到成型,也是社会保障从救济型(只向最困难的人群提供救济)转向制度型(向几乎全部社会成员提供社会保障)的过程。社会政策的建立和实施,缩小了阶级之间的差别,有效缓解了尖锐的阶级矛盾和社会冲突,实现了社会主要阶级的谅解与和解,产生了"社会团结"的精神,社会政策的实施使得以社会公正为旗帜的社会进步运动和公民权利确立,创造了社会和谐、团结一致的局面,保持了社会稳定。

第二节　社会政策的含义、理论及模型

社会政策问题涉及范围极为广泛。对社会政策本质的认识,一百多年来各国学者众说纷纭,形成了不同的学派与理论模型。

一、德国的社会政策学派

第一个给社会政策下定义的是瓦格纳(Adelph Wagner),他在 1891 年提出,社会政策就是"运用立法和行政的手段,以争取公平为目的,清除分配过程中的各种弊害的国家政策"。社会政策要调和因财富分配不均而发生的社会各阶级之间的利害冲突,以改善劳动者的状况,求得全社会的圆满发展。社会政策的制定与实施属于国家的职能;除了依靠国家的立法与行政的权力进行改良外,别无他途。

---

① [美]艾伦·布林克利:《美国史》(邵旭东译),海南出版社 2009 年版,第 729 页。

瓦格纳的社会政策定义更多强调国家对于社会的控制,而不是公民福祉的提升,充满了政治经济学色彩,并成为德国俾斯麦政府率先建立社会保险制度的思想基础。为此,瓦格纳曾帮助俾斯麦政府建立了德国的社会保障制度,促进了以社会保障制度为核心内容的社会政策的发展。

德国政府相继颁布《疾病保险法》《工伤事故保险法》《老年和残疾保险法》,成为世界上第一个建立起社会保险制度的国家。由于以社会保险为主体内容的社会保障体系适应了工业社会的需要,对于解除劳动者的后顾之忧、缓和劳资对立和冲突、稳定社会发展具有重要的作用。俾斯麦公开宣称:社会保险是一种消除革命的投资,一个期待养老金的人是最安分守己的,也是最容易被统治的。依靠这种一面残酷地镇压工人运动、一面推行社会政策安抚工人的政策,风起云涌的工人运动得以被控制在安全的范围内,不至于危及德国资本主义工业生产以及资产阶级的统治。在此基础上,借助第二次科技革命,德国迅速崛起为经济强国。

到20世纪四五十年代,在欧洲各国解决工业化带来的社会问题的进程中,一门应用性学科——社会政策学形成了。经过半个世纪的发展,社会政策学在欧洲已被广泛接受。并形成各种社会政策学派。直到20世纪末,西方学术界对社会政策的理解仍有诸多不同,大致有以下学派。

1. 伦理派的社会政策论

1873年,德国成立社会政策学会,并形成社会政策伦理派。施莫勒(Gastav von Schmoller)是此学派的理论奠基人,他在社会政策成立大会致辞时,强调社会政策的立场为发挥伦理道德的观念要素作用,以改革分配制度、调和阶级利益为方针。他说:"本协会的性质,不是讨论主义,而是深入问题的中心,把握目前最主要的改良事项,如对于罢工、工会、工厂法及住宅问题,使发生实际的效果。"[①]依其看法,社会政策的主要功能,在于解决资本主义社会不可避免的制度

---

① 陈国钧:《社会政策与社会立法》,三民书局(台北)1975年版,第4页。

弊病——社会问题;动员社会的道德力量,以缓和或解决这些问题。因此,社会政策的立场,不在于讨论社会问题的来源,而在于解决现有社会问题。所谓社会政策就是要求在国民经济生活中实现所谓的"正义分配",要求国家权力"超阶级、超伦理的照顾",使其成为"社会的弱者"的保护人和救济者。在这种思想指导下,社会政策学被定义为"对分配过程中存在的弊端,采取立法及行政手段加以克服的国家政策"。瓦格纳对此作了以下解释:其一,社会政策所指的社会诸弊病,仅就分配过程范围内的弊端而言,也就是财产所得与劳动所得间的分配不均所引发的问题,这是私有财产制度的自由经济发展所必然产生的结果。其二,社会政策所要求的主观动机是在争取,换言之,就是要缓和财产所得与劳动所得的对立,并调节其弊害。其三,社会政策是国家的政策,必然要采取立法及行政的处理。施默勒与瓦格纳的理论含有很强的价值判断,其立论的主要动机在于结合经济与伦理。其后,这种理论被人认为是非科学的社会政策论。

2. 科学派的社会政策论

德国学术界在 20 世纪初开始注意到"价值判断"的问题,而努力于建立科学的社会政策(Wissenschaftlichen Sozialpolitik),其倡导人为韦伯(Max Weber)、安蒙(Alfred Amonn)、波勒(Lndwig Pohle)等人。韦伯于 1904 年创刊的《社会科学、社会政策杂志》(Archiv für Sozialwissenshaft und Sozialpolitik)上撰文,主张社会科学与社会政策研究的客观性,认为社会政策的目的是规定的,已经存在的,因此问题在于手段而非目的。然而手段是否符合目的,以及各项手段的实行将需要哪些阶层付出多少代价、影响哪些价值,这是社会科学或政策学的任务。① 换言之,按其看法,如果在社会政策上渗入了某种价值观,将使社会政策成为一种信仰而失去研究意义。

安蒙也主张社会政策的科学性格,认为社会政策中不应包含价值判断的成分,而建立"科学的社会政策",应将主要认识对象限于劳资关系,作为其科学的研究领域。按照他的意见,社会政策与经济政

---

① [日]大河内一男:《独逸社会政策思想史》,日本评论社(东京)1940 年版,第 450—451 页。

策,在实行上虽有部分的重复,但有根本的不同,而社会政策更为广泛;社会政策的一部分,常常涵盖了经济政策。在论及社会政策与劳动政策时,他认为劳动政策是为劳动阶级利益而实行的政策,是现代社会政策的一方面,而且是其大部分,和最主要的部分,但劳动政策本身并不完全代表了社会政策。①

3. 政治派的社会政策论

第一次世界大战后,阶级力量对比的变化使劳工在政治、社会上的地位逐渐提高,工人阶级在社会政策与社会立法方面获得重要的发言权,在社会政策理论上,也随之产生了废除资本主义、建立无产阶级社会的理论。此一潮流的社会政策是建立在马克思的剩余价值及社会变迁的理论基础上的,认为社会政策是阶级斗争的产物,带有阶级政策的性质;因此,为了"自由与劳动的尊严",应在资本统治和财产秩序中建立相反的法则。阿德勒(Max Adler)是主要的社会政策论学者,他认为社会政策是社会主义化的确实方法,是一种用以通向社会主义制度的手段;他还认为社会政策在资本主义社会里的逐渐推广及量的积累,将导致社会主义制度的建立,因此,社会政策含有改变社会秩序的意义。海曼(Edward Heimann)也认为社会政策除了维护资本主义的保守性格外,还含有否定或推翻资本主义的激进性格。社会政策的这种双重特性,依时代而异其成分,但当后者(革命性)大于前者(保守性)时,资本主义社会体制的转变将不可避免;而只有此一现象出现时,社会政策才成为真正的社会政策。海曼认为社会政策应以此为理想的目标,并从此目标出发考虑或衡量社会政策的得失及意义。

桑巴特(Werner Sombart)的理论最为极端,他将社会政策界定为以"保持、增进或抑制一定的经济制度或其构成部分为目的,是经济政策的诸多方法之一"。桑巴特主张社会政策应以阶级斗争为基础,由此产生了以下两个基本观点:一是强调社会政策必然是经济性的,因为他相信社会政策的理想在于经济的完成,社会政策有了具备最

---

① 陈国钧:《社会政策与社会立法》,第8—9页。

高生产力的经济体系才能实行,因此农业、工业、商业等政策非由国家统一指导不可,而成为此统一方针的就是社会政策。二是强调社会政策必然是阶级性的,因为在国家内部,利益的不平等是一特征,而此冲突的原因在于工厂共存的经济制度的不可调和,社会政策必须确定所要实行的经济生活方针,只有公然代表所要维护的无产阶级利益,否则,便无社会政策可言。

综上所述,德国早期社会政策理论都认为社会政策是国家的政策,主张国家以行政手段制定劳动政策或全盘经济政策,改革分配方式,达到均富或无阶级的社会制度。对于社会政策的以上理解,多数学者都赞同社会政策是国家政策的表述,但在社会政策应以劳工阶级为对象还是以全体人民为对象的问题上,却多有分歧,争论激烈。①

社会政策在20世纪的发展表明,社会政策的实施对象和范围都有不断扩展的趋势。社会政策学者逐渐感觉到,现代社会的性质已不再局限于经济性,于是主张社会政策应超出劳动政策与经济政策的界限;同时,不论实施怎样的社会政策目标或方法,社会政策都是以进行社会控制为宗旨的。"社会政策可说是解决或对付社会问题的基本原则或方针。社会政策在现代政治中之所以日见重要,乃是因为现代的社会问题愈来愈多,有的且愈来愈严重,如无社会政策,则社会问题将得不到适当或合理的解决,个人与团体的安全和福利,也得不到合法的保障,社会国家皆将蒙受其害。故现代国家莫不注重社会政策的制定和实施"②;"总的来说,社会政策是从资源分配发展到社会关系(地位及权力)的分配,而这些分配是影响社会部门(Sector)(家庭、学校、社会福利、教育、社区等)与经济部门(市场)之间的关系"③。由于社会政策是国家的政策,所以英美学者多主张通过立法的机制制定社会政策,如美国于1935年制定了《社会保障

---

① 范珍辉:《我国社会政策的发展与特性》,转引自朱楼:《我国社会的变迁与发展》,三民书局(台北)1980年版,第35页。
② 龙冠海编著:《社会学与社会问题论丛》,中正书局(台北)1964年版,第536页。
③ 王卓琪、雅伦·获加:《西方社会政策概念转变及对中国福利制度发展的启示》,《社会学研究》1998年第5期。

法》,英国于 40 年代制定一系列"福利国家"法案等,社会政策的受益对象显示出不断扩大的趋势,社会政策的学者们逐渐意识到,现代社会变迁迅速,社会问题的性质不再局限于经济性,于是主张社会政策应超越劳动政策与经济政策的界限。

陈国钧认为"社会政策,是经由国家以立法及行政为手段,以提高国民生活,增进社会利益,促进经济与社会的平衡发展"的政策。具体而言,社会政策的性质,是国家基本政策,必须经过立法机关的处理才成为政策,实施起来方能收效。社会政策的实施对象,应以社会全体公民为对象,不是专为社会的某一部分或某一阶级;社会利益是共同利益,社会政策应该为最大多数人谋利益,包括物质生活和精神生活。社会政策的最后目标,是经济与社会的平衡发展,不应将社会政策视为经济政策的一种,也不应认为经济政策隶属于社会政策,受其指导;经济政策与社会政策处于平衡的地位,互相配合,互相影响,互为因果,并驾齐驱。①

熊跃根认为"社会政策被看作为:一种主要是政府及社会组织如何处理社会问题的社会行政(公共治理)、一种同社会福利直接相关的利益配置和不同社会结构之间的互动关系,以及一种同经济手段或经济政策相呼应的国家政策,其目的是协调不同阶层或不同利益团体之间的关系,以减少社会冲突,增强社会团结。同时,社会政策本身还是一个政治过程,是一种政治实践"。一般来说,社会政策的主要领域包括针对贫困人群的社会救助(或公共援助)政策、满足公民看病就医和调节医疗资源配置的卫生政策、促进劳动力就业和解决失业问题的就业政策、促进人力资源发展和减少社会不平等的教育政策和满足公民居住需要的住房政策等五大重要方面。在一些国家或地区,退休保障、老年人的长期照顾、儿童照顾以及残疾人社会保护也是独立的社会政策领域。作为一种专业实践,社会政策研究就是要分析和阐释一个国家(或政府)的社会开支的流向、结构和效果,同时分析这些政策领域的决策与实施过程中涉及的权力关系。在福利国家内部,社会政策既是政府解决和回应社会问题的一种系

---

① 陈国钧:《社会政策与社会立法》,三民书局(台北)1975 年版,第 6 页。

统方式,也是政府协调不同社会阶层利益关系的手段,而政策的决策和实施过程都是在民主政治的环境下展开的,其过程和效果也受到各种可见和不可见因素的制约。①

此外,社会政策不论它的目标或方法如何,都是趋向社会控制与促进社会和谐。社会政策可说是解决或对付社会问题的基本原则或方针。社会政策在现代政治中之所以日见重要,乃是因为现代的社会问题愈来愈多,有的且愈来愈严重,如无社会政策,则社会问题将得不到适当或合理的解决,个人与团体的安全和福利,也得不到合法的保障,社会国家皆将蒙受其害。故现代国家莫不注重社会政策的制定和实施。②

二、社会政策模型

社会政策是一门学科,同时社会政策与许多其他学科存在密切关系,或者说,社会政策是一个多学科的交叉领域,这是社会政策的最大特征。一般认为,社会政策和经济学、社会学、政治学、社会工作密切相关,而与历史学、地理学、哲学以及法学等也存在一定的联系,社会政策正是吸纳了上述学科的知识和方法才得以不断发展。

社会政策学与经济学是并行的学科,却与经济学的研究范式有明显区别,而它的价值观则更多来自社会学。从根本上说,社会政策学是应对社会问题的产物。由于不同时代人们面临不同的社会问题,它所研究的主要问题也在发生变化,并形成了不同的社会政策研究模型。20世纪30年代以来,西方工业化国家的社会政策大致存在以下三种模型,各个模型所主张的目标不同,所提出的制度方案也有差异。③

(1) 剩余福利型(The Residual Welfare Model)。此模型认为,解决个人经济安全有两种管道,即自由市场机制与家庭机制,而在此两种管道遭受阻塞时,社会政策才有其发挥作用的余地,皮科克(A.

---

① 熊跃根:《社会政策的比较研究:概念、方法及其应用》,《经济社会体制比较》2011年第3期。
② 龙冠海编著:《社会学与社会问题论丛》,第536页。
③ 范珍辉:《我国社会政策的发展与特性》,第36—37页。

Peacock)曾说:"福利国家的真正目的在于教导人民如何不需要它。"①此为英国济贫法及美国早期社会福利的主要精神。因此,社会政策的目的在于补充经济的短暂失调,其重点在于公共救助或济贫,用以达到社会均衡。

(2) 工业成就表现型(The Industrial Achievement-performance Model)。这一模型主张社会政策附属于经济政策,用以刺激生产。个人社会经济需要的满足,应根据个人的贡献、工作表现及生产的多寡,社会政策辅助经济政策,用以激励及酬赏个人的成就。因此,社会保险是个人延后或保证继续满足其经济需要的方法,社会服务,如职业训练、就业服务及重建职业机能,是为了提高劳动者的工作积极性。

(3) 制度上再分配型(The Institutional Redistribute Model)。此模型强调社会政策为社会不可或缺的主要制度,与经济制度同等重要,用以提供市场外的普遍服务功能。社会政策的目的在于引导社会变迁、改革经济体制、缔造社会平等,也就是要实行资源支配权的再分配,以保证全体公民生活的安全,增进生活质量,促进社会公平。

20世纪五六十年代,随着福利国家的建成,许多人认为意识形态的争论在西方国家已经终结,因此,社会政策需要研究的就是如何增进公民福利即政策的有效执行,这就形成了这门学科最初的社会行政传统,其主要代表者是英国著名的社会学家、社会政策研究的鼻祖马歇尔教授。20世纪70年代,由于社会福利政策对经济社会以及人们的价值观产生了负面影响,人们开始对社会政策学科的理论基础和政治立场进行反思,其中的代表性人物是英国社会政策学家、现代福利国家理论创始人之一的蒂特马斯(Richard M. Titmuss)。蒂特马斯的贡献之一,是揭示了价值选择在社会政策中的地位。他说:"我们所能做得到的,是更加清楚地揭示需要社会正视的价值抉择。如果我们将社会政策领域视为一个专门为社会某一或某些集团而设的封闭及分割的领域,我们将不会发掘出有意义的问题。"他的这一

---

① A. Peacock, *The Welfare Society*, London: Liberal Publication Department, 1960, p.11.

观点为社会政策科学研究确立了价值观,即在以不同价值取向制定不同社会政策的政策制定者面前,要保持价值无涉的科学和客观的态度。此外,比之马歇尔,他对社会政策关涉客体的理解要宽泛得多。他在解释社会政策的需求时说:"我们关注的是对一系列社会需求以及在稀缺条件下人类组织满足这些需求的功能的研究。人类组织的这种功能传统上称之为社会服务或社会福利制度","主流意见认为,社会政策是政府对市民福利有直接效果的政策,如提供服务或收入保证,包括社会保险、社会救济、住房、教育及罪犯的处理。这是所谓社会行政的传统。及至80年代,社会政策被理解为决定不同社会群体的资源、地位及权力的分配,而这些分配是基于社会制度发展及延续(再生产)的背后理念。至90年代,社会政策的理解可以说是深化80年代的有关资源、地位及权力分配的概念。"[1]

三、社会政策的信念

以上的社会政策理论和模型,虽然存在这样那样的差异,但都反映了人们所追求的某种共同的理想的社会信念,这就是人权观、福利观、公正观。

1. 人权观

人权是人须臾不可离之的东西,是人按其本性应当享受的权利,简而之,就是人的权利。由于人是历史的具体的,人享有的权利也是历史的具体的,因而各个时代的人权主体有所不同。人权的内容随时随地地满足着人的需要,这就是人权对于人的价值。没有人权的社会,人的价值也就无从体现。肯定人的价值的一般方法是肯定人的人权,抹杀人的价值的常用方法是否定、剥夺、压制或践踏人的人权。在现代世界里,人类文明已发展到一个很高的程度,它不仅从物质和精神方面为人类全体享有各种权利准备了充分的条件,而且人类已经达到了一个共识,即世界上的一切人,无论其种族、性别、年龄、健康状况存在怎样的差异,都应当受到人道主义的待遇,都不应

---

[1] 王卓琪、雅伦·获加:《西方社会政策概念转变及对中国福利制度发展的启示》。

该被排除出社会发展进步的文明圈之外。社会弱势群体一般并没有专门的组织,而是作为个人分散在社会的各处,只是由于地位相似并且与其他人相比有特殊之处才被视为一体;由于他们享受不到其他人所享有的权利,或受到不公平的待遇,从而产生了平等权利即人权的要求,这就产生了儿童人权、老年人人权、残疾人人权、妇女人权等弱势群体的人权问题。在这些权利的要求中,所诉求的都仅仅是常人所要求的权利而已,或在某些方面予以适当照顾从而在实际上享受到不低于常人的基本权利,享受到表明一个人不依附另一个人而与人人具有同等人格与尊严的使人得以自立的权利。这样,一方面人权的信念导致国家义务的产生,需要国家为弱势群体制定相关的社会政策;另一方面,国家义务也导致社会弱者权利的产生,如接受国家和社会帮助的权利;积极的基本权利,也称为受益权,此种权利使人民获受于国家的利益。

2. 福利观

社会福利是一个被广泛应用的概念,它体现了国家的政策和社会大众的理想,它的目标在于增进社会上每一个人的生活需求和能力,创造一种安康的社会生活环境。美国社会工作协会(NASW)出版的《社会工作百科全书》是这样界定社会福利的:社会福利"最经常地被定义为旨在对被认识到的社会问题做出反应,或旨在改善弱势群体的状况的'有组织的活动'、'政府干预'、政策或项目……社会福利可能最好被理解为一种关于一个公正社会的理念,这个社会为工作和人类的价值提供机会,为其成员提供合理程度的安全,使他们免受匮乏和暴力,促进公正和基于个人价值的评价系统,这一社会在经济上是富于生产性的和稳定的。这种社会福利的理念基于这样的假设:通过组织和治理,人类社会可以生产和提供这些东西,而因为这一理念是可行的,社会有道德责任实现这样的理念"[①]。广义的社会福利制度指国家和社会为实现"社会福利"状态所做的各种制度安排,包括增进收入安全的"社会保障"的制度安排。狭义的"社会

---

① *Encyclopedia of Social Work*, Washington, D.C.: NASW Press, 1999, p.2206.

福利"则指为帮助特殊的社会群体,疗救社会病态而提供的社会服务,如社会救济和优抚、对生活困难家庭的补助,对残疾人和高龄老年人的照顾等。

社会福利是社会政策的核心内容。在很大程度上,一个国家或地区实施的社会政策与其福利体制或福利制度有着密切的关联。福利体制从理念、政党结构、社会动员与资源配置机制、政策决策与实施机制、福利再分配模式等方面对具体的社会政策产生持续和决定性的影响,而社会政策的决策与实施实践在很大程度上又是福利体制的生产或再生产。有学者认为,"作为制度化的政府责任,社会福利的目标体系反映了政府对自己责任的界定,它一般包括下述三个层次的目标:第一,社会救助层次,如一个社会可以针对绝对贫困、犯罪等社会问题,把对最困难的和有问题的群体的救助和提供服务作为目标,通过建立社会安全网,保障所有的社会成员都能生存和免于绝对贫困。这是为实现最低层次的社会福利状态所做的制度安排。第二,收入安全层次,如在工业化和市场经济的条件下,对大多数依靠工资生活的人来说,收入安全是最重要的。现代社会中有八种主要的收入风险,即疾病、老年、妊娠、工伤、残疾、失业(及失收)、丧偶和失怙。作为社会福利制度的一个重要组成部分,针对收入安全的社会保障制度,其目标就比较具体,主要是针对这八种收入风险。所以,社会福利制度不仅为有困难和有问题的群体提供救助,也为大多数人提供收入保障。第三,如果国家把自己的目标定在更高的社会福利层次上,就可以把促进社会平等和为所有的人实现发展的潜能作为目标,建立和实施自己的社会福利措施。这是更高层次的发展。在这个层次上,社会福利制度不仅包括社会安全网、社会保障,还包括更进一步的收入再分配的制度措施"①。

3. 公正观

自从启蒙时代以来,正义、公平、自由、人权这些人类基本原则其实有其确切含义,尤其是社会公正问题,因其牵涉到社会财富的

---

① 尚晓援:《"社会福利"与"社会保障"再认识》,《中国社会科学》2001年第3期。

分配,其含义更是非常确定,具体说来有三点,第一是起点的公正,即机会均等;第二点是过程的公正;第三点是结果的公正。每一项公正的规则都有自己特有的不可替代的功能:起点的公正旨在通过对于社会成员基本生存需求和基本尊严底线的确保,使社会成员具备生存和发展基本能力;过程的公正旨在社会成员对社会财富能够进行公平的分配;而结果的公正旨在限制人们占有资源状况过大的差距和提升整个社会的质量。就社会弱势群体而言,他们在社会竞争中出于不利的弱势地位,尽管造成这种处境的原因是复杂的,但他们处于社会的底层却是不争的事实。因此,保证弱势群体能享有最低条件的生活水平,是社会政策不可或缺的内容,也是从另一种意义上体现社会公正的特殊社会现象。但是,就是对这样一个特殊的社会群体,社会政策所体现的公正并不能狭义地理解为社会财富分配数量上的完全相等,而且社会政策的价值取向主要是以激励和培养他们的自我生存和发展的能力为主,而不是单纯地给予经济上的保障。

社会政策既可以确定"穷人"标签的指向("谁是穷人""谁将是穷人"),也可以再造贫困(比如政策本身就是排斥之策、解救贫困的政策因执行失误再造了贫困等)。从制度设计和制度建构的视角出发,社会政策所致的排斥是造成一些社会脆弱群体长期处于不公正、不平等状态的根源。[①] 因此,可以认为社会政策规定着一个国家的社会产品和社会服务的性质、方向、类别、数量及质量,它的发展水平和成熟程度直接影响着人们对国家政治系统的满意程度。社会政策是一个国家实现政治公正的重要手段。

---

① 蔡禾、周林刚:《消除社会排斥,实现社会公正——残疾人工作的深层理念》,载广州市社会科学界联合会、广州市残疾人联合会编:《残疾人社会保障研究》,广东人民出版社 2004 年版,第 51 页。

第二章　社会转型与社会政策

"社会转型"(social transformation)一词来源于西方发展社会学理论和现代化理论。西方社会学家借用此概念来描述社会结构具有进化意义的转变。哈里森(David Harrison)在所撰写的《现代化与发展社会学》一书中论述现代化和社会发展时,曾多次运用"社会转型"一词来予以说明。① 台湾社会学家蔡明哲在他的《社会发展理论——人性与乡村发展取向》一书中首次直接把"social transformation"译为"社会转型",并表达了"发展"就是由传统社会走向现代社会的一种社会转型与成长过程的思想。② 在社会学中,社会转型不是指社会某个领域的变化,更不是指社会某项制度的变化,而主要是指社会结构的整体性、根本性变迁。其具体内容至少应该包括结构转换、机制转轨、利益调整和观念转变。

在20世纪的最后二十年里,社会转型给中国注入了新的活力,为中国提供了发展的动力。社会转型的过程,也是中国从传统农业社会向城镇社会转型、从封闭半封闭社会向开放社会转型、从同质的单一性社会向异质的多样性社会转型、从伦理型社会向法理型社会转型的过程。然而,社会转型和经济发展并不能自动带来社会和谐。在社会转型的过程中,一个以扩大就业、向弱势群体提供社会支持、让社会成员共享社会经济发展成果的社会政策是不可缺少的。没有

---

① David Harrison, *The Sociology of Modernization and Development*, Academic Division of Unwin Hyman Ltd., 1988, p.56.
② 蔡明哲:《社会发展理论——人性与乡村发展取向》,巨流图书公司(台北)1987年版,第66、189页。

基本的社会政策,一个转型国家就无法维持稳定与和谐。

第一节 西方学者对中国社会转型与社会政策的研究

在中国绝大多数学术论述中,社会转型期常被用来指社会从传统型社会向现代型社会过渡的时期,是社会中的传统因素与现代因素此消彼长的进化过程;尤其是特指对当代中国从传统社会向现代社会、从农业社会向工业社会、从封闭性社会向开放性社会的社会变迁和发展时期。① 很显然,这只是从狭义的角度来理解社会转型的,其产生的语义背景正是当代现代化的生动历史实践。实际上,即使是从狭义的角度来理解中国的社会转型期,其从 1840 年开始启动现代化进程、实现传统社会开始向现代社会的转变至今也有 170 多年的历史了。②

在中国经历社会转型的进程中,改革开放给中国和中华民族的命运带来转机,也给人民生活带来了巨大变化;今天的改革开放是为了实现国家的现代化,为了中华民族之振兴,为了彻底摆脱贫穷落后的面貌,为了使中国立于世界强国之林,是一次反映亿万人民心声的爱国运动。

可以说,中国经济真正进入起飞阶段是 20 世纪 80 年代,如今的中国正在走向小康的目标。但从总体上看,虽然我们采取的发展方式和实际的发展内容已经具有了许多现代社会的因素,实现小康仍然属于一个传统社会发展的最高目标。中国实现小康之后的发展应是现代因素占主导地位的发展,是一个由农业国向工业化和现代化国家转化的历史过程。在世界进入 21 世纪之际,中国以其持续的发展、非凡的活力和巨大的潜力,成为与北美、西欧鼎立的世界经济三强之一,引起了国际社会的普遍关注,并推动了世界经济的发展。

当前,改革仍然是一个远未完成的社会计划,改革正沿着其既定

---

① 陆学艺、景天魁主编:《转型中的中国社会》,黑龙江人民出版社 1994 年版,第 23 页。

② 文军、朱士群:《分化与整合:高速转型期中国农村社会稳定的社会学分析》,《中国研究》2001 年第 2 期。

的目标向社会各层次各角度加速延伸。如同西欧经济变迁引发过人们对欧洲中世纪占支配地位的意识形态即宗教观念及其变革方式的关注一样,近几十年来中国经济的迅速成长,引起了人们对非经济因素与中国崛起的关系的思考。中国的迅猛崛起给人提供的很重要的一点启示是,非经济因素在中国的经济起飞中得到了充分的体现,其对经济发展的巨大推动甚至连经济因素的作用也望尘莫及。正是在这样的背景下,世界对中国经济引人瞩目的超常规增长背后潜蕴着的精神文化因素的作用刮目相看,也对中国社会转型进程中的社会政策产生探究的兴趣和日益强烈的关注。

马歇尔说:"社会政策或许被认为是调节社会个体及各种社会关系的措施或计划的原则和程序。它被认为是对任意社会系统的规则的干预。社会政策的制定代表了对一个相关的社会现象采取行动的过程安排,是对社会关系的管理和对社会资源的再分配。社会政策是以社会发展水平,及其传统、文化、意识形态取向和技术水平为条件的。然而,社会政策并不是一个有确定含义的专门术语。对于多数人来说,社会政策已经被认为是处理贫困、边缘人群、残疾人,以及那些在经济体系内无法受惠人的社会福利计划。因此许多社会政策的文章提出某些福利工程或者是在福利领域的法规。这种方法趋向于解决社会政策问题的一个方面。"[①]简括马歇尔的解释,社会政策即是通过政府供给对公民福利有直接结果的政策。

一、经济发展与非经济因素

从理论上说,经济发展与非经济因素的关系可以追溯到古典经济学家和社会学家的有关论述与阐释。古典主义经济学家亚当·斯密认为,"人类的本性"即追求利益的天性是人们从事经济活动的动因。空想社会主义者圣西门相信人类精神进步的最高原则主宰着一切,哲学观念的发展对于工业社会的产生和发展起着推动的作用。马克思和恩格斯创立了经济基础和上层建筑的理论,特别是恩格斯

[①] T. H. Marshall, "Social Policy," in Alvin L. Schorr and Edward C. Baumheier, eds., *Encyclopedia of Social Work*, Washington, D.C.: NASW Press, 1995, pp.1361-1363.

在他晚年的研究思考中,对经济基础与上层建筑理论作了进一步的丰富和发展,认为"对历史斗争的进程发生影响并且在许多情况下主要是决定着这一斗争的形式的,还有上层建筑的各种因素"①。"政治、法、哲学、宗教、文学、艺术等等的发展是以经济为基础的。但是,它们又都相互作用并对经济基础发生作用"②。

20世纪初,韦伯(Max Weber)开创了从文化伦理角度研究经济发展的理论先河。他在《新教伦理与资本主义精神》以及《儒教与道教》等书中阐述了十分有名的"韦伯命题",分析了基督教新教伦理与资本主义生产方式兴起的关系,将非经济因素的作用问题提到了前所未有的高度,因而在理论界产生很大影响。从此精神文化因素对经济过程的影响成为理解与研究经济增长的另一条脉络。韦伯在《宗教社会学论集》中曾对"只有在西方社会"中才存在的非经济因素和有关文化现象列了一个长长的清单,这就是:"达到具有普遍意义和和谐性发展阶段的科学","罗马法和属于这个流派的西方法的严密的法学图式和思维方式","理性的和声音乐","哥德式圆顶建筑的合理利用","报纸与期刊","合理的、系统的和专门化的学问研究","作为现代国家和现代经济支柱的职业官僚","与家长制国家相对的身份制国家","由定期选出的议员组成的议会","具有合理制定的宪法、合理制定的法律,以及根据合理的规章、法规由职业官僚进行管理的行政制度的公共政治组织意义上的国家","利用交易机会获取预期利润,因而(形式上)是以和平的营利机会为基础的资本主义经济行动","(形式上)自由劳动的合理的、资本主义组织化","家计与经营活动的分离","合理的簿记","西方文化特有和独具的合理主义","生活方式的合理主义","合理的生活态度",等等。③ 这些内容可以被归纳为科学技术、经济、政治、文化四个范畴,是西方社会赖以实现现代化的精神基础和制度支柱。

韦伯是最早关注中国社会发展问题的一位西方社会学家,他的

---

① 《马克思恩格斯选集》第4卷,人民出版社1995年版,第477页。
② 同上书,第732页。
③ [日]富永健一、李国庆:《马克斯·韦伯论中国和日本的现代化》,《社会学研究》1988年第2期。

《儒教与道教》出版于1915年,被认为是西方学者研究中国社会的经典之作。在这部著作中,他首先研究了构成中国传统社会的五种社会因素,即货币制度、城市与行会、世袭制、宗法组织与法律,并从中发现了一些有利于现代化的因素,如中国人有着强烈的营利欲以及对财富享乐主义的态度等。然而,为什么有了这些有利因素,中国人不但没有发展出资本主义,而且缺乏内在的对自己国家发展资本主义的兴趣呢?

韦伯从中国的宗教入手,对儒教、道教与中国社会的发展进行了研究,试图揭示其间的奥秘。他认为中国之所以未发生现代化的社会变化,根本原因在于儒教所倡行的伦理中缺少一种为谋得来世的灵魂拯救而禁欲的清教主义。他认为儒教的伦理教喻对中国现代化发生着阻碍作用并归纳了以下几个方面:一,儒教伦理的生活准则是无条件地肯定现世和适应现世,如"知足、安乐","知足者常乐"等等,这使人们安于现状,而不能促使人们产生勤勉劳动的动机;二,儒教中缺少自然法和名义法的伦理成分,缺少自然科学的思维方式及基础;三,儒教伦理排斥经济性情和专家精神,阻碍近代合理体制的产生;四,儒教伦理支配下的宗族共同体严重阻碍着合理经营体(近代企业)的产生,这也是现代化的一个严重障碍。总之,韦伯力图证明在缺乏一种精神动力的情况下,即使社会具有一定有利于资本主义的制度条件也难以产生现代意义的理性的经济行为,他把中国未能产生现代化的原因归结为作为意识形态的儒教伦理。

然而,韦伯并非孤立地讨论儒教文化对中国社会心理和社会关系的影响,从而得出中国不能走上现代化道路的结论;他对中国社会的研究也并不仅局限于宗教方面,而是广泛涉及社会的各个层面。在《儒教与道教》中,他广泛论及了中国社会的经济、政治、法律和社会结构的性质,并且做了深入的分析。

在经济方面,韦伯认为在中国传统的自然经济格局中农业生产重于一切,而标志着现代经济理性化的至关重要的货币制度却十分混乱,加之农村对国家土地干预的抵制,使合理的农业企业无法产生,而且中国社会也缺乏现代工业萌芽与基础,理性的工业组织无法产生,小手工业也摆脱不了传统的家庭手工业性质。

在政治方面,韦伯认为中国人的社会地位是以政治而非经济因素为转移的,国家对社会生活具有举足轻重的影响。韦伯把中国归结为家产制国家,皇帝拥有绝对集权统治,官吏作为其家臣领取薪俸,管理的性质是伦理取向的、家长式的。所以在中国尽管可以存在一种"政治资本主义",依赖于市场的商业资本主义也有一定发展,"然而,在家产制政体下,标志着现代发展的特点的理性的工商业资本主义,则无立足之地。因为投资于工商业'企业'的资本,对于这种非理性的统治形式,过于敏感,此外,它过于依赖这样的可能性,即国家机器能否像某种机器那样平稳而有理性地运作,并且可以估量。换言之,在中国式的管辖下,现代意义上的工商业资本主义是不可能产生的"。①

在法律方面,韦伯认为中国缺乏理性的司法,也缺乏自然法的观念和形式法的逻辑,因而"在中国,缺乏资本主义'经营'的法律形式和社会学基础。在中国的经济里,未出现理性的客观化倾向"②。

在社会方面,韦伯认为宗族这种在西方中世纪就已完全失去任何社会意义的组织在中国则完全被保存了下来,"这一传统主义的势力,无论就其整体性来说,还是就其持续的时间而言,均胜过官僚体制,因为它卓有成效,并经常受到最紧密的私人团体的支持。再者,任何的改革都可能引起恶意的猜度,尤其是财政上的改革最受怀疑并遭到激烈的抵抗","氏族团结一致的抵抗,自然比西方自发形成的工会所发动的罢工,还要来的有威力。因此之故,现代大企业所独具的劳动纪律与由市场的劳工淘汰,以及任何西方式的理性管理,在中国便受到阻碍"。③

虽然所谓"韦伯命题"并不是韦伯提出来的,而是当代西方理论家根据自己的理论需要对韦伯思想观点进行解释的结果,但是到20世纪20年代,西方学者以及大批东方学者大多接受了韦伯的这一观点,对东方的传统文化采取否定的态度,并认为东方只有皈依基督教

---

① [德]马克斯·韦伯:《儒教与道教》(洪天富译),江苏人民出版社1993年版,第123页。
② 同上书,第103页。
③ 同上书,第115页。

才能发展出资本主义,其实质是认为后发国家传统势力强大,社会内部无力促成现代化的发端,只有依靠西方文明的传播和输入,把西方早发式现代化模式作为仿效其至全盘接受的样板,才能实现现代化。

无论人们对"韦伯命题"如何理解,但都应当承认韦伯提示的研究视角,启示了学术界的研究方式,使我们深刻认识中国社会现代化问题的复杂性,确认综合考察整体社会的系统方法,并对非经济因素在社会现代化进程中的作用上升到了理性的认识高度。① 由此,我们对于转型中国的了解,就有必要把经济发展与社会发展联结起来进行研究,就必须注意到社会发展与经济发展不同步、社会政策滞后于经济政策的问题。

二、社会转型中的社会政策

考察当代西方学者,特别是美国社会学家有关中国社会政策和社会转型的研究,我们可以发现如下一些突出的理论视角。

在中国实行改革开放政策以前,许多西方中国问题专家都不同程度地持有下列两个观点:一是认为中国之所以未能走上现代化道路,完全在于国家内部的社会制度和文化传统不适于现代化发展;二是鼓吹"西方中心论",认为像中国这样的非西方发展中国家只有输入西方文明,在技术、经济、政治、文化等各个方面都"西方化"才能实现现代化,对于非西方发展中国家来说,现代化就意味着西方化。特别20世纪80年代末和90年代初发生了"东欧剧变"和苏联解体后,西方学者对中国是否能坚持社会主义发展道路的怀疑心态有了进一步的加强。然而,中国并没有停止改革发展的步伐,并坚持了走有中国特色的现代化发展道路,取得了令世界震惊的成就。

进入20世纪80年代,由普林斯顿大学社会学教授罗兹曼(Gilbert Rozman)主编的《中国的现代化》把西方的中国问题研究推进到了一个新的阶段。《中国的现代化》一书由八名学者合作而成,除主编外,还有伯恩斯坦(T. P. Bernstein)、布莱克(C. E. Black)等人。他们大都是来自普林斯顿大学或胡佛研究所的著名社会学、历史学、政

---

① 张敏杰:《论非经济因素与东亚的崛起》,《浙江社会科学》1997年第5期。

治学或国际问题研究专家。他们写这本书的目的是要"找出中国社会中有助于或已经有助于现代化的因素和阻碍现代化的因素,估计业已发生的现代化的速率和模式……通过考察中国现代化的历程,我们希望判断出,在哪些方面它遵循了其他正在进行现代化的国家的基本路线,在哪些方面它偏离了这一道路"①。此外,他们对有利于和不利于中国现代化的各种因素进行了分析:

在政治上,中国人民群众具有反对分裂和要求建立一个强大、统一的中央政府的愿望,中国不存在相互对立的宗教或世俗的组织和权威;中国人民理解并接受了许多现代行政管理思想和理论,如权力高度集中于中央和省级政府,地方政府对中央有充分的响应,中国有统一和相对集中化的行政体制,在世界具有日益强大的国际地位,从而将有利于中国的现代化。但是,封建王朝的腐败传统和20世纪前半期的昭彰劣迹,对现代化造成了长期的严重的障碍。

在经济方面,中国历史传统中的市场观念、竞争观念、土地、劳力和资本的灵活使用,创业精神的广泛传播等,都将有助于现代化。但是,中国在对外关系方面缺乏大规模借用外国模式的富有价值的经验,经济上缺乏中央和地方政府的积极领导,不能有效地利用社会上可得到的各种资源;国家在经济的管理和控制方面,只起了有限的作用;社会积累率也很低,这些都成了经济迅速发展的障碍。

在文化教育方面,中国人民对本民族文化有强烈自豪感,具有尊重学问的传统、有很高的前现代的识字率、普遍重视对功名的追求,等等,从而使中国文明具有站在世界发展前沿的能力。但是,中国也存在着诸如知识阶层享有特权、底层民众就业机会少等问题。

在社会的整合方面,中国有悠久而牢固的城市传统,社会流动的存在、契约关系的认可、对国家官僚制度的谙熟,以及人们愿意为家族的长远利益而牺牲和打算,无疑对现代化有促进的作用。但是,中国社会的城市化总水平和大小城市的布局都表明,在最近几个世纪共同体之间的依赖性和积聚力量都未得到充分发展,进行现代化的组织基础也很不够。他们预言:"如果中国的业已减缩但仍很乐观的

---

① 李怀印:《现代化与传统:从对立到渗透》,《社会科学评论》1986年第11期。

计划能够实现,如果它能避免像日、俄在 40 年代亦即在它们的变革的中间阶段所遭受的战争损失和破坏,那么可以预料,中国将会补回自从本世纪初以来它已失去的若干岁月。中国也许将在下个世纪早期进入高度现代化阶段。"①

曾任哈佛大学费正清东亚研究中心主任的傅高义(Ezra F. Vogel)教授,自 20 世纪 70 年代末以来便把研究视野投向中国,陆续出版了《共产主义制度下的广东,1949—1968 年》《社会变革:农业中国的问题》《专题报告〈在中华人民共和国进行研究时的经验〉》等著作。1989 年年底,他又出版了介绍广东的第二本书——《先行一步——改革中的广东》,这本书被认为是外国学者全面研究和报道中国改革的第一本专著,对广东省改革开放的动因、性质、过程及前景进行了颇为全面系统的研究,同时也涉及对中国东南沿海其他地区的社会经济发展研究。傅高义认为他所关注与研究的这一区域的改革是十分成功和有希望的,它的发展除了改革开放政策起了主导性的促进作用外,还得力于一系列有利于发展的内外部机制;但是,随着社会转型的深化,中国的领导人也开始担心变革会给社会带来什么样的影响,如担忧极力追求个人利益、忽视公共责任、扩大经济不平等的差距、富人剥削穷人现象再度出现等社会问题。傅高义建议政府要帮助工人顺利渡过取消物价管制的阶段,通过控制物价,让人们逐步适应取消物价补贴的市场经济环境;要减少国家职工对工作服务单位的依赖,促进劳动力的流动,社会保障、社会福利、医疗保健都必须跳出单位包干即"单位所有制"的范围;要增加落后地区的投资,缩小贫富差距,解决沿海发达地区与偏远山区之间严重的贫富不均问题;要调整教育经费,教育部门的当务之急是避免教育发展不均衡,提高落后地区学校的教学水平和教师的工资待遇,要维持地方的集体互助福利网络。由于"国营单位从来就有退休津贴,并为年老和有病的职工及其家属提供公费医疗。但是,由于生活费用提高以及中国的经济基础薄弱,国家的预算不能继续为所有职工提供充分的福利待遇,更不用说人数日增的退休职工和非国营职工了。由于农

---

① 李怀印:《现代化与传统:从对立到渗透》。

村的集体组织不再负责集体生产,因此,要花大气力去维持这些集体组织的积极作用,使之成为老、弱、病、残人员的福利网络"①。

中国的社会转型将是一个相对漫长的过程。有的西方学者认为,当今世界存在着有利于中国发展的国际环境,而中国的发展又有可能使世界真正形成多极格局。但是,中国经济社会要发展,必须进一步对外开放,适应国际化趋势的发展,加强社会建设。因为在社会转型过程中,中国社会已经呈现出多元利益整合与冲突的复杂情境。一方面,中国终于走上了一条具有本国特色的现代化发展道路,政治、经济、社会、文化、思想等方面发生的巨大变动,激发了整个社会和广大群众的无穷活力,人们在改革中感受到了自己的利益所在,有了追求和实现利益最大化的可能性,从而充分发挥自身的能动性和创造性,进一步推进了经济的快速发展和社会进步。另一方面,改革又是一个调整全社会利益格局的过程,在建立市场经济的过程中,原有的社会阶层因在改革过程中所处的位置和所扮演的角色不同,导致他们占有组织资源、经济资源、文化资源的格局出现了明显差异,利益格局出现了分化和重组。这个发展阶段,也就是经济容易失调、社会容易失序、心理容易失衡、社会伦理需要重建的关键时期,社会诸多矛盾都因利益关系的失衡而凸显。因此,中国的社会政策问题必须被提到最高当局的议事日程上来。

美国华盛顿大学(圣路易斯)谢若登(Michael Sherraden)教授在反思美国的社会政策尤其是福利政策时,提出了一种以资产为基础的社会福利论,认为应该重点关注储蓄、投资和资产积累,而不是将福利政策集中在增加贫困者的收入与消费上,因为收入只维持消费,而资产改变人们的思维和社会互动方式,可以促进家庭稳定、创造未来取向、增加后代福利。这种以资产为基础的社会福利理论,已在美国与其他许多国家和地区得到实践,促进社会福利政策开始转向帮助穷人积累资产而使个人、家庭以及社区得以发展的取向上来。"着眼于未来,世界的全球化进程正在加强。在 20 世纪,社会政策是在

---

① Ezra F. Vogel, *One Step ahead in China*, *Guangdong under Reform*, Cambridge: Harvard University Press, 1989, pp.414-421.

民族国家内制定的,随着人口流动性增加以及地区与全球联系的增加,社会政策在 21 世纪开始很可能超出国家界限。最终,不管国人们在哪里工作,他们都能够参加退休计划和医疗保健政策。由于其便捷性,资产账户可能是地区与全球社会政策的主要工具"①。"资产建设"是多元化社会政策发展的产物,谢若登多次访问中国进行学术交流,介绍他的理论,为中国社会政策建设提供了一种崭新的概念和有益的启示。不少学者指出,中国的社会福利政策领域已经存在着这种以资产为基础的社会政策的萌芽,它在中国反贫困实践中有十分光明的应用前景。

以杜克大学林南教授为代表的学者采用了社会资本的视角来分析中国的社会经济转型。这种观点认为,中国的改革开放突显了社会资本的重要性。他们观察到改革后社会网络的变化,出现了诸如温州模式、苏南模式、闽南模式和珠江三角洲模式等不同的地区性发展模式。这说明不能光从政治制度、经济制度来看中国的社会转型。为什么各个地方会出现不同的发展模式呢?这表明存在着地区间社会资本的差异,社会资本的视角提供了一种从政治层面转向社会层面的研究路径。林南还提出了"关系理性"这样一个具有东方特色的理论图式,它与经济理性互补,但仍然具有独立性。其中心论点是:在个人、家庭和组织运作中,社会关系是极其强大的动力。经济理性和关系理性是交换行为的两个动力,而且,尽管其中一个具有制度化的优势,但两者普遍存在于所有的社会中。②

可以说,西方学者对中国社会转型与社会政策的研究,无论是从宏观的角度分析研究中国改革的动力、过程及发展趋势,还是对中国改革作微观的解剖分析,他们都试图从总体上或某一方面揭示出改革后经济、社会、政治、思想等领域发生的新变动和新问题,指出中国的经济改革不是孤立进行的,而受到政治、文化、传统、价值观念、社

---

① [美]迈克尔·谢若登:《美国及世界各地的资产建设》,转引自高建国、展敏主编:《资产建设与社会发展》,社会科学文献出版社 2005 年版,第 12 页。
② 郑乐平:《海外学者论"中国社会发展与社会转型"》,上海新闻:http://news.eastday.com/eastday/shnews/node20504/node20505/node20508/node20519/userobject1ai347166.html。

会结构等一系列非经济因素的影响和制约;反过来,经济改革也对所有这些非经济因素的变化产生重大影响,并从社会政策角度提出调整。他们对改革进程中出现的一些问题和前进中面临的困难,对推进中国现代化建设中遇到和需要解决的一些重大理论和实践问题所作的分析和判断,其中既不乏中肯的批评和建议,也有不少颇具启发性的观点和独到之见。这也反映出作者们对中国现代化问题有着深刻的思考,表现了作者的洞察力。虽然这些西方学者的研究都是就某一个问题,侧重某一方面而发的,因而就其中某一个人的论述来看,尽管不可能是非常全面、深刻和一致的,有的仅仅是对现象的描述,有的则不全然了解中国的实际情况,因而在议论上存在这样那样的偏颇或错误,有需要商榷的地方。但是,若将他们的观点综合起来予以认识,则可以使我们更深刻地认识中国改革开放及实现社会现代化目标的复杂性、长期性和艰巨性。

第二节　社会政策在中国的演进

社会政策以社会福利为核心,是有关公民福利和社会公平的政策,目的在于通过一定的手段来满足不同人群的需要,改善一个国家或社会公民的福利,从而确保公民之间的平等与社会公正,是基于国民经济一次分配(市场分配、要素分配)基础上的二次分配。

1949年中华人民共和国成立后,国家面临着整顿治安、恢复生产的任务,政府先后制定了一系列社会政策,一方面处理旧社会遗留下来的问题;另一方面开始建立社会保障制度。及至1978年,同朴素的平等主义、平均主义的行为方式以及种种历史条件相适应,中国的社会政策初步形成,但仍呈现出非现代性、非规范性、非一体化和非持续性的特征。[①]

社会政策是工业化、社会化的产物,从世界范围来说,至今只有一百余年的历史。中华人民共和国成立前的近代和现代史证明,在半封建半殖民地的社会里,广大劳动人民生活在水深火热之中,根本

---

① 程玲:《中国社会政策的演变与发展》,《河北学刊》2010年第4期。

无社会福利可言。中国的社会政策,是中华人民共和国成立以后,根据《中华人民共和国宪法》和有关政策、法令,随着社会经济的不断发展,逐步建立起来的社会安全制度。现在,中国的社会政策已经历了六十多年的进程。在这半个世纪的历史长河中,中国的社会政策大致可分为三个发展阶段。

一、社会政策初步形成

中国共产党自诞生之日起,就确立了以人民利益为重的宗旨,在长期的艰苦奋斗中,坚持立党为民,依靠人民群众,执行为中国人民谋幸福的社会政策,不断改善中国人民的政治权利和经济权利。唯如此,在中国共产党发展的各个历史时期,才能在全国人民中享有崇高的威望;广大人民群众也认准了一个真理:跟着共产党就是胜利,跟着共产党就是前途,跟着共产党就是光明。

关心人民群众的基本生活,全心全意为人民服务,这是中国共产党的优良传统,也是党在长期革命斗争中不断赢得人民信任和支持的力量源泉。在中国共产党所创建的革命根据地及其后的解放区,人民政府以全心全意为人民服务的宗旨,开展拥军优属、拥政爱民、支援前线、社会教育、社会改造、社会救济、社会服务,解决盐、米、房子、穿衣、生小孩等群众的生产和生活问题,把老百姓的生老病死和其他生活问题时刻放在心上。毛泽东同志早在1934年写的《关心群众生活,注意工作方法》一文中就提出了关心群众生活问题是与群众是否支持我们的事业相联系的,他指出:"要得到群众的拥护吗?要群众拿出他们的全力放到战线上去吗?那末,就得和群众在一起,就得去发动群众的积极性,就得关心群众的痛痒,就得真心实意地为群众谋利益,解决群众的生产和生活的问题,盐的问题,米的问题,房子的问题,衣的问题,生小孩子的问题,解决群众的一切问题。"① 在战争的年代里,根据地人民在党和政府的领导下,在生产救灾、社会救济、战地服务、拥军优属等工作方面做出了很好的成绩。通过群众路线的工作方法,为人民谋福利,促进了革命根据地和解放区的安定团

---

① 《毛泽东选集》第1卷,人民出版社1991年版,第138—139页。

结,推动了革命事业的胜利发展,为夺取革命战争胜利作出了不可磨灭的贡献,也为中华人民共和国的社会福利工作创造了有益的历史经验。

1949年中华人民共和国成立后,中国共产党成为执政党,解决人民的温饱问题、实现生存权和发展权就成为了党的最紧迫任务之一。中国建立了一套以苏联模式为参照、以单位和就业为基础、城乡分割的二元经济体制,逐步形成了适应社会主义公有制和计划经济的社会政策雏形。"我国计划经济虽然没有使用'社会政策'的概念,但确实建立起了通过国家计划体系而制定和实施的社会政策体系。其主要的特点是社会政策体制与经济体制较高重合,各类制度互补共存,同时担当经济发展和社会保护的任务。从实际效果上看,当时的这套体制在保障基本民生和维护社会稳定方面发挥了重要的作用,使我国在经济发展相对落后的情况下,有效地满足了广大群众的基本需要,并且在社会发展方面取得了超出其经济水平的成就"①。

总体而言,计划经济时期,中国的社会政策是一种以政府管理社会和单位负责就业者生计及福利的封闭性体制,在单位和集体之外,政府和集体提供的有限福利是要满足那些无力自救和缺乏非正规系统照顾的困难人群。社会政策一直被理解成一种狭义的、仅仅覆盖困难群体和在非常时期由政府提供的紧急援助和服务,它在某种程度上既体现了政府的社会救助伦理,也表明在中国这样一个东方国家里个人自立和家庭(或家族)内部的互助所占据的重要地位。

(1)建国初期,党和政府面对旧的社会制度遗留下来千疮百孔的社会现实,立即采取了一系列带有社会保障性质的政策和措施,主要包括对职工的社会保险,对公民的社会救济、社会福利,对军人及其家属的社会优抚等;"这一系列措施,对于尽快医治战争的创伤,保障人民群众的最基本的生活,稳定社会秩序,恢复生产,都起了积极的作用"②。随着我国进入社会主义改造和建设时期,国家每年都拨

---

① 关信平:《改革开放30年中国社会政策的改革与发展》,《甘肃社会科学》2008年第5期。

② 郭崇德主编:《社会保障学概论》,北京大学出版社1992年版,第133—134页。

出大量救济经费和物质,对有生活困难的居民和农户给予补助和救济。

(2) 颁布有关政策法规,使社会保障的工作有了遵循的原则和法律依据。1950年,中央有关部门陆续制定了《革命军人牺牲病故褒恤条例》等5个优待抚恤条例,《关于人民解放军1950年的复员工作的决定》等;1951年2月,政务院颁布了《中华人民共和国劳动保险条例》,1953年1月经过修订正式实行,1958年又将该条例中养老保险部分单独颁布执行,规定了职工在生、老、病、死、伤、残等各种风险下的保障收入标准,职工的劳保福利制度基本形成;同时,国家和集体还建立了一批疗养院、福利院和敬老院等社会福利设施。这些法令和措施对保障劳动者的基本权益、调动广大职工建设社会主义的积极性,起到了巨大的促进作用。

(3) 在农村,使农民通过土地改革获得了土地,成为土地的主人,又通过互助合作运动,逐步建立了一定规模的集体所有制经济,从而分得了生活资料。在集体经济发展的基础上,集体从全体社员创造的收入中提取一定的"公益金",兴办一些集体性质的社会保障事业。与此同时,国家和集体还建立了"五保"(保吃、保穿、保住、保医、保葬)制度和其他扶贫救济制度。

这一阶段实行的社会政策,具有明显的二元社会性质,国家在福利中的角色具有二重性:既有制度性的一面,即国家通过单位体制为城镇居民提供比较全面的福利和服务;又有补救性的一面,即对单位体制之外的城镇居民和农村居民提供十分有限的救济和援助。在我国,真正能享受到社会保障的人只是全社会成员的极少数人,存在着巨大的城乡差别。一般而言,城市居民享受的社会保障范围不仅有养老、医疗、工伤、残疾、死亡和生育等各项保险或救助项目,还享有食品补贴、住房分配或补贴、交通费用补贴等保障项目;而且保障的对象,不仅包括企业的职工,还要包括职工的家属;保障的手段,不仅要提供保障资金,还要提供大量的直接服务。然而在农村,农民基本上不被包括在国家的社会保障社会体系内,农民的保障事业基本上处于自在状态,即集体生产和收入的好坏,决定了农民的物质文化生活水平,集体保障的覆盖面很小,最主要的用途是供养"五保"户,以及救济因天灾人祸或因劳力、资金缺乏、子女过多而陷入困境的贫困户;农民主要依靠家庭的保障,以及亲友、邻里的守望相助、互帮互济。

二、社会政策调整

自20世纪70年代末实行改革开放政策以来,为了改变落后的国民经济状况,中国开始了以发展经济为导向的社会经济转型。在这一转型期中,国家的施政重点转向经济发展,政府经济政策职能凸显,在社会政策方面也进行调整,社会政策开始转向服务于经济政策,从而推动经济效益的提升和经济的增长。

概括起来看,我国改革开放以来在社会政策方面的调整可以大致分为三个阶段:最初是应对70年代末严重的社会问题和80年代初期经济体制改革所引发的矛盾而开始的应对性调整;随后是在市场化和全球化的背景下,由新的理念引导下的社会政策制度转型;再后来则是在新的发展目标指引下的社会政策目标和功能的重新定位,以及构建长期稳定可持续社会政策体系的努力。

(1) 1984年起,我国城市经济体制开始改革,社会保障制度的改革摆上了党和政府的议事日程。扶贫政策是这一时期我国农村社会保障政策的重要内容。1986年,我国在全国范围内开展了有计划、有组织的大规模开发式扶贫计划,社会保障作为我国整个经济体制和政治体制改革的配套工程,被正式列入国家的社会经济发展规划。在"七五"计划中,明确提出了"要有步骤地建立起具有中国特色的社会主义的社会保障制度雏形","建立健全社会保险制度,进一步发展社会福利事业,急需做好优抚、救济工作","要通过多种渠道筹集社会保障基金。改革社会保障管理体制,坚持社会化管理与单位管理相结合,以社会化管理为主。继续发扬我国家庭、亲友和邻里互助互济的优良传统"。在这里,已基本勾画出我国社会保障制度的轮廓,设计出了大致的框架,[①]为建立具有中国特色的社会保障制度指明了方向。

---

① 郭崇德主编:《社会保障学概论》,第136页。

（2）随着改革开放的深入发展,我国从计划经济体制向社会主义市场经济体制的转型,不少原有的社会保障方式已经不能适应新的形势。为了使社会保障工作适应改革开放的新形势,使社会保障与社会经济同步发展,各有关部门和各地区都进行了积极的探索,社会政策变革的重点内容是各类社会保险制度的建立和完善,在社会养老保险、失业保险、医疗保险等社会保障制度改革方面取得了显著的成效;在社会福利、社会救助、优抚安置等方面也取得很大成绩,积累了有益的经验。

国务院于1991年6月发布了《关于企业职工养老保险制度改革的决定》,明确规定养老保险实行社会统筹,费用由国家、企业和职工三方负担,从而标志着养老保险制度改革进入了以社会统筹与个人账户相结合(简称"统账结合")为特征的制度创新阶段,计划经济时代的非缴费制的劳动保险制度逐步被个人缴费的保险制度所取代,社会保障制度的建设正加速向新体制转换。住房改革也是这一时期我国社会政策变革的重要内容。

（3）全国绝大多数地方已经建立了最低生活保障制度。这是一项由政府主导实行的解决城乡低收入居民生活困难和保护孤老病残等特殊群体合法权益的社会救助制度,属于社会保障体系的基础工程。城市和农村凡低于当地最低社会保障标准的家庭和居民,都能享受最低生活保障救助。

（4）农村社会保障得到强化,农村不同形式的社会保障制度框架正在形成。农村中唯一的国家正式推行的社会保障制度就是1992年开始实施的农村社会养老保险事业,适应了农村经济和社会发展的需要,使农村社会保障工作取得了突破性的进展。这项事业从基金的筹集上采取了个人和集体共同负担的原则,体现了先尽义务、后享受权利的原则,同时强调了自我保障的思想。但这仅仅是一个开端,广大农村人口的社会保障水平仍然很低,保障功能依然薄弱。

上述情况表明,改革开放的社会发展阶段使中国的社会政策取得了长足发展,社会政策的制定更加注重以公正为价值取向。首先,社会政策的价值取向实现了由原来的以国家计划模式为主向以市场导向模式为主的转变。改革开放以前,我们主要是靠行政划拨来实现社会分配和社会管理,各项社会政策充满了刚性的色彩。改革开放以来,随着经济体制的转轨,我们在制定和执行社会政策的时候,除了继续使用国家的行政手段外,同时开始考虑怎样更多地借助社会和市场的力量。其次,公民的个人利益开始由政策的边缘地带向政策的核心区域发展。在过去,社会不存在"个体的人",只存在"整体的人",个人是完全从属于集体的,各项社会政策完全基于国家与集体的利益而制定,而很少考虑个人的利益得失。改革开放以后,我们制定的社会政策开始更加注重对人本身的关怀。毕竟"对于各个个人来说,出发点总是他们自己"。纵观这些年来我国所制定的各项政策和法律,如《中国计划生育协会科学发展规划纲要》《国家八七扶贫攻坚计划》《城市居民最低生活保障条例》《失业保险条例》《中华人民共和国劳动法》《中华人民共和国教育法》《中华人民共和国未成年人保护法》等不胜枚举,这些都是直接涉及人本身的相关政策。另外,这些年来基本的社会价值评判标准也发生了变化,不再像过去那样具有浓厚的平均主义思想,抽象地强调平等原则,而是在注重保障人民基本的社会权益同时,更加注重社会政策的机会均等原则和按贡献分配原则;而且各项社会政策越来越接近社会的现实要求,越来越走向了成熟。①

但是,中国社会政策的改革和创新任务仍是艰巨的,前进的路上还面临许多有待解决的问题。

1. 社会保障覆盖面不广

社会保障的追求目标是实施一种社会福利政策以求社会成员解除患难、以利于社会的发展,社会保障的重要原则就是公平,因而它要求将全体国民纳入社会安全网之中,它应当在人口中有最广泛的覆盖面。但是,我国的社会保障覆盖率低仍是面临的主要问题:第一,目前各项社会保险主要是在全民所有制和城镇区县以上大集体企业中实行,还没有覆盖所有从业人员,如县以下小集体企业、"三资"企业、股份制企业、私营企业、个体户及乡镇企业的职工等,参加

---

① 程玲:《中国社会政策的演变与发展》,《河北学刊》2010年第4期。

社会养老、事业保险的覆盖面尚不够高;医疗保险改革还没有大的突破。第二,农村社会养老保险还处于低水平的试点阶段。由于这项工作面广量大,难度也大,加上政策上还存在一些问题,所以这项工作进展不快,农村社会保障覆盖面小,社会保障功能薄弱,不适应社会主义市场经济体制的要求。这种状况将在相当大的程度上限制了劳动力在各种经济成分之间的流动,阻碍了企业经营机制的转换,也制约了社会保险分散风险功能的发挥。

2. 社会保障的内容不尽合理

我国的社会保障制度,虽然包括了社会保险、社会福利、社会救助、优抚安置和社会互助、个人储蓄积累保障等内容,但我国城市的社会保障内容相对于我国的国力、经济发展阶段和市场经济发展而言,最突出的不合理性在于医疗保险的超前和失业保险的滞后。一方面,我国对国家机关、事业单位、全民企业的职工实行医疗费用全部由国家及企业负担的医疗保险制度,并造成了严重的浪费问题;另一方面,我国的失业保险过于滞后。尽管十几年的改革已使企业一部分富余人员分离出来,但目前企业富余人员数量仍然较多,隐性失业现象较为严重,据估算,这类人员约占在职职工的三分之一;随着国有企业实行结构调整和资产重组,走减员增效、下岗分流、规范破产、鼓励兼并的路子,显性失业人数也会迅速增加。能否妥善地处理下岗和失业问题,帮助有关职工解脱困难和实现再就业,这是对我国社会保障制度的一个严重考验。

3. 社会保险费用的筹资难度增大

长期以来,我国通过"工作单位"提供福利的社会保障体制培养了职工对"单位"的依赖;随着经济改革的深化,"铁饭碗"和"大锅饭"在社会向市场经济转型的过程中被打破了,由单位向职工提供的社会保障开始削弱。于是,有些地方的职工集体福利设施费及集体福利事业补贴费有所减少,特别是国有企业对集体福利设施的投入越来越少;有些企业出现养老保险基金收缴困难,甚至不按劳动法规定按时足额缴纳养老保险基金,再加上困难企业增多,欠缴、缓缴养老金的企业逐年增加;加之积累的基金缺乏稳妥、安全的投资渠道,还不能够解决基金保值、增值的问题,不少地方甚至面临基金流失、浪费及收支不平衡的问题。凡此种种,对社会保障制度的创新构成了不利的影响。

出现以上问题,主要原因是:

(1)机制欠灵活。一是没有建立预筹积累机制,现行社会保障制度筹资给付模式是现收现付的统筹式,基本上没有什么积累或只有很小的积累,这将使社会面临离退休高峰期养老金支付的巨大压力。二是没有形成合理的约束机制。特别是劳保、公费医疗费用逐年急剧上升,缺乏有效的统一管理。三是没有建立适应劳动力流动的机制。由于社会保险还不健全,关、停、破产企业职工和企事业单位的富余职工难以进行正常合理的流动。四是没有形成促进管理部门改善服务的机制。目前社会保险机构经费来源主要靠管理费收入,没有与服务功能的改善挂钩,企业仍无法摆脱离退休人员的沉重负担。

(2)法制欠健全。社会保障的一个很大特点在于它依法实施的强制性,目前在社会保障方面的地方性立法和政府规章制定还比较落后。由于立法滞后,社会保险的强制性和权威性难以发挥,对单位和个人缺乏约束力,以致出现了大量少缴、漏缴、拒缴社会保险费的情况。

(3)结构欠合理。由于多种原因,社会保障事业形成了多头分散管理的格局,各自为政的问题比较突出。社会保障结构存在一些不合理的现象,导致单位的社会福利设施对社会开放不够,社会福利设施不足,现有的社会福利设施没有充分利用,未能开展适应社会主义市场经济的有偿服务。社会救济由于资金不足,力量薄弱,仍然处于被动局面,社会保障待遇、制度办法层次单一,同社会经济生活的变化不相适应。

(4)参与欠自觉。现在的社会保障制度基本上仍是国家和单位包下来的,一部分职工存在依赖心理,个人自我保障意识薄弱,参与不广泛、不自觉。在农村,社会保障的实现主要靠集体和个人的积极参与,由国家、集体和个人合理负担费用,但一部分农民仍把养老保障的希望主要寄托在传统的家庭养老方式上。

三、社会政策时代

进入 21 世纪后,我国社会政策似乎出现了一次新的范式转移,社会政策的发展进入了一个新的阶段,有学者称之为社会政策时代,即社会福利政策作为一种现象而较为集中出现的时间段。由于社会福利制度体系的形成需要经济和政治因素的强有力支持,因此它不可能是突生的,而是以一定的经济与政治条件为基础的。社会政策时代就是一个国家或地区,以改善弱势群体的生活状况为目的的社会政策普遍形成,社会公正的理念被普遍认可,并且作为一种制度被有效实施的社会发展阶段。社会政策不只是简单的政策规定,实际上,有效的政策要有政策理念的支持。当一定时期某一国家和地区出台众多社会政策时,社会中就会较广泛地存在某种社会福利的意识形态,社会公正、对弱势群体的不利地位的关注就成为决策层和广大社会的共识。尽管不同社会群体对这一问题的关注的出发点并不完全相同。①

随着科学发展观与构建和谐社会目标的提出,社会政策得到了党和政府前所未有的重视。特别是在应对 2008—2009 年全球金融危机的过程中,我国集中出台实施了一系列社会政策,如"新医改"方案、新型农村社会养老保险制度等,重建国家在公共福利与服务中的责任,2009 年也因此被誉为"社会政策年"。随着国家在社会政策领域角色的强化,新世纪我国社会政策出现了一些令人惊喜的发展。第一,中央政府加大了在教育、医疗、就业、住房等领域的投入,中央政府的社会政策功能明显强化,社会政策在一定程度上出现了集中化的趋势。这种趋势有助于提升社会福利的"地域正义"。第二,一些地方政府,特别是沿海发达地区正在全力推动打破城乡隔阂、职业分割的社会保障制度,努力建构城乡一体的社会政策体系,出现了具有地域公民身份特色的福利地方化。统一的地域公民身份虽然只停

---

① 王思斌:《社会政策时代与残疾人事业的发展》,转引自广州市社会科学界联合会、广州市残疾人联合会编:《残疾人社会保障研究》,广东人民出版社 2004 年版,第 19 页。

留在城市一级,但可以为更高层次地域公民身份的建构准备条件。第三,随着城乡免费义务教育的全面实现,全民医保制度目标的确立,普惠型社会福利制度的建设,以及社会保障制度城乡统筹的推进,以公民身份为本的社会政策体系初露端倪。第四,农民工开始被纳入社会政策体系,逐步成为社会政策的受益者。这一切都有利于打破长期以来存在的城乡分割、职业分割、地域分割的碎片化社会政策体系,有助于推动统一的"社会中国"的形成。① 当前中国社会政策突出表现在以下方面:

1. 社会政策以民生问题为重

改革开放以来,中国终于走上了一条具有本国特色的现代化发展道路,它不但使占世界1/4人口的中国的政治、经济、社会、文化、思想等方面发生了巨大的变动,而且人民生活水平也随着经济的快速增长而有了明显的改善与提高。但是,社会结构的急剧转型也带来了社会分层结构的迅速嬗变,中国社会的利益分化现象日趋严峻,尤其是社会建设滞后于经济发展所带来的社会问题和社会矛盾空前突出,集中表现在与民生密切相关的教育、医疗卫生、就业、收入分配和社会保障等公用事业的方方面面。为此,当前的社会政策更加注重以人为本,我国从中央到地方的各级政府都强化了对民生问题的支持力度。以民生为基础,以满足民众基本需要和维护社会稳定并重为政策制定的原则。所谓民生问题,就是使民众的生活、生计不断得到满足,给予民众生存以基本社会保障的问题,即关于社会分配的公正、公平、合理的问题。社会政策以解决民生问题为重的取向体现了党和政府以"人"为中心的发展战略,它要求平等地保障最广大人民群众的根本利益,特别是社会弱势群体的利益。

翻开十七大政治报告,民生话题几乎贯穿始终;综观大会进程,民生问题亦差不多是最热门的话题。报告明确提出"发展为了人民、发展依靠人民、发展成果由人民共享";小康社会不是为了发展而发展,而是"以人为本",实现全面可持续的发展。报告将GDP"翻两

---

① 岳经纶:《建构"社会中国":中国社会政策的发展与挑战》,《探索与争鸣》2010年第10期。

番"的目标由过去的"总量"改为"人均",体现出中央要将发展成果惠及人民群众的战略性转变。十七大报告中就收入分配有两个重要的新提法,一是逐步"提高劳动报酬在初次分配中的比重";二是"创造条件让更多群众拥有财产性收入"。前一个提法是针对实际生活中存在的劳动者工资偏低的现象,后一个提法体现了平等保护物权、藏富于民的理念。两个提法统一于维护最广大人民的根本利益之中。胡锦涛同志在党代会报告中提出,要"更加注重社会建设,着力保障和改善民生,推进社会体制改革,扩大公共服务,完善社会管理,促进社会公平正义",他不仅明确承诺"努力使全体人民学有所教、劳有所得、病有所医、老有所养、住有所居",而且连"减轻中小学生课业负担""进城务工人员子女平等接受义务教育"等内容也写进报告之中。

我国在就业、社会保障、教育、医疗和保障性住房领域集中出台了一系列社会政策,其政策重心和社会性财政支出不断向城乡居民、农民工和弱势群体倾斜。比如,2003年试点建立"新型农村合作医疗";2006年通过《义务教育法》(修订案),规定义务教育不收学杂费,义务教育经费纳入公共财政保障范围;2007年试点"城镇居民基本医疗保险",建立"农村最低生活保障制度";2009年试点"新型农村社会养老保险",出台"新医改"方案;2010年启动实施"国家基本药物制度",通过《社会保险法》,将保障性住房建设工作纳入政府考核问责机制的范围;2011年提出了以公租房为主体的保障性住房体系建设目标,试点"城镇居民社会养老保险"。目前,我国的社会政策项目规划基本健全,实现了制度全覆盖,基本公共服务均等化水平显著提高。①

民生连着国运。民生问题列入党代会报告,彰显了中国共产党对民生问题的认识达到一个新的高度,体现了立党为公、执政为民的崇高理念和以"人"为中心的发展战略,也是中国共产党和中国政府求真务实,切实为人民群众谋利益的最直接、最生动的体现。

---

① 郁建兴:《当代中国社会建设的基本经验与未来》,《光明日报》2012年4月18日。

2. 社会政策向弱势群体倾斜

我国在改革开放进程中,以经济建设为中心的热潮形成了片面追求经济总量和增长速度的发展模式,由此带来了许多社会问题和社会风险,导致庞大的社会弱势群体的出现,对我国经济的可持续发展和社会和谐发展带来了不利影响。进入新世纪以来,政府进一步加强了对一些特殊困难群体的权利保护和救助,中央政府及其有关部门发布了《关于加强孤儿救助工作的意见》(2006)、《残疾人就业条例》(2007)、《劳动合同法》(2007)、《促进就业法》(2007)等重要的法律,积极推动针对老年人、妇女、未成年人、残疾人等人群的社会保护和社会促进事业,完善了促进就业的政策行动和保护劳动者就业权利的法规体系。

目前全国60岁以上的老人达1.69亿,老弱病残孤者是弱势群体的主体。2009年4月,国务院新闻办公室发表了《国家人权行动计划(2009—2010年)》,其中关于老年人的养老问题,明确提出"构建以居家养老为基础、社区照料为依托、机构养老为补充的老年人服务体系。采取公建民营、民办公助和政府购买服务等方式,支持和鼓励社会力量参与老年人服务事业。以社区为平台,通过多种方式,为老年人提供生活照料、精神慰藉和卫生服务"①。

对于8000多万残疾人,我国在推行了按比例就业政策之后,残疾人就业率有所提高,但对那些缺乏劳动能力的残疾人,如重度肢体残疾的残疾人,农村无特长的盲人、精神病残疾人、智障残疾人来说,就很不适用。而且残疾人在劳动市场上往往是受歧视、被淘汰的对象,不仅工资低,与劳动力流动无缘,而且事实上他们只有很少的就业机会。就绝对数量来说,残疾人的失业率与贫困率仍远远高于社会平均水平。

对于失业者和国有、集体企业下岗职工,社会特困人口,他们曾在不同的工作岗位上为社会发展与现代化建设作出过贡献,他们是

---

① 中华人民共和国国务院新闻办公室:《国家人权行动计划(2009—2010年)》,《人民日报》2009年4月14日。

我国社会中的基本劳动群众,是经济体制改革过程中的产业结构调整和企业自身经营方面问题所付出代价的承担者。他们面临的困难是低收入或无收入、家庭需要赡养人口多或就业人口少、消费水平低、生活压力重、基本生活程度以及发展机会都低于社会的基本水准。为此,国家从2002年起通过中央政府的直接投入而进一步加强了城市低保制度,并着力建设综合性的城市社会救助体系。在短短几年里,城市低保覆盖面从过去的只有几百万人迅速扩展到2300万人左右。同时,从2003年起,在我国城乡中陆续建立起了医疗救助制度、法律援助制度、流浪乞讨人员救助制度,进一步完善了住房救助制度,修订了《农村五保供养工作条例》,并且在2007年在全国普及了农村最低生活保障制度。

对于进城民工,农村剩余劳动力流向城市是转型期我国社会经济发展的必然结果。许多经济改革措施为许多农民在城市务工提供了多种机会,他们大多集中在生产企业、建设工地、服务行业打工。虽然进城民工为迁入地社会经济发展提供了"未付成本"的劳动力,而且民工的低报酬和灵活性正好满足劳动力市场的一些迫切需求;他们的劳动既为当地创造了财富,他们的消费又增加了当地的繁荣。但是他们缺乏保护自身的意识,更缺乏保护自身的能力,很容易受到侵害。从2002年起,中央政府开始强调农民工在就业、社会保障和社会服务方面平等权利的问题。一方面,强化了农民工参加城镇社会保险的要求,各地设立了一些适合农民工的社会保险项目;另一方面,积极探索解决养老保险关系转接等制度性难题;再一方面,在中央政府的推动下,各地陆续将农民工子女受教育纳入城市公共教育体系,并且积极探索在更大范围中将农民工纳入城市社会福利、社会救助和公共服务体系的问题。

3. 社会政策与国际社会接轨

改革开放以来,随着我国和世界各国立体交往的加深,对各个领域的国际游戏规则有了更加清晰的了解。我国的社会政策也由此走向更加开放,在许多领域实现了和国际社会的接轨。这种接轨,一方面表现为我们在制定自己的社会政策时,开始更加注重其他国家在相关问题上的处理方法,注意借鉴、引进和吸收他国的成功经验。另一方面,就是我国开始在很多领域实现了对相关国际惯例的认同,参加了很多国际公约组织。如,《公民权利及政治权利国际公约》《国际湿地保护公约》《残疾人权利公约》《儿童权利公约》《经济、社会和文化权利国际公约》《消除对妇女一切形式歧视公约》,等等。

我国各地出版社还引进、翻译了许多国外的社会政策著作。商务印书馆出版的"社会政策译丛"陆续有新书问世,如埃斯平－安德森(Costa Esping-Andeson)著的《福利资本主义的三个世界》,多亚尔(Ryan Doyle)和高夫(Ian Gough)著的《人的需要理论》等。北京大学出版社也出版"社会政策与社会保障前沿译丛",包括德威尔(Peter Dwyer)著的《理解社会公民身份》,鲍威尔(Martin Powell)著的《理解福利混合经济》。其他还有迪安(Hartley Dean)著的《社会政策学十讲》、哈尔(Anthony Hal)和梅志里著的《发展型社会政策》、布莱克默(Ken Blakemore)著的《社会政策导论》(第二版)等。

在社会政策科研和教学不断发展的基础上,自2007年以来连续每年举行的"社会政策国际论坛暨系列讲座"吸引了国内外大批社会政策研究学者与实际工作者,已经在国内外形成了较大的影响。此外,国内举办以社会政策为主题的国际研讨会也非常踊跃。据不完全统计,2007年至今,各高校及研究机构举办的与社会政策相关的国际研讨会平均每年超过6个。譬如:2007年,南京大学举办了"中日韩社会福利国际研讨会",中国社科院社会政策研究中心举办了"中国农村养老保障与农户资产建设研讨会";2008年,中国国际扶贫中心举办了"社会政策与发展:比较视角下的中国"国际研讨会;2009年,国务院发展研究中心举办了"金融危机中的社会政策国际研讨会",中国社科院社会政策研究中心举办了"残障儿童社会政策国际研讨会";2010年,上海行政学院举办了"城市发展与社会政策"国际学术研讨会,中国社科院社会学所举办了"中国—东盟社会救助政策研讨会"和"国内与国际移民:比较的视角"国际研讨会,等等。这些动态表明我国的社会政策已经以更加开放的态势走向世界。

第二章　社会转型与社会政策

4. 社会政策致力和谐社会的构建

党的十六大报告明确提出:"我们要在本世纪头二十年,集中力量,全面建设惠及十几亿人口的更高水平的小康社会,使经济更加发展、民主更加健全、科教更加进步、文化更加繁荣、社会更加和谐、人民生活更加殷实","努力形成全体人民各尽其能、各得其所而又和谐相处的局面。"从文献学的角度看,"和谐"在党和国家的重要文献中反复出现并非偶然,政治词汇的流行,总以深刻的社会积淀为根基;同样,一个词汇在党和国家领导人的讲话中被一再强调,就是一种宣言。"和谐"是一个反映现实存在的重要概念。在中国社会转型和发展的关键时期,党中央提出了建立和谐社会的重要战略构想,实际上揭示了中国社会存在不和谐问题,是对中国已经出现的和谐与不和谐共存一体的社会格局的正视和承认,具有极大的现实针对性。

中国社会的安全运行面临着极大的挑战,其复杂与艰巨的程度很有可能是建国六十多年以来前所未有的。因此,无论从解决社会突出矛盾的现实需要出发,还是从全面建设小康社会的更高要求来看,把和谐社会范畴作为国家政策体系中的重点政策加以确立和推行,都具有现实的紧迫性和长远的战略意义,也是执政的中国共产党必须正视而且应当加以解决的重大现实课题。

从20世纪80年代开始,中国社会进入一个全新的改革开放的时代。进入21世纪,中国社会经济各领域已经发生了重大的变革,社会经济发展也面临新的机遇和挑战。"坚持以人为本,努力构建社会主义和谐社会"口号的提出,透露出一个强烈的信号,即在中国发展的关键时期,在经济建设取得举世公认成就的同时,要协调社会关系,建立和谐社会,使经济建设与社会协调同步发展,这也就意味着,21世纪的中国社会政策将要继续加强。

从整体上加以理解,和谐社会就是要使组成社会系统的各要素之间形成相互交融、彼此适应、相辅相成的状态;既要强调人与人的和谐,又要强调人与自然的和谐;既要达到内部各阶层、各群体之间的和谐,又要实现宏观整体社会的有序运作;既要经济、政治、文化等各要素内部的和谐,又要形成各要素之间的协调与和谐关系。和谐社会应该是充满创造活力的社会,是社会管理体制不断创新和健全的社会,是稳定有序的社会。这样的和谐社会,是一个充满活力的社会,也就是说,一切为我国社会主义现代化建设作出贡献的劳动者都是光荣的,都应该得到承认和尊重,都能够融洽、和睦、平等地共处。

客观地看,今天的中国社会仍存在许多新的利益关系和内部矛盾。收入分配差距不断扩大,城乡差距、东西部差距、行业之间与群体之间差距等突出的问题,这些问题使社会和谐蒙上了阴影;不同阶层的社会成员也存在不同的社会需要,社会还不能充分满足这些不同的社会需要,而一部分社会成员与社会弱势群体则有更多的公平诉求,甚至产生了较严重的被剥夺心理;日益扩大的收入分配差距,大量被揭露的权钱交易和领导干部腐败个案,对民众的公平承受力造成极大的打击,从而动摇了社会公正和信任的最基本准则。可以说,中国现阶段的许多社会问题之所以没能得到有效的控制和缓解,都与当今中国缺乏必要的社会政策有关。因此,我们必须在以经济建设为中心的同时,制定合理的社会政策来化解经济发展中的社会矛盾,走出一条经济社会和谐发展的路子。

社会政策为构建和谐社会提供"以公平为基础,以效率为导向"的价值理念,是和谐社会构建的基石。建设和谐社会就是以"人"为中心的发展战略,是以追求生活条件改善、生活质量提高为核心的发展战略。它要求中国的社会政策必须坚持"以公平为基础,效率为导向",即体现出社会保护与社会促进并重的原则。所谓社会保护,主要是指政府对在市场化、全球化和社会变迁过程中的受害者提供积极的保护和补偿,社会保护原则可以体现在社会保障政策、公共卫生政策、教育政策、住房政策等一系列的社会政策中。所谓社会促进,是指通过实施社会政策来提高整个社会的人力资本,增强处境不利者在经济,社会和文化等方面的能力,以求得整个社会在公平基础上的效率的提高。只要执政党能全面顾及、通盘考虑全体社会成员的利益,最广泛最充分地调动一切积极因素,发挥社会政策作用,从政策上促进、从制度上保证整个社会的创造活力和不同社会阶层的利益发展和需求满足,那么一个和谐社会的形成是中国社会转型的题中之义。

第三节 中国社会政策的特点

社会政策是一个政党或国家,为实现某个历史时期的路线、任务,达到一定目的而在社会生活和社会活动方面实施的有关行动准则。作为国家政策,社会政策必须经过立法机关的处理,才成为政策,实施起来,方能生效,这是各国制定社会政策的共同点。但是,与西方国家实施的社会政策的理念与模型相比较,中国的社会政策具有若干明显的特点。

一、以国情为依据,与社会经济发展同步加以调整、补充和发展

中华人民共和国一成立,人民政府立即把制定社会政策的工作列入了国家的重要议事日程。建国初期,党和政府面对旧的社会制度遗留下来千疮百孔的社会现实,立即采取了一系列带有社会保障性质的政策和措施,如对职工的社会保险、对公民的社会救济、社会福利、对军人及其家属的社会优抚等;在农村,还通过土地改革,使农民成为了土地的主人,又经过互助合作运动,逐步建立了一定规模的集体所有制经济,鼓励农村集体在经济发展的基础上,兴办一些集体性质的社会保障事业;与此同时,国家和集体还建立了"五保"制度和其他扶贫救济制度;并颁布有关法令法规,使社会政策的实施有了遵循的原则和法律依据。这些有关社会政策的法令和措施对保障劳动者的基本权益,稳定社会秩序,调动劳动者建设社会主义的积极性,起到了巨大的促进作用。

随着我国社会经济的发展,由于几十年来在计划经济体制下一直实行职工福利全由国家或集体包办的社会保障政策等已不适应变化了的社会生活,于是在向社会主义市场经济转型的过程中,尽快建立起由社会保险、社会福利、社会救助相结合,国家、集体、个人三方面合理负担的,统一社会化管理的社会保障体系成为社会政策的迫切要求,具有客观必然性。这表明,中国的社会政策必须是适应客观世界变化的,是符合向社会主义市场经济转型客观要求和历史发展

规律，符合人民的利益和意志的，是在历史基础上的创新，是正常的，也是必然和必要的。从这个意义上说，社会政策有其一定的社会历史性，就是为了使其更适应改革开放的新形势。

二、以较低的社会政策成本谋求较高的社会效益

社会政策是否具有科学性，是保证社会政策能否顺利实施的重要条件。一个社会的经济、科技、文化、环境及社会生活等各方面的情况经常在发生变化，这就要求决策部门在这变动的形势和环境中能审时度势，于千头万绪中找出关键所在，制定出及时、稳定、有效的社会政策。在制定政策的过程中，决策者固然可以凭个人的知识、经验、智慧和胆略决策，并在特定的形势下取得成功，但是依据个人经验所作的决策往往潜伏着极大的失误可能性。因此，决策从经验上升到科学就势在必行。社会政策的科学性包含以下三方面的内容：实现严格科学的决策程序，依靠专家运用科学的决策技术，决策者用科学的思维方法决断。比如，制定政策要建立在科学论证的基础上，即充分研究其可行性、社会效果、付出代价以及可能带来的副作用；在全面推行一项新的政策、措施之前，要经过试点和典型示范的工作方法波浪式前进，以便把可能出现的问题和缺陷尽量暴露和解决在试点之中，使全面实施时少出问题、少走弯路。

建国六十多年来，我国社会、经济、科技、文化、环境及社会生活等各方面的进步和发展是巨大的。之所以能保持社会的稳定，主要是决策部门在这变动的形势和环境中能审时度势，于千头万绪中找出关键所在，制定出及时、稳定、有效的以实现经济与社会均衡发展为目标的社会政策。换言之，为了确保全体中国人民的长远利益和国家在国际舞台上的竞争力，国家针对不同区域、不同对象、不同发展阶段制定不同的社会政策，使之构成一个有机整体，是制定社会政策的出发点。社会政策与经济政策是不同的政策，这两种政策各有重点，分立于平行的地位，互相配合，互相影响，互为因果，从而使社会经济发展趋向平衡。

尽管在我国的历史进程中也出现过某些社会政策的失误，有些失误还十分严重，究其原因，多半是过分依赖决策者的个人意志、脱

离了经济与社会发展的实际所致。这也从一个侧面证明,社会政策的实施是有成本的,作为一种"产业负担",推行社会政策,不能为了一时利益而牺牲国家发展与社会总资本实力。中国还是一个发展中国家,应使中国社会政策费用与国际社会政策费用在相当长的一个历史时期内保持差距,不能盲目地走"福利国家"的道路。

三、社会政策制定与社会主义制度的一致性

中国的社会政策是根据《中华人民共和国宪法》和有关政策、法令,随着社会经济的不断发展,逐步建立起来的以社会全体成员为对象的政策体系。以社会全体成员为对象,即不是专为社会的某一部分人或某一阶级的个别利益;社会利益是共同的利益,社会政策应该为最大多数人谋利益,包括物质生活利益和精神生活利益;社会是人们经营共同生活的集体。因此,不管在我国社会中广大人民群众的需要有差异,但这些需要仍然是彼此相互联系的,必然有其一致性;社会需要的一致性,决定了社会政策的一致性和公平性。"这种一致性首先表现在社会特殊需要和共同需要的一致性;其次是各种特殊需要彼此之间的一致性。当社会特殊需要背离社会共同需要,或者当特殊需要之间相互抵触、妨碍和破坏时,社会就会失去平衡,产生矛盾"①。市场经济的机制是一个以效率和效益为核心的机制,它遵守优胜劣汰的原则,但市场经济的自发作用是不利于公平分配的,特别是对于长期习惯于政府分配和单位保障的人们来说,很可能会产生不同程度的失落感,觉得每况愈下。这就要求社会政策既须与它的社会总方向保持一致,又须彼此相互配合。社会政策就要力求能保持各种需要的适当平衡,调整由此而引起的各种人与人的社会关系,使不同社会阶层的公民都能在社会发展中获得基本的安全保障,并获得应有的利益。社会政策之间的配合与一致的程度,直接影响社会需要满足和社会政策贯彻的广度与深度;如果我国的社会政策在打破贫困的平均分配"大锅饭""铁饭碗"的同时,未能控制社会过度的贫富分化,对于社会稳定和改革推进显然是不利的。在新的历

---

① 陈誉:《社会需要和社会政策简论》,《华东师范大学学报》1981年第4期。

史时期,我国政府坚持从我国处于社会主义初级阶段的实际出发,制定和执行适合于生产力发展水平、适用于全体社会成员的政策,这是完全正确的。

由于国家承担了预防社会权利不公平和向公民提供社会福利的责任,并且这类功能主要是由政府来履行实施的,所以,政府在制定有关社会政策方面处于主体的地位。

1. 对弱势群体的关心和救助是政府义不容辞的工作

现代社会保障制度中的社会救助是政府的一种责任与义务,受助者接受救助,是一国公民的基本权利。救助资金主要来自政府财政收入。从1952年起,我国的历次宪法都有关于社会救济的规定。这些规定把从国家和社会获得帮助的权利推及全体公民,但由于缺乏可操作性的具体规定而只能是一种美好的愿望。1999年9月国务院颁布的《城市居民最低生活保障条例》标志着我国现代意义的社会救助制度正式确立,以及确认了在社会救助中政府的责任性、制度的规范性和执行的强制性。它"突破了社会福利的剩余模式,改变了以往只有'三无'人员或特殊对象才能获得定期定量救助的状况,使扶贫济困成为各级政府的法定责任,从而实现了从个体主义贫困观向结构贫困观、从施恩论向权力论的转变。这是社会救助观念上的重大突破"①。

在我国当前的社会转型中,社会弱势群体承担的市场风险最大。从弱势群体形成的深层原因看,无论是老弱病残者还是社会的贫困群众,他们之所以陷入弱势困境,并不是由于主观方面的不努力或缺陷造成的,而是由于来自各种客观条件(自身或社会环境)的限制,在权力和权利方面、发展的机遇方面、生活的物质条件方面,不具有任何优势;具体讲就是在社会转型中其经济收入、社会地位、权益维护、竞争能力等方面均处于劣势的人群共同体(包括失业、下岗者、低素质人员、妇女、老人等人群)。在计划经济体制下,农民出售农产品的收入很低,却需付出较多的钱购买工业品,这是一方面;另一方面农

---

① 徐道稳:《论我国社会救助制度的价值转变和价值建设》,《社会科学辑刊》2001年第4期。

业税是国家财政的主要来源,虽然从形式上看,国家是从集体收入中拿走了一部分,但实际上所有集体收入都是农民劳动创造出来的,所以农民曾为国家的基础建设作出了贡献。同样,许多实行劳动合同制以前参加工作的职工,因为他们的劳动贡献在低工资制度下已作了部分的"预先扣除",并形成了一部分国有资产积累;随着经济结构调整,以及企业制度改革等多种因素,导致了他们中的一部分人从劳动岗位上被剥离下来,或由于单位改革裁减人员、个人技能条件差、年老体衰等原因而被辞退。所以,国家在承认他们曾为社会发展作出过贡献的同时,无疑应制定有利于他们的相关公共政策,并创造条件向他们提供符合实际情况的保护措施。

2. 创造良好的社会经济发展环境和条件,是制定和实施向弱势群体倾斜的有关社会救助和社会福利的社会政策、建立完善社会安全网的基础

为了经济的真正崛起,中国政府别无选择地进行着世界发展史上规模最大的经济结构调整,也就别无选择地要化解可能形成的世界上规模最大的"下岗"和"失业"的风险,而且必须有一整套对策,从积极的意义上减缓城乡差距和地区差距不断拉大之势,将基尼系数控制在社会可承受的范围之内。因此,建立社会保障是我国体制转轨和发展市场经济的内在要求。我国经济转轨的目标是建立市场经济新体制,在正确发挥市场机制作用的前提下,我们还必须充分估计到市场调节对社会经济生活带来的冲击和负面影响。市场经济虽然能够促使资源得到最佳配置,增进经济效益,但它自身也具有盲目性、自发性、滞后性等弱点,市场经济不会自发地追求公平和保护因年老、伤残、患病和失业等原因而处于弱势地位的劳动者,而且可能加大劳动者的收入差别,诱发社会的不安定因素;同时,市场经济还具有周期性、风险性等特征,单纯依靠市场调节不可避免地会造成社会经济的周期振荡,从而对社会生产力造成损害。因此,国家对经济的宏观调控就显得尤为重要,而制定和实施向弱势群体倾斜的社会保障制度成为政府调节经济关系和社会关系的重要政策工具,并以其固有的公平分配、"稳定器""减震器"等功能构成社会安全网不可

或缺的组成部分。

3. 发挥政府维护社会公平的责任与作用

社会主义市场经济的发展要求理顺转型时期各社会阶层之间的利益变动和利益关系,使公平和效率在社会经济发展过程中得到兼顾与体现。作为社会主义的国家,各级政府尤其应把维护社会公平看作是应尽的职责,从绝大多数人的最大利益出发,维护经济秩序,促进社会公平。改革中的社会弱势群体问题产生的原因有很多。一方面,最近十几年来,我国迅速走完从平均主义到贫富差距过大的历程,基尼系数超过国际警戒水平,成为国际上排名靠前的"分配不公"的国家,改革中的"不公"问题是困扰改革步伐的顽症。另一方面,弱势群体面临的困难并不是由于他们自身不努力,而是因为社会没有提供一个公平的舞台。比如,与城里人相比,农村户口的人在出生、入学、就业、医疗、养老等各方面都处于不平等的起点。从表面看,这是一种起点的不平等(贫富差距),而实质上是"游戏规则"的不平等(准入限制)。在这种情况下,维护社会公平、保障弱势群体利益便成为政府的重要责任。

这也就是说,在社会向市场经济过渡的过程中,各级政府一方面要积极培育市场、完善市场体系,另一方面要实施合理的收入分配调节政策,深化社会保障制度改革,建立城乡一体化的社会保障制度。一体化社会保障制度的特点是:(1)扩大社会保障的覆盖面,不但把职工养老保险的范围扩大到全社会,即覆盖各类所有制企业的职工及个体工商户;而且把占中国人口绝大多数的农民列入社会保障的覆盖范围内;(2)采取国家、企业(集体)、个人合理负担、多渠道统一比率筹集社会保障基金;(3)保险待遇一视同仁,保险金基金共同使用,凡参加保险的劳动者,不论其所在企业的类型,保险待遇一律依统一的制度照章执行,基金在全社会范围内调剂;(4)改进社会保险基金的管理与发放办法,凡参加保险者在一定范围流动时,其保险待遇可以衔接不变。社会保障制度改革的深化与完善,有利于创造使各类企业展开公平竞争的环境,有利于提高社会保障制度的社会化程度,有利于调节社会利益的分配,缓解公平与效率间的矛盾,优化社会经济环境,提供维护大局稳定的"减震器"和"安全网"。

4. 以健全的法制保障弱势群体的权益

依法保障和维护社会弱势群体的利益也是政府的职责和人道主义义务。尽管弱势群体栖息于社会的底层,但弱势群体永远是社会不可或缺的重要组成部分。从这个意义上讲,弱势群体权益是否得到切实有效的保障是政府的法制建设是否完备、国家的法治程度是否成熟的重要标志之一。改革开放以来,全国人大及其常委会审议通过了一系列重要的法律和有关法律问题的决定,形成了有中国特色社会主义法律体系框架,在我国政治、经济和社会生活的基本方面,已经做到了有法可依。其中有《中华人民共和国残疾人保障法》《中华人民共和国老年人权益保障法》《中华人民共和国妇女权益保障法》《关于在全国建立城市居民最低生活保障制度的通知》《城市居民最低生活保障条例》《关于加强国有企业下岗职工管理和再就业服务中心建设有关问题的通知》《关于建立城镇职工基本医疗保险制度的决定》等许多涉及弱势群体权益保障的法律。

目前,要把中国的社会弱势群体安全网建设好,使它的存在与运作有法可依、有章可循,相关的法制建设仍是极具挑战性的;尤其是考虑到中国经济发展不平衡与城乡差别大的实际情况,使弱势群体保护走上法制化道路还很漫长。由于立法滞后,许多地方出台的弱势群体保护措施仅靠行政命令,致使制度不规范,不同地区和不同所有制之间五花八门,对单位和个人缺乏约束力。因此,建立与完善中国社会保障体系的一个重要任务是加强立法。社会保险的基本特征是国家立法,实现强制和互济,各项社会保障也都是按照立法由政府直接组织或指导实施的。社会保障的基本政策和制度要统一,管理要法制化。要健全社会保障的各项法律、法规,强化执法监督检查,使社会保障制度的运作有法可依,社会保障水平与生产力发展水平以及各方面的承受能力相适应。在社会保障制度的改革中,逐步建立起法制的、系统的、健全的监督系统。使社会保障制度改革的推进和立法既要体现方向、目标全国统一,又要留有余地,允许地方从实际情况出发,进行探索,逐步推进。

在我国向社会主义市场经济体制转型的时期，制定和实施适合我国国情、保障和满足广大人民利益、有利于经济和社会均衡发展的社会政策，是涉及千家万户利益和国家稳定的社会工程，是符合经济转型客观要求和历史发展规律的，也是社会政策在中国的创新。

第四节　转型中国的若干重大社会政策问题

实行改革开放政策以来的中国，经济获得了高速、持续、稳步的发展，人民生活水平有了大幅度的提高和改善，改革开放确实给中国和中华民族的命运带来了转机。但从总体上看，虽然我们采取的发展方式和实际的发展内容已经具有了许多现代社会的因素，实现小康仍然属于一个传统社会发展的最高目标。中国实现小康之后的发展应是现代因素占主导地位的发展，是一个由农业国向工业化和现代化国家转化的历史过程。在这样的社会经济发展背景下，研究制度转型过程中的社会结构、社会心理及社会行为的现状及可能的演变，分析社会转型与制度转型中的主要社会问题，揭示当代中国社会的重要矛盾及社会发展的主要动力，探讨社会转型中既有利于推动改革又有利于实行社会整合的可选择方式，以及实行这种新的社会整合之必要条件，调整社会成员的利益结构、利益关系已成为推动改革不断向前的不可忽略的关键因素，制定相应的社会政策也成为巩固改革成果、稳定社会、促进发展的重要任务。

社会政策对于社会生活的干预作用表现为各种利益关系的调整而引导人们的行为，社会政策对社会发展的干预作用在形式上表现为各种行为规范而对人们行为加以约束或鼓励，在本质上则是对各种利益关系进行调整而引导人们的行为、保障人们的利益。中国社会经济发展中的社会政策问题，包括与改革政治经济制度相配套的社会政策，以及在发展与改革中稳定社会、促进社会整合、缓解社会矛盾、避免社会失序的必要政策。当前，有以下若干社会政策问题特别值得我们关注和重视：

一、劳动和就业政策

中国的社会转型,多年来一直有两个基本的政策目标,一是要寻求经济较快稳定的成长,二是要保持就业格局的基本稳定。2003年,"中国的劳动力有 7 亿 4000 万。而欧美所有发达国家的劳动力只有 4 亿 3000 万。中国每年新增劳动力 1000 万;中国的下岗和失业人口大约 1400 万;进城的农民工一般保持在 1 亿 2000 万。中国面临巨大的就业压力"①。2009 年,受全球金融危机影响,岗位流失情况严重,累计减幅达 8% 以上;一批企业经营困难,就业岗位不稳定。我国城镇登记失业率自 2008 年第四季度后达到 4.3%,登记失业人数首次突破 900 万,达 915 万人。② 2013 年,初步估算全国城镇需要就业人数将达到 2500 万的高位,高校毕业生达 699 万,就业压力仍然很大。③ 面临每年城镇新增劳动力近千万,农村剩余劳动力两亿多,庞大的人口和无序的流动构成中国就业市场的巨大压力和社会管理的困难。

为了解决严峻的就业问题,事实上即使中国经济连年保持较高的增长速度,以上人口的数字也大大高于城市能够提供的就业岗位的数字,而且,这个趋势恐怕要维持二三十年甚至更长的时间。这主要是因为中国的失业压力有增大的趋势:随着技术进步、经济结构调整,一些资本密集型和技术密集型行业迅速发展,对劳动力的需求减少,会产生很多结构性的失业,显性失业人数也会迅速增加;国有企业改革的力度加大也使就业矛盾突出,尽管十几年的改革已使企业一部分富余人员分离出来,但目前企业富余人员数量仍然较多,隐性失业现象较为严重,据估算,这类人员约占在职职工的三分之一。能否妥善地处理下岗和失业问题,帮助有关职工解脱困难和实现再就业,这是对我国社会政策的一个严重考验。

---

① 《温家宝总理答中外记者问》,《人民日报》2003 年 3 月 19 日。
② 《我国登记失业人数首破 900 万　失业率达到 4.3%》,中国广播网:http://www.cnr.cn/allnews/200912/t20091225_505806292.html。
③ 姜燕:《2013 年大学生就业压力依然很大》,《新民晚报》2013 年 3 月 25 日。

为此,我国应当从国情和改革的目标出发,实行"积极的劳动力市场政策",把失业救济与职业介绍、转业训练、生产自救等就业服务工作紧密地结合起来,使解困和再就业工作制度化。就业问题的严峻性已经引起社会各界的高度重视,已经有专家提议政府的政策取向应该由"增长优先"变为"就业优先"。因为就业与增长是相辅相成的,高增长才能创造高就业。当然,就业优先还是增长优先,反映在政策取向上是有差异的。为了充分容纳就业人口,国家在发展附加价值高的高新技术产业的同时,侧重大力发展多种所有制的中小企业,鼓励个人创业,发展灵活多样的就业方式。要一方面严格控制失业率,保障失业者的基本生活,保持社会稳定;另一方面针对失业者特别是下岗富余职工的实际情况,加强就业信息交流,通过宣传教育转变就业者的择业观念,通过培训提高劳动力素质,拓宽就业渠道,努力减少摩擦性失业和结构性失业,并对大龄下岗职工进入市场找工作制定可行的保护性政策。在促进就业的具体政策层面上,政府还需要发展公共性的服务事业,包括提供就业培训、改善公共服务设施等。同时,政府还要完善社会保障体系,通过失业保险这个安全网,保证一时找不到工作的人员的基本生活,并通过政府支持的培训提高他们的再就业能力。

许多大龄下岗职工(一般指45岁以上的女工、50岁以上的男工)由于历史的原因,普遍受教育水平比较低,在就业竞争中是一个明显的弱势群体,为这部分人出台保护性政策是很有必要的。政府部门和社会各方面都应该关注这个群体。但是劳动力市场坚持的原则是公平竞争,因此给予大龄下岗职工的保护性政策应该是在给予其一定的经济补偿后,进入市场与其他劳动力一起公平竞争。

二、农民权益保护政策

改革使中国大部分的农民解决了温饱问题,农民从普遍贫困状态中摆脱出来正逐步迈向全面小康生活。尽管如此,农民还远未达到共同富裕的程度,中国的贫困人口绝大多数在农村,总体上而言农民没有改变社会的弱势群体地位。如何保护农民利益,如何增进农民福利,如何促使农民走上富裕之路,是社会政策的最重要的内容,也是政府和农民在市场化、工业化、城市化进程中所面临的主要问题。

上世纪70年代末首先从农村开始的改革,不但极大地解放了农村的社会生产力,而且也推动了城市改革。正是从改革的重心转向城市之时开始,使人们自觉不自觉地忽视了"三农"问题的艰巨性和长期性。因此,现阶段中国社会政策不仅针对城市经济,更是针对一个进行中的农民渐离土地的历史过程。在这个过程中,政府固然要增加对农民的援助力度,从财政等许多方面向农民提供有效的支持;同时,政府也应为农民提供非农化和进城求职的机会。

目前,许多城市并未建立相应的适应于"进城大军"的社会服务体制和社会管理体制,并由此产生了一系列社会摩擦。因此,现阶段以至于更长的时间里,一方面是农村乡镇企业劳动政策将成为中国社会政策最重要的一部分,建立容纳中国农村工业发展水平的社会政策体系和社会立法迫在眉睫,并使之具有国家政策的性质;另一方面是城乡社会二元的社会结构和城乡居民不同的社会福利待遇需要逐步地调整,保障农民的利益,并使城乡人民都能分享改革的利益。消除普遍的贫困和扩大的收入不平等,是所有发展问题的核心,也是许多社会政策的主要目标。但经济的不平等只是广泛的不平等问题的一小部分,更容易被忽略的还有教育和社会承认、职业满足、参与程度和选择等一系列不平等问题,这些问题既是经济不平等延续的后果,又是经济不平等延续的原因,从而构成一系列问题的因果链。因此,农村发展政策的选择和实施具有重大的意义。农业的发展是促进农村顺利发展的推动力,农村的发展又为建立在广泛基础上的脱贫事业的发展奠定了基础。

三、共同富裕与扶贫政策

改革之初,邓小平提出:"在经济政策上,我认为要允许一部分地区、一部分企业、一部分工人农民,由于辛勤努力成绩大而收入先多一些,生活先好起来。一部分人生活先好起来,就必然产生极大的示范力量,影响左邻右舍,带动其他地区、其他单位的人们向他们学习。这样,就会使整个国民经济不断地波浪式地向前发展,使全国各族人民都能比较快地富裕起来。"①这一政策打破了积习已久的平均主义和"大锅饭"问题,推动了一部分地区和一部分人口在走向富裕的道路上先行了一步,同时也在全国范围内激发了求富、致富的效应。

然而,我国仍有一部分地区和群众仍未摆脱贫困,或仍处于温饱状态。2003年召开的全国"两会"结束时,温家宝在首次记者招待会上坦承,"中国13亿人口有9亿农民,目前没有摆脱贫困的3000万左右。如果将每年人均收入标准从625元再增加200元,农村贫困人口就是9000万";"中国沿海五六个省市GDP超过全国GDP总值的50%"。这几个数字,已经将中国社会经济的发展不平衡问题非常尖锐地展现在人们的面前:一是城乡之间的发展不平衡。在改革开放的前期,中国的城乡差别曾相当程度地缩小了;然而随着近年农民收入增幅的持续下降,这种差距又重新被拉大了。以年收入625元为贫困线来计算,中国还有3000万农民没有摆脱贫困。如果把贫困线提高,即使不按国际上通用的每天1美元来计算,只是在现在的标准每年再加上200元人民币,农村的贫困人口就又要增加6000万!二是东西部之间发展不平衡,东西部的差距近年呈现越来越大的趋势。虽然在世纪之交,国家提出了"西部大开发"战略,三年来国家对西部实行优惠财税政策,增加政府的转移支付,加大了建设投入,但地广人稀、自然条件恶劣的西部广袤地区的面貌不是一朝一夕就可以迅速改变的。三是各阶层之间的发展不平衡,即使同在经济水平相对发达的上海、深圳、广州、北京等中心城市,既有月收入过万元的高收入者群体,也还有生活窘迫的众多下岗工人,更有工作没着落的大量进城民工。

在这种情况下,解决城乡之间、东西部之间的发展不平衡,缩小各阶层之间的收入分配差距,不仅符合社会的公平原则,而且也是效率原则所要求的;不仅是个社会政策问题,也是一个政治问题,它关系到整个国民经济和社会的协调发展,关系到民族团结边疆安定和社会稳定,关系到社会主义优越性和党在人民群众中的威信。由于

---

① 《邓小平文选(一九七五——一九八二)》,人民出版社1983年版,第142页。

我国的贫困人口主要分布在西部和农村,国家不但要增加对西部和农业发展的投入,还要增加对农村教育的投资,使欠发达地区的发展能跟上全国建设小康社会的步伐,也使贫困人口能获得基本的社会服务和享受到国家社会福利的好处,从而为劳动力素质的提高、为农业经济的发展以及非农业经济的增长,并最终脱贫致富创造条件。这也就是说,"在解决发展不平衡和社会成员贫富差距过大的问题上也要进行从部分先富向全体共富的重点转移。只有这样,才能从根本上解决转型时期的弱势群体问题"①。社会政策的这种调整对于全面实现富民政策以及满足最大多数人的利益要求具有重要的指导意义。

四、社会福利和财政政策

社会福利是社会财富的一种非常重要的再分配方式。西方发达国家所推行的社会福利制度,内容名目繁多,不尽一致,但概括起来主要有两大类。一类是社会保险,这是为失业工人、丧失劳动能力的人以及患病的人提供一定收入的保险措施,包括失业保险。老年退休保险,医疗保险,疾病保险,工伤事故保险等。另一类是社会福利补助,这又分为两种:一是以低收入者阶层为对象的补助,如在一定时期内给低收入者一定的津贴或给贫困者一定的救济;二是以全民为对象的公共福利补贴。只要符合规定的条件者都可享受,如家庭补贴、产妇补贴、住房补贴、免费九年义务教育、免费供应中小学生午餐、幼儿免费入托、带薪休假等等。这些名目繁多、涉及面广的社会福利措施,确实对改善人民群众的生活和保障低收入者最基本的生活起到了积极作用,使劳动者或低收入者明显地增加实际收入,即使工资收入较低的劳动者,也能保障最基本的生活需要,从而为广大国民创造了一个物质充裕、有保障感的生活环境,从整体上提高了国民的生活水平,促进了社会的安定和进步。

我国现阶段的社会保障体系中,居民最低生活保障是一项完全

---

① 张峰:《解决转型时期弱势群体问题的关键是政策调整》,《中国党政干部论坛》2002 年第 4 期。

由政府财政承担的制度性保障,它是维持贫困人口基本生活的"最后一道保障线"。至 2011 年年底,全国城市居民最低生活保障对象 2256.27 万人,农村最低生活保障对象 5298.28 万人,农村五保供养对象 578.62 万人。2011 年城市和农村医疗救助资金共资助 6649.35 万人参加医疗保险,直接医后救助 2367.27 万人次。但由于我国社会保障制度建立时间不长,相关制度尚处于推进和完善过程中,社会保障在快速发展过程中还存在一些问题。一部分人群相关保障政策尚未完全落实到位。截至 2011 年年底,尚有 192.9 万名被征地农民未按规定参加社会保障。2011 年,127.57 万名被征地农民虽然参加了养老等社会保障,但待遇低于当地农村最低生活保障标准。审计抽查农民工较为集中的企业中,有 157.9 万名农民工参加了部分保险,有 26.61 万名农民工五项社会保险均未参加,占抽查人员的 9.52%。① 总之,我国的社会福利远远不能满足居民的需要,随着经济发展和社会的不断进步,居民急剧增长的对社会福利服务的需求与现有的福利供给严重不足的矛盾日益加剧。据测算,我国现有的社会福利服务只能满足 5% 的社会需求。以老龄人口为例,在我国进入老龄化,老龄人口不断增加的同时,家庭小型化与"空巢家庭"的日益增多,使得传统的家庭养老功能弱化,社会化的养老需求迅速增长。此外,目前社会福利事业也远远不能满足残疾人、孤幼儿童的需求,残疾人及孤残儿童的社会福利事业也需要加快发展。

　　权威人士分析认为,造成"应保未保"状况的主要原因是资金困难,造成了一部分生活困难、符合保障条件的居民没有列入保障范围。如果把农村贫困人口也包括在"低保"对象之中的话,则其压力更显沉重。地方财政无法做到"应保尽保"的原因有两个方面:其一是当地财政的确困难,有的是"赤字财政",有的是"吃饭财政",没有能力承担社会保障职责,只能坐等中央财政补助资金。其二是地方党政领导对这项工作没有真正重视起来,对城市贫困人口的生活视

---

① 中华人民共和国审计署:《2012 年第 34 号公告:全国社会保障资金审计结果》,中华人民共和国审计署网:http://www.audit.gov.cn/n1992130/n1992150/n1992500/3071265.html。

若无睹,有些地区扩大范围支出或违规运营社会保障资金,如用于基层经办机构等单位工作经费、用于平衡地方政府财政预算、用于购建培训中心和体育场馆、用于购建基层单位办公用房、用于购建基层单位职工住房、用于购买汽车或购置设备,甚至用于委托理财等。在有的地方,只要少盖一座办公楼、少吃几顿接待餐、少买几辆公务车、少公费出国"考察",低保等问题的解决是完全不成问题的。

具体到社会福利政策和财政政策方面,政府应做到的是提供基本的社会服务设施,例如教育、卫生等,从而确保机会均等;创造一个能够增强公众参与的环境,尤其是为那些处于劣势或脆弱群体创造这样一个环境,将根据贫困置于绝对优先地位,确保贫困人口的基本生存。具体而言,有些社会保障资金直接来源于政府,这些资金包括:政府设立的公立医院的全部成本,包括药品的成本;基础养老金当年收不抵支的部分;以社会救助的方式,援助最低生活保障线以下的贫困人群;为保障最低生活需要的住房;满足社区服务最低需求的设施;以就业培训方式,资助失业下岗人员进行培训,并以培训期间生活补助金的方式,资助受训人员的生活费;以全约形式,支持部分甚至大部分承担社区服务的非营利组织的服务成本等。

五、社会保障政策

长期以来,我国通过"工作单位"提供福利的社会福利体制阻止了劳动力的流动、培养了职工对单位的依赖;随着经济改革的深化,由单位向职工提供的社会保障开始削弱,随着我国社会向市场经济的转型,"铁饭碗"和"大锅饭"被打破了,竞争和分化出现,并加剧了;在市场经济下,竞争的前提在于有同一的竞争条件,如果企业自行解决失业和老弱病残等问题,就必然产生企业之间的负担不均,从而无法进行公平竞争,因此在生产社会化的条件下,经济保障的方式也必须通过社会保障制度来加以控制。凡此种种都需要有适合市场经济的社会保障制度作为社会稳定器和社会控制器。从社会保障制度建立的方式来看,它是社会化大生产的产物。因此,为适应新的形势,必须从中国目前的社会经济发展状况出发,动员全社会的力量,改变过去一切全由国家或集体包办的社会保障体系,尽快建立起由社会保险、社会福利、社会救助相结合,国家、集体、个人三方面合理负担的,统一社会化管理的具有控制功能的社会保障体系。当前社会保障制度改革的总体目标是:逐步建立起覆盖所有劳动者、资金来源多渠道、保障方式多层次、权利和义务相对应、管理法制化、服务社会化的社会保障运行机制和管理体制。近期有关社会政策的重点是完善城镇从业人员养老、失业、工伤保险,积极推进劳保、公费医疗制度改革,逐步建立大病医疗保险或全员医疗保险,恢复和发展农村合作医疗制度;并稳步开展农村乡镇企业职工及其他居民的养老保险,逐步理顺社会保险的管理体制,完善政策措施。

此外,长期以来中国在失业保险方面没有基金积累,要解决目前比较严峻的失业问题,需要相当大的投入。目前我国企业按工资总额3%比例征收的失业保险金,远不能满足为全部失去工作人员发放失业金的需要,国家财政也没有足够财力托底和补足缺口。继续提高失业保险金的征收比例,企业的负担又过重。所以必须扩展筹集失业保险金的渠道。征税是比目前国家、企业、个人多方征费的办法更加制度化、更加透明、更加有效的措施。

扩大社会保障覆盖面成为社会保护的核心问题。我国公众最为关心的问题是自身经济利益的满足,其次为社会生活环境的改善,再次为国家政治经济改革的成败。我国公众对于自身政治权利的满足和生活娱乐的满足要求还不高,表明解决生存问题依然是我国公众生活中的核心问题。与生存问题相联系的,在微观和个体层面上就是个人和家庭收入、社会保障状况以及就业问题,就需要社会政策的保障。但是,由于我国经济面临国际国内形势的严峻挑战,就业压力越来越大,居民收入分化严重,社会保障覆盖面过于狭窄,大部分就业者处于失业保障覆盖之外,社会还没有建立起抵御巨大风险的社会安全网,社会不稳定的隐患巨大。由于国家财力有限,居民收入不高,目前以国家和市场为主体的社会保障体系的覆盖面和社会保障的覆盖能力都难以满足日益扩大的社会不利群体、弱势群体和边缘群体的需求,社会保护问题已经成为新世纪影响我国社会稳定的最为关键的因素。社会保护体系的建立关系着我国在本世纪初期的社会稳定和改革的成败。

六、家庭与人口政策

家庭是社会的细胞,是人类种族绵延的保障,因为它既是合法生育的必要形式,同时也确立了双系抚养的模式。广义的家庭政策以家庭为对象,包括对婚姻行为、生育行为、家庭关系、儿童保护、老人保护等直接施加影响的法规,为家庭及其成员提供收入支持和公共服务等。由人口转变和社会转型造成的家庭变迁带来了很多社会经济问题。人们担忧家庭功能弱化,担忧面临层出不穷的社会风险时家庭的保障能力,特别是在独生子女政策实施三十多年、人口老龄化加速的背景下家庭还能否发挥基础性作用。于是人们开始对家庭在社会中的地位和作用反思,加强家庭能力建设,支持家庭发展,增强家庭功能成为近年来政府和社会的普遍共识。

人口政策实施的效果是多方面的,它直接导致了人口再生产运动的变化,也对经济、社会的发展产生了巨大的影响,涉及劳动就业、社会福利、文化教育、环境保护、资源分配和生存质量等。在1981年召开的全国人大五届四次会议上,政府工作报告明确提出"限制人口的数量,提高人口的素质是我国的人口政策"。实践证明,我国所实施的这一人口政策,使人口增长与社会经济发展相协调,提高了综合国力,具有极其重要的战略意义。但在人口发展规划上,也必须树立当前与长远利益相结合的观点,既要控制人口数量,提高人口质量,也要注意改善人口的年龄结构,防止人口老化程度过高,以促进社会经济的可持续发展。为此,合理制定人口发展规划,适时调整人口发展政策,不仅是优化人口年龄结构的需要,也是与现行计划生育政策相吻合的。

人口老龄化对中国未来的经济发展和社会稳定构成了越来越沉重的压力。中国已经进入老龄社会,在发达国家,通常是在步入工业化社会后才出现老龄化,且老龄化速度较慢;在中国,则在工业化中期起始阶段、经济建设资金需求集中的情况下就将步入老龄化,这就使得资源配置陷入矛盾之中。因此,中国很可能将在不具备相应的经济实力和社会保障能力的条件下,面临严重的人口老龄化问题的挑战。据预测,中国在 2020 年左右将步入老龄化严重阶段,到 2040 年达到峰值年份的老年人口比例将超过 17%。与国民经济发展相比较,人口老龄化具有提前到来和峰值较高的特点。有鉴于此,应付老龄化"银色浪潮"冲击的养老保障体系的建立,必须坚持在大力发展社会保障事业的同时,继续提倡子女供养式家庭养老保障,还要适当组织老年人口再就业的自养保障,建立起社会养、家庭养和自养相互结合的"三位一体"养老保障体系。

老龄问题是涉及面很广的重大社会问题,不仅关系到老年群体自身,关系到广大中青年人,也关系到社会经济的可持续发展;如果处理不好,就会影响经济社会发展和社会稳定,影响现代化的进程。为此,在大力发展经济的同时,要未雨绸缪,把建立适应老龄化社会的社会政策体系提前摆到决策议事日程上来,其中包括就业与收入保障体系、保健与福利体系、学习和参与社会活动体系、住宅和生活环境体系等方面;现有的一些老年政策需要进一步完善,其他未能考虑老龄化社会压力的社会经济政策,也需要适应人口老龄化趋势进行调整,并通过有效的社会政策鼓励每个公民增强自我保障意识。同时,必须将控制人口数量增长、提倡适度消费、大力发展生活资料生产三者结合起来,逐步实现三者的良性循环。

七、收入再分配政策

虽然我国个人收入分配中的平均主义现象依然存在,但从总体上看,收入差距的扩大是目前分配格局中的最基本特点,社会分配不公问题正在加剧,愈趋严重。在社会主义市场经济条件下,税收是国家财政收入的基本来源和保证,是政府执行经济政策与社会政策的主要手段。有些经济学家曾提出过实行收入均等化的政策,即通过实行收入再分配和社会福利措施来使收入分配趋于均等的政策,它主要由收入再分配政策和社会福利政策两部分构成。收入再分配政策遵循按照公平准则在社会成员中分配国民收入,社会福利政策则遵循按照社会成员对生活必需品的需要来分配国民收入。实行这两项政策的基本机制是运用财政手段在国民收入一次分配的基础上进行收入的二次分配,使国民收入的一部分由高收入阶层手中转移到低收入阶层手中。它具体地通过财政收入政策和财政支出政策来实现。财政收入政策主要表现在实行有利于低收入阶层的税收政策,包括对高收入阶层增税,对低收入阶层减税等。财政支出政策主要表现在向低收入阶层提供各种社会福利和社会保险以及带有福利性质的公共服务和补助等,从而提高国民收入中低收入阶层所占比重的作用,进而有助于促进收入分配的均等化。

为了缩小贫富差距,收入再分配政策作为一种再分配的社会政策手段,对于协调效率和平等的关系、对于初次分配结果有着极为重要的调节作用。例如,我国目前许多城市的风景名胜区或开发区都有高级住宅楼盘、高级别墅群,这些高级住宅所面向的对象基本上是有钱的富裕阶层,社会弱势群体是无缘置身其中的,也就是说,这些楼盘开发的利益着眼点,根本不是面向大众的。就市场经济而言,既然富裕群体有在风景名胜区购置物业的需求,社会在一定条件下无疑是可以满足这种需求的,房地产开发商在风景区建设高档住宅区的直接目的是寻求企业与个人利益的最大化,但由于这种开发占用的是公众的资源,那么,在社会政策方面就应该对公众进行补偿。通常的做法是,兴建高级住宅区或在风景名胜区搞开发,必须付出多出几倍的资金来获取土地,同时政府向开发商和物业购置者收取高额的税赋,多出来的这部分收入,用以促进贫困人口的住宅建设或者为其建立相应的公共设施。

以上这些社会政策从不同侧面反映出在经济社会发展和制度转型中一些重要的社会问题,能否恰当地处理这些问题直接关系到发展与改革的顺利推进。应当看到,经济社会的发展给中国带来了种种前所未见的社会变迁,复杂的社会问题已经显现,这些社会问题既包括转型中国家的典型问题,也包括发展中国家的常见问题。它们引起了相当一部分社会成员的关注和忧虑,也构成了广泛的社会不满滋长的温床,其进一步的演变将可能影响社会稳定甚至诱发社会冲突。它所引起的利益格局的调整既是必然的,又是可以预见和调节的。

面对这样一个既充满社会进步的机会,又面临着挑战的形势,不能指望运用国家的力量压制各种社会矛盾,也不能单纯依靠政治思想工作的力量解决问题。中国需要有清醒的、积极的、具前瞻性的社会政策,它需要对社会状况、社会问题和社会政策进行广泛、深入、全面的研究,以便在主要方面作出基本判断,从而提供相应的政策选择。

第三章　社会公正与社会政策

在当代中国社会前所未有的深刻变化中,社会公正成为一个越来越突出的热点问题。人们在实际生活中广泛地谈论着"收入分配不公""机会不公"等现象,如何实行公正是建构和谐社会与保持经济持续稳定发展的客观要求,是效率与公平两者关系适度选择的具体体现,也是建立社会主义市场经济体制面临的一个十分重要的理论和实践问题。作为社会公正理念具体体现的社会政策,对于协调社会群体之间的利益关系、保证社会安全、促进社会和谐发展,实现社会的良性运行和健康发展是至关重要的。因此,对于当前我国社会出现的"不公正"问题,如果不从社会政策的角度予以充分正视,不及时对不同的社会关系加以调整,不重视社会资源的再分配,就不仅可能影响社会主义市场经济的建立,而且有可能导致社会的动荡与危机。

第一节　社会公正的含义

"社会公正"这一概念有广义和狭义之分。广义上的社会公正,其范围覆盖了整个社会机体,而狭义的社会公正的范围只是限于同经济领域、政治领域、文化领域并列的社会领域。人们在讨论社会公正时,一般是指广义上的社会公正。

对公正的含义,学界已从不同学科角度作出多种论述。有的学者认为,社会公正是指对一定社会结构、社会关系和社会现象的伦理认定和道德评价,它是被一定道德体系认可的对社会成员的权利和义务的恰当分配。也有学者认为，适合公正反映的是以社会利益关系为客体的价值关系，这种价值关系的合理性就是其实质内容。而价值主体就是全体社会成员，而不是某一社会集团、利益群体。全体社会成员利益关系的合理状态就是社会公正的实质特征。还有人认为社会公正是公民衡量一个社会是否合意的标准。而这个标准是由社会成员通过某种对话机制所达成而不是由某个人决定的。对公正的实施只能由国家来垄断，但国家不是一个抽象概念，而是由组织和个人构成的政治结构来支撑的。一个良好合理的社会政治结构对社会公正来说是至关重要的。①

社会公正实际上是由两个部分组成，即"实质公正"和"程序公正"，两者缺一不可。从实质公正的角度看，社会公正是由社会成员基本权利的保证、机会平等、按照贡献进行分配以及社会调剂（社会再分配）这样四项基本规则构成的一个有机整体。除此之外，从程序、流程的角度看，社会公正还包括程序公正。可以说，程序公正是实现实质公正的必要保证。没有程序公正，就不可能有实质公正。

卢梭是近代以来平等理论的鼻祖，它主要以社会契约论开始探讨制度的不平等作为人类不平等的起源和基础。后来，罗尔斯继承并拓展了卢梭的契约论观点，论述了基于平等的正义观，即所有的社会基本价值——自由或机会等都要平等地分配，除非不平等分配合乎每一个人的利益。由此，罗尔斯提出了两个正义原则：自由平等原则和差别平等原则。罗尔斯在《正义论》一书中曾经讨论了三种意义上的程序正义：其一是完善的程序正义，也就是人们预先确定一个正义的分配标准，而后再为实现这个目标制定一个合理的程序，其典型事例便是多人分蛋糕时切蛋糕者最后取。其二是不完善的程序正义，其特点是人们首先有一个正义的期望结果，但是无法设计一个完美的保证实现这一目标的程序，司法审判就是这方面的典型事例。其三是纯粹的程序正义，在这种程序正义中，不存在一个有关正当结果的独立标准，故而只能预先设定一个公平公开的程序，最终的分配

---

① 孙蔚：《反思与构筑——再论和谐社会条件下中国社会公正问题》，《理论月刊》2006年第3期。

结果由预设的程序决定。确切地说,纷繁复杂的现实生活中的价值分配远远不止分一块蛋糕那样简单,如果将社会成员各自心理的、物质的需求以及个人禀赋、机遇等偶然因素考虑进去,完善的程序公正在很多情况下是很难做到的。因为事实上,面对纷繁复杂的合作体系的社会,我们很难判断什么样的分配结果才是公正的。所以,我们只能寻求通过公正的程序去决定分配的结果,把实现社会公正的愿望寄托在制度安排上①。

社会公正是社会主义的核心价值之一,也是中国共产党的一贯主张和始终不渝的奋斗目标。公正反映的是人们从道义上、法理上追求利益关系特别是分配关系合理性的价值理念和价值标准,其中蕴涵着人们对合理的社会秩序、社会规范和利益格局的诉求。社会公正是人类的永恒追求。社会公正的内容不只是合理的财富分配,还包括公民要求的政治权利、社会地位、文化教育、司法公正、社会救助、公共服务和社会福利等。要全面维护和实现社会公正,除缩小收入差距,扩大社会保障,还必须从法律上、制度上、政策上努力营造公正的社会环境,保证全体社会成员都能够比较平等地享有教育的权利、医疗的权利、福利的权利、工作就业的权利、劳动创造的权利、参与社会政治生活的权利和接受法律保护的权利。从这个意义上说,社会公正需要有社会政策的支撑与保障;社会公正不仅是社会发展进步的一种价值取向,也是衡量社会政策是否能发挥其调整社会关系与合理分配社会资源的一个重要尺度。

马克思主义公正观为我们在社会主义制度下实现公平正义提供了重要的思想理论基础。

社会公正是一个社会历史现象。首先,公平正义是一个历史范畴,是社会经济关系观念化的表现。公平正义的标准随着历史的发展而发展,没有一个适用于一切社会制度的、统一的、恒定不变的标准,而必须从生产力与生产关系、经济基础与上层建筑的矛盾运动中去把握公平正义的标准。例如,在中国传统的观念中,"公正"更多地

---

① 孙晓春:《社会公正:现代政治文明的首要价值》,《吉林大学社会科学学报》2005年第3期。

被理解为经济上的平等,"无处不均匀,无人不饱暖"成为人民大众普遍向往的美好憧憬。可见,我国传统思想中的平等诉求着重强调的是结果的公平。即人们首先设想的是一种"公平"的分配结果,而全部的政治、经济制度都要以这种结果为依归。改革开放以前中华人民共和国近三十年的历史证明,在平均主义观念指导下的社会安排并没有引导我们实现"共同富裕"的美好理想,相反却导致了国家和人民的积贫积弱。所以,在平均主义指导下的社会分配是不公正的。因为,这种整齐划一的安排在严格控制社会成员之间差别的同时,也扼杀了那些才华出众的社会成员的天赋,从而压抑了全体社会成员的创造力和想象力,最终的结果是我们的社会也失去了发展的动力。自中国社会转型以来,在社会分配方面实行"效率优先,兼顾公平"的原则,人民的温饱问题已经解决,生活水平普遍提高,绝对贫困人口大幅度下降,教育普及程度显著提高,中国在社会公正方面取得了明显的进步。但是在市场经济环境中,收入分配的差距也在迅速扩大,出现了新的种种不公正的社会现象。

其次,公平正义是具体的,在不同的领域有不同的内涵,不能简单地用抽象的观念来界定公平正义。如在经济领域,公平正义主要是指市场经济的等价交换原则所体现的平等;在社会领域,公平正义则体现为所有的社会成员,包括老弱病残等困难群体,都能获得基本的生活保障和社会福利。社会主义和谐社会要求建立权利公平、机会公平、规则公平、分配公平四位一体的公平保障体系。当前,社会公正问题之所以成为社会关注的焦点,以至于社会公正问题成为影响到整个社会的一个大问题。用国际上通行的衡量一个社会贫富差距的所有指标来看,中国社会的贫富差距现象已经比较突出:基尼系数明显超出正常区间,城乡差距差不多是世界第一,区域之间差距越来越大,行业之间差距现象明显。另外,社会不公现象还表现为:劳动者收入在 GDP 当中所占的比重逐年降低;农村居民和农民工遭受种种不公正的对待;社会歧视现象明显;等等。社会不公现象会使制度设计和政策制定出现偏差,会使利益协调机制明显失衡,同时还会使社会成员对于社会共同体的认同感降低,进而会对社会的安全运行造成不利的影响。对此,都有待实施相应的具体的社会政策进行调整。

最后,公平正义是相对的,其实现程度受具体经济社会发展程度的制约。由于中国正处于并将长期处于社会主义初级阶段,公有制为主体、多种所有制经济共同发展的基本经济制度决定了按劳分配为主体、多种分配方式并存的分配制度是唯一公平的分配制度,所以既不能把公平理解为收入上的平均主义,也不能放任收入差距不断扩大。公平是在尊重绝大多数人利益的基础上能够保护困难群众的公平,它承认差距的存在,但这种差距应当是合理的、适度的。有了公平的制度体系,劳动者的投入与回报就能对等,劳动者的积极性也就高,社会经济产出也就会有效率。所以,不公平的制度体系不仅影响一个人的相对收入水平,而且也影响到一个人绝对收入水平的提高。社会转型进程中有"一部分人先富起来",同时也有一部分人在社会转型过程中失业下岗,出现贫富收入差距越来越大的现象。由于分配制度不合理等方面的原因,人们相同的付出不一定能得到相同的回报,这时人们就觉得不公平,心理就会不平衡,就会有一种失落感和不满足感。并且随着人们之间收入水平差距的扩大,人们的这种不满意度也会增大,进而使人们对财富来源的合理性与社会是否公正产生质疑。因此,分配领域的社会公正应具体体现为既不是简单地倒退回平均主义的时代,提倡"杀富济贫";也不是扩大贫富差距导致社会矛盾激化;应该是重视贫富收入悬殊问题,通过合理范围内的收入差距调节,防止两极分化,在政策制定和制度创新上优先考虑社会弱势群体的需要,调动人们的生产积极性和创造性,维护社会公正。

事实上,广大的中低收入者只是希望能够将贫富差距稳定住,使其不再扩大,促进收入分配合理结构的形成。也就是说,既要保护合法收入,又要取缔非法收入、整顿不合理收入、调节过高收入、保障最低收入。

在我们的观念中,社会公正总是与"公平"相联系的,换言之,社会公正之所以成为人类群体生活得以维持的基本条件,就在于它体现了人们对平等的道德诉求。其实,公正与公平是有差异的,其主要差别表现在:两者的功能定位不同。公正带有明显的"价值取向",它所侧重点是社会的"基本价值取向",并且强调这种价值取向的正当性。而公平则带有明显的"工具性",它所强调的是衡量标准的"同一个尺度",强调对待人或事要"一视同仁",以防止用双重(或多重)标准对待同一件事或同一个人。至于这个尺度本身是否合理,公平就不过问了。公正的事情必定是公平的事情,公平的事情却不见得是公正的事情。① 因此,社会公正是由基本权利的保证(保证规则)、机会平等(事前规则)、按照贡献进行分配(事后规则)和社会调剂(调剂规则)共同构成的一个有机整体。缺少其中的任何一项内容,社会公正便不具备完整的意义。②

第二节 社会分层与基尼系数上升的警示

一、社会分层与两极分化

社会转型和改革的过程,是利益关系和利益格局的再调整。改革开放使人们的理性人、经济人意识明显增强,矛盾的利益性凸显。社会政策的根本目的是实现全体人民的社会福利。在当前中国社会中,"两极分化""分配不公""收入差距扩大"等的出现频率是如此之高,足可见社会面临着严峻的贫富差距扩大化的国情,也反映了相当一部分民众对现实生活中的社会公平所持负面情绪及对实现社会公平的期待。中共十六届四中全会提出构建和谐社会的设想,是对当前国内国际形势和矛盾进行充分估计和全面分析之后提出的重要战略决策和思想。在社会转型中,我国出现了很多社会不和谐的状况,尤其是由于贫富差距拉大而导致的社会阶层关系紧张以及腐败现象呈蔓延之势长期得不到遏制,是目前社会不和谐的集中表现。这些社会矛盾从主观感受上讲是社会不公平和不公正的集中体现,因而建构和谐社会与实现社会公正是紧密联系在一起的。

不可否认,在社会转型时期,市场经济体制导致了收入差别扩大和收入多层次化,即收入分配由过去单一的按劳分配发展为多种收

---

① 吴忠民:《走向公正的中国社会》,山东人民出版社 2008 年版,第 18 页。
② 同上书,第 26 页。

入形式,其中还包括按资本金投入和技术要素分配的分配形式,从而使一部分占有组织资源、经济资源和文化资源的人比较快地富裕起来,而资源相对缺乏的人就处于劣势的地位,甚至处于相对被剥夺的地位,由此形成了贫富差别。这种差别又随着社会商品化、市场化的发展而延伸到社会生活的其他方面,如教育、住房、消费、文化娱乐等方面现在都表现出阶层的显著差别。于是,资源占有差别对个人生活的重要性替代了过去阶级身份的差别,成为衡量一个人的社会地位的重要因素。

1998年由中国战略与管理研究会社会结构转型课题组发表了《中国社会结构转型的中近期趋势与潜在危机》①的报告。此研究的目的是力图通过对改革开放以来中国社会中各种社会力量的生长和演变、在此背景下社会生活机制所发生的一系列变化以及影响社会走势的变量的分析,描述出中国社会结构演变的一些基本趋向,以及在这样的趋势之下中国社会在近期可能会面对的一些重要而基本的问题,并以此为基础建立一个分析中国社会结构演变的概念框架。此项研究所涉及阶层包括特殊受益阶层、普通受益阶层、相对被剥夺阶层、绝对被剥夺阶层,其中被剥夺阶层属于弱势群体的范畴。

(1)特殊受益阶层,即新富阶层或暴富阶层,他们是在改革经济上的最大受益者。这个集团包括私营企业主、拥有总体性资本的精英集团、企业承包人、一部分暴富起来的干部、涉外企业经营管理层以及各类的明星、经纪人等。目前,富有的企业主中,资产在一个亿以上的已不在少数。这个阶层一方面希望现行政策能朝着更有利于他们利益的方向发展,另一方面也对政策的能否持续心怀疑虑。因此,目前已出现了一部分人将资产向国外转移、本人或子女去国外定居的倾向。

(2)普通受益阶层。这个阶层人数众多,构成极为复杂。传统的身份群体,诸如农民、工人、知识分子、干部等,

---

① 中国战略与管理研究会社会结构转型课题组:《中国社会结构转型的中近期趋势与潜在危机》,《战略与管理》1998年第5期。

都有很大一部分人是普通受益者。普通受益阶层是中国改革最主要的社会基础。但从目前的情况来看,这个群体本身的分化也是明显的,从而使得改革的社会基础发生明显的变化。

(3) 相对被剥夺阶层。改革三十余年来,从绝对生活水平上看绝大多数人都有上升。但如果从相对的角度看,则有相当一批人生活上遇到困难。目前最突出的是农民和国有企业的下岗、失业职工。改革以前,国有企业的职位,是人们追求和向往的工作,而今却一落千丈。近年的有关调查证明,有很大一批不景气的国有企业职工,认为自己收入下降,产生了严重的被剥夺感。

(4) 绝对被剥夺阶层,指的是生活在绝对贫困线以下的人群。中国的绝对被剥夺阶层,比较突出的是集中在中国西南、西北,以及一些山区的集中连片贫困地区的贫苦农民。改革以来,这些地区的绝对贫困人口虽然有了较大幅度的下降,但目前,这些地区的贫困人口总数仍有 6500 万左右。由上述可见,中国的阶层利益分化,主要表现在暴富阶层与相对、绝对被剥夺阶层之间的分化。目前,更令我们关注的是城市中的暴富阶层与城市失业下岗职工之间的分化。

在上述四个阶层中,也有研究者把相对被剥夺和绝对被剥夺的群体称为城乡绝对贫困群体或新城乡贫困群体。毫无疑问,当前中国社会正在经历社会结构转型——根据不同的收入与财富,中国社会正在被切分成不同的社会阶层;这样的变化将在政治、社会与经济等各个方面产生强大的反馈作用。

总之,转型时期中国社会的阶层分化正在经历由潜伏到凸现的过程。随着中国进入 21 世纪,阶层分化仍将是一个边缘化过程,即新的阶层正由原阶层中位于边缘部分的社会成员主动或被动脱离原阶层而发生向上或向下的分化,其中的一部分成员将成为社会的弱势群体。其原因在于:第一,中国仍处于体制转轨的过渡时期,由体制外向体制内的改革过程将持续相当长的时间;第二,人的差异性决定了经济政治文化等方面利益分享的不平衡;阶层分化的内在规律决定了阶层分化的过程必然是一个边缘化过程,即处于阶层边缘的社会成员,其阶层归属感和认同感最弱,且在原阶层中不占优势,他们最容易脱离原阶层;第三,从生产方式与社会阶层的关系来看,与基本的生产方式(生产资料的公有制),相联系的是基本阶层(农民阶层、工人阶层和干部阶层),与非基本的生产方式(如生产资料的非公有制)相联系的阶层是非基本阶层,非基本阶层具有边缘性和过渡性。由于体制改革必然产生多元的非基本的生产方式,与之相联系必然产生多元的边缘阶层,这也是一个边缘化过程。尽管目前中国社会在有关社会公正方面取得明显的进步,但各种社会不公平现象仍然随处可见,有的都是属于体制上、重大决策上的不公平。这些不公平导致了社会各阶层之间的隔阂、不信任、抵触和冲突。

定期公布全球富豪榜的美国著名财经杂志《福布斯》曾指名道姓地统计出中国内地17位拥有亿元以上资产的富豪,虽然他们拥有的资产和世界级富豪相比仍相去甚远,但这17位富豪的资产总额超过41亿元,与某些贫困省份一年的财政收入不相上下。在2004中国财富管理论坛上,根据美林集团发布的年度全球财富报告,2003年中国内地百万(美元)富豪约有23.6万人,比上一年的21万人增长了12%,而这些富豪们所掌握的财富总额更是飙升至9690亿美元。如果以人民币计算,中国已经有近24万人成为了千万富翁。近期有人测算,我国目前百万富翁有300万人,亿万富翁超过1000人,拥有十几亿、几十亿财产的富翁已经出现。谈起目前中国人的收入时,最常被引用的说法是,数千亿元个人储蓄中,有80%的部分属于20%的高收入者;城乡整体居民收入的基尼系数已经超过了国际公认的警戒线。由于收入和财富占有状况的高度分化,我国社会形成了非常明显的高、低收入阶层,并呈现贫富差距不断扩大的"两极分化"趋势。①

2009年11月5日发布的《福布斯》中国富豪榜显示,排行榜上

---

① 张敏杰:《构建和谐:中国人民的历史使命》,《观察与思考》2005年第2期。

前40名富豪在过去的一年,总资产从520亿美元增加到1060亿美元,中国财富不均、贫富分化问题再度引发关注。对此,学者认为在社会转型过程中,很多企业家用各种各样的方式积累了第一桶原始资金,第一桶金的财富积累就让这些企业家、富豪们与没有第一桶金积累的人站在了不同的起跑线上。机会的不平等带来了财富的不平等,财富的不平等又带来了机会的不平等,这样就形成了一个恶性循环,分化就越来越大。① 因收入和财富占有状况的巨大差异,富有阶层和贫困阶层之间实际生活状况的反差极为强烈。一些人生活富足奢华甚至奢侈糜烂;而另一些人则勉强维持温饱。有关情况即使不进行任何专门调查也都能随处可见。显然,中国人民目前还在扩大中的贫富差距是社会不和谐的一个重要现象。

在多种非正常因素的影响下,人们收入差距过大现象越来越严重,中国已经成为世界上贫富差距最为严重的国家之一。2001年我国的基尼系数已经达到0.45,而国际上公认的警戒线是0.4,中国社会的贫富差距早已经突破了合理的限度。这种状况如果得不到遏制,中国将面临着社会动荡不安的风险。平衡的缺失以及两极分化不仅表现为人们总体收入上,还表现为地区之间和城乡之间的两极分化,也就是发达地区和落后地区的差距、城市居民和农村居民的收入差异持续扩大。城市居民目前的收入是农村居民收入的3倍、4倍甚至5倍。农村居民陷入更加贫困化的境地,农村不可避免地陷入萧条的困局。②

二、基尼系数上升的警示

基尼系数(Gini Coefficient)是意大利经济学家1922年提出的定量测定收入分配差异程度的指标。它的经济含义是:在全部居民收入中用于进行不平均分配的那部分收入占总收入的百分比。基尼系数最小等于0,表示收入分配绝对平均;最大等于1,表示收入分配绝

---

① 姚忆江等:《盛世与阴影:关于中国财富差距的对话》,《南方周末》2009年11月26日。

② 孙蔚:《反思与构筑——再论和谐社会条件下中国社会公正问题》,《理论月刊》2006年第3期。

对不平均;实际的基尼系数介于 0 和 1 之间。基尼系数从数量经济学的角度给出了反映居民之间贫富差异程度的数量界线,可以较客观、直观地反映监测居民之间的贫富差距,预报、预警和防止居民之间出现贫富两极分化,因此,得到世界各国的广泛认同和普遍采用。按照目前国际惯例,在判断居民收入不平等的程度时,基尼系数是一个重要的参考指标。一般依据是基尼系数的经验法则,即基尼系数在 0.2 以下为绝对平均,0.2—0.3 为比较平均,0.3—0.4 为比较合理,0.4—0.5 为差距较大,0.6 以上为差距悬殊,其中 0.4 被认为是基尼系数的警戒线。

将基尼系数 0.4 作为监控贫富差距的警戒线,是对许多国家实践经验的一种抽象与概括,具有一定的普遍意义。但是,各国国情千差万别,居民的承受能力及社会价值观念都不尽相同,所以这种数量界限只能用作各国宏观调控的参照系,而不能成为禁锢和教条。在现实生活中,也确实有一些国家的基尼系数超过 0.4 却并没有出现大的社会动荡。

中国的基尼系数到底是多少?近年来,这个问题成了一个悬疑,各方莫衷一是。一般来说,基尼系数有不同的计算,但不管谁来算,都需要依据官方的统计数据,而现在官方关于居民收入的统计数据却是滞后与不全面的。国家统计局自 2000 年首次公布全国基尼系数为 0.412,这一数据已超过"红线",理应引起足够重视和警惕,并拿出具体对策,然而十多年过去,基尼系数不降反增,有关部门却再也未公布"权威版"的基尼系数数据。2011 年 12 月底,国家统计局公布的《中国全面建设小康社会进程统计监测报告》中含糊地提到,2010 年的基尼系数比 2000 年略高。按照国家统计局的解释,中国一直分开进行城乡居民收入调查,因指标和基础数据不统一,因此无法计算全国统一的基尼系数。2012 年 12 月,国家统计局按照新的标准,对 2003 年至 2011 年分城乡的老口径的住户基础资料,特别是收入资料重新进行整理,加上新统计的 2012 年居民收入资料,计算出近十年全国居民基尼系数:2003 年基尼系数为 0.479,2007 年为 0.484,

2008年曾达到0.491,此后逐年回落,2012年为0.474。① 这是国家统计局首次公布最近十年的基尼系数,引起舆论广泛关注。

对官方这次公布的基尼系数数据,尽管有学者提出了质疑,主要针对基尼系数从2009年起"逐年回落"的结论,认为统计部门选择现在公布基尼系数有其特殊考虑——基尼系数"逐年回落"可以说明,居民收入差距拉大的趋势已得到有效遏制,缩小贫富差距的工作成效显著。但是,即便是有所"缩水",目前公布的十年基尼系数,最低值也比国际公认的收入差距警戒线(0.4)高出不少,最高值已经接近收入高度悬殊阈值(0.5),应当引起决策高层和社会各界的高度警惕。国家正式发布这些数据,表明我们敢于正视当下贫富两极分化、收入分配失衡的现状,对基尼系数增大所揭示的系统性隐患与风险,也有了更加全面而迫近的认识。

由于缺乏官方权威的基尼系数统计,各方对于基尼系数的猜测不一而同,那就是中国基尼系数一直处于高位运行。从上世纪90年代起,中国的基尼系数就已超过了国际公认的警戒线0.4。2010年5月,《经济参考报》发表新华社世界问题研究中心研究员丛亚平和李长久的文章则称"我国基尼系数已从改革开放初的0.28上升到2007年的0.48,近两年不断上升,实际已超过了0.5"②,远超出了目前发达国家的最高水平。这大概是目前为止对中国基尼系数最为严重的估计。

对于中国目前基尼系数高位运行的问题,一方面我们应当看到中国自1978年以来通过改革收入分配体制,调整生产关系,解放生产力,有力地促进了国民经济的发展和居民收入水平的提高,绝大多数群众解决了温饱,步入了小康阶段。另一方面也反映了居民收入水平普遍提高的同时,除了在某些传统经济领域平均主义依然存在外,伴随着分配方式、分配渠道的多元化,居民收入分配差距呈扩大趋势。中国的贫富分化,不是市场经济的必然结果,而是不公平的市

---

① 潘多拉:《读懂中国基尼系数的警示意义》,《重庆日报》:http://cqrbepaper.cqnews.net/cqrb/html/2013-01/25/content_1608321.htm。

② 丛亚平、李长久:《中国基尼系数实已超0.5,可能导致社会动乱》,《经济参考报》2010年5月21日;胡贲:《中国式贫富分化的数据之困》,《南方周末》2010年6月14日。

场竞争的结果。

国家统计局从我国的客观实际出发,认为在单独衡量农村居民内部或城镇居民内部的收入分配差距时,可以将各自的基尼系数警戒线定为0.4;而在衡量全国居民之间的收入分配差距时,可以将警戒线上限定为0.5,实际工作中按0.45操作。这主要是因为:

首先,"二元经济结构"一直是我国经济发展的主要特征,城市经济与农村经济之间虽有各种联系,而且在改革开放之后这些联系还呈日益密切之势,但至今仍没有从根本上改变这种二元的格局,城市居民与农村居民的生活水平客观上存在着比较大的差距,他们是两个根本不同的收入群体和消费阶层。但是,由于农村居民对城乡差异、收入分配不公的状况有较强的承受能力,故全国居民的基尼系数警戒线可以比城乡各自内部的标准略微高一些,即可以略高于0.4。

其次,基尼系数反映的是全部居民收入中用于进行不平均分配的百分比。由于目前我国统计工作中还存在一些不完善的地方。一方面,调查的随机性原则本身就决定了不能从根本上保证一定能抽到现实生活中的最高收入户和最低收入户,所以,目前的统计数据只能够反映我国居民的整体收入水平和消费水平,却不能保证可以将现实贫富悬殊程度一点不差地描述出来。实际经济生活中的贫富差距有可能比计算的要大。另一方面,目前的统计还存在城镇居民的实际收入水平被低估,而农民的收入则被高估的情况,因为城镇居民在住房、医疗、交通等方面享有的福利待遇还没有计作收入,而农民的一些自产自用的农副产品和不具备市场交易条件的产品则被作价计入了纯收入,这两方面合到一起,就可能会降低基尼系数的值。

此外,一些居民特别是那些高收入居民"怕露富",一般都不愿意把全部收入如实告诉统计调查员,收入的数量往往被他们自己有意识地缩了水,这就会影响贫富差距的测算。而目前,统计上还没有特别有效的办法来解决这种统计对象不很好合作的问题。① 因此,在实际调控时,我国的有关方面往往把0.45作为警戒线;也就是说,当基尼系数的计算结果为0.45时,可能现实生活中的实际差异已经达

---

① 国家统计局:《从基尼系数看贫富差距》,《中国国情国力》2001年第1期。

到0.5了。

但是,无论有关方面在基尼系数统计或解释方面如何淡化警戒线的严重风险,或不愿意正视现实,有意回避矛盾,在社会总体财富增长的过程中,如果忽视了广大民众的利益,对日益扩大的收入差距作避重就轻的解释,就有可能忽视一个人口众多的社会群体因不能同步享受经济发展带来好处所面临的困境与压力。一旦这个庞大的群体被排除在发展之外,那么这个社会很可能会孕育危机,经济也往往无法持续、稳定地发展。

应当看到,中国在基尼系数较高的情况下保持了社会稳定,主要得益于经济高速增长,低收入人群的实际生活也有所改善。如果一些严重社会问题得不到有效解决,一旦经济增速放缓,各种问题和矛盾就可能集中凸显,社会风险和危机就可能迅速加大。为此,我们对基尼系数的警示作用必须高度正视,惟有加快收入分配改革及相关改革,切实保障和改善民生,着力缩小居民收入差距,中国才能避免落入"中等收入陷阱",才能在更高层次上维护社会和谐稳定。而对基尼系数的正视,恰恰是制定社会政策的必需。

第三节 收入分配不公问题

收入分配问题,既是个经济问题,也是人民群众反映最强烈、最关心的社会政治问题;事关人民利益和福祉,是社会政策的重要内容。我国收入差距过大的问题早已被人们所关注,然而现实依然如故且呈进一步拉大趋势,使社会公众的不公平感越来越强烈。2010年"两会"召开前夕,新华网开展了"你最关心的话题"网络民意调查。调查结果显示,分配不公问题在18个选题中位居第一。"两会"期间,分配不公问题也是代表委员们讨论的一大热点,成为议案提案涉及最多的问题之一。这从某种程度说明,分配不公问题已引起社会各方面高度关注,广大群众对解决分配不公问题、缓解目前过大的收入差距充满期待。

改革开放以来,中国的经济生活和社会生活发生了巨大的变化,社会不同阶层居民的收入水平有了普遍的提高,人民的物质利益得到了空前的增长和满足,生活水平有了明显的改善。但是,在打破计划经济时代因分配平均主义而产生的吃"大锅饭"、捧"铁饭碗"问题之后,在合理拉开收入差距和让一部分人先富起来之后,却又引出了社会分配不公加剧的问题。确实,这些年来社会成员之间的收入分配关系发生了变化,个人收入分配结构的矛盾日渐突出,因收入分配差距扩大而引发的社会问题空前凸显。

一、居民在初次分配中的比重偏低

国民收入分配是指国民收入在居民、政府和企业三者之间的分配的比例及其相互关系。公民收入分配分为初次分配和再分配,初次分配形成初次分配总收入,再分配形成可支配总收入。中国居民初次分配收入主要由三部分构成:一是劳动者报酬,分别来自企业和政府部门向居民支付的劳动报酬,以及居民部门内部的劳务关系产生的劳动报酬,例如个体经营者向其雇员支付的劳动报酬;二是财产收入,主要是居民存款和持有国债取得的利息,以及按其持有的A股流通股比例取得的红利;三是居民部门增加值中剔除劳动者报酬、生产税净额和贷款产生的利息支出的余额,即为居民部门的"经营性留存"。

改革开放以来,我国政府、企业、居民三者分配关系的总体变化趋势为:20世纪80年代三者比例在年度之间显著波动;进入90年代之后,三者比例相对稳定;2000年以来,我国国民收入分配格局发生了巨大的变化。居民部门的第一次分配,也就是工资收入,在过去的10年里,占GDP的比重一直在下降,随着生产要素市场的快速发展,强资本、弱劳动的问题更加凸显,劳动在各生产要素中的地位日渐降低,导致我国普通劳动者特别是一线工人收入较低。相关数据表明,1997—2007年,劳动报酬占国内生产总值的比重从53.4%下降到39.74%;2007年,居民收入占国民可支配收入比重为57.5%,比1992年下降10.8个百分点,而政府收入和企业收入却呈快速上升趋势。[1]尽管这里面有统计口径变化的影响,但总体而言,我国劳动报

---

[1] 《分好"蛋糕"促和谐——怎么看分配不公》,《光明日报》2010年7月9日。

酬占比是呈逐年下降趋势。有学者认为,当前初次分配中"强资本、弱劳动"趋势不断强化,劳动在各种生产要素中的地位不断下降,企业和政府部门的占比却逐年上升,国民收入分配有向政府倾斜的态势。

在再分配阶段,政府取得的收入税、社保净付款的比重上升,而支付的社保补助并未随经济同步增长,反而有所减少。故经过再分配后,政府部门收入占比已超过企业部门,而且政府部门收入占比在1996—2003年间的增幅很大。同时,由于低利率的金融抑制政策导致存款利息减少,使居民取得的财产收入占比下降。财产收入是资本收入的一种形式,低利率政策一方面使得财产收入降低,另一方面降低了资金使用者的成本,资金使用者的经营性留存也随之增加,使企业的资金成本保持在较低水平,实际上就是居民部门变相补贴企业部门。①。

据央行公布的统计数据显示,"政府存款"项目下的资金额从1999年的1785亿元一路上升到2008年的16963.84亿元,猛增了9.5倍!二十年来在劳动报酬和居民储蓄所占份额越来越萎缩的同时,政府储蓄率却在节节攀升,政府预算内财政收入占GDP的比重从10.95%升至20.57%,若加上预算外收入、政府土地出让收入以及中央和地方国企每年的未分配利润,政府的大预算收入几乎占到了国民收入的30%。因此,表面看起来中国的储蓄率很高,但其中真正属于百姓的储蓄占比并不高,2007年我国企业储蓄占国民收入的比重从十年前的12%上升到23%,而家庭储蓄所占比重却一直徘徊在20%左右。医疗及社会保障不到位,百姓的大量储蓄也不敢轻易花掉,从而导致居民消费能力受到严重抑制。② 一些经济学家的研究表明,在1996年至2007年十多年间,居民可支配收入占GDP的比例下降了10.93个百分点,其中有4.6个百分点是劳动者报酬下降造成的,其余的原因分别是财产性收入下降、再分配过程中个人所得税

---

① 白重恩、钱震杰:《谁在挤占居民的收入——中国国民收入分配格局分析》,《中国社会科学》2009年第5期。
② 丛亚平、李长久:《中国基尼系数实已超0.5,可能导致社会动乱》,《经济参考报》2010年5月21日。

增加、经营部门收益下降以及社保缴费等。改革开放以来,劳动者报酬除了从1978年至1984年略有上升外,其余年份都在下降,其中1995年至2007年下降12.45个百分点,尤以2003年至2004年间下降突出,骤降5.25个百分点。劳动报酬的下降成为一个显而易见的事实。①

白重恩、钱震杰通过对2006年和2007年政府、企业、居民等部门收入占比的测算,在《中国社会科学》发表了相关的研究结果,他们发现居民收入占比在这两年继续下降。到2007年居民部门的收入占比下降到50.6%,比2005年低了3.48个百分点,其中初次分配阶段下降了3.1个百分点;相应的,政府和企业部门的收入比重分别上升了2.3个百分点和0.8个百分点。经过再分配后,政府部门在国民收入中所占的比例已升至24.74%,超过了企业部门。② 收入再分配过程中存在的向政府倾斜的现象说明:居民获得的社会补助等转移支付要少于交纳收入税和社会保险付款的支出。收支相抵,总体上没有通过国民收入的二次分配(主要是通过政府转移支付、社会保障支出等)获得收益,反而成为损失方。③

国家统计局发布的数据显示:2010年上半年,财政收入同比增长27.6%,国内生产总值同比增长11.1%,城镇居民人均收入增长同比增长10.2%。耶鲁大学金融学教授陈志武的研究发现,1951年时,我国民间的消费占当年GDP的68%,政府的消费仅为GDP的16.5%;而到了2007年,民间的消费降到了GDP的37.5%,政府的消费则上升到了GDP的28%。据陈志武的推算,在中国,超过76%的资产属于政府。④

2012年中国财政收入达到11.72万亿元,如果计入政府基金收

---

① 《如何实现分配正义让全体人民共享改革发展的成果》,人民网:http://www.022net.com/2010/2-14/482466242315237.html。
② 丛亚平、李长久:《中国基尼系数实已超0.5,可能导致社会动乱》。
③ 《国民收入分配向政府倾斜,削弱居民消费增长动力》,《上海证券报》2006年6月19日,中华网:http://news.china.com/zh_cn/finance/11009723/20060619/13411503_1.html。
④ 《中国居民收入差距调查:财富分配鸿沟深陷》,东方网:http://finance.qq.com/a/20100806/003503.htm。

入和其他经营性收入,政府收入占GDP比重可能与世界上经济总量最大的美国持平。但中国的人均GDP仍然靠后,仅排世界第87位。政府收入多了,个人收入就少了,大批财富向政府集中是导致居民收入分配差距过大的重要原因之一,导致多数社会成员的收入水平无法与经济发展同步提高,不公平感增强,社会矛盾激化。

二、不同行业和所有制的劳动者之间的收入差距呈扩大趋势

伴随着多种经济成分发展以及市场作用的逐步加大,不同行业和所有制领域的劳动者之间,以及不同分配规则控制的劳动者之间的收入差距逐步拉开,有的差距过大。1988年,行业收入差距对整体收入差距的贡献几乎可以忽略不计,而到了2002年,行业间不平等已经成为收入差距扩大到重要因素。目前我国行业之间的收入差距,王培暄总结为以下几个方面:

(1)垄断性行业与非垄断性行业之间职工的收入差距过大,垄断性行业职工的收入远远高于非垄断性行业职工的收入。垄断行业就是指在市场经济活动中,依靠或者借助行政权力来占有社会资源,排除其他竞争者来获取超出一般行业的超额利润,并在此基础上让员工享受高工资、高福利的行业。在1990年,收入最高的两个部门是采矿和电力生产与供应。但是它们在近年为信息技术、金融以及技术服务行业所取代。2005年电力、电信、石油、金融、保险、水电气供应、烟草等行业共有职工833万人,不到全国职工人数的8%,但工资和工资外收入总额估算达1.07万亿元,相当于当年全国职工工资总额的55%,高出全国职工平均工资水平的部分约9200亿元,其中相当部分来自行政性垄断。除去在技术上的领先优势,高收入部门的市场优势地位同时也有政府在背后的强力支持。这样的单位存在于电力生产与供应、通信、金融、石油化工等垄断或半垄断行业。举例而言,中国移动在2007年获得871亿元的利润,比上一年增长了32%,延续了多年来一贯的高利润趋势。这样的高利润与其饱受消费者诟病的高价政策密不可分。在这样的高利润背景下,2005年中国移动的平均职工工资达到12.4万元,是当年全国平均职工工资

1.8万元的6.7倍。① 由于物质生产部门职工低于流通部门领域职工的工资,生产工人的收入大大低于公司、饭店、旅游业、出租汽车司机的收入,致使一些脏、累、险的行业工人流动频繁,招工困难,都由农民工填补;国营农林牧渔业工人的收入,不仅低于其他行业,也低于乡镇企业的职工。垄断行业收入远远高于其他行业,这是导致城镇居民内部收入差距不断拉大的主要原因,也是引起社会非议最大的诱因。

(2) 新兴行业与传统行业之间职工的收入差距较大,新兴行业职工的收入水平高、增长快。新兴行业中,由于集体、合营、个体、私营、中外合资等企业经营灵活,税赋低,加上管理和调节机制上的漏洞,获得了较多的利润,留利比例也大,其职工收入比传统的国营企业职工高得多。另据调查,我国收入增长较高的行业有很多属于第三产业中的新兴产业,其较高的增长率源于产业结构调整和升级的需要,这也符合产业结构演进的一般规律。例如,朝阳工业技术附加值高,市场潜力大,经济效益好,人均收入也就多;而纺织、轻工等传统产业,多数产品市场饱和,且技术附加值低,行业亏损大。② 行业差别造成不同行业之间个人收入不平等的扩大。

(3) 知识和资金密集型行业与劳动密集型行业之间职工的收入差距逐渐扩大,智力和资金密集型行业的职工收入较高。尤其是最近十年来,我国行业间收入分配总的趋势是向技术密集型、资本密集型行业倾斜,而传统的资本含量少、劳动密集型的行业,收入则相对较低。如2004年行业平均工资排在前三位的行业,其相对应的专业技术人数占行业职工人数的比率分别为信息软件业0.4、金融业0.55、科学研究及勘察业0.54。平均工资最高的这三种行业的专业技术人数占行业人数的比率也相对较高,仅次于教育业的比率0.83及卫生、社会福利业的比率0.74。③ 由于教育业及卫生、社会福利业

---

① 王天夫:《三十年来的个人收入分配:差距扩大、潜在问题与政策调整》,《领导者》2008年第6期。

② 魏军:《中国行业收入差距研究综述》,《湖南文理学院学报》(社会科学版)2006年第3期。

③ 赵文华:《我国行业收入差距及对策分析》,《科学之友》2008年第9期。

这两种行业的特殊性,决定着专业技术人数占行业职工人数比率高。由此可以看出,专业技术人数占行业职工人数比率影响着行业的平均工资水平,这个比率越高,行业的平均工资也相对较高。①

在这种分配结构不合理的情况下,中国的劳动力市场上出现了两种令人不满的现象:一方面,进入高收入的垄断行业做员工的,教育、经验固然重要,但关键是父辈的政治和社会地位,以及他们拥有的社会关系网络;行政垄断在行业准入上,也在分配上造成了巨大的不公平。另一方面,一些人为了保住一定的生活水平,更多的人则是为了增加收入,于是纷纷干起了"第二职业"甚至"第三职业",从而导致"隐形收入者"人数大增,各行业工作人员的"工资外收入"的部分越来越大,有隐形收入者与无隐形收入者的收入差距越来越悬殊。据国家统计局城调总队发布的一份研究报告指出:中国各行各业内部的工作人员的高工资与低工资的比例相差不大,在机关、事业单位和大部分的企业单位中,其奖金、津贴等基本上也是按"人头"平均发放的;但是,工作人员之间真正扩大的差距是"工资外收入"和部分行业的工资性收入。据这份研究报告披露,各行业中职工的"工资外收入"占工资性收入的百分比是:卫生、体育和社会福利事业为45.2%,教育、文艺和广播电视事业为42.8%,金融、保险业为39.1%,农林牧渔业和水利业为27.1%。由此可见,职工中的"隐形收入"已经占有了其收入的相当大部分。②

三、腐败官员利用权力寻租大发横财

权力寻租理论是20世纪70年代西方政治经济学领域出现的一项重要研究成果,其代表人物主要有:1996年诺贝尔经济学奖获得者 J. 布坎南(J. Buchanan)、著名经济学家 G. 缪尔达尔(G. Myrdal)、A. 克鲁格(A. Klueger)等。权力寻租理论中的所谓租金,不是一般经济学原理中所指的使用土地、劳动、设备等自然生产要素所致的差

---

① 王培暄:《我国行业收入差距的现状、成因与对策》,《科学·经济·社会》2012年第1期。

② 世林:《今日中国谁最有钱?》,《新文化报》1992年8月10日。

价,而是由于现代经济活动中的进口配额、生产许可证、物价管制、原始股发行、土地批租等政府管制和干预市场所导致的差价收入,包括价格差、汇差、利差等。某些企业或市场主体为了获得这些因政府管制和干预市场所导致的差价收入而向政府官员行贿或与政府官员勾结起来,就是权力寻租活动。不言而喻,权力寻租追逐的是非生产性的利润,即不生产包括在正常效用中的产品与劳务,也不生产投入这些产品与劳务的商品的金钱收益。换言之,权力寻租只是攫取利润而不创造任何社会财富。权力寻租的本质是权钱交易,即通过具体的政府权力影响社会资源配置和收入分配,改变普遍法律公平分配的目的和意志,以浪费社会资源为代价来实现非生产性利益的腐败行为。权力寻租的前提是政府权力在社会资源配置方面的不正当运用。①

从理论上讲,社会主义国家的权力属于广大人民群众,不能成为个人发财致富的工具和手段。但在体制改革过程中,部分权力使用者利用权力设租、寻租,把权力不断地转化为金钱。如买卖票证和公文。由政府主管部门签发的各种证件是生产者经营者进入市场的通行证,是政府进行管理的依据,但也成了买卖对象,成为部分掌权者的生财之道。这种收入是社会成员深恶痛绝的,也是民众滋生不公平感的现实根源。

权力寻租的本质是权钱交易,即通过具体的政府权力影响社会资源配置和收入分配,改变普遍法律公平分配的目的和意志,以浪费社会资源为代价来实现非生产性利益的腐败行为。改革开放初期,大批"官倒"利用我国实行的商品价格双轨制倒卖"批文"、"额度",疯狂攫取计划内外的巨额差价。从20世纪90年代开始,我国在物资、利率、汇率、股票交易、土地批租、外贸等方面交替实行双轨制,一些权力主体借手中的权力,利用计划物资、出口配额、进出口许可证、一级地租、原始股发行等机会侵吞国家财产;有的权力主体以进行国企改革为名,用不规范的股份制改革蚕食和侵吞国有资产,他们以明

---

① 江雪莲:《关于我国的权力寻租与黑色经济腐败现象的思考》,《河北师范大学学报》(哲学社会科学版)2002年第5期。

晰产权关系为幌子,把国有资产低价卖给个人,从中收受贿赂,捞取个人好处;有的权力主体利用"外商投资热"、"开发区热"或城市建设用地等进行土地批租大发横财。

权力寻租的前提是政府权力在社会资源配置方面的不正当运用。官商联盟是权力寻租的主要手段,其中以国有企业股份制改造和价格双轨制改革过程中尤为突出。由于我国的市场经济是"摸着石头过河",很多新的制度出台,但还不健全和完善。党政机关中掌握着权力资源的官员钻制度的缝隙,市场经济人则为了获得政府的特殊施恩,联合起来进行寻租活动,导致国有资产大量流失、土地价格高涨和房价上升,涉及金额上千万甚至上亿的资产流失。与此同时,通过正常渠道办事的普通守法企业往往步步艰难,使社会的整体运行效率大大降低。这种现象直接动摇我党根基,加大民众的离心力。权力以某种不正当的方式越来越多地介入财富的分配过程,极大扭曲了社会阶层的分化和价值体系。

梳理最高人民检察院历年"两会"的工作报告发现,抓捕外逃官员数量从2007年开始急剧上涨,涉案金额也从最早的244.8亿元上升到2012年的1020.9亿元,五年增长4倍以上。最高法院前院长肖扬在其2009年出版的《反贪报告》中曾引用有关部门的统计称1988—2002年的15年间,资金外逃额共1913.57亿美元,年均127.57亿美元。按照美元兑人民币变动的汇率计算,外逃资金也有1.5万亿元人民币。①

四、灰色收入及通过非法手段获取暴利

在讨论中国个人收入时,不难发现有一部分人的工资仅仅是其收入的一部分。工资之外,还有相当部分是很难统计与计算的其他收入。这样的"灰色收入"广泛存在于高收入的特殊的利益群体当中,甚至往往高于名义上的正当收入。"灰色收入"主要源头是公款,主要渠道则是各种直接或变相的"化公为私",许多"灰色收入"直接

---

① 陈勇:《中纪委追"逃"》,《经济观察报》2013年6月3日。

与腐败、渎职等政府官员的违法行为相关联。目前,"灰色收入"已经渗透到社会各行各业,返点、好处费、感谢费、劳务费、讲课费、稿酬、礼金等名目繁多,它的存在干扰了国民收入的正常分配。在初次分配领域,灰色收入导致要素配置扭曲,造成低效率并影响未来经济发展。在再分配领域,灰色收入造成国民收入的逆向再分配,把本该用于低收入居民的资金通过非正当途径转移到权力相关者手中,进一步扩大了收入差距和分配不公。

学界对"灰色收入"的定义不一,有的专家定义为来路不明、没有记录在案、没有纳税、游离在申报之外的个人隐秘收入。也有学者认为"灰色收入"应该分为两种,一种是既不合法也不合理的收入,是间接或变相获得的某种贿赂,应予以杜绝;一种是合理但不规范的收入,应加以规范和管理。有研究估算,2005年整个中国的灰色收入达4.4万亿元,占到当年GDP的24%。① 这是一个相当令人震撼的数字,这样大规模的灰色收入产生的根源并不能简单地归结于偶然因素,而应当是发生在制度层面的。如果将灰色收入加到总收入中,10%的高收入人口的实际人均收入已达官方统计数字的3倍以上。由于这种收入中的绝大部分(超过3/4)为名义上已经是高收入的有权阶层所占有,灰色收入不仅仅拉大收入差距,也极大加剧社会矛盾。

此外,在市场经济体制建立过程中,由于法制建设滞后,执法不力和管理政策的疏漏,一些社会成员通过贪污受贿、监守自盗、营私舞弊、坑蒙拐骗、偷税漏税、哄抬物价、制假售假等非法途径迅速进入高收入阶层。有资料透露,每年国有资产流失达6000亿元,其大部分间接或直接地流入这些人的腰包。这些非法致富行为是对公平原则的践踏,它意味着少数人掠夺了本应由社会和公众得到的一部分财富。由非法收入和上述权力收入导致的收入差距是当今中国分配不公最突出的表现。

显然,收入分配是经济社会发展的重大问题,关系人民群众切身

---

① 王天夫:《三十年来的个人收入分配:差距扩大、潜在问题与政策调整》。

利益,关系改革发展稳定的全局。解决好分配不公问题,让全体人民共享改革发展的成果,是维护社会公平正义、促进社会和谐稳定的重要任务,是发展中国特色社会主义的必然要求。

第四节 机会公平问题

如果说,上述分配领域中存在的不公平因素使部分社会成员收入急剧增长,扩大了收入差距,加深了人们的不公平感和社会矛盾的尖锐,那么人们更加不能容忍的是机会的不公平。

"机会公平"是指在现存经济社会价值所有权的分配中,决定一个人获得相对份额的主要是个人的努力和机会选择等"自致"因素,而不是出身、地位、身份等"先赋"因素。而由于个人在禀赋和能力上存在的差异,即使给予每个人参与竞争的平等机会,竞争的结果也是有很大差异的。"目前人们对收入差距过大的不满情绪,与其说是对收入差距本身的不满,毋宁说是对由于机会、条件不均等所造成的收入不均等的不满,特别是对特权收入和违法收入的不满。从社会控制的角度讲,这种低收入层对收入分配或收入分配不公的强烈不满,是对社会稳定的严重威胁"①。从许多国际经验可以看出,由于每个个体在其所处的自然属性以及社会属性如性别、年龄、受教育程度、人力资本获得等因素差距,市场竞争等导致在社会参与过程中出现能力差异,这必然引起作为结果意义上的收入的差距。但问题在于人们更加关心的是,导致结果不均等的原因和因素是否合理,尤其是经济社会发展是否给每个参与者都提供了平等竞争的机会。

在现代社会,社会提供给一个人最重要的东西,莫过于教育机会和就业机会,它关系到人一生的生存、发展和幸福。因此,在现代文明中,教育平等和就业平等,是全社会的首要关注目标。如若一个社会在这两个最基本问题上不能给公众提供平等机会,社会的现代化就还根本谈不上。机会对所有社会成员而言是开放的,它作为一种公共资源是可分配的。如果机会不公平,实际上就是剥夺了人们的

---

① 郑杭生:《转型加速期的社会公平问题》,《前线》2001年第4期。

选择权利,也意味着剥夺了人们参与市场平等竞争的机会和资格,从根本上制约和阻碍了收入流动,结果则是放大了收入分配差距的效应。

在市场经济条件下,机会均等意味着每个市场经济的利益主体都有平等的权利和机会为社会作出贡献,都有平等的机会获得收入的可能。同时,机会均等就意味着收入流动性的可能。所以,"社会公正"的问题涉及财富的占有、收入的分配、权力和权利的获得、声望和社会地位的状况、享受教育的机会、职业的选择等,一句话,它涉及全部社会资源和社会福利的配置。同时,社会公正不仅仅是指社会福利的配置结果,更重要的是指发展机会的平等,也就是说,人们获得发展机会(如教育、就业)的权利不应受到家庭背景、性别、种族、身份和资本占有状况的影响,发展机会的平等是社会公平的重要保证。① 社会公正的基本含义和最重要的意义就在于机会均等以及由此决定的收入流动,从而有助于缓解收入差距的压力和冲突。换句话说,即使存在较大的收入差距,但只要存在社会机会均等,从而只要存在不同收入阶层之间自然的收入流动性,就说明这个社会经济发展为每个人(包括不同的收入阶层)都提供了平等的竞争机会和参与机会,确保这个社会的任何收入阶层的成员都能够平等参与到社会发展过程中,通过自身努力不断改变和增加自己的收入,并不断地向上流动。从这个意义上说,收入流动性是社会参与和机会均等的重要标志。②

中国现在的不平等很大程度上是机会不平等,在市场化、多元化、开放化和流动化的社会环境中,人与人之间关系日益复杂化、多样化,并存在着众多利益上的分化与矛盾。而这些分化与矛盾的存在很大程度上是由于机会不公平的制度安排所造成的。从经济管理、金融投资到生活消费,从受教育到就业录用,社会生活和就业市场中的各种人为的门槛正从起点上削减人们的各种机会,而年龄、性

---

① 李培林:《中国改革以来阶级阶层结构的变化》,《黑龙江社会科学》2011 年第 1 期。

② 权衡:《保障机会均等的公共政策是社会公正核心》,《第一财经日报》2007 年 8 月 17 日。

别、地域、户籍、学历、病残歧视现象仍然普遍地不同程度地存在于社会许多领域中,而且几乎在每一个层面都在发生着。

机会不公不仅影响一代人,还会波及子孙后代。可以说,我国改革开放的成果并未为全体人民共同享有,社会成员在收入分配和财富占有方面,以及其他利益享有方面都还存在问题,导致社会矛盾增多。当前机会公平问题,尤其应关注以下几个方面:就业和可持续发展机会的公平,包括诸如公务员招聘与职务晋升的公平、公正;受教育机会的公平,社会兴办的优质教育机构应向所有的社会成员提供平等的教育机会;市场进入条件的公平,无论国有企业还是民营企业一律平等,杜绝行业垄断;法律法规的公平,为维护公平的竞争秩序而设立公平的市场准则和完善的法律法规,并做到法律面前人人平等;城乡一体化的公平,在农村城市化中逐步消除农民与城市居民的差别待遇。①

一、教育公平问题:大学农村生源下降现象的背后

教育公平是社会公平的重要基础。在公共教育领域,每个公民享有平等受教育的权利,意味着人人平等地享有公共教育机会。在此,教育机会公平指的是教育机会面前人人平等。

上世纪 90 年代以来,随着我国社会发展的加速和不同地区之间、社会阶层之间的差距拉大,教育公平问题进一步凸显,教育中不公平的现象成为社会关注的热点和争论的焦点,教育不公是由于我国地区经济发展的不平衡,城乡二元结构和人口众多,教育资源相对短缺等客观条件造成的,同时又因为政府或教育机构在进行教育资源配置、教育政策、规则制定、教育管理等过程中的不合理而加剧。②

教育不公平主要表现在以下几个方面:一是基础教育发展的薄弱。高等教育与基础教育之间教育资源配置的失衡,发展昂贵的高等教育挤占了基础教育的资源,从而影响了大多数人接受必要的教

---

① 卢中华:《机会公平:实现社会公平的现实选择》,《中共郑州市委党校学报》2009年第2期。
② 陈晓琴:《教育公平之我见》,《内蒙古师范大学学报》2004年第1期。

育的机会和权利。二是城乡教育水平差距过大。在城乡二元结构下,教育政策中逐渐形成了以城市社会和居民为出发点的"城市中心"的价值取向,在升学率和升学的可能性方面,农村学生远远比不上城市学生。三是弱势群体子女教育公平失衡。一部分贫困农民、下岗失业者、进城民工子女因交不起课本费、杂费、赞助费而辍学,甚至未成年便需要出外打工。四是"重点学校"制度带来的教育不公平。被各种光环所笼罩的重点学校,在投资、贷款、师资、基建、招生等多方面具有很大的优势。五是高考录取上的地区差异。如北京、上海等大城市的"低分数线、高录取率",欠发达地区"高分数线、低录取率"。六是教育腐败。某些教育机构违背教育公平原则,破坏规则和法纪,利用权力和金钱与教育机会、学术资格进行交换,牟取私利。①

2009年1月4日,温家宝在国家科技教育领导小组会议上所作题为"百年大计,教育为本"的讲话中说到,"有个现象值得我们注意,过去我们上大学的时候,班里农村的孩子几乎占到80%,甚至还要高,现在不同了,农村学生的比重下降了。这是我常想的一件事情。本来经济社会发展了,农民收入逐步提高了,农村孩子上学的机会多了,但是他们上高职、上大学的比重却下降了"②。大学中的农村生源比例下降,确实已引起政府与社会的广泛关注。

中央电视台《新闻1+1》2011年8月22日报道,中国农业大学这所国家重点大学,当年共迎来了3057名本科新生和2727名研究生,但与往年不同的是在这些新生中农村户籍学生的比例仅为28.26%,十年来首次跌破三成。节目主持人解说道:"我们概念当中面向农村为主的这样一个农业大学尚且如此,那么其他的高校又怎样?去年2010年清华大学的新生当中,农村的孩子只占到了17%,而在这一年,在全国高考的考场上,农村的孩子占到62%,所以反差很大。同时更有数据显示,上世纪90年代开始,在中国重点大学当中,农村的

---

① 陈成文、曾武成:《教育公平与建设和谐社会》,《当代教育论坛期》2005年第7期上半月刊。
② 温家宝:《百年大计,教育为本》,中华人民共和国中央政府网:http://www.gov.cn/ldhd/2009-01/04/content_1194983.htm。

生源是一直在呈一个下降的趋势。"①

耐人寻味的是,教育部的统计数据显示,从1989年至2008年,我国高校农村新生的比例逐年上升——从1989年的43.4%到2003年的与城市生源比例持平,再到2005年达到53%。

一方面是重点院校的农村生源比例仅为30%左右,另一方面是全国范围内农村生源比例逐年上升,并占到50%以上。那么温家宝何以发出"农村学生的比重下降"的警示呢?

首先,我们必须肯定的是现在的高考制度是公平的,高考分数面前是人人平等、不分考生来自城市还是农村的;在大学新生录取程序中,操作是严格按成绩排序录取的。但由于城乡教育质量差距的普遍存在,师资力量薄弱、办学条件差的农村学校,教育质量是无法与城镇学校相比的。近年来一些条件较好的农村家庭,往往送孩子到城镇学校借读,但更多家庭的孩子由于无法承担高昂的借读费,能上学却不能上好学;随父母到城镇求学的打工子弟,在城镇求学也面临同样的问题,只有少数能进公办学校和条件不错的民办学校,相当部分则在条件简陋的打工子弟学校求学。这样,在同等录取标准下,高考成绩相对较低的农村考生被重点大学录取的可能性便下降了。

其次,"农村学生的比重下降"主要是指国家和省属重点大学,被录取的农村学生主要集中在普通地方院校与专科院校。以湖北省为例,2002—2007年5年间,考取专科的农村生源比例从39%提高到62%,以军事、师范等方向为主的提前批次录取的比例亦从33%升至57%。这就是说,部分农村考生虽然高考成绩优异,但因为家庭经济问题,选择了不收费或收费低的提前批次录取的军事、师范院校或专科院校。而在重点高校,中产家庭、官员、公务员子女则是城乡无业、失业人员子女的17倍。

最后,占据优质教育资源的大学农村学生比例下降,除了农村教育发展滞后等原因外,高校招生中的"城市视角"也挡住了农村考生的门槛。来自北大招生办的信息,2010年北大在某省招收的70名文

---

① 《重点大学农村生源急剧下降,自主招生被指不公平》,中国高考网:http://www.gookao.com/gaoxiao/beijinggx/34866.html。

理科学生中,只有 10 人没有任何加分,其余 60 人则通过自主招生加分、政策性加分、保送的途径迈入北大,他们绝大多数出自超级中学,即各省重点中学的升级版,它们大多位于省会城市,拥有丰厚的教育经费与政策支持,每年几乎垄断了其所在省份北大清华的名额。一部分大学在自主招生时,考试内容和形式多从城市学生出发,考题涉及面广,往往是城市孩子才可能接触到的内容,比如看重学生的文体特长,注重学生的知识面,甚至有的只把报名资格和名额分给中学名校,这对农村学生来说都是不公平的。绝大多数的普通高中与县城高中,被远远甩在了后面,艺术加分与寒门子弟更是绝缘。很多大学录取的特长生绝大部分来自东部地区,七成来自大中城市,来自农村的极少。

大学农村生源下降的趋势还在蔓延,这是一个危险的信号,它的指向其实只有一个——社会公平。值得人们注意的是,有些大学以新生中的城市学生比例上升为夸耀的资本,甚至以城市生源达到北大、清华那样高的水平为奋斗目标。以大学毕业生为例,城市学生比农村学生有更多的社会资本,因此就业率也较高,而学生就业率的高低将影响大学排名和专业招生规模。看来,大学农村生源下降现象的背后,既有教育资源分配不公平和城乡社会经济发展差距的问题,也有制度上的根源。

二、就业公平问题:歧视现象普遍存在

所谓歧视,"指出于某些人具有的某些天生的特征,或强烈的信仰,或个人的身份,诸如人种、族种、性别、年龄、宗教或性倾向等,而予以不公平的待遇或剥夺其权益"[①]。歧视的本质是社会排斥,是主导群体在社会意识和政策法规等不同层面上对边缘化的贫弱群体的社会排斥。贫弱群体往往由于民族、等级地位、地理位置、性别以及无能力等原因而遭到排斥。特别严重的是在影响到他们命运的决策之处,根本听不到他们的声音。西方法治国家过去一百多年人权发

---

① 谭兢嫦、信春鹰主编:《英汉妇女与法律词汇释义》,中国对外翻译出版公司 1995 年版,第 85 页。

展的历史,在一定角度上看,就是反歧视、要求平等权利的历史。1789年法国《人权宣言》庄严宣告:"所有的公民都是平等的,故他们都能平等地按其能力担任一切官职、公共职位和职务,除了德行和才能上的差别外,不得有其他差别。"①

我国是社会主义国家,对平等和社会正义有更高的价值和追求。我国《宪法》第33条规定"中华人民共和国公民在法律面前一律平等",它为保障公民平等、反对歧视现象奠定了原则和精神基础,目前我国已有关于儿童保护、妇女保护、残疾人保护、老年人权益保护等方面的法律,2005年8月,十届全国人大常委会第十七次会议批准了国际劳工大会通过的《1958年消除就业和职业歧视公约》,从而为我国推进具有中国特色的反就业歧视立法提供了依据。我国《劳动法》第3条规定"劳动者享有平等就业和选择职业的权利";第12条规定"劳动者就业,不因民族、种族、性别、宗教信仰不同而受歧视";第4条规定"用人单位应当建立和完善规章制度,保障劳动者享有劳动权利和履行劳动义务"。从上述法律条款中,我们可以看出法律赋予公民平等就业的权利,而用人单位则承担提供公平就业的责任。如果用人单位没有履行它的责任,就是违约行为,对应聘者所造成的不平等,就是一种歧视。

但是我国在反歧视方面的法律还不够具体,在实际运用中仍有难以涵盖和使用的地方,既缺乏相关法律约束歧视行为,具体歧视事件不但层出不穷,而且往往面临投诉无门的尴尬。在向市场经济转轨进程中,人才市场自建立以来一直倡导着"公开、公平、竞争、择优"的原则。虽说管理者有用人自主权,但一些用人单位却在人为地扩大这种"用人自主权"。在某些管理者的眼中,用人单位给社会提供了大量的就业机会,因此,他们有权附加条件来选择自己所要的人,因此他们认为这种现象并不构成歧视。结果,用人单位这种自由选择权无限扩大的观念,导致了各种歧视条款被堂而皇之地摆上了桌面,登上了广告,甚至成了个别政府部门的内部规章。于是,有些不

---

① 法国《人权宣言》,http://www.360doc.com/content/13/0930/01/5769371_31084515.shtml。

够聘用条件的人被青睐看好,青云直上;有些本来符合录用条件的人反被无情地淘汰,成为了可怜的垫脚石。这种用人自主权的扩大,说严重点是在滥用自主权,实质则是歧视的体现,其直接后果就是随心所欲地剥夺某些人的就业机会和发展机遇,践踏了社会平等的法理。

歧视现象加剧了社会的不公,在就业领域有诸多表现形式:

(1)性别歧视。指用人单位在招生、招工等录用各环节中,除有特别要求的专业,以及可能妨碍正常生产、工作、学习或依法不适合女性的专业或岗位外,以性别为由拒绝录用女性或提高对女性的录用标准,以所谓"同等条件下男生优先"为导向而致使女性平等入学、择业机会的丧失及其他损害的情况,将众多优秀的女性拒之门外。此外,性别歧视也反映在劳动力市场中女性获得人力资本投资机会相对男性较少,造成她们在劳动力市场上的劣势。这种歧视性投资表现为企业考虑到女性员工会给企业造成沉没成本,如生育和抚养孩子而分割时间和精力,生育费用、产假期间工资和奖金企业承担,提前退休等,于是不愿意给予女性更多的人力资本投资。性别歧视还降低了女性的劳动力参与率,迫使一些女性在找工作无望的情况下,退出了劳动力市场,她们的劳动力价值没有得到实现,浪费了已有的人力资本积累。

(2)户籍地域歧视。户籍歧视是我国特有的歧视类型,农民、农民工所遭受的歧视基本上源自户籍歧视,农民工歧视是户籍歧视的核心表现。农民工特指具有农村户口却在城镇务工的劳动者。农民工已经成为中国劳动力供给的主要来源,他们为经济与社会发展做出了巨大贡献,但他们的社会地位却完全不能与其贡献相称;农民工进城不能享受"国民待遇",制度上得不到有效保护,政策上备受歧视,大部分农民工被排斥到了一个与城市居民不同的"次属劳动力市场"。就业不稳定、收入低、工作环境差、待遇差、福利低劣,甚至连基本的劳动标准也难以达到,比如工时、周薪、带薪假、最低工资、失业保险、医疗保险等基本上没有保障。另外,不少机关单位和地方政府把外来人才看作是本地职工的竞争对手,而且他们以优先解决当地劳动力为由,巧妙地利用户籍等条件限制外地人融入本地的工作单位。这种为了优先解决本地人的就业问题而采用的"限本地生源"、

"要求本市户口"等做法将众多外地优秀劳动者拒之门外,带有明显的地方保护主义色彩。

(3) 教育背景歧视。学历歧视在我国劳动就业市场中一直存在。应聘者因其毕业学校、学历等背景原因而在就业过程中被贴上了不同的身份标签。就业市场对强势群体身份的认同和照顾就是对相对弱势群体的不公。用人单位在对求职者的认知过程中,把认知对象的某些清晰而明显的身份特征或品质加以放大,片面地将高学历、名牌高校毕业等同于高实力。在招聘过程中,因为应聘者的毕业院校不属于"985"、"211工程"的大学而被拒之门外的现象近年更为加剧;有些学校和科研单位甚至严酷到要查学士、硕士、博士学位是否都是"211大学"授予的。由于信息的不对称而造成的这种带有明显偏见的"晕轮效应",使用人单位歧视学历的现象越来越严重,用人单位更倾向于录用重点院校的毕业生,导致重点非重点院校生源素质差异进一步拉大、毕业生就业失衡加剧。

(4) 生理歧视。有生理缺陷或疾患者、容貌不佳者等在就业过程中因其生理原因而遭受用人单位的歧视。在大大小小的招聘会上,"男生1.7米""女生1.6米""五官端正"的字样并不少见。这在一定范围内剥夺了那些身体条件不佳的优秀大学生的竞争机会。因对方患某种疾病而对本来合格的求职者予以排斥,或对已经在职工作的人员作出辞退处理的行为就是疾病歧视。

(5) 工作经历歧视。经验歧视不仅在各种招聘会上随处可见,如要求应聘者具有"两年以上基层工作经历"等,即使是在地方政府部门的公务员招考中也俯拾皆是。

造成以上歧视现象泛滥的重要原因是中国现阶段存在着大量的诸如身份特权、垄断性因素等极不正常的现象,严重地违背了市场经济社会最为基本的公正准则之一——机会平等,造成了大量的无序竞争及腐败现象。各种歧视现象扩大了人与人之间的差距,逐渐形成了被社会相对隔离的弱势群体。这样一个处于弱势的群体的存在,他们缺乏机会、缺乏资源、处于相对被剥夺的地位的生存条件,他们对被歧视、被不公正对待而产生的易受伤害的心理,正在成为社会不稳定的因素,其可能产生的负面影响不容低估。他们的利益诉求难以通过常规的渠道表达出来,就有可能以极端的方式进行宣泄,中国社会的正常运转和健康发展将会受到影响,社会活力将会受到抑制。

尽管我国的法律已有了反歧视的一些原则规定,但不明确、过于原则化、不具有现实的可操作性,在实际运用中仍有难以涵盖和使用的地方,既缺乏相关法律约束歧视行为,也缺乏对歧视主体的监督和处罚措施。这不仅对受害者不公平,而且对法律威信的确立也是一种无形的阻力。为此,在中国的社会政策设计中,应逐步要求所有接受政府资助的学校、企事业单位在升学招生、就业招聘、干部选拔的广告、文件中申明不得对应试、应聘、受考察者因户籍、性别、身体、种族、年龄、地域、党派、宗教信仰不同而受到歧视。因为人人生而平等,这种平等就是人权的平等。尊重他人就是尊重他人生存的价值和意义,实际上就是尊重我们自己的人格尊严。

三、阶层结构问题:资源占有的巨大不公导致群体之间的收入差距不断扩大

改革开放以来,多元化的经济成分、多元化的利益主体已使中国社会结构中出现了阶级和阶层的分化。建国后形成的社会阶层发生了大规模的分化。原有阶层成员由同质性向异质性转化,分化出职业、收入和声望等不同的亚阶层和群体;众多社会成员从原阶层中分离出来,产生了介于原阶层之间的边缘阶层和群体,以及不同于原阶层的新兴阶层和群体。如果结合以资源占有为基础的阶级分析和以职业地位为基础的阶层分析考察中国当前的社会阶级阶层结构,大致可以发现十个轮廓较为清晰的社会阶层:国家与社会管理者、经理人员、私营企业主、专业技术人员、办事人员、个体工商户、商业服务业员工、产业工人、农业劳动者,以及无业失业半失业人员。[①]

从阶层形态上看主要表现在三个方面:一是所有制结构的深刻变化使非公有制经济快速成长,由此产生了私营企业主、个体工商

---

① 李培林:《中国改革以来阶级阶层结构的变化》,《黑龙江社会科学》2011年第1期。

户、外资和私营企业高级管理人员和技术人员等新的社会阶层;二是工业化和城市化的推动使两亿多农民转变了职业身份,成为"新工人";三是与现代经济社会相联系的社会中间阶层的人员规模快速扩大,而且社会流动大大加快。从阶层地位变化上看,有些阶层分化了,有些阶层新生了,有些阶层的社会地位提高了,有些阶层的社会地位下降了。整个社会阶层结构呈现出向多元化方向发展,社会分化和流动的机制变化了,社会流动普遍加快。

从资源占有上看,收入差别扩大和收入多层次化,即收入分配由过去单一的按劳分配发展为多种收入形式,其中还包括按资本金投入和技术要素分配的分配形式,从而使一部分占有组织资源、经济资源和文化资源的人比较快地富裕起来,而资源相对缺乏的人就处于劣势的地位,甚至处于相对被剥夺的地位,由此形成了贫富差别。这种差别又随着社会商品化、市场化的发展而延伸到社会生活的其他方面,如教育、住房、消费、文化娱乐等方面现在都表现出阶层的显著差别。于是,资源占有差别对个人生活的重要性替代了过去阶级身份的差别,成为衡量一个人的社会地位的重要因素。

由此可见,社会转型使现代化的社会阶层结构的雏形已经形成,具体表现在:社会结构的中下层在逐步缩小;社会中间层已经出现,并且正在不断壮大;掌握或运作经济资源的阶层正在兴起和壮大;现代化社会阶层的基本构成成分已经具备;现代化的社会阶层位序已经确立;向上流动机制已经出现,正在逐渐取代传统社会流动机制。但是,中国社会阶层结构与现代化建设进程还不相适应。中国现有阶层结构的不合理、不公正现象主要表现在:农业劳动者阶层规模依然过大,该缩小的阶层没有缩小下去;社会中间层规模过小,该扩大的阶层没有大起来;资源配置与收入分配存在着不合理之处,影响了阶层位序等级的合法性;制度改革和创新滞后,使得一些阶层的地位没有得到充分的制度性确认。在改革和利益分化过程中,一些阶层由于拥有种种便利和优势条件而能获得较多的好处,另一些阶层则难以获得多少好处;农业劳动者阶层和产业工人阶层,各有相当一部分成员的利益在不同程度上受到损害。① 阶级阶层结构的变动使原有的利益格局发生深刻的变化,社会转型实际上也成为一个利益格局的调整过程。

中华人民共和国成立后,工人阶级曾是国家的主体阶级与社会主义经济政治制度、观念形态的社会基础。在社会转型的短短几十年间,这个阶级的构成发生了很大变化。固然有相当比例的成员转而成为私有业主、白领工薪群体,但更多的人成为新的"无产者"群体的成员,尤其是国有企业的工人,曾被认为是"老大哥",在部分国企萎靡、职工下岗待业日重的压力下,"老大哥"在政治生活和经济生活中的优越感已明显降低,其经济上已陷入"相对贫困",精神上也面临来自外界与自我的双重轻视。从政治上看,工人阶级作为领导阶级的神圣性正在受到来自经济领域的冲击。在现实生活中,工人阶级所曾享有的一切由领导阶级地位带来的"特权",无失业之虞的固定工作,不担心生老病死的医疗保险和福利住房等待遇已经或正在消失。而构成当下工人阶级队伍主要成员的"农民工",他们既不是传统意义上的农民,也不是真正的工人,这种特殊性使他们生活在农村与城市的夹缝中。他们虽在城市工作,却缺乏合法的城市身份,"农民工"的社会标签深深烙印在他们的身上。这种标签,引发了城市社会对他们的歧视和排斥,从而使他们沦为城市的边缘群体、弱势群体。农民工在城市受到包括经济、政治、社会、文化等各个领域的排斥。

吴忠民认为,就中国现阶段社会结构的演变而言,有一种现象值得引起人们的高度警惕,这就是中国社会主要群体的弱势化趋向问题。在任何一个正常的社会,一般都存在着弱势群体。值得注意的是,中国社会现阶段弱势群体问题的不同之处在于,中国不仅仅存在着一般意义上的、数量十分巨大的弱势群体成员,而且更为严重的是,中国社会的一些主要群体如工人阶层(包括身份依然是"农民"的工人)和农民阶层中的许多成员呈现出一种弱势化的趋向。这里

---

① 陆学艺:《当代中国社会阶层研究报告》,社会科学文献出版社2002年版,第43—88页。

所说的主要群体弱势化趋向是指：主要群体中的许多成员的生活状态没有能够同社会经济的发展保持一种同步的关系，而遭受着绝对贫困和相对贫困的双重困扰；他们的竞争能力表现出某种弱化和退化的状态；他们的基本权利特别是劳动权利得不到应有的保护；他们对于社会的影响力明显减小，呈现出某种程度的边缘化状态；等等。这一现象所产生的负面影响是广泛而深远的。①

孙立平提出"断裂社会"概念，用以概括目前中国社会阶层结构的社会不公正现象。"什么是一个断裂的社会？就是在一个社会中，几个时代的成分同时并存，互相之间缺乏有机联系的社会发展阶段"②。这个"断裂社会"的主要特征在于，第一，一部分社会成员被甩到社会结构之外。对于下岗失业群体来说，回到社会的主导产业中去，没有可能；回到原来那种稳定的就业体制中去，没有可能；朝阳产业也不会向他们提供多少就业机会。第二，城乡之间变成了一种新的"二元结构"。同以往不同的是，现在城市居民日常生活的大部分依赖的是城市而不是农村。③ 在这样的大背景下，孙立平认为，中国经济增长中有一个奇怪的逻辑：经济有一个较为快速的增长，但社会中的大部分人如大多数农民、农民工和城市中的下岗失业人员不能从中受益，从而在很大程度上割裂了中国社会。可以认为，在社会转型中，收益最大的是官员及其家族成员，他们付出的代价和承担的风险则最小；与之相反，收益最小的普通老百姓却不得不付出最大的代价、承担最大的风险。

由于我国政治体制改革滞后，对权力没有形成有效约束，腐败官员的比例逐年扩大，动则贪污受贿几百万甚至几千万的官员呈增长之势。如前中共政治局委员、重庆市委书记薄熙来利用职务便利，为相关单位和个人谋取利益，受贿、侵吞公款2000多万元人民币，致使

---

① 吴忠民：《中国社会主要群体弱势化趋向问题研究》，《东岳论丛》2006年第2期。
② 孙立平：《断裂——20世纪90年代以来的中国社会》，社会科学文献出版社2003年版，第14页。
③ 孙立平：《失衡——断裂社会的运作逻辑》，社会科学文献出版社2004年版，第5—6页。

国家和人民利益遭受重大损失。① 原铁道部部长刘志军于1986年至2011年期间,利用职务便利,为他人在职务晋升、承揽工程、获取铁路货物运输计划等方面提供帮助,先后非法收受有关人员给予的财物共计折合人民币6460万余元;他在担任铁道部部长期间,违反规定,徇私舞弊,为他人及其与亲属实际控制的公司获得铁路货物运输计划、获取经营动车组轮对项目公司的股权、运作铁路建设工程项目中标、解决企业经营资金困难提供帮助,使公共财产、国家和人民利益遭受重大损失。原铁道部运输局局长、副总工程师张曙光在13起受贿事实中,共获赃款折合人民币4755万余元;最高一笔受贿金额高达1850万元,行贿者多是民营企业。② 又如2004年至2011年间,博宥投资管理集团有限公司法定代表人丁羽心,她通过时任铁道部部长的刘志军,为其和其亲属实际控制的公司获得铁路货物运输计划、获取经营动车组轮对项目公司的股权、运作铁路建设工程项目中标、解决企业经营资金困难等事项提供帮助,违法获利20余亿元,行贿近九千万元。③ 还有不少官员或通过审批项目和提拔官员大举敛财,或在各类企业中拥有干股分红,让拥有官股保护的企业获得暴利。正因为如此,目前我国社会中的竞争还远远没有达到真正机会均等的公平竞争。

从转型时期的各社会阶层的收益分配和代价分担是否相称的角度来分析,当前中国广大的普通老百姓对阶层之间的社会不公多有怨言,特别是一些低收入者在收入增幅有限的情况下,承受着住房、教育、医疗等诸多问题的困扰;一些高收入者则因资源占有优势和财产性收入增加而形成可观乃至巨大的财富积累,从而在一定程度上造成资源失衡和财富集中的"马太效应"。目前人们对收入差距过大

---

① 《薄熙来受贿、贪污、滥用职权案二审刑事裁定书》,中国法院网:http://www.chinacourt.org/article/detail/2014/01/id/1209628.shtml。

② 《原铁道部部长刘志军受贿、滥用职权案一审宣判》,新华网:http://news.xinhuanet.com/legal/2013-07/08/c_116442565.html;《原铁道部副总工程师张曙光今日受审》,网易:http://news.163.com/13/0910/12/98DMBIPJ00014Q4P.html。

③ 《原博宥投资管理集团有限公司法定代表人丁羽心涉嫌行贿非法经营受审》,北京法院网:http://bjgy.chinacourt.org/article/detail/2013/09/id/1102492.shtml。

的不满情绪,与其说是对收入差距本身的不满,毋宁说是对由于机会、条件不均等所造成的收入不均等的不满,特别是对特权收入和违法收入的不满。从社会控制的角度讲,对收入分配差距扩大或收入分配不公的强烈不满,是对社会稳定的严重威胁。

第五节 社会政策：以实现社会公平为出发点

社会公正的目的是维护社会的团结和谐,促进社会的和谐稳定发展。

在中国社会的急剧转型和社会分层结构的迅速嬗变过程中,随着经济社会的快速发展,广大人民群众的生活水平得到提升,包括弱势群体在内的全体社会成员在共享社会发展成果方面取得了较大进展。但是,社会快速转型期也是社会问题的多发时期:贫困问题有所缓解,但仍然存在相当数量的城乡贫困人口;贫富差距持续扩大,收入分配不均问题日益突出;阶层分化使社会结构出现裂痕,弱势群体面临的社会排斥使他们产生强烈的利益被剥夺的心理,等等。"分配不公"已经接近社会所能忍受的"红线",成为广大群众关注度最高的问题之一;社会公平也成为中国社会各阶层人士的普遍诉求,为此需要国家制定相关的社会政策使全体人民共享改革发展成果,这是关系社会和谐稳定的重大问题。

一、社会政策致力于社会公正的实现

社会公正的理念是社会政策的核心理念或核心价值。维护每个社会成员的基本尊严和基本权利是社会政策的应尽之责。由于弱势群体无力维护自身的基本权益,因而成为社会政策重点保护的对象。从各个国家出台的相关社会政策如社会保障制度、社会福利制度的实施效果看,以公正为理念基础的社会政策对于改变弱势群体的边缘处境,提升社会地位,融入主流社会具有重要的意义。[1]

---

[1] 李迎生:《加快与和谐社会建设相配套的社会政策建设》,《河北学刊》2007年第3期。

社会公正是由基本权利的保证(保证规则)、机会平等(事前规则)、按照贡献进行分配(事后规则)和社会调剂(调剂规则)共同构成的一个有机整体。缺少其中的任何一项内容,社会公正便不具备完整的意义。① 这些原则和要求也是社会政策的核心理念。对照这些基本规则和要求,改革开放以来的中国在促进社会公正方面取得了许多进步,但是总体情况不容乐观。从理论上来说,不公正可分三类:机会不平等、过程参与不平等和结果不平等。真正的公正在于赋予每个人机会的平等和过程的平等,让他们可以有平等机会通过自己的努力拥有属于自己的财富,让他们可以在透明和公正的规则下,参与平等竞争。

从基本权利看,《经济、社会及文化权利国际公约》规定,人人应有机会凭其自由选择和接受的工作来谋生的权利;人人享有公正和良好的工作条件;人人有权享受生活保障,包括社会保险;人人有权为他自己的家庭获得相当的生活水准;人人有权享有免于饥饿的基本权利;人人有权享有能达到的最高的体质和心理健康的标准;人人有受教育的权利;人人有权参加文化活动;等等。

从机会平等看,它是为每个社会成员的具体发展提供一种统一的规则,即生存与发展机会起点的平等,机会实现过程本身的平等,承认并尊重社会成员在发展潜力方面的"自然"差异,以及由此所带来的机会拥有方面的某些"不平等"。

从按照贡献进行分配看,是把个体对社会的具体贡献同自身的切身利益紧密地结合在一起。这种分配原则体现了平等的理念,更体现了自由的理念,充分尊重并承认了个体对于社会各自不同的具体贡献。

从调剂原则看,社会政策立足于社会的整体利益,对于一次分配后的利益格局进行一些必要的调整、使社会成员普遍地不断得到自由发展所带来的收益,这既是社会关系的调整,也是社会资源的再分配,从而使群体间、阶层间许多由于物质利益而引发的抵触和冲突可以程度不同地得到缓解。

---

① 吴忠民:《走向公正的中国社会》,山东人民出版社2008年版,第26页。

基于以上原则,社会政策在改善社会公正现状、促进社会成员的生存和发展质量、缓解社会阶层结构紧张状态、构建"和而不同"的社会关系方面的作用是显而易见的,也是实现社会公正这一基本理念的内在要求。

二、社会政策致力于社会福利的提升

社会政策在不同的国家、不同的意识形态下、不同的经济社会形态下具有不同的功能。但是最基本的功能有两个方面:一是纠正社会特别是在市场经济运行条件的社会运行失灵的有关社会问题,如贫穷、健康、就业、失业、住房等社会保障领域的有关问题。这也是自由主义社会政策的主要内容及其解决的主要问题。二是国家和社会主动对社会成员或公民提供层次不同、内容不等、水平有异的各种福利,增进社会福利水平,提高社会融合品质。简单地说,社会政策就是社会为了增进和调整社会整体及其成员的福利的水平、层次和内容而制定和实施的各种政策。

社会政策致力于社会福利的提升,可追溯到19世纪中叶的德国。为了缓和国内阶级矛盾,俾斯麦任首相期间实行了社会改革,出台社会政策。1882年,德国议会通过《疾病保险法》,1883年开始实施强制疾病保险,1884年,通过《工伤事故保险法》,1886年工伤事故保险开始适用于农业工人。1889年,通过《老年和残疾社会保险法》。三项社会保险法的通过和实施,基本上构筑起德国近代社会保障制度的框架。1911年又颁布了《职员保险法》。这一年,德国政府还把各项社会保险法合并成一部法典,共1805条,社会保障制度初步形成。"19世纪末20世纪初的社会保险立法,标志着德国近代社会保障制度的确立,对当时以及以后各主要资本主义国家的社会保障制度的建立产生了巨大的推动作用"[①]。

20世纪30年代,受经济大危机的影响,罗斯福新政开始了美国福利国家的实验。特别是战后,经济的迅猛发展一方面使社会差距和社会矛盾加剧,另一方面又为高福利政策的实行提供了物质基础,

---

[①] 王珏:《世界经济通史·中卷》,高等教育出版社2005年版,第349页。

为保证社会稳定、经济繁荣,西方国家不约而同地走上了福利国家的道路。二战结束以后,以英国为代表的西方国家立即着手进行福利国家建设。首先,建立了完善的社会保障法律体系,如英国,1946年颁布了《国民保险法》和《国民医疗保健法》,1948年颁布了《国民救济法》。其次,统一了社会保障事务的管理体制,国家直接参与国民收入的再分配过程,使社会弱势群体的生活得到了基本保障,在一定程度上消除了极端贫困的现象。英国从1944年起就实现了对社会保险、社会补助和社会救济项目的统一设计、统一管理和统一实施,最终确立了"福利"与"国家"之间的联结关系。20世纪50—70年代,北欧等发达国家,仿效英国的做法,完善了其社会福利制度,使社会福利涉及大多数人,甚至是社会全体成员。20世纪70年代,虽然西方发达国家爆发了两次严重的经济危机,失业率居高不下,但社会仍保持稳定,这与福利国家的社会政策是密切相关的。客观地看,西方国家福利制度完善了市场经济体制,成为资本主义国家不可或缺的"缓冲器"和"减压机",促进了社会经济稳定,扩大了公民自由,提升了社会福利。

当代西方社会福利思潮指导下的社会政策不仅对国民生活具有保障作用,还在缓和社会矛盾、推动社会融合等方面发挥了重要的作用。国家干预型社会政策在西方大部分国家占据主导地位,它主张国家担负起在传统社会中由家庭、市场承担的个人需求和社会责任,构建福利国家成为西方国家社会福利制度发展的主要方向。

当前,我国正处在社会转型的加速期,亦是社会问题的集中、多发时期,特别是社会弱势群体的大量出现,对社会的和谐、协调发展有着明显不利的影响。社会政策作为国家和社会支持弱势群体、解决社会问题、促进社会公正的原则和方针,已日益从经济体制中剥离出来,社会政策的内容体系趋向完善,成为一个相对独立的领域,并开始受到关注和重视,在构建社会主义和谐社会的过程中发挥着重要的、直接的作用。

启动和实施"民生"工程,是我国从中央到地方政府"执政为民"宗旨的充分体现。胡锦涛在中共十七次党代会上所作报告,阐述了"必须在经济发展的基础上,更加注重社会建设,着力保障和改善民生,推进社会体制改革,扩大公共服务,完善社会管理,促进社会公平正义,努力使全体人民学有所教、劳有所得、病有所医、老有所养、住有所居,推动建设和谐社会"。所列的民生工程主要内容:一是优先发展教育,建设人力资源强国;二是实施扩大就业的发展战略,促进以创业带动就业;三是深化收入分配制度改革,增加城乡居民收入;四是加快建立覆盖城乡居民的社会保障体系,保障人民基本生活;五是建立基本医疗卫生制度,提高全民健康水平;六是完善社会管理,维护社会安定团结。这些以改善和提升民生福利的社会政策,对于创造机会公平、整顿分配秩序、逐步扭转收入分配差距扩大趋势无疑将产生重大的影响。让全体人民共享改革发展的成果,这是社会主义公平公正原则的基本要求,是社会政策致力的目标。

三、社会政策致力于弱势群体的支持

关爱弱势群体,向弱势群体提供社会支持和社会保护,反映了以人为本的价值理念,体现了对社会稳定和社会公正的追求,这是社会政策的崇高使命。

1. 弱势群体是转型时期中国社会政策的主要关怀对象

弱势群体存在于任何时代、任何社会中。在传统意义上,弱势群体主要指老弱病残者和无劳动能力的依赖人群(主要是儿童),但是随着社会转型的深化,那些在劳动市场和生活机会分配中竞争力较弱、综合性能力较低而受到不平等对待的群体,如女性、非城市人口、农村贫困人口和失业、下岗人员等也被纳入到弱势群体之中。鉴于弱势群体的"社会承受能力"十分脆弱,而他们在收入、物质待遇、健康和寻求帮助等方面又遇到许多麻烦和困难,从而更容易陷入困惑和苦恼之中。当弱势群体陷入困境却求助无门时,声称能提供终极关怀,能指点迷津的宗教、迷信甚至邪教就有可能成为他们寻求安慰和解脱的出路;而弱势群体队伍中的个别人在自身利益被严重忽略以致侵害的绝境下铤而走险,以制造激进社会事件来宣泄自己的不满的可能性也日趋增多。于是,"一旦社会各种矛盾激化,经济压力和心理负荷累积到相当程度,影响到他们的生存,社会风险将首先从

这一最脆弱的群体身上爆发"①。因此,一个社会如果长期存在差距悬殊的弱势群体,任何改革都寸步难行。这正好说明我们通过社会政策改变弱势群体处境的"改革任务"已经刻不容缓。而要改变弱势群体的地位,让弱势群体强大起来,就是要从社会政策方面向弱势群体提供机会,有政策的补偿、救济和扶持,组织他们参与改革,共同分享改革的利益。

2. 社会政策以帮助弱势群体为国家和社会义不容辞的责任

西方国家早期对弱势群体实施帮助是出于同情和怜悯,其帮助行为基本上被视为是统治阶级或富人对贫弱群体的施舍。其背后的理念是个人应对自己的贫弱处境负责,某些人的懒惰、不良习惯等道德因素是造成他们弱势处境的基本原因。在这种"个人责任观"的支配下,支持弱势群体就很难形成一种经常化、制度化的行为。20 世纪 50 年代以后上述理念开始为社会结构论所代替。在社会分层研究中,学者们越来越把失业、贫困、疾病、不发展等现象同社会制度的不公平联系起来,认为由于社会制度方面的原因,由于某些社会成员缺乏权力和竞争能力而使他们陷入困境。②

在我国尽管扶贫济弱的思想和实践自古就有,但其出发点主要是基于统治秩序的维持,换言之,只是当贫弱人群的存在对现存的统治秩序或社会秩序构成危害时才不得已而为之。民间对贫弱人群虽不乏怜悯、施舍之举,但对他们的处境无动于衷乃至鄙视、侮辱弱势群体的行为也不鲜见。这些都体现出我国社会对弱势群体占主导地位的看法是"个人责任观"而非"社会责任观"。这种情况至今并未发生根本的改变。其实,在现代社会,无论是社会性弱势群体(如失业者、农民工),还是生理性弱势群体(如老人、残疾人),他们之所以陷于困境,固然有着这样那样的原因,但社会都负有不可推卸的主要责任。只有从"社会责任观"出发,才能真正地将帮助弱势群体视为国家和社会义不容辞的责任,自觉地出台并实施适宜的社会政策,逐步推进弱势群体问题的解决或缓解其严重性,以实现社会的稳定与

---

① 朱力:《脆弱群体与社会支持》,《江苏社会科学》1995 年第 5 期。
② 王思斌:《社会转型中的弱势群体》,《中国党政干部论坛》2002 年第 3 期。

和谐。①

在我国,绝大多数的弱势群体成员都曾在不同的工作岗位上为社会发展与现代化建设作出过贡献,他们是我国社会中的基本劳动群众,是国家政权的重要支撑和基础,是社会主义事业的大厦之基。他们在当前成为了社会的弱势群体,有一定的历史渊源和社会原因,是计划经济条件下实行的就业体制、就业政策和产业结构所造成的问题在经济转型过程中的必然暴露。从这个意义上说,作为经济体制改革过程中的产业结构调整和企业自身经营方面的问题所付出代价的承担者,政府理应关心和保护他们,向他们提供机会和帮助。

从对弱势群体的服务理念角度看,保障他们的社会权利,维持社会认可的最低生活标准,保持他们做人的尊严,这是为弱势群体提供福利服务和社会保障服务的主要理念。但是,社会政策的当代发展已经超越了传统的救贫济弱的活动范围。社会政策承认每一个弱势群体的成员都有潜在的发挥自己的优势、实现自己的价值的能力,他有责任帮助协助对象发展自己的潜能。所以,社会政策致力于帮助弱势群体转变观念,正确认识自我,激发潜能,树立起自立自强意识和竞争意识,进而使他们能主动适应市场经济要求,能在我国现代化进程中发挥应有的作用,从而使对弱势群体的社会保护能真正地、持久地实现。

四、社会政策的当务之急是社会关系调整

社会政策的当务之急,就是要解决越来越突出的收入分配不均和贫富差距等问题,实现社会公平,让全体人民共享改革发展成果。过去在初始分配过程中,很大程度上存在机会上的不均等,而这个机会不均等来自于权利的不平等,比如基本的就业权利很大程度上没有充分体现。这样会导致劳动收入的分配存在很大的差异性。另外,在再分配阶段,涉及政府公共财政政策,包括社会福利政策等,也存在着制度上的区别对待,对部分人群的歧视,更多的财政资源用于城市而不是农村,更多的社会保障资源用于城市职工而忽视了农民

---

① 李迎生:《社会政策与社会和谐》,《教学与研究》2005 年第 12 期。

和农民工。如大量的外来人口或者农民工在城市里工作,却没有任何社会保障,不能同等地享有社会公共服务,造成他们与当地城市居民之间明显的贫富差距。如果这些解决不好,它会长期地困扰我们的社会和政府。因此,要让全体人民共享改革发展成果,就需要在初始分配过程及再次分配过程中坚持"效率与公平兼顾,更加注重公平"的原则。

调整好社会关系,就要使改革中感到相对利益受损者能得到应有的补偿,使改革重新获得民众尤其是底层民众的支持。而在实施这种收入分配政策中,最要紧的又是两个:一是对旧体制下为国家进行资本与财富积累做出过贡献的一切职工——不仅仅是离退休老职工——根据其工作年限长短做出足够足额的补偿;二是尽快在全社会范围内建立起普遍的社会保障与社会福利网络,使任何一个低收入与无收入者都能维持一个尊严而体面的生活。

(1)社会保障制度是市场经济的"安全阀"和"减震器",也是市场经济的基本制度,具有社会控制的功能。社会保障制度,作为一种再分配的手段,对于协调效率和平等的关系、对于初次分配结果有着极为重要的调节作用。西方社会学家、经济学家就曾提出过实行收入均等化的政策,即通过实行收入再分配和社会福利措施来使收入分配趋于均等的政策,它主要由收入再分配政策和社会福利政策两部分构成。收入再分配政策遵循按照公平准则在社会成员中分配国民收入,社会福利政策则遵循按照社会成员对生活必需品的需要来分配国民收入。实行这两项政策的基本机制是运用财政手段在国民收入一次分配的基础上进行收入的二次分配,使国民收入的一部分由高收入阶层手中转移到低收入阶层手中。它具体地通过财政收入政策和财政支出政策来实现。财政收入政策主要表现在实行有利于低收入阶层的税收政策,包括向高收入阶层增税,对低收入阶层减税等。财政支出政策主要表现在向低收入阶层提供各种社会福利和社会保险以及带有福利性质的公共服务和补助等,从而提高国民收入中低收入阶层所占比重的作用,进而有助于促进收入分配的均等化。这种政策措施,值得我们加以借鉴。

在我国社会转型时期,由于竞争作为市场经济的最基本特征,它一方面提高了效率,另一方面产生了分化,带来了社会分配不公等社会问题,凡此种种都需要社会保障制度作为市场经济条件下的社会稳定器和社会控制器。社会保障制度,作为一种能给人们带来生存和生活安全感和保证社会稳定的社会公平制度,它也有助于通过合理的收入再分配政策,去调节收入分配不公所造成的社会矛盾。从社会保障制度建立的方式来看,它是社会化大生产的产物。市场经济下,竞争的前提在于有同一的竞争条件,如果企业自行解决失业和老弱病残等问题,就必然产生企业之间的负担不均,从而无法进行公平竞争,因此在生产社会化的条件下,经济保障的方式也必须通过社会保障制度来加以控制。因此,为适应新的形势,必须从中国目前的社会经济发展状况即从国情出发,动员全社会的力量,改变过去一切全由国家或集体包办的社会保障体系,尽快建立起由社会保险、社会福利、社会救助相结合,国家、集体、个人三方面合理负担的,统一社会化管理的具有控制功能的社会保障体系。

(2) 社会主义的公平分配是有差别的分配,即收入差别要与投入的劳动、资金等差别大体相当,要使多数人赞成和接受,要能调动多数人的劳动积极性促进生产力的发展。为此,要全面、准确地把握效率与公平的关系,在注重初次分配中的效率时不能忽视初次分配中的公平问题,在强调再分配注重公平性的同时不能忽略再分配中的效率问题。一个人如果为社会做出的贡献大,那么他也就相应地获得更多的社会资源和物质财富;一定意义上说,人们的收入、财富存在差距也是一种公平,它体现了人们在社会生产活动中的不同作用,能够激励人们为社会做出更大的贡献,同时实现个人的最大价值,做到个人价值与社会价值的统一。竞争会产生分配上的差异,但只要是公平竞争的结果,我们就应该承认和尊重。如果我们过分强调社会财富的平均分配,搞平均主义、抑制竞争,势必造成生产效率低下,阻碍生产力的发展。因此,公平竞争是社会公平的体现,反映在立法中,就是维护公平竞争秩序,消除垄断和歧视,保障人民的生命安全和财产不受侵害,保障国家和社会的稳定发展。

然而,目前广大人民群众所不满的正是不合理的分配差别问题,特别是对由行业特权与权力商品化而产生的社会分配不公问题有强烈的不满。对此,一方面,要把坚持发展生产和走共同富裕道路看成是社会主义公平分配的内在要求和归宿;另一方面,必须限制过高收入、取缔非法收入,防止出现贫富差别过于悬殊的问题,但限制不等于否定和取消合法的收入。

(3) 继续加强反对腐败和限制特权的力度对于解决社会分配不公的问题具有非常重要而特殊的意义。本来,廉洁奉公,艰苦奋斗是广大人民干部的优良传统,但是,在商品经济条件下,有些干部陷于商品崇拜、金钱崇拜之中,使腐败成为当今中国社会的一大公害。一方面是不少企业的职工领不到工资,不少农民卖掉粮食后拿到的只是一张白条;另一方面是有些干部公费大吃大喝,追求高档豪华进口小汽车,挥霍浪费、奢侈腐败,以权谋私。社会分配不公的这种鲜明反差,已经使人民达到不能容忍的地步。对此,不仅贫者感到不平、有意见,即使是在市场经济中成为大富者、暴富者也同样有许多不平之言。有些腰缠万贯的暴发个体工商业经营者说:"我们辛辛苦苦挣点钱也不容易,当初办一个证,不知求过多少人,花了多少钱,烧了多少香,磕了多少头;如今生意做起来了,却今天来这个检查,明天来那个视察,来了都要请吃、送礼、'放血'。"

反腐败和限制特权要有得力的措施,现阶段我们迫切需要加快立法步伐,完善社会主义市场经济的法规体系,其中包括行政立法、经济立法、廉政立法,例如国家公务员法及配套的单项法规:公务员的财产申报法、公务员廉政条例等。此外,要有严格的执法,如对要求公务员实行财产的强制申报、强制公开;对于违规范禁者认真进行查究,实行舆论监督。

当然,要从根本上解决社会分配不公问题,关键是要大力发展生产力,提高经济效益,积累社会财富。只要我国的生产力得到了发展,就能为大多数社会成员提供增加收入和就业的机会。在社会主义现阶段,只有同时符合发展生产力和实现共同富裕两者共同要求的分配,才是社会主义的公平分配。

第四章 人口老龄化与老年社会政策

20世纪下半叶以来，由于社会经济持续快速发展，人们的生活水平大幅度提高，社会卫生保健事业不断进步，各国人口的平均寿命不断提高，发达国家人口的平均寿命达到了70岁以上，又由于在此时期人口的出生率一直在降低，人类社会随之出现了人口老龄化现象。在社会转型的过程中，中国的人口问题受到了前所未有的严峻考验。如果说在20世纪末以前谈论中国的人口问题，主要还是在说"人多"；那么在21世纪更为严重的将是人口结构问题，"老龄化"与"养老"成为政府和人民广泛关注的一个焦点，而且这一问题的严重程度可能正在或即将超过人口数量的问题。为此，我们必须未雨绸缪，积极应对，把老年社会政策提到重要的议事日程上来。

第一节　中国的人口老龄化

人口老龄化是人类进入工业社会后出现的社会现象。在20世纪下半叶，只是欧洲等发达国家的老龄问题比较严重；而今天，这个问题在发展中国家也日益突出。中华人民共和国成立后，我国一直处在和平环境，人们安居乐业，生活蒸蒸日上。虽然总体消费水平不高，但对于绝大多数人来说能有温饱的满足。随着经济社会的持续发展，城乡医疗卫生条件不断改善，中国的人口表现出高出生率、低死亡率、高增长率的特点。至20世纪末，50年间中国人口净增7.2亿，增长了133%；平均每年增加1440万人，年递增率为18‰。

中华人民共和国成立后的人口变动，从1980年到2000年可分成前后两个时期:前 25 年全国人口净增 3.72 亿,增长 67.44%,年平均增长 20.83‰;后 25 年净增 3.43 亿,增长 37.14%,年平均增长 12.71‰。后 25 年增长率比前 25 年下降许多,20 世纪 90 年代中期已下降到更替水平以下。① 1950 年以来的中国人口变动,表现了五个发展阶段:第一阶段为 1949—1952 年的人口转变阶段,即由高出生、低增长向高出生、低死亡、高增长的转变阶段。第二阶段为 1953—1957 年的第一次生育高潮阶段,人口增长率和增长量均达到较高水平。第三阶段为 1958—1961 年的第一次生育低潮阶段,因三年经济困难时期人口出生率下降,导致 1960 年出现人口的负增长。第四阶段为 1962—1973 年的第二次生育高潮阶段,12 年中年平均人口出生率高达 32.7‰,死亡率下降到 8.8‰,自然增长率达到 23.9‰。第五阶段为 1974 年以来的第二次生育低潮阶段。自 20 世纪 70 年代以来,国家大力控制人口增长、切实加强计划生育取得显著成绩,人口再生产进入低生育水平国家行列。②

一、中国人口老龄化的特点

中国人口的平均预期寿命现在已经超过 72 岁,进入了长寿时代。与那些已经步入老龄化社会的国家相比较,我国人口老龄化呈现出如下的特点:③

1. 老年人口基数大

我国已成为全世界老年人口最多的国家,占世界老年人总数的 1/5、亚洲老年人口的 1/2。2000 年,中国 60 岁以上的老人达到 1.3 亿,占全球老年人口总量的 20%,相当于英国、法国、瑞典、挪威四国人口的总和。④ 65 岁以上的老龄人口为 8811 万,相当于印度的 2

---

① 田雪原等:《老龄化——从"人口盈利"到"人口亏损"》,中国经济出版社 2006 年版,第 21 页。
② 同上书,第 22—23 页。
③ 白海燕、刘志财:《浅析我国人口老龄化问题及其对策》,《山西大同大学学报》(社会科学版)2008 年第 4 期。
④ 时正新:《中国社会福利与社会进步报告(2002)》,社会科学文献出版社 2002 年版,第 187 页。

倍,美国的2.5倍左右,比西欧各国老龄人口的总和还多。预计到2020年,中国65岁以上的老龄人口将达到2.65亿,约占总人口的16%。

1964年人口普查中,0—14岁少年人口占40.69%,15—64岁成年人口占55.75%,65岁以上老年人口占3.56%,属典型年轻型人口结构。但是,20世纪70年代初以来,计划生育政策的实施使得出生率长期、持续、大幅度的下降,加剧着人口年龄结构向成年型、成年型向老年型的转变。人口转变过程是指从生育率和死亡率都相当高的状况,转变到两者都很低的状况的过程。由于中国实行严格的计划生育政策,生育率开始大幅度下降,人口快速增长的势头得到了控制。1982年第三次人口普查显示,0—14岁少年人口下降为占33.59%,15—64岁成年人口占61.50%,与这种变化相伴随的则是65岁以上人口比例迅速提高为4.91%。

1990年第四次人口普查年龄结构变动为:0—14岁少年人口下降到占27.69%,15—64岁成年人口上升到占66.74%,65岁以上老年人口上升到占5.57%,属典型成年型人口。2000年第五次人口普查的人口年龄结构已变动为:0—14岁下降到占22.89%,15—64岁上升到占70.15%,65岁以上上升到占6.92%。截至2000年年底,中国60岁以上的老年人口已达1.3亿,占总人口的10.5%,65岁以上的老年人口达到8827万,占总人口的7.1%。按照人口老龄化的标准,这两个指标都表明中国已跨入老龄化社会的门槛,成为一个老年型国家。

从年轻型到成年型,再到老年型,不到30年的时间,中国比世界相同人口年龄结构类型转变经历的时间要短得多。自1998年以来,中国的人口自然增长率一直低于10‰,2003年略高于6‰,2004年和2005年进一步降到6‰以下,2006年更是下降到5.28‰。[①] 正因为如此,中国人口老龄化来势较强。

随着预期寿命的提高、生育率水平的下降以及儿童死亡率的下降,中国的人口结构迅速改变,年龄中位数从2005年的32.5岁,将

---

① 国家统计局:《中国统计年鉴(2006)》;《2006年国民经济和社会发展统计公报》。

提高到 2050 年的 45 岁。① 蔡昉的研究发现,人口年龄结构已经从早期年轻人口占主要地位的典型金字塔型,转变为老年人口增加、中间年龄人口占主要地位的近乎橄榄型。② 人口老龄化问题将成为中国 21 世纪最为突出的社会问题之一。

2. 速度快,来势猛

我国老年人口数量,1953 年第一次全国人口普查时为 4214 万人,1982 年第三次普查老年人口达到 7675 万,1990 年第四次普查时增加到 9723 万人。1995 年年底,我国 60 岁以上的老人已达 1.2 亿,占总人口的 9.76%。截至 2008 年,60 岁及以上人口 15989 万人,占总人口的 12.0%;其中 65 岁及以上人口为 10956 万人,占总人口的 8.3%。

统计资料显示,我国人口老龄化的速度年均递增 3%,大大高于总人口 1.3% 的年均增长率;人口结构从成年型转变为老年型,中国只用了 18 年,而发达国家这个转变一般用了几十年甚至上百年的时间。根据美国人口普查局的统计和预测,65 岁以上老龄人口的比重从 7% 升到 14% 所经历的时间,法国为 115 年,瑞典 85 年,美国 68 年,英国 45 年,而我国大约只要 27 年。

3. 分地区、性别的老龄化程度差异较大

由于我国地域辽阔,地区间的人口分布不平衡,老龄化程度差异也较大。在东部经济发达地区和大中城市,人口已经进入老龄化阶段,而在中西部地区,人口老龄化的程度低于东部。此外,老年人口在地区分布、性别比例上呈现出不均衡性。从地区分布来看,我国目前绝大多数的老年人居住在农村。2002 年人口普查的结果表明,全国 1.38 亿 60 岁以上的老年人中,8555.8 万人居住在农村,占老年人口总数的 70%。在性别比例上,老年人口中,以女性居多,老年妇女丧偶率高。

---

① 孙祁祥:《"空账"与转轨成本——中国养老保险体制改革的效应分析》,《经济研究》2001 年第 5 期。

② 蔡昉:《人口转变、人口红利与经济增长可持续性——兼论充分就业如何促进经济增长》,《人口研究》2004 年第 2 期。

4. 经济发展水平低,人口未富先老

与其他国家相比,我国进入老龄化社会时,经济发展水平不仅是最低的,而且收入差距极大。发达国家人口老龄化伴随着城市化和工业化呈渐进的趋势,当它们的 65 岁以上老龄人口达到 7% 时,人均 GDP 一般在 1 万美元以上。我国进入老龄化时,人均 GDP 仅为 800 美元,发达国家的人口是先富后老,我国是未富先老,人口老龄化对经济的压力很大。

5. 老龄人口高龄化趋势十分明显

人口学的观点认为,60—69 岁为低龄老年人口,70—79 岁为中龄老年人口,80 岁以上为高龄老年人口。目前,我国 80 岁及以上高龄老年人口正以每年 5.4% 的速度增长,预计到 2040 年,将增加到 7400 多万人。

人口老龄化的发展,凸显出许多社会问题:直接服务于老龄化社会的各种社会服务组织不完善;各种与老龄化社会相匹配的服务措施滞后;老年医院、老年护理院、福利院、敬老养老院等发展不能满足老龄化的进程;"空巢家庭"增多;有些地方老年人的正当权益缺乏必要的保护。这些问题不仅直接影响到老年人的生活,使老年人的生活质量难有保障,而且影响到其他人群。年轻人不得不付出巨大的财力和精力赡养老人,影响了工作,影响了现代化建设的顺利推进。

6. 人口老龄化导致的老有所养与老有所医问题突出

人口老龄化使浙江面临的老有所养与老有所医问题越来越突出。老有所养的问题主要反映在经济供养方面,浙江省存在多种经济成分、多种分配方式,老年人的供养方式也是多种多样的;城镇老年人口多数享有根据国家规定的离退休金,养老保障程度较高。农村老年人除少数经济条件较好的乡村对老年农民发给退休金外,主要依靠家庭养老或自我养老,一部分无劳动能力的老年人因子女承担或者不愿承担养老,生活相当困难。在老有所医方面,一方面存在城乡医疗保障的巨大差异,另一方面,老年人的医疗保障水平和医疗服务条件改善滞后于社会经济发展,老有所医问题不容乐观。

我国人口年龄结构变化表明,人民生活水平和医疗卫生保健事

业得到巨大改善的同时,老龄化进程也在逐步加快。尤其沿海发达地区、人多地少矛盾突出的地区,生育率低和老龄化问题可能更加突出。人口老龄化,意味着老龄人口增多,而且增长的速度不断加快。据预测,"十二五"期间,我国每年平均增加的老年人将从"十一五"的500多万提高到800多万。联合国的一份报告则显示,到2049年,中国60岁以上的老人将占总人口的31%,老龄化程度仅次于欧洲。这预示着,从现在开始到未来的20年至30年间,中国将是世界上人口老龄化速度最快的国家之一。

专家认为,目前我国城市中的大部分老年人家庭都成了"空巢"。经济困难、无人照顾、缺乏精神慰藉这三大问题困扰着相当多的"空巢家庭"中的老人。这也就意味着,婴儿潮中出生的一代人在进入老年期后,在人口老龄化与金融危机的压力下,家庭和社会的供养资源会有所减少,供养力下降,传统的家庭养老受到前所未有的挑战,"空巢家庭"也将成为社会面临的突出的老龄问题。长期以来,我国老龄照料服务以家庭为主,随着家庭小型化和"空巢"家庭的增多,家庭养老照料功能逐渐减弱,而现有社区和机构提供照料服务的能力严重不足,不足以具备有效弥补家庭养老弱化的能力。总体上,我国老龄照料服务远远不能满足老年人的需求,还没有形成适应经济社会发展水平、应对老龄化挑战、良性循环的老龄照料服务体系。

二、中国人口老龄化的态势

2004年年底,中国60岁及以上老年人口达到1.43亿,占总人口的10.97%。老龄化水平超过全国平均值的有上海、天津、江苏、北京、浙江、重庆等。

2005年全国1%人口抽样最新数据显示,我国65岁以上人口达到10055万人,占总人口数的7.7%,按照国际老龄化评判标准之一,我国已全面进入了老龄化社会。[①] 当前中国不但已是世界上老年人口最多的国家,而且中国也是世界上人口老龄化发展速度最快的国

---

① 陆杰华:《快速的中国人口老龄化进程:挑战与对策》,《甘肃社会科学》2007年第6期。

家之一。

2006年2月23日,全国老龄办发布了《中国人口老龄化发展趋势预测研究报告》。① 报告显示,我国老年人口规模巨大,老龄化速度大大高于世界平均老龄化速度。自1982年第三次人口普查到2004年的22年间,中国老年人口平均每年增加302万,年平均增长速度为2.85%,高于1.17%的总人口增长速度。

2007年年末我国60岁及以上人口为15340万人,占全国总人口的11.6%;其中65岁及以上人口为10636万人,占总人口的8.1%。② 根据中国老龄工作委员会的公报,从2001年到2020年是快速老龄化阶段,期间中国将平均每年增加596万老年人口,年均增长速度达到3.28%,大大超过总人口年均0.66%的增长速度;到2020年,老年人口将达到2.48亿,老龄化水平将达到17.17%,其中,80岁及以上老年人口将达到3067万人,占老年人口的12.37%。③

国家统计局2009年2月26日发布的《2008年国民经济和社会发展统计公报》显示,2008年年末全国总人口为132802万人,60岁及以上人口15989万人,占总人口的12%;其中65岁及以上人口为10956万人,占总人口的8.3%,21世纪中国人口老化问题将越来越严重。

根据全国第六次人口普查统计,2010年中国60岁以上的老年人口约有1.74亿,约占总人口的12.8%。同2000年第五次全国人口普查相比,2010年我国60岁及以上人口的比重上升2.93个百分点,65岁及以上人口的比重上升1.91个百分点。④

值得注意的是,建国后出现过两波人口生育高峰:

第一个高峰在建国初期,政府实行鼓励生育的政策,导致人口增

---

① 全国老龄工作委员会办公室:《中国人口老龄化发展趋势预测研究报告》,中国老龄协会网:http://www.cnca.org.cn/include/content3.asp?thing_id=10996。
② 中华人民共和国国家统计局:《中华人民共和国2007年国民经济和社会发展统计公报》,《人民日报》2008年2月28日。
③ 全国老龄工作委员会办公室:《中国人口老龄化发展趋势预测研究报告》。
④ 中华人民共和国国家统计局:《2010年第六次全国人口普查主要数据公报(第1号)》。

长率将近300%,1950—1957年。我国人口总数由1949年的5.4亿人,增加到1957年的6.4亿人。随后因"三年自然灾害"而中断。"三年自然灾害"结束后,中国进入到有史以来人口增长最快的一个阶段,从1963年到1974年这12年平均每年出生人数为2600万。

第二个高峰是1962—1972年。10年间,我国人口总量由6.7亿增加到8.7亿,净增2亿人,人口总规模扩大了29.8%。1965年出生率高达38.1‰,自然增长率高达28.5‰,均创造我国建国以来的最高水平。10年间,平均每年出生人口2800万、死亡人口800万,净增2000万。

现在,建国初期的第一波婴儿潮人口已经或即将进入老年人口范畴;建国初期第二波婴儿潮人口到2025年前后也将进入老龄阶段。中国婴儿潮的人口主要在农村,但是随着家庭结构的核心化和人口流动的加速,婴儿潮期间出生的人口在进入老年阶段时,比重很大的城乡老人已经或将要生活在"空巢家庭"之中。

国家老龄工作委员会办公室发表的《中国人口老龄化发展趋势预测研究报告》预测,我国人口老龄化分三个阶段进行,到2020年为止,是快速老龄化阶段。到2050年,我国老年人口总量将超过4亿,我国人口老龄化程度将达到30%以上,也就是说每10个人中就有3个是60岁及以上的老年人。2051年,中国老年人口规模将达到峰值4.37亿,约为少儿人口数量的2倍。

中国"六普"公报的发布,引起国内外社会尤其是海外媒体的广泛关注。作为世界人口第一大国,中国人口的老龄化为海外媒体聚焦的热点话题。

"美国之音"的一篇报道解读中国这次人口普查的结果时称:"城镇化进程在加快的同时,老龄化的速度也飞快。"文章援引国家统计局局长马建堂接受媒体采访时的说法,中国人口老龄化给劳动人口带来了压力。

《华尔街日报》在题为"中国人口迅速老龄"的报道中表达出了中国有可能重蹈美国覆辙的担心:中国正在加速的老龄化进程会拖累目前活力四射的中国经济。劳动力总量的缩减可能会让未来的中国走向"制造业蓬勃发展"的反方向,并给薪酬支付带来压力,进一步导致通胀率上涨。

同样的担忧也出现在美国《基督教科学箴言报》的报道中。在一篇题为《人口报告：中国会在变富前变老》的文章中，作者用有些诙谐的笔调评论道："在这个世界上人口最多的国家里，儿童的数量在急剧减少，但领退休金的人却在急剧增加。"

德国《威斯法伦日报》说，世界上最大的人口普查结果显示，中国的社会正在迅速变成灰色，孩子的数量也正在下降。人口曾是中国前进的武器，廉价劳动力让"中国制造"充满优势，但现在人口将成为中国政府的一道难题，在老龄化之前，中国应增强技术产业，否则中国可能掉入峡谷。

英国路透社分析说，在当今中国，独生子女政策的负面效果开始显现，人口学家担心，如果不加以改变，中国可能成为世界上首个"未富先老"的国家。该分析援引清华—布鲁金斯公共政策研究中心学者的推算说，如今中国人口平均年龄是34岁，按照生育率1.6%来算，到2050年时半数中国人年龄可能不低于50岁，而且当中国有25%的人口达到60岁或以上，他们的人均收入最多只能达到西方老龄化国家的1/3。学者还比喻说，人口在迅速老龄化，好比坐车走下坡路，继续执行独生子女政策，"相当于给这辆已经在走下坡路的车踩油门"。报道同时说，拥护计划生育政策者称，人口减少曾经对经济成功起到至关重要的作用，未来还将继续发挥作用。

加拿大《环球邮报》的文章在标题中说，中国社会正在变得更老。文章说，在中国推行"一胎化"政策32年之后，中国成功地控制住了一度飞速的人口增长，根据政府方面的预计，中国人口在2015年可能开始下降。但文章同时指出，中国控制人口增长的政策也导致这个国家正在迅速变老，60岁或以上年龄人口占总人口的13.26%，比10年前增加近3个百分点，预计中国2015年60岁以上的老年人将超过2亿。

印度《经济时报》称，为了避免人口过量的"马尔萨斯灾难"，中国一度采取紧急措施以限制家庭的规模，然而这一政策已经威胁到了中国经济发展的未来，能够赡养和照顾老人的年轻人越来越少。

综上，国外媒体评论中国人口老龄化问题，主要的担忧来自两方面，一是人们担心老龄化带来的人口结构变化,对中国经济长期发展形成不利影响;二是老龄人口的增加、年轻人口的较少,巨大的养老保障负担,以及并不富裕的中国现实国情,无形中加大了中国社会养老的压力,并且这个压力还在成倍增加中。

养老问题,之于中国社会和谐与稳定的意义,并不亚于收入分配问题、教育问题、保障房供应问题等,因为,老年人群是最弱势也是最脆弱的人群,他们更需要社会的优先关爱、优质服务。妥善处理老龄化带来的一系列经济、社会、文化问题,不仅是提升中国幸福指数的重要举措,而且关乎中国在世界上的新形象、影响力,尤其是应对未来经济社会复杂问题的能力、应对人们现实利益与长远利益相结合等综合性问题的能力。

第二节 家庭养老方式的国际比较

在中国社会结构特别是人口结构发生急剧变迁、传统的家庭养老功能萎缩之势不可逆转的情况下,人口的大规模快速老龄化,必将给社会养老制度设计带来极大困难。随着老年人口的不断增加和社会养老资源供给人口的持续减少,如何赡养老年人、从中国的国情出发构建一个以老年福利服务为主导的包括家庭、政府、社会及个人共同参与的老年人养老支持系统,已成为极具挑战性的现实问题。

家庭养老方式是传统的养老方式,但是历经千百年而仍有活力,这是值得探讨和重视的。各国现存的家庭养老方式,尽管其政治、经济、文化和历史的条件各有不同,各国做法也有差异,但老人对家庭的依赖及所追求的养老目的却是基本一致的。按人们对家庭养老方式理解的不同及具体供养内容和实现方式的不同,这里主要对中国、欧美和日本的家庭养老方式进行分析比较,并划分为互动型的中国家庭养老方式、独立型的欧美家庭养老方式、同居型的日本家庭养老方式三种。

一、互动型的中国家庭养老方式

中国的家庭养老方式源远流长。1982 年在维也纳召开的联合国老龄问题世界大会上,大会秘书长曾经指出,"以中国为代表的亚洲方式,是全世界解决老年人问题的榜样"。所谓亚洲方式,就是专指家庭养老方式。它是基于两个方面的互动或其中一个方面的互动而形成的。第一是家庭内代际成员间的互动,即通常研究者们所说的反馈模式。费孝通教授作了如下解释:"在中国是甲代抚育乙代,乙代赡养甲代,乙代抚育丙代,丙代又赡养乙代,下一代对上一代都要反馈的模式。"①赡养在其中起着核心的作用。第二是家庭内有关成员间的互惠,即交换模式,例如长辈帮助小辈看管家庭,抚养孙儿女,承担力所能及的家务劳动,小辈则负起赡养长辈、养老送终的责任,双方在互惠中各得其所。目前,中国60岁以上的老人已超一亿,其中主要依靠家庭养老的约有八千万人,即约有80%的老人是生活在家庭里靠子女等亲属的照料、帮助或自己承担适当的家庭劳务,进而实现或换取家庭养老的。

家庭养老制度一般包含有三方面的功能:一是经济赡养,二是生活照料,三是经济慰藉。

经济赡养,就是有收入来源的子女从经济上为老年父母提供生活保障,这可以说是一种直接的货币表现或间接的货币表现。中国城镇老年人的经济保障主要来源于离退休金,但由子女或配偶提供经济保障的仍有45.39%的比例。至于农村老人则基本上依赖于家庭提供的经济保障,他们接受的具体赡养方式可因老年人不同的家庭居住方式而有差异。有的以配偶参加劳动的收入赖以为生,老夫老妻互相照顾,相依为命。可是,这种家庭结构具有不稳定性,一旦夫妻中有一人先去世,剩下的一方在体弱多病时往往难以独立生活下去,只得与子女一起生活,接受赡养;也有的老人可能到各个子女家里轮流居住,由子女轮流赡养;还有的老人相对固定居住在一个子女家里,由子女们共同承担生活费用。至于生活在与子女孙辈组成三代同堂家庭里的老人,由于老年父母与子女同吃同住,老人的生活也得到了充分的保障。

---

① 费孝通:《家庭结构变动中的老年赡养问题——再论中国家庭结构的变动》,《北京大学学报》(哲学社会科学版)1983年第3期。

生活照料,就是老年人在家庭里得到子女孙辈提供的衣食住行等方面的生活服务。如果说老年人最害怕的是自己失去独立生活能力或久病不起,需依赖他人维持生活起居的话,那么这种后顾之忧通常能在家庭里得到解决。当很多老人在体弱多病、卧床不起的时候,他们的子女、媳妇及孙儿女往往寸步不离地加以照料,从送茶喂饭、煎药调理到梳头擦身、倒尿揩粪,无不承担。一般而言,与子女同居在一起的老人比与子女分居、单独居住的老人受到更好的生活照料,更少晚年的孤独之感。

精神慰藉,就是老人在家庭里精神上有依靠,感情上有交流,可享天伦之乐。很多老人虽已近花甲,但身体仍然硬朗,不愿在家中吃闲饭,常常主动地承担力所能及的家务劳动,烧饭、照看小孩以至于从事一些力所能及的生产活动,故深受子女及孙辈的爱戴和尊重,在和睦的家庭气氛中,老人的心情十分愉快。同时老人在家庭里耳闻目睹儿女孙辈工作有成绩、学习有进步,也引以为内心的莫大安慰。共同生活使老人和家人间建立起密切的感情和精神交往,充实了老人的晚年生活。

总之,经济赡养、生活照料、精神慰藉,三者有机地统一在"家庭养老"的模式中,极大地完善和丰富了"家庭养老"的内涵,正是在这种模式里,中国的老人晚年生活有了充分的保障。但是,互动型的中国家庭养老方式存在的问题也并非微不足道。首先,子代对父代的反馈,常常被理解为单纯经济上的赡养,即父母给我多少,我还给父母多少,这就使养儿防老观念有了存在的土壤,尤其是在农村,多生育孩子往往意味着有较大的养老保险系数,即能获得较多的比较稳定的反馈。其次,互惠式的关系并不能保证家庭养老诸内容的实现,有的老人本身没有工资收入或养老金,但能够在家庭里帮助子女做一些力所能及的劳动和家务,然而一旦丧失生活自理能力或劳动能力时,他们失去了互惠的交换价值,便有可能受到子女的歧视、虐待以至于遗弃,这种现象并不罕见。最后,互动型的养老方式也存在不利于人口流动、不利于提高家庭生活质量的问题,照料家中老人的沉重负担不但严重地牵制和阻碍了人们对社会事业的献身,也影响了生活质量的提高与改善。

二、独立型的欧美家庭养老方式

从19世纪80年代开始,西方各国普遍由过去传统的家庭养老向社会养老逐步过渡,在欧美许多国家,养老的第一位经济来源就是社会保险收入。目前,至少有占老人总数的62%美国老人有社会保险收入,另外,美国1.24亿劳动者的半数左右参与了私人养老计划。正如美国弗德汉姆大学老年学中心马乔瑞斯·坎特教授所说,"虽然美国多数老人在自己家中独居,法律又没有关于子女有尽孝义务条文,但并不意味着老人处于没有重要亲戚关系的被遗弃状态。所以,对老人的社会供养,日益涉及由家庭和其他人提供的重要的非正式的服务,和主要用公款及社区为基础的组织提供的正式服务两者的结合。今天美国政府采取直接行动,或委派州及地方代理机构,为老年人在生活收入、保健、住房、交通和安全等关键领域提供基本福利。但是,家庭在为它的老年成员提供的服务与个人之间的社会供养方面仍保持着主要的作用。因此,老年人如果没有家庭圈子和其他能起作用的人的帮助,就可能处境十分不利"①。这也就是说,虽然美国的老人能够享受到社会保障制度的利益,美国法律也没有规定子女供养父母的经济责任作为代际关系的支柱,家庭养老的功能在美国一定程度地依然存在着,并满足着老人们的精神和情感上的需求。

欧美老人的家庭养老是独立型的,其特征归纳为以下三点:

其一,无论有无配偶,只由老人构成的家庭具有较高的比例;在这些老年人家庭里,既有同居的老年配偶,也有无偶的老人单独居住或与亲属、非亲属同居的。老年人愿意独立居住,是欧美社会强调个人在尽量少地依赖他人帮助的情况下独立生存的价值观的体现,独立和自给自足的社会精神渗透在西方文化中,并成为衡量自身价值和他人价值的准则;所以,他们奉行的生活态度是:孩子到一定年龄后要离开父母另立门户,他们与父母之间彼此保持既尊重各自私生活又保持亲属关系。同样当人们在年老时,如果由独立转而依附他人,就会和价值准则发生冲突,因此老人宁愿独立地在家庭里生活,

---

① 《老龄问题国际讨论会文集》,劳动人事出版社1988年版,第74—75页。

当然并不排除在必要时把子女、亲属、朋友和邻居所提供的非正式帮助看成是满足自身需要的最适当的源泉。另外,虽然美国有专以老年人为对象的公共服务机构,大多数老年人害怕并强烈反对在公共机构里生活,因为老年人既需要公共机构的环境,又需要家庭来丰富其生存和生活方式。

其二,欧美老人家庭虽然独立,不与成年子女生活在一起,但老人仍是家庭网络中的组成部分。一些研究材料表明通常老人有一名或数名子女住在附近,保持着所谓"有距离的亲近",与子女、孙辈可以经常互相探望往来和相互照应,保持亲密的关系。例如,美国"有四分之三的老人住在离孩子家不远的地方,驱车半小时可到。在七十年代中期所做的一次调查中,大约有一半老人在调查的当天见到过自己一个孩子"[①],这反映了老人的独立家庭与其子女亲属的空间距离是相对有限的,选择与配偶居住或独居,但与子女孙辈保持密切联系的家庭养老方式仍然是很多欧美老人更乐于接受的养老方式。在欧美国家里,尽管子女常常给父母提供各种服务,但一般来说孩子们给父母以经济上的援助却不多见,而且老年父母在态度上是反对接受现金援助的,子女对老人的主要满足是提供感情上的支持。在生活照料方面通常是女儿承担有关的责任,美国一些妇女认为,为老年人的需求付出代价是值得的,因为这是家庭团结和骄傲的源泉。

其三,欧美发达国家都强调社区支持老人的家庭,即以社区为基础提供的正式服务,特别是上门服务来增强老人在家庭里的生活能力。如美国实施的"社会服务街区补助计划"(The Social Services Block Grant Program)在各州力图帮助和支持老年人在家里有能力独立活动,为老年人提供较多的服务项目主要有家政服务、家庭杂务、运输、供给膳食等,所有住在家里的老年人都能获得这样的服务。但是,欧美老人在需帮助时要"首先并更为经常地向非正式服务系统求援,只有当亲属不能提供帮助或家庭和其他相应的人感到已经不能承受帮助老人的负担时,他们才会转而向正式福利机构求助"[②]。这

---

① [美]古德:《家庭》(魏章玲译),社会科学文献出版1986年版,第100—101页。
② 《老龄问题国际讨论会文集》,第80页。

是因为美国政府花费在社会服务上的经费毕竟不能满足需要,国家资助的以老人为对象的上门服务不能随叫随到,而私人服务的收费又太高,于是不少老年人在接受正式福利机构的照料与帮助、在恢复健康后宁愿回到自己的家庭里。家庭所提供的非正式照顾和社会提供正式服务的最大区别在于,家庭是老人从亲密程度和私人关系的基础上进行选择的,帮助是在有来有往的基础上进行的;虽然比起正式组织,家庭、亲属对老人只能提供技术性不太强的帮助,但这种帮助一般能比较及时和比较灵活,适合个人的特殊需要,而且所给予的情感上的支持往往是很关键性的。

三、同居型的日本家庭养老方式

日本是世界工业强国,但在第二次世界大战之后才逐渐实行老年社会保险制度和开始家庭现代化的进程。"作为日本全国社会保险制度的一部分,由公众供养老年人的做法,原则上对城市和农村的老人都是一视同仁的全国养老金计划于 1961 年实施,它是八个养老计划体系中的一个,所有的日本公民都必须加入这些计划"①。老年人如果收入低于一定的标准,那么他们每月可以领取一定数额的老年人福利补助金,那些参加国民养老金计划的老人,在 65 岁时也能得到经济上的保障。但是,老年福利养老金、大部分的正规社会服务和医疗补助项目原则上以假定家庭是服务的基本提供者为前提,其手段是以户为单位定出提供服务的制度适用标准;这种形式得到日本家庭法的支持,这一法律规定了子女在法律上有赡养老年父母的责任。此外,由于日本老人的社会独立性要比欧美老人差得多,他们在经济问题基本解决后也仍然比较倾向于家庭养老方式。现在,日本赡养老人的主要形式是老人与其子女(主要是长子)或亲属同居式的同居家庭赡养,老人与子女的同居率非常高,不论老人的年龄、性别和婚姻状况如何,同子女一起生活已经成为普遍趋势。从人们的家庭观念和养老观念来看,日本"至今还存在一种社会习俗,即只有父母与已婚孩子共同生活才被认为是正常的、能给人以安宁的生活

---

① 《老龄问题国际讨论会文集》,第 380 页。

形态。尤其是长子,他们把与老人分居看成是不正常状态,因而即使是与老人分开居住,也希望不久再合到一起。在现实中,有70%以上的老人过着这种同居生活。根据以往的发展过程来看,剩下的那一部分老人中的绝大多数也早晚会与孩子同居的"①。

日本的同居型家庭养老方式具有以下特点:

其一,父母主要与长子的家庭同居养老,基本上是生活在三代同堂家庭,很少一部分老人独自生活或只与配偶一起生活。二战前的日本,实行长子以赡养父母为条件换得家业继承权的制度,虽然今天的法律已经取消了长子继承制,人们也普遍地有了职业,靠工资维持生活,但父母把长子看作是"后嗣"的意识依然相当顽固。例如"在川崎市近郊,把农田作为财产让渡给长子这个'后嗣'的比率达86%。一般说来,日本的父母对长子下面的孩子是不抱什么希望的,而分家出去的孩子也完全认可自己不继承家产的地位"②。由于分家的孩子大都远离父母而居,并与父母的关系比较疏远,造成了长子夫妇全面承担赡养父母的义务就显得负担过重了;这不仅仅是经济上的负担,而且还包括从照料年迈父母的日常生活到他们生病时的护理。故近年来,有识之士中要求按照是否赡养父母来有差额地分配财产的呼声渐高。

其二,家庭养老的实际内容在农村和城镇大体上是相同的,但日本老人与子女同居养老的趋势在农村高于大城市和其他城镇地区,从而反映出在对待家庭养老的态度和具体养老要求方面,农村和城镇之间存在一定的差异,这种差异表现为农村的老人比较希望他们的子女能够以更加传统的方式来供养照顾他们,他们比城镇老人更执着地希望长子及儿媳应在他们生病时照顾生理上的需要,并认为与年老的父母居住在一起是孩子的天职;而尽管城市老人主要还是在同居家庭中养老的,但目前城市有些年轻家庭实行了伸缩性的同居方式,即在老人都健康时,不一定与老人同居;当父母生病时,就把

---

① [日]上子武次、增田光吉:《理想家庭探索》(庞鸣、严立贤译),国际文化出版公司1987年版,第210页。
② 同上书,第212页。

他们接过来一起同居生活。

其三,政府对同居型的家庭养老方式采取支持和鼓励的态度,日本政府一方面控制新办具有社会福利性质的养老机构,另一方面规定和实行了一系列有利于推进家庭养老的社会保障措施,这些措施包括:如果子女照顾70岁以上收入低的老人,可以享受减税,与老人一起住的子女在交税时,可享受更多的优惠,如果照顾的是卧床不能行动的老人,还可以得到额外的好处;如果照顾老人的子女要修建房子,使老人有自己的活动空间,他们可以得到贷款;如果卧床老人需要特殊设备,政府予以提供;如果子女因出差、旅行或生病暂时不能照顾老人,可以把老人暂时送入特别的护理老人之家作短期保护;同时在社会舆论上提倡三代同堂,提倡子女尽扶养老年人的义务。① 正是由于采取了一系列提倡家庭养老的措施,再加上传统文化仍然具有重大影响,日本老人仍然保持较高的与子女同居率。

其四,日本的同居型家庭养老方式及其传统正在发生变化,家庭养老的能力也正在退化,据日本公布的社会福利报告显示,20世纪60年代时,日本老年人与亲属(主要是儿子与儿媳)共同生活的比率高达90%,然而到70年代这一比率下降到了80%,如今该比率已下降到70%以下。对比欧美等西方国家,统计数字表明,虽然日本老人生活在同居家庭的比率仍旧是很高的,但自上世纪60年代日本进入经济腾飞阶段以来,日本的家庭结构便经历着由传统大家庭向核心小家庭的跃迁。家庭结构的变化使得家庭养老观念也在不断转变,民意测验显示,"父母认为自己将依靠孩子养老"或"养老是孩子们的责任"的传统观念正在日益淡化,认为"养老是自己的责任"的观念已超过了"养老是孩子们的责任"这一旧观念。但据日本学者估计,即使目前与子女同住的老年人比例以目前的速度下降,到本世纪初仍将有一半的老年人同他们的子女同住。究其原因,首先是日本文化系统中的儿女应孝顺父母的伦理准则具有相对的持久性,它为维持家庭养老方式提供了意识的基础,使两代人的亲子关系在现代

---

① 袁缉辉、张钟汝主编:《老龄化对中国的挑战》,复旦大学出版社1991年版,第33页。

化浪潮的冲击下仍能获得双方义务的结合,并得到传统伦理的支持和保护。其次是日本的核心家庭尽管外部表现出现代性质,但是内部却囿于传统,也就是说,在日本家庭中共存着外在的现代性和内在的传统性。家庭的现代性性质主要源于西方文化的渗入和日本人积极引进西方家庭制度和生活方式,但在这个过程中,他们并未抛弃本身固有的社会文化特征;而家庭的传统性则多半在于日本传统文化的影响,"孝顺父母"这一美德在今天日本人的心目中依然存在并被付之行动。与欧美核心家庭一直强调夫妇间的横向关系不同,当今日本家庭在实质上依然顽固地保持着传统的家族制度所体现的那种一代接一代的纵向关系。

四、国外家庭养老方式对中国的启示和借鉴

跨文化的考察表明,家庭养老方式不仅在目前而且在今后,不仅在中国而且在其他发达工业国家仍然保持着一定的生命力,这是与它本身确实具有某些积极作用分不开的。虽然目前西方国家以及日本的家庭养老方式是以工业高度发达的社会经济条件为前提、以社会养老为基础的,与我国目前的社会经济条件有性质的不同,但也存在家庭养老的共同特点,因此它们的家庭养老方式及其实践在一定程度上对于我们存在着积极的意义,我们应该予以借鉴,通过中外文化融合的途径,完善和发展具有中国特色的家庭养老方式,并建立起适合中国国情的老年社会保障制度。

1. 要重视亲子同居型家庭向老人独立型家庭的变动趋势

根据西方国家的经验,社会养老事业是随着社会化大生产的发展而发展起来的,它首先解决了劳动者劳动年龄以后养老的经济保障。但是,即使在社会福利事业高度发达的欧美和日本等国,集中的社会养老形式也从未成为占主要地位的养老形式,只是西方的家庭养老方式更多地体现了西方小家庭主义的色彩,以与配偶居住和独居的老人家庭占了多数,这些老人家庭同已婚子女大多保持着不同程度的联系。

中国的家庭养老方式通常是在三代同堂家庭里实现的,这与日本有相同之处。亲子同居型的家庭中,一方面是这些家庭具有适合同居的客观条件,另一方面是老年父母与同居的子女间存在着互惠与互利的现实利益。但是,不能认为中国的同居型家庭不会发生变化,与独生子女家庭普遍化相同步,今后将有越来越多的老年人会在独立型的家庭里生活。据全国老龄工作委员会调查显示,截至2006年6月,我国城市老年人独立居住的比例占49.7%,其中一人独居户占8.3%。近年来,城市空巢老人家庭速增,据专家预测,2030年空巢家庭比例将达到90%。① 西方发达国家出现大量老人独立型家庭是基于一定的社会经济条件的,这些条件主要是:第一,社会的都市化和工业化进程有了一定的进展,家庭生产功能已经有一定程度的削弱,从而使人们把对家庭的依赖有了向社会转化的可能;第二,形成了与社会生产力水平相适应的社会保障制度,特别是建立了充实而完善的养老金制度,以此提供老人独立生活的经济基础;第三,人们的亲子同居价值观发生了变化,即只要老人与配偶双方或一方的健康状况允许,老人也以独立为幸福的价值观的扩大。但是,目前中国的老人独立型家庭却是在不具备以上条件的情况下大量出现的。由此中国需要有相应的老年社会政策予以应对,尤其急需建立完善的社区养老服务体系。

2. 要重视互动型家庭养老方式向互补型家庭养老方式变动的趋势

费孝通教授在谈到中国的反馈型养老模式时认为:"'养儿防老'是均衡社会成员世代间取予的中国传统模式。这种模式有其历史上的经济基础,经济基础的改变,这种模式当然是也要改变的。"② 这就是说,亲子间抚养与赡养互动关系的变化与否是同其赖以存在的经济基础密不可分的,经济基础的变化必然会引起养老方式的变化。

在西方国家,受文化传统及社会风气影响,老年人并不认为自己接受子女的经济赡养体现了自己的存在价值,因为他们一般既享有

---

① 周珺仪:《空巢老人何以养老》,《中国劳动保障》2008年第8期。
② 转引自袁缉辉、张钟汝主编:《老龄化对中国的挑战》,复旦大学出版社1991年版,第71页。

退休金和一些私人积蓄,又享有各种社会福利、社会保险,所以并不需要子女的经济援助,更不存在对子女经济赡养的依赖,相反认为这种反馈是对自己存在的一种蔑视。在这种情况下,他们一般也像大多数年轻夫妇一样喜欢独立居住,但又与不居住在一起的子女家庭的成员们保持经常往来与照应,并得到相互在情感方面的满足。在这里,显然反映了西方国家家庭里也存在两代人之间的互补关系,这种互补的重点首先是情感和精神方面的,其次才是生活照料方面的;当然也不排除亲子之间在经济上的相互支援和帮助,但目前这种经济往来至多只是一种额外的经济补充罢了。因此,家庭养老更侧重于子女对老年人的情感支持;尽管他们都倾向于分居,但主张家庭团结和加强家庭成员之间的相互协助的价值观和规范,也在他们分居的同时形成了,从而在亲子之间也存在着互补的关系。

考察西方国家的情况,由互动型向互补型亲子关系的转变最主要也是最重要的条件有两个。第一是要转变父母生儿育女的观念,即要从根本上地转变"养儿防老"的生育观,把父母生儿育女的投入及对未成年子女的经济负担和义务,视为不可推诿的、应尽的社会义务,也是子女不可剥夺的权利。今天,欧美家庭的父母同其未成年子女之间的关系,基本上是这种关系,因此成年子女对老年父母没有反馈的责任。第二是要使老年人的晚年生活无后顾之忧,即要切实地解决"老有所养"的问题,使老年人既无自己是家庭及社会沉重包袱的精神负担,又能摆脱对经济因素的顾虑及对子女的依赖,有尊严地、有保障地生活。这样,以精神上和感情上的相互交流和生活中的相互照顾为主的互补型的亲子关系就有了建立的前提和可能。中国在生产力发展的过程中,继承了家庭养老的优良传统,无疑更有建立这种互补型家庭养老方式的必要。

3. 要重视家庭养老为主向社会养老为主变动的趋势

在中国,家庭养老不仅是子女应尽的道义责任,也是国家法律和政策所规定的公民义务,这种养老方式所具有的保障性和优越性是必须予以充分肯定的,尤其对现阶段广大农村地区的老人来说,更具有现实的必要性。但是,我国的法定方式和优良传统也应随时代的进步和国家的强大而有所改变,即促使家庭养老方式为主向社会养老方式为主转变。这基于我国社会化的养老事业已经有了一定程度的发展,虽然它的社会化程度还不高,但已经跳出了家庭养老的狭小范围,正在向更高水平的社会化养老制度迈进。所谓社会养老方式主要通过建立和完善敬老院、托老所、福利院等"老人之家"来实现,老人在那里可以享受到家外"家"的养老待遇或服务。社会养老是整个养老保险体系中不可缺少的组成部分。根据我国的实际情况,社会养老要灵活多样化发展,即按照不同层次、不同规模、不同特点和不同要求进行开发,以便使有需求、有条件的老人都能享用社会养老资源。

尽管目前在中国由社会完全代替家庭来承担养老的责任是不现实的,也是难以做到的,但是在家庭养老日渐削弱,全面的社会养老体系一时又不能实现的背景下,可行的办法是二者并举,在缩小城乡差别、重视家庭养老的同时,不断扩大社会养老的范围,加快家庭养老向社会养老为主、家庭养老为辅的转型。

当前,我国家庭养老所面临的压力和挑战都是不可忽视的,经济改革对家庭养老方式的影响具有双重的效应。从其正面效应看,改革给加快家庭养老为主向社会养老为主的转变创造了机遇,因为经济体制的全面改革以健全的老年社会保险为必要的经济社会环境,旧的养老制度弊病较多,已不适应新经济体制的需要,为了逐步建立和完善市场经济体系,就必须克服以家庭养老为主的狭隘性,实行以社会养老为主的制度。同时,我国经济持续、稳定、协调发展的新局面,为建立以社会养老为主的制度奠定了初步的经济基础,也为在分配领域里调整城市与农村之间、社会各阶层人与人之间的关系提供了基本的物质基础。为此,我们应不失时机地借鉴发达工业化国家社会化养老的经验,把传统的家庭为主的养老方式转变为社会为主的养老方式,否则与21世纪我国普遍呈现"四二一"家庭结构的趋势不相适应,就会带来很大的被动。然而,从其负面效应看,实行市场经济体制以来的中国社会情况发生了巨大的变化,农村原有的集体生产单位已经不存在了,生产和经营均以家庭为单位进行,于是赡养老人的责任实际上已几乎全部返回家庭之中;在城市里,部分企业面临的关、停、并、转的风险也日益增大,一部分经营不善企业原有的保障机制受到了空前的冲击,甚至有的企业已经无法支付职工的退休金和医疗费用,从而使相当一部分原来享受一定程度社会保障的退休职工不得不被退回到家庭接受养老和生活保障。

现实告诉我们,家庭养老既有改革的必要,又有存在的理由。家庭养老在相当长的时间内仍是中国多支柱养老模式中的一种重要形式,政府也正在采取相应措施帮助家庭提高其参与养老服务的能力和积极性;然而,近年来政府有关方面出台的一些政策却有意或无意地加速削弱了本已弱化的家庭养老功能。如国家财政部和国务院相继于2008年和2010年出台新政策,分别下调90平方米以下住房和提高90平方米以上住房的首付比例和贷款利率。90平方米的住房显然很难装得下三代人同住。尽管这些政策对于调整住房供应结构和平抑房价有着积极作用,却无意中加速了中国家庭小型化,使家庭养老功能进一步削弱。必须承认,家庭小型化是中国家庭变迁过程中不可阻挡的趋势之一,但问题的关键在于我们的政策安排是否要选择在现阶段主动地加速这一进程,住房政策完全可以通过与养老政策的互动而将部分家庭的养老需求考虑进来,而不是一刀切地只考虑住房面积。①

为了加快社会经济的发展和满足老年保障的需要,我国只有一种选择,这就是加快实现社会养老为主方式的转换,使养老方式由家庭为主、社会为辅向社会为主、家庭为辅发展。这样既顺应了时代发展的潮流,又避免了发达工业国家因实行"福利主义"而背上沉重的负担,从而形成适合中国国情的老年保障制度。

第三节 城乡养老方式的变革

一、农村社会养老政策的出现

发端于20世纪70年代末的农村改革,对传统家庭方式和伦理

---

① 胡湛、彭希哲:《家庭变迁背景下的中国家庭政策》,《人口研究》2012年第2期。

观念产生强大的冲击;虽然多数子女在生活上依然承担了照顾老人的责任,市场经济的价值观念和劳动力的转移使农村养老问题日益严峻。例如,浙江省在建立养老保险制度、医疗制度、老年机构、福利设施等方面,积极探索适合国情的老龄事业发展模式方面,多年来以社会生产力发展水平为依托,为解决老年人的养老保障问题创造了条件。根据浙江省社会科学界联合会、浙江省政策研究室的调研分析,浙江农村老年人的养老水平"高于全国老年人的平均水平"[①]。具体反映在以下方面:

1. 建立规范化的"五保"集中供养制度

浙江省政府早在1995年就开始施行《浙江省农村五保供养工作实施细则》,把农村特殊老年群体优先纳入社会保障范围。对无劳动能力、无生活来源、无法定赡养人、扶养人,或者其法定赡养人、扶养人确无赡养、扶养能力的农村老年人,由国家实施在吃、穿、住、医、葬方面给予生活照顾和物质帮助的"五保"供养制度,以不低于所在乡(镇)上年度农民人均纯收入的60%确定供养标准,经费和实物应当从村提留或者乡统筹费中列支。2003年5月,浙江省通过加强农村养老机构建设,在全国率先建立了五保老人集中供养制度,并提供较好的生活服务。到2006年年底,全省五保集中供养比例达到92%,其中经济条件较好的区县达到了95%以上。对个别不能集中供养的五保对象,则镇、村和五保对象三方共同签订协议,实行分散供养,基本实现"应保尽保"的目标。

2. 实行城乡一体的最低生活保障

早在1996年、1997年,浙江省政府曾先后下发《关于在全省逐步建立最低生活保障制度的通知》和《关于加快建立最低生活保障制度的通知》。2001年,浙江省政府又颁布了《浙江省最低生活保障办法》,成为我国第三个全面建立城乡一体最低生活保障制度的省份。虽然最低生活保障制度的受惠对象面向全社会的生活困难者,但老年人是享受的主要群体。

---

① 袁缉辉、张钟汝主编:《老龄化对中国的挑战》,第71页。

3. 发挥土地养老保障的作用

所谓土地养老保障,是指保护包括广大老年人在内的农民土地承包经营权,以社会保障替代土地保障。早在1993年,浙江省就为失地农民购买保险,变一次性的土地补偿为终生保障。具体实施是将失地农民划分为四个年龄段:对未成年人实行一次性补偿;对成年但未接近退休年龄者则先发放2—3年的基本生活补助,达到退休年龄后领取养老保险;对成年且接近退休年龄者先发放基本生活补助,到退休年龄后领取养老保险;对达到退休年龄的人员则直接发放养老保险,它是确保土地流转后农民状况不会变得更坏的基本前提。至2007年年底,已有291万名被征地农民被纳入社会保障范围,其中有109万名符合条件的参保人员已按月领取基本生活保障金或基本养老保险金,累计筹集保障资金316亿元,浙江被征地农民参保人数和保障资金筹集总量占全国的1/3。

4. 全面实施普惠的老年津贴制度

浙江的农村社会养老保险工作始于1991年。部分农村地区在进行养老保险制度试点时,探索建立以"个人交费为主、集体补助为辅、政府给予政策扶持"为基本原则的农村养老保险制度,实行基金积累的个人账户模式。2009年9月,《浙江省人民政府关于建立城乡居民社会养老保险制度的实施意见》出台,率先于全国将全省无社会养老保险的城乡居民纳入养老保险体系。文件规定,现在已经超过60岁的老人,只要其子女参保,不用缴费,从2010年1月1日起就直接享受基础养老金,每人每月60元,直至终生。据测算,届时全省满60岁并符合领取基础养老金的老人将达到590万,他们将成为首批受惠者。

5. 提高农村部分计划生育家庭奖励扶助标准

2005年2月,浙江省出台《关于开展对农村部分计划生育家庭实行奖励扶助制度试点工作的意见》,决定对执行计划生育政策的农村独生子女或两女户夫妇,在年满60周岁以后,由地方财政安排专项资金,给予每人每年不低于600元的奖励扶助,直到亡故为止。2009年1月1日起,农村部分计划生育家庭奖励扶助制度的奖励扶助标准提高到每人每年不低于720元。其中只生育一个女儿由每人每年发给840元的,提高到每人每年发给奖励扶助金960元。对农村计划生育家庭的经济扶助,有利于缓解农村计划生育家庭在生产、生活和养老方面的特殊困难,有利于促进人口老龄化问题的解决和农村社会保障制度的逐步建立完善。

二、城镇养老保障的沿革与推进

城镇职工、居民的养老保障制度已经历了六十多年的进程,城镇老年人的养老社会保障制度的形成与发展大致可分为两个发展阶段。

从1949年中华人民共和国成立到1978年实行改革开放的三十年,是城镇养老保障制度发展的起步阶段。早在1951年,中央政府就颁布了《中华人民共和国劳动保险条例(草案)》,其内容包括疾病、负伤、生育、医疗、退休、死亡待遇等项目。1951年2月,政务院颁布了《中华人民共和国劳动保险条例》,1953年1月经过修订正式实行,1958年又将该条例中养老保险部分单独颁布执行,规定了职工在生、老、病、死、伤、残等各种风险下的保障收入标准,职工的劳保福利制度基本形成;同时,国家和集体还建立了一批疗养院、福利院和敬老院等社会福利设施。这些法令和措施对保障劳动者的基本权益、调动广大职工建设社会主义的积极性,起到了巨大的促进作用。

党的十一届三中全会以后,我国的老年社会保障制度的改革被提到了重要的议事日程上,随着改革开放的深入发展,各级政府把养老保障制度的改革完善作为经济体制改革的一项重要内容。

第一,建立覆盖各类企业职工的社会养老保险制度。

1984年,中国各地进行养老保险制度改革,各地逐步推进企业职工离退休费用统筹为主要内容的社会养老保险制度改革,重点是实行离退休费用的社会统筹,建立养老保险基金制度,解决企业保险向社会保险过渡的问题,改变了养老保险完全由国家包下来的做法,国有企业、县以上集体所有制企业逐步都实行了以市县为单位的离退休费用社会统筹,养老保险面已由国有企业、集体企业覆盖到"三资企业"、城镇小集体企业、私营企业和个体劳动者,养老金社会化发放率随着财政收入的提高,一些地方甚至全部实行了社会化发放,社保基金多渠道筹资迈出实质性步伐。覆盖城镇各类企业职工、个体工商户和灵活就业人员的统一的城镇企业职工基本养老保险制度已在浙江省初步建立。

第二,完善基本养老金正常的调整机制和物价补偿制度。

随着社会保险调剂保障功能逐步提高和各项保障措施的完善,离退休人员的待遇不断提高。1993年10月,浙江省政府下发《关于基本养老金计发办法改革试点工作的通知》,规定基本养老金主要由基础养老金和缴费性养老金两部分组成。从2006年1月1日起,城镇个体工商户和灵活就业人员的缴费基数统一调整为当地上年度在岗职工平均工资,缴费比例统一调整为20%,其中8%记入个人账户。当地在岗职工平均工资高于全省在岗职工平均工资的县市,缴费基数一步到位有困难的,则分3年过渡。2006年为当地上年度在岗职工平均工资的80%,2007年为当地上年度在岗职工平均工资的90%,2008年为当地上年度在岗职工平均工资的95%,2009年起全部到位。近几年来,除国家统一规定给离退休人员增加待遇外,浙江省在价格改革出台或物价上涨幅度较大时,都能及时地给离退休人员增加物价、生活补贴。实践证明,养老保险制度改革缓解了企业离退休费用负担畸轻畸重的矛盾,保障了离退休人员的基本生活,维护了社会的稳定。

第三,加快养老服务体系建设。

养老服务是为老年人提供生活照顾和护理服务,满足老年人特殊生活需求的服务行为,养老服务业则是老龄产业和服务业的重要组成部分。很多地方为解决老年福利服务设施少、条件差的问题,启动了"夕阳红工程",作为老龄工作的重要任务,并配合"星光计划"的实施,逐渐形成了社会各界和多种经济成分共同参与,大中小型老年福利服务设施并举,高中低档次互补,社会效益与经济效益兼顾,以居家养老为基础、社区服务为依托、机构养老为补充的为老社会服务体系。同时,积极推进机构养老服务,努力满足老年人多样化的为老社会服务需求。

第四节 老年社会政策问题的反思

面对人口老龄化的趋势,中国政府近二十年来采取了一系列积极的对策措施。通过改革社会养老保险制度和社会医疗保险制度,建立多层次老年保障体系;通过老龄事业基础设施建设,保护老年人合法权益,丰富老年人精神文化生活;通过健全老龄事业发展机制,建立老年服务体系,营造尊老敬老助老的社会氛围。这些措施,有力地提升了中国老年人的社会保障水平。然而,与来势凶猛的人口老龄化、高龄化趋势相比,与全面建设小康社会和老龄事业发展的要求相比,我国的人口老龄化应对体系仍然不够健全,老年的福利需求状况远不能满足,老年社会政策问题日趋严峻和紧迫,当前存在着以下几个显而易见的问题必须给予高度的重视。

一、老年社会保障碎片化

世界人口老龄化发展的历史表明,人口老龄化对人类生活的所有方面都会产生重大的影响。在经济领域,人口老龄化将对经济增长、储蓄、投资与消费、劳动力市场、养老金、税收等产生冲击。在社会方面,人口老龄化将影响社会福利、医疗制度、家庭构成以及生活安排、住房和迁移。在政治和文化方面,人口老龄化也会有不同程度的影响。我国《宪法》第45条规定:"中华人民共和国公民在年老、疾病或者丧失劳动能力的情况下,有从国家获得物质帮助的权利,国家发展为公民享受这些权利所需要的社会保险、社会救济和医疗卫生事业。"然而,我国老年社会保障制度存在明显的碎片化现象,突出表现在不同老年人群体(如离休老年人与退休老年人、有收入老年人与无收入老年人、城镇老年人与农村老年人等)获得正式社会支持的机会与实际获得率的差异性和不平衡性,由此对老年人的经济、医疗、生活照料、精神慰藉等方面的生存状态产生影响。

由于养老"双轨制"的存在,致使老年社会保障制度缺乏公平性,区域差异、城乡差异、职业差异将中国人划分不同的社会阶层。从养老保险来看,只是让一部分人过上了无忧的晚年生活,多数农民还没有社会化、制度化的老年经济保障制度。20世纪90年代开始试行的农村社会养老保险覆盖面窄,参保人数少,保障程度低。广大农村老年人的生活主要依靠自己辛勤的劳作、微薄的积蓄和子女的供养,政府在其中发挥的作用还很有限。由于政府财政资金多年的缺位,农村养老问题不仅面临资金短缺的难题,更存在公共资源分配不公的顽疾。全国老龄工作委员会发布的《2010年中国城乡老年人口状况追踪调查》报告主要数据显示,2010年我国社会养老保障的覆盖率,城镇达到84.7%,月均退休金1527元;农村34.6%,月均养老金74元。且不说覆盖率过于偏低,仅就每天不足3元的养老金来说,这无异于杯水车薪,根本无法解决那些生活艰难的农村老人的养老难题。①

更为严峻的情况是,我国养老金地区差异较大。到2011年,有辽宁、黑龙江、天津、上海等14个省份养老金收不抵支,收支缺口达到767亿元,个人账户空账额继2007年突破万亿大关后,再次突破2万亿元。② 造成养老金亏损的原因之一,中国社科院世界社保研究中心发布的《中国养老金发展报告2012》认为是劳动力流动致收支差异大。到2011年,我国的2.3亿农民工中,外出农民工数量已达到1.58亿。大规模的跨地区流动,对各地养老保险的财务状况有着重大影响。由于东部是劳动力输入大省,东部地区流入人口导致正收益323.65亿元,西部基本上是人口净流出,导致其负收益84.12亿元。而中部地区流出人口最多,导致其负收益最大,达到239.53亿元。③ 这种情况的出现,与老年社会保障碎片化现象也有极大关系。

近段时间,在舆论为延迟退休养老方案争议不休的现象背后,实质反映的是不同阶层之间横亘着巨大沟壑,难以达到一致平衡点。调查显示,赞成延迟的多是机关单位、事业单位人员;高达九成的民众反对延迟退休,且反对延迟的多是一线工人。可见,养老保障制度

---

① 马光远:《让老人有尊严的活着是发展经济和社会存在的最根本目的》,CCTV《财经频道》2011年6月15日。
② 《14省份养老金缺口达766亿》,《新京报》2012年12月18日。
③ 同上。

碎片化的现状,已经导致社会阶层的严重割裂。

二、老年生活状态空巢化

由于我国经济、社会结构的转变和计划生育刚性政策的实施,独生子女越来越多,使家庭趋于小型化;不少家庭中子女外出务工、经商、求学、出国乃至移居外地或移民海外,特别是广大农村地区的"人口流动"现象非常普遍,加快了"空巢老人"家庭比例的增长,以"养儿防老"为主要形式的家庭养老模式正在逐步瓦解。到2010年,我国城乡空巢比率分别为49.7%和38.3%。① 空巢老人群体的不断扩大,给社会保障带来了严峻的挑战与考验。空巢老人作为老年人中的一个特殊群体,特点就是身边无子女,日常生活既缺子女的照料,又乏他人照料,普遍面临经济供养、医疗健康、生活照料和精神慰藉这"四大共性问题",存在生活无人照料、疾病无人过问、物质生活困难、缺乏精神安慰、孤独寂寞等一系列问题,特别是高龄、独居、体弱多病的空巢老人,这一现象更为明显。据安徽省民政厅调查,从空巢老人对社区(或村)医疗保健服务的满意度和获得政府及社会帮助情况来看,有62.3%的老人对社区(或村)医疗保健满意度评价为一般或不满意,有66.9%的老人从未受到过政府和社会的帮扶。由此看出,空巢老人不仅需要子女和亲朋的照料,更需要政府和社会共同来建立健全社会生活照料和帮扶体系。

三十年前,我国有关政府部门在推行计划生育和独生子女政策之始,就向广大民众宣传"计划生育好,国家来养老"。也就是说,当响应计划生育政策而少生少育孩子的父母进入老年期后面临无依无靠困境时,政府曾有过承担养老责任的承诺,最起码对于独生子女家庭父母进入老年期后要承担起养老的责任,尤其是承担那些独生子女已经先父母而去的"失独"家庭老人的养老责任。二十年前,变为"计划生育好,政府帮养老",十年前的说法则是"养老不能靠政府"。凡此种种,都反映了当下老年社会政策的不确定性与边缘性。

---

① 梁捷:《关心"空巢老人"》,《光明日报》2010年7月4日。

三、老年照护体系边缘化

从现有机构养老资源配置状况来看,在充分发挥家庭、社区保障功能的同时,发展机构养老事业成为一项重要的民生工程。

但是,国家和省级财政目前还没有投入养老服务社会化的专门工作经费;政府对养老机构的财政补贴也十分有限,政府兴建的机构养老资源配置不够合理,浪费严重。目前除"三无"人员养老由政府全额埋单、实行集中供养的保障方式外,经济收入不高的老人养老依然缺乏政策的支持。与此同时,一些地方政府花巨额资金举办高标准、高档次的养老机构作为"形象工程",收住对象大多数是有经济实力的、条件较好的老人,而那些真正需要政府帮助的低收入人群却难以进入。由于优势的资源都集中在公立养老机构,民营养老院多数处在灰色地带。虽然国家鼓励"福利院社会化",使投资主体多元化,鼓励集体、社会团体、个人等以多种形式兴办老龄产业,但面临准入门槛高、硬件差、需求不足、监管不到位等问题;由于老年设施投入大、周期长、见效慢,有一定的风险,银行不愿贷款用于老年设施建设,致使养老服务社会化存在融资难的困境,并面临土地出让价格居高不下、工作人员工资待遇不断上涨等"瓶颈"的制约;也有一部分民办养老机构已变成赚钱项目,使"社会福利"转变为"企业经营"。

从护理人员资质及床位数量来看,据民政部有关负责人表示,我国养老护理人员不论是规模还是专业水平都不能适应这种严峻的现实,目前最少需要1000万名养老护理人员。中国社科院有关专家指出,目前全国60岁以上的老人达1.69亿,养老床位250万张,仅占老年人口比例的1.5%,也就是说中国1000名老人中只有15人拥有养老床位,而发达国家是70人。[①] 老年人长期照料和护理需要有机构、专业人员和足够的资金准备,但我国这三个方面的准备都不够,因此,政府在构筑社会化养老体系方面负有当然的责任,加快老年照护服务体系建设步伐已经刻不容缓。

---

① 《今日观察:颐养天年?为养老而痛!》,CCTV《财经频道》2011年6月15日。

第五节　西方福利国家老年社会政策的借鉴

考察当代西方福利国家政府角色的变化以及相关理论的进展,不难发现,政府的社会福利角色虽从过去的直接提供者变成了支持者,但政府是社会保障制度中最基础的力量这一点并没有改变。政府仍然是社会保障支出中最大的资金渠道,并对服务提供者的服务质量进行监控和评估。西方工业先进国家对于老年人养老的社会保障政策,因人口、社会、经济及政治等因素而有差异,因而也规划出各自不同特色的养老制度。从已有的实践看,20世纪80年代以前,发达国家实行以"机构帮助"为主体的"社会养老"模式,制度的重点是把养老保障放在政府开支上,1889年德国俾斯麦首相颁布了世界上第一个《养老保障法》,以后一个世纪西方国家普遍效仿,工业化国家普遍向社会养老过渡,国家把许多过去由家庭承担的任务统统揽了过来,家庭的职能因此削弱了。

第二次世界大战以后,西方工业国家根据20世纪30年代经济危机和两次世界大战的教训,从资本主义制度长治久安的战略高度出发,对工人阶级做出了一定程度的让步。40年代英国"贝弗里奇报告"的出炉及稍后"福利国家"的建成标志着社会保障制度的重建。通过比战前更完善的社会保障立法,形成了一套完整的社会保障体系,社会政策进入了"福利国家"阶段。"福利国家"的制度和政策设计实际上为国家政策和个人福利之间的关系设定了一个相对稳定的大框架。由于从20世纪50年代初到70年代中是西方国家经济发展的黄金时期,在这样的社会、经济背景下,福利国家政策的发展也一帆风顺。这些国家的政府设立社会养老保险制度,增加社会福利,使老年人的养老获得了保障。

综观世界各国养老保险制度,都主要依靠政府立法和政策的调节;依靠"共同付费"的方式:实行多层次的分工管理,开辟多渠道筹集资金。1940年,世界仅有33个国家和地区实行社会养老保险,目前已发展到130多个,实行的方式为普遍保险、职工保险、最低生活保险、储蓄存款保险等四种方式的一种或几种。保险资金的来源,通常有三种:一是职工本人按其工资总额的一定百分比交纳保险费;二是雇主按工资总额的一定百分比交纳保险费;三是许多国家由政府负担一部分保险费。由于当时老龄化程度相对不高,经济基础比较雄厚,以社会养老为主的形式有很大积极作用。但是随着全球性的生育率下降,人口平均寿命的提高,以及人口不断老龄化,政府的养老福利也面临进退两难的困境。

美国是当代较典型的"福利国家"之一。1935年开始实施《社会保障法》;这部法律一直沿用至今,成为美国社会保障制度的奠基石。当时,罗斯福说:"早先,安全保障依赖家庭和邻里互助,现在大规模的生产使这种简单的安全保障方法不再适用,我们被迫通过政府运用整个民族的积极关心来增进每个人的安全保障","实行普遍福利政策,可以清除人们对旦夕祸福和兴衰变迁的恐惧感。"[1]这些讲话表明了政府对建立社会保障制度的背景和作用的清醒概括和认识。《社会保障法》的内容以老年社会保险和失业社会保险为主。到20世纪60年代中期,美国"用于社会福利的总开支已变得十分庞大,1976年美国政府保障开支33亿美元,分别占国民生产总值的20.9%和政府财政总支出的60.3%。美国的社会保障进入鼎盛阶段,发展成为一个向90%以上的美国人提供'从摇篮到坟墓'的全方位保障系统"[2]。政府主要为特别是那些具有临时或永久需要的老年人,多方面地提供援助。"社会保障、老年保健医疗、医疗补助以及形形色色福利计划的总费用,几乎占联邦政府总支出的50%。90年代美国穷人的标准是,一个四口之家的年收入为14763美元或更少,但是在美国家庭中有15.1%属于穷人之列。许多处于贫困线以下的美国家庭除上述福利以外,还可以领取福利款,这笔钱是美国政府每月向那些收入微薄,不足以支付吃、穿、住等生活必需品的美国家庭提供的福利"[3]。由此可见,美国政府在避免社会风险,维护社会安全方面

---

[1] 史探径:《世界社会保障立法的起源和发展》,《外国法译评》1999年第2期。
[2] 张玉杯、杨会良:《论美国社会保障制度及其垄断资本主义性质》,《河北大学学报》1998年第1期。
[3] 丁元竹:《命系百姓:中国社会保护网的再造》,天津人民出版社2001年版,第240页。

依然发挥着重要作用。目前其 GNP 中用于社会保障部分占 21% 左右,社会保障制度已成为美国经济和社会生活的一个重要组成部分,起着稳定经济和安定社会局面的重要作用。事实上,美国政府最重要的功能就是承担保障人民福利的责任,这正是"福利国家"的简单含义。

美国政府曾召开过多次"白宫老年会议",从老年社会保障角度研讨对老年人提供支持的问题。1961 年 1 月的首次白宫老年会议是一个全国性的国民论坛,目的是让公众关注美国老年人的问题和潜力。在这次会议上,代表们就与人口老化有关的研究、培训、联邦组织和其他方面的问题提出了建议,为 1965 年《美国老年人法》的通过铺平了道路。这一立法和其后的修正案,确立了联邦政府向州政府划拨专款的制度,用于社区规划与服务、培训和研究,以及在健康与社会服务部系统内建一个工作机构,定名为"老年管理局",以此向老年人提供援助。法案及其修正案为联邦政府提供财政援助帮助老年人奠定了基础。法案提出了十项老年保障目标:(1) 充足的收入;(2) 最大可能的身心健康;(3) 适宜的住宅;(4) 为需要机构护理的人提供身体康复服务;(5) 就业机会;(6) 身体健康地、光荣地、有尊严地退休;(7) 追求有意义的活动;(8) 卓有成效的社区服务;(9) 直接从研究成果中收益,保持和改善健康状况,令生活美满;(10) 自由、独立、自主地实施个人的生活计划,主宰自己的生活。① 1971 年,又举办了第二次白宫老年会议。在会议召开前,所有州、种族群体、经济阶层和社会组织的代表云集到一起,强调了四个让老年人的生活更有收获的目标,即(1) 足够的收入;(2) 适宜的居住安排;(3) 制度性措施和新的对待老年人的态度;(4) 独立、有尊严。② 1995 年第三次白宫老年会议以老年人的经济和健康需要为焦点,普遍的健康照顾和拓展以家庭与社区为基础的长期照顾服务被放在了首位。会议提出要让老人有可以支付得起的、有安全居住环境的住房,还通过了确

---

① U. S. Department of Health, Education, and Welfare, *Older Americans Act of* 1965, *as Amended*, *Text and History*, Washington, D. C., 1970.

② William O. Farley, Larry Lorenzo Smith, Scott W. Boyle, *Introduction to Social Work*, San Antonio: Pearson Education, Inc., 2006, p. 281.

保老年人个人的尊严和价值的解决措施。①

美国在各州还实施了"社会服务街区补助计划"(The Social Services Block Grant Program),力图帮助和支持老年人在家里有能力独立活动。为老年人提供较多的服务项目主要有家政服务、家庭杂务、运输、供给膳食等,所有住在家里的老年人都能获得这样的服务。但是,美国老人在需要获得帮助时,"首先并更为经常地向非正式服务系统求援,只有当亲属不能提供帮助或家庭和其他相应的人感到已经不能承受帮助老人的负担时,他们才会转而向正式福利机构求助"②。这是因为美国政府花费在社会服务上的经费毕竟不能满足需要,国家资助的以老人为对象的上门服务不能随叫随到,而私人服务的收费又太高,于是不少老年人在接受正式福利机构的照料与帮助、在恢复健康后宁愿回到自己的家庭里。家庭所提供的非正式照顾和社会提供正式服务的最大区别在于,家庭是老人从亲密程度和私人关系的基础上进行选择的,帮助是在有来有往的基础上进行的;虽然比起正式组织,家庭、亲属对老人只能提供技术性不太强的帮助,但这种帮助一般能比较及时和比较灵活,适合个人的特殊需要,而且所给予的情感上的支持往往是很关键性的。

西方发达国家实行"从摇篮到坟墓"的福利网络之后,福利需求上升带来财政压力和大量的社会问题。尽管如此,西方发达国家仍存在一个福利主义共识,就是国家应在社会发展中扮演关键角色。无论是经济的发展,还是社会公正与平等的实现,都又赖于国家的参与与维持,保证一种相对运转良好的政治民主和一种相对较高的平均生活水平是国家的基本职能。西方福利国家的老年社会政策在20世纪的发展表明,各国的养老保障体系或模式,都是政府社会政策的重要组成部分。如深受欢迎的美国"401K 退休福利计划",劳工可依其个人需求自由选择政府核准过的个人退休金计划,给退休人员有多种选择,政府只是做好服务。英国养老保险制度主要由国家基本

---

① Official 1995 White House Conference on Aging, Adopted Resolutions, Washington, D. C. : May 2-5, 1995, pp. 1-3.

② 《老龄问题国际讨论会文集》,第 80 页。

养老金、企业职业年金和个人养老金等制度组成。近几年的英国养老金改革,主旨是推动企业职业年金的发展,以便政府从沉重的财政负担中得以解脱。这种养老金的好处是有多重保障。养老保障体系与社会保障制度是同一个问题的不同方面,表明老年人是享受社会保障的特殊人群,政府是向老年人提供养老支持的主要力量。

在德国、瑞典等欧洲福利国家,政府对于社会保障的财政支出比例都超过了40%。即使是巴西,此比例也超过了30%,但是,中国各级财政对于社会保障支出,仅占财政支出的比例在10%左右;而中国民众的社保负担过重,中国社保缴费率为全球最高,约为"金砖四国"其他三国平均水平的2倍,是北欧五国的3倍,是东亚邻国和邻近地区(中国香港和中国台湾)的4.6倍。加之,我们目前还存在养老不公、"三公"等开支挤占本可用于社保投入的大量资金、高额国企利润未能转化为国民红利等一系列体制性问题,政府善尽国民的养老责任,远未到其能力的极限,还有着很大的资源挖掘空间。①

因此,在中国政府财政社保投入不足和民众的社保负担过重的现实下,个别高层官员提出"养老责任不能全靠政府"、"要警惕政府责任放大"、"要警惕政府责任泛化,警惕社会和老年人对政府期待过高,防止出现福利冲动、福利依赖和福利过度的问题"等观点,②实质是推卸本应政府承担的养老责任,是脱离现实的言论。在中国老年人所享受到的社会保障水平还极其低下的情况下,何来"福利冲动、福利依赖和福利过度"?

第六节　政府责任与中国老年社会保障制度的重构

随着中国人口老龄化的加速,无论是经济发达地区还是欠发达地区,都面临日趋严峻的养老难题。中国政府认为,"老龄问题涉及政治、经济、文化和社会生活等诸多领域,是关系国计民生和国家长

---

① 韩涵:《"养老责任不能全靠政府"为何引争议》,《新京报》2012年8月26日。
② 《新京报》2012年8月25日报道了全国老龄委办公室副主任在"老龄时代的新思维:挑战、机遇与战略"的社会政策国际论坛上的发言,称"养老责任不能全靠政府""要警惕政府责任放大"。

治久安的一个重大社会问题"①。中共十八大报告中,首提"积极应对人口老龄化,大力发展老龄服务事业和产业";并且提出要"改革和完善企业和机关事业单位社会保险制度,整合城乡居民基本养老保险和基本医疗保险制度,逐步做实养老保险个人账户,实现基础养老金全国统筹,建立兼顾各类人员的社会保障待遇确定机制和正常调整机制"②。这是针对日益严峻的人口老龄化形势做出的重大老年社会政策部署。

由于中国是在经济尚不发达的情况下迎来人口老龄化的,因此解决人口老龄化所带来的社会、经济发展方面的问题,必须大力发展经济,努力壮大经济实力,提高综合国力水平,以强大的经济实力作为后盾,为解决老龄问题和实现老有所养目标准备必备的物质条件;同时进一步加大对老龄事业和养老工作的支持力度,在养老事业发展和养老制度建设方面承担主导作用,逐步建成适合我国的社会养老模式、机制、制度和服务网络。

一、政府对老年群体的关心和救助是义不容辞的责任

改革中的社会老年人问题的产生原因有很多。一方面,最近十几年来,我国迅速走完从平均主义到贫富差距过大的历程,基尼系数超过国际警戒水平,成为国际上排名靠前的"分配不公"的国家,改革中的"不公"问题是困扰改革步伐的顽症。另一方面,一部分老年人面临的困难并不是由于他们自身的原因所造成,一定意义上是他们为改革所付出的代价。在计划经济的时代,他们的薪酬很低,低薪一定程度上是因为国家要替劳动者攒钱防老养老,只是等到他们真的到老了,发现相当一部分被国家预先扣除的养老钱已经被移作他用了,从而出现养老金缺口和"挖东墙、补西墙"来解决养老金入不敷出的问题。在这种情况下,维护社会公平、保障老年人利益理所当然地成为政府的重要责任。

---

① 《中共中央、国务院关于加强老龄工作的决定》(中发〔2000〕13号)。
② 胡锦涛:《坚定不移沿着中国特色社会主义道路前进,为全面建成小康社会而奋斗》,《人民日报》2012年11月18日。

实现"老有所养"需要政府、市场和社会的共同努力。但是,这三者之中,政府无疑负有主要的责任。由于国家承担了预防社会权利不公平和向公民提供社会福利的责任,并且这类功能主要是由政府来履行实施的,历年召开的全国"两会"上,政府工作报告都对老龄事业予以关注,而且已从提醒重视老龄问题的阶段,走向如何应对老龄社会及如何解决其带来的问题的新阶段,这表明了政府在保护老年人、制定有关老年社会保障政策方面处于主体的地位。政府在养老保障方面承担的主要责任有养老制度设计与政策法规规范责任、为公民提供养老金的财政保障责任、监管实施责任、构建养老服务体系的责任等。

现代社会保障制度中的社会救助是政府的一种责任与义务,受助者接受救助,是一国公民的基本权利。为了建立健全广泛覆盖、持续发展,与经济社会相适应,与其他保障制度相衔接的老年社会保障体系,首要解决当前老年人最迫切、最需要解决的"养"和"医"的问题,这不仅是贯彻以人为本的科学发展观,促进经济社会协调发展的必然要求,而且是提高老年人生命和生活质量,实现社会和谐稳定和国家长治久安的重要保证。

救助资金主要来自政府财政收入。中国政府已经把缓解和消除老年贫困纳入国家反贫困战略和老龄事业发展规划,因此建立贫困老年人救助制度和农村老年津贴制度是一项重要的惠民工程,建议政府增加财政投入,分年龄段、分层次、分条件地提供政府补贴;按照"财政可承受、制度可持续"的原则,低标准起步,由民政部门或劳动保障部门会同财政部门组织实施,从而实现真正意义上的老年社会保障的全民覆盖。

二、构建全国统筹的城乡一体化、企事业统一的基本养老保险制度

中国的人口结构在最近三十年间发生了极大变化,随着青壮年在人口总比例中逐渐减少,社会保障的压力将变得越来越大。一方面,我国农村养老保障制度严重滞后,基本停留在家庭保障,8亿农民大多没有社会养老保障。另一方面,企事业职工退休待遇差别大,

从1991年到2005年的15年间,机关单位人均离退休费的平均增长率是16.3%,而企业人均离退休费的平均增长率是10.9%,机关单位高出企业5.4个百分点;事业单位人均离退休费的平均增长率是15.8%,高出企业4.9个百分点。① 为此,应在科学测算未来全社会养老需求和养老成本负担的基础上,提高国家对农业从业人员养老的财政补贴,缩小企业退休待遇与机关事业单位的差距,避免因社会保障制度设计"碎片化"而可能导致国家负担沉重、社会矛盾激化现象的出现。

中国可以实行政府指导意义下的个人储蓄方式的社会保障金制度,将有利于减轻国家的负担,降低个人和企业的税赋,调动个人、企业及社会的积极性,更有利于让社会总人口老有所养。如果实施得当的话,个人储蓄方式的社会保障金,将成为"储钱于民"的成功范例。当然,其中的风险因素也不容忽视。但就总体而言,我国社会保障发展的潜力是巨大的,如何尽快建立一个具有中国特色的内容丰富、管理完善、经济可行的社会保障体系,将是放在我们面前不可回避的重大课题。

此外,也可以在统一的养老保险制度基础上,制定并实施城乡高龄、失能老人长期照料服务补助制度。这项制度的建立和实施,旨在通过政府购买服务的方式,对高龄、失能程度较高且经济窘困的老年人提供必要的物质帮助,从而改善失能老人的生存状态和照料条件。补助标准可综合高龄岁数、失能等级、经济状况、居住环境等要素,分成若干等级,以现金或服务券的形式下发。

三、构建以生活照料和护理服务为核心的老年服务保障体系

针对老年人最急需解决的生活照料问题,应提倡构建多形式、多结构的生活照料和护理服务保障体系。一方面根据中国传统的"反哺"式养老方式,充分挖掘、利用家庭料理资源,依靠家庭子女来料理老人的日常生活。同时,积极开发社会照料资源,发挥乡镇、村、医院

---

① 郑秉文:《建立统一基本养老保险制度的可行性》,《光明日报》2008年11月17日。

和敬老院等一系列社会照料资源的作用,缓解家庭养老成员的养老压力。各地应紧密结合对老年人实际养老服务需求的调查摸底,合理规划、设计和布局本地为老社会服务体系的机构、网点、队伍建设和管理体制、运行机制建设。机构养老是老年保障体系的重要组成部分,应当按照市场配置为基础、政府适度干预的原则,优化机构养老资源配置。

健康问题是城乡老年人面临的最为常见也最为艰巨的问题,高龄失能老人对医疗保健方面的需求尤为强烈,非常渴望出台一个完善的医疗保障体系,以解决他们所面临的医疗费用、医疗护理、医疗康复、医疗保健等诸多矛盾。

各级政府要重视解决老人的基本医疗保险问题,完善城乡医疗救助制度,对困难人群参保及其难以负担的医疗费用提供补助,筑牢医疗保障底线。有条件的地区要采取多种方式积极探索建立城乡一体化的基本医疗保障管理体系;全面实施新型农村合作医疗制度,逐步提高政府补助水平,适当增加农民缴费,提高保障能力。新农合的报销额度应对高龄失能老年人有所照顾,根据不同的年龄段分不同的报销额;看病自费部分,困难老人可给予减免,以求得真正实现老有所医。

国家还可以鼓励有条件的地方建立养老基地,积极改善老年人的生活状态。目前,有些地方对农村五保对象实行集中供养,投入很大,成绩斐然,但存在设施闲置率高的问题。建议政府一方面要继续扩大投入,另一方面针对农村高龄失能老人独居率高的现象,挖掘现有集中供养设施的潜力,充分发挥其作用,让部分非五保对象、却有照顾需求的高龄失能老人也可受惠。

四、逐步延缓职工退休年龄

金融危机使美国和西方许多国家面临严峻的养老保障的支付危机,大多数国家选择把法定退休年龄逐渐延长至 65 岁或 67 岁。在美国,退休年龄已被多次调高,并且已经将可以享受全额福利的正常退休年龄提高到 67 岁,婴儿潮时期出生的这一代人已不能指望在 65 岁或者更低的年龄段退休并且享受那些过时的政府退休计划。

中国目前的退休年龄在 50—60 岁之间。提出延缓退休年龄是因为"晚退"可以延迟社会保障福利支付，减轻社会负担。当前我国社保体系中，养老保险面临的难题较多。一是农民、农民工和城乡无收入老年居民无养老保障制度安排。二是覆盖面窄，当前我国 1.53 亿 60 岁以上老年人中，享受定期待遇的老年人仅 4400 万人，不足三分之一，养老金征收存在很大缺口。三是公共财政缺位，未形成养老和医疗保险转制成本支付机制，导致企业社会保险费率过高等问题。在养老金缺口大的背后，是我国老龄化的加速。随着中国第二波婴儿潮人口陆续进入老年，预测在未来二三十年间，中国 65 岁以上老年人所占总人口比例，将从现在的 7.5% 增长到 14%。预计到 2040 年，我国 65 岁及以上老年人口占总人口的比例将超过 20%。中国将在很短的时间内进入"深度老龄化社会"。这从近两年我国养老保险金的支出中也可见一斑：2006 年，我国养老保险金总支出 4897 亿元，比上年增长 21%；2007 年为 5965 亿元，同比再增 21.8%。对此，根据专家测算，我国退休年龄每延迟一年，养老统筹基金可增长 40 亿元，减支 160 亿元，减缓基金缺口 200 亿元。因此，"晚退"可说是缓解养老金收支平衡压力的"猛药"。

值得引起我们注意的是，虽然我国法定的退休年龄是男性职工 60 岁，女性职工 50 岁，女干部的法定退休年龄 55 岁。但是有迹象显示，有大批职工办理了提前退休手续，实际退休年龄为 53 岁。早退休的原因各不相同，但都给国家的养老金体系带来了压力。如果人们很早退休，他们给国家缴纳的养老金就减少了。目前，提前退休的情况已经给中国的养老金体系造成了巨大损失，这种情况今后还可能进一步加重。在过去的五年里，中国的中央政府已经为养老金体系填补了 262.6 亿美元的亏空。去年，中国地方各级财政部门也为养老金体系拨款 81.7 亿美元。[①] 因此，在我国目前的退休制度尚在实施的情况下，当前的要务是减少种种不规范的"提前退休"政策，制止鼓励或强制性"提前退休"的做法，逐步提高退休年龄，降低对社会保障制度的压力。根据精算原则，如果退休人员开始领取养老金待

---

① 李宏伟：《大规模提前退休让中国财政吃紧》，《环球时报》2006 年 9 月 7 日。

遇时低于法定年龄,他的待遇应该降低。应该允许到了法定领取全额养老金的年龄而继续工作的人领取全额养老金。如果他们选择推迟领取养老金,那么当他们停止工作时,他们的养老金待遇水平应该更高。

五、营造老年人参与社会发展的公共环境

《中华人民共和国老年人权益保障法》设专章保障老年人参与社会发展的权益,中国政府颁布的老龄事业发展计划或规划都把鼓励老年人参与社会发展作为重要内容,通过政策和舆论引导等多种形式,积极营造发展老龄事业的社会环境,引导全社会关心、支持和参与老龄事业的发展。

营造老年人参与社会发展的公共环境,可通过实行弹性退休制度、制定老年人再就业政策、建设老年活动平台、扶持老年人组织等措施,鼓励推迟退休年龄,让部分低龄、健康、有劳动能力的老年人继续参与力所能及的社会劳动,或非在业参与社会生活,发挥他们在社会建设、文化建设、社区建设等方面的积极作用,为老年人提供更加便利的活动平台,既丰富老年人的精神文化生活,又提高老年人参与社会的能力。这是充分利用人力资源、提高老年生活质量、缓解人口老龄化、减轻社会保险基金压力的重要途径。

政府还要充分利用市场机制,引导和扶持企事业单位为老年人提供多样化的产品和服务,积极发挥社会力量在老年社会保障中的作用,推动各地老年基金会等社会团体、企事业单位和个人开展慈善救助和社会互助,创造结对帮扶、认养助养、志愿服务、走访慰问等多种救助形式,普遍为贫困老年人提供多样化扶助,开展各种为老服务。

第七节 政府主导的居家养老服务模式

2008年1月,全国老龄办等10部委发出了《关于全面推进居家养老服务工作的意见》文件,为全面推进居家养老服务工作,提高老年人生命生活质量,要求在"十一五"期间,城市社区基本建立居家养

老服务网络,农村80%左右的乡镇和三分之一左右的村拥有一处服务网点。为此,要求"各级政府应紧密结合本地实际,科学地研究制定本地城乡社区发展居家养老服务规划,并把它纳入当地经济社会发展总体规划和社区建设总体规划中,统筹安排,推动居家养老服务快速健康发展"。这个关于推进居家养老服务工作的文件,显示了老年社会政策的一个主要价值理念,即市场经济条件下政府在社会福利发展中的主体责任。也就是说,政府通过政策制定、工作推动、资金投入、服务监管等途径,切实而有效地履行了社会福利服务提供者的角色。其特点就是摆正了市场经济条件下社会福利发展中政府与市场、政府与社会的关系。政府退出社会福利服务生产领域,恪守社会福利提供者和监管者的职责,由市场和社会担当社会福利生产者,从而扬弃了计划经济时期形成的政府包办社会福利的传统体制,实现了社会福利体制机制的创新,走出了一条具有中国特色的社区居家养老服务新路子。

一、居家养老服务的客观必然性

传统的家庭养老模式源远流长。所谓家庭养老模式,它是基于两个方面的互动或其中一个方面的互动而形成的。第一是家庭内代际成员间的互动,费孝通对此模式总结为"是甲代抚育乙代,乙代赡养甲代,乙代抚育丙代,丙代又赡养乙代,下一代对上一代都要反馈的模式"[1],赡养在其中起着核心的作用;第二是家庭内有关成员间的互惠,即交换模式,例如长辈帮助小辈看管家庭,抚养孙儿女,承担力所能及的家务劳动,小辈则负起赡养长辈、养老送终的责任,双方在互惠中各得其所。一般来说,家庭养老包含三方面的内容:一是经济有赡养,就是有收入来源的子女从经济上为老年父母提供经济的保障;二是生活有照料,就是老年人在家庭里得到儿孙辈提供的衣食住行等方面的生活服务;三是精神有安慰,就是老人在家庭里精神上有依靠,感情上有交流,可得到心理的慰藉。可以这么认为,家庭养

---

[1] 费孝通:《家庭结构变动中的老年赡养问题》,《北京大学学报》(哲学社会科学版)1983年第3期。

老模式不仅是一种养老制度,也体现了独特而珍贵的文化价值。对于绝大多数中国老年人来说,家庭不仅是日常生活的场所,而且是保健、医疗、娱乐、接待亲朋好友的场所,许多调查表明,中国老年人对在家庭中度过晚年生活大多感到满意。1996年颁布的《中华人民共和国老年人权益保障法》也充分肯定了家庭在老年保障中的作用:"老年人养老主要依靠家庭,家庭成员应当关心和照料老年人。"

但是,正如《1982年老龄问题维也纳国际行动计划》所指出的那样,"工业化和都市化的日益发展以及劳动力流动性更大的趋势表明,关于年长人在家庭中的作用的传统观念正在发生重大变化。就世界范围来说,家庭所担负的为老年人提供传统的照料和满足老年人需要的全面责任正在削弱"[1]。毫不例外,中国的传统家庭养老模式也面临着挑战。

挑战之一是我国老年人口规模巨大,老龄化速度大大高于世界平均老龄化速度。2007年年末我国60岁及以上人口为15340万人,占全国总人口的11.6%;其中65岁及以上人口为10636万人,占总人口的8.1%。[2] 根据中国老龄工作委员会的公报,从2001年到2020年是快速老龄化阶段,期间中国将平均每年增加596万老年人口,年均增长速度达到3.28%,大大超过总人口年均0.66%的增长速度;到2020年,老年人口将达到2.48亿,老龄化水平将达到17.17%,其中,80岁以上老年人口将达到3067万人,占老年人口的12.37%。[3]

挑战之二是中国家庭负担老年系数呈增加趋势,而家庭负担少儿系数则呈下降趋势。据专家们估算,中国0—14岁人口的百分率,将会从2000年的27.1%降至2030年的17.30%,并进而降至2050年的14.70%。而65岁以上的老年人口占总人口的比率将会从2000年的6.7%上升至2030年的14.7%,并进而增至2050年的

---

[1] 《老龄问题研究——老龄问题世界大会资料辑录》,中国对外翻译出版公司1983年版,第257页。

[2] 中华人民共和国国家统计局:《中华人民共和国2007年国民经济和社会发展统计公报》,《人民日报》2008年2月28日。

[3] 全国老龄工作委员会办公室:《中国人口老龄化发展趋势预测研究报告》,http://www.chinau3a.com/news/html/? 1596.html。

20.90%。2030年到2050年,中国人口总抚养比和老年人口抚养比将分别保持在60%—70%和40%—50%,是人口老龄化形势最严峻的时期。① 老年人口负担系数的增大,对传统的家庭养老方式不能不说是巨大的冲击。

挑战之三是城乡家庭日趋小型化。老年人同子女分开居住已愈趋普遍,即使在农村,独子结婚后与父母分居另立家庭的情况也越来越多,从而产生了一系列的老年人问题,尤其是家庭养老模式中的对老年人给予生活照料与精神安慰的内容有所削弱。

挑战之四是独生子女家庭的增长,相应地会给未来老年人的家庭生活和养老方式带来新的问题。据估计,目前中国独生子女数量可能超过一亿。由于独生子女家庭的养老功能比多子女家庭弱小,而且独生子女家庭的养老支持具有惟一性,缺乏起码的回旋余地。如果独生子女迁移、外出或者出现意外事故,独生子女父母就缺乏可替代的家庭养老支持,不存在其他形式的家庭养老支柱。同时,独生子女父母的高龄化也会导致养老需求的变化,越是到独生子女父母的晚年,独生子女家庭的养老风险就越大,现实困难就越多。这将是"家庭养老"所难以承受的负荷和压力,并会给未来老年人的家庭生活带来不利的影响。对于这些因政策引致老人无法享受传统多孩家庭带来的养老福利的情况,政府无疑有责任和义务发挥相应的作用。

世界人口老龄化发展的历史表明,人口老龄化对人类生活的所有方面都会产生重大的影响。在经济领域,人口老龄化将对经济增长、储蓄、投资与消费、劳动力市场、养老金、税收等产生冲击。在社会方面,人口老龄化将影响社会福利、医疗制度、家庭构成以及生活安排、住房和迁移。在政治和文化方面,人口老龄化也会有不同程度的影响。面对以上挑战,养老方式必然会从家庭向社会扩展,正如我国宪法第45条规定的那样:"中华人民共和国公民在年老、疾病或者丧失劳动能力的情况下,有从国家获得物质帮助的权利,国家发展为公民享受这些权利所需要的社会保险、社会救济和医疗卫生事业。"

但是,我们必须正视这样一种情况,即发达国家是"先富后老",

---

① 全国老龄工作委员会办公室:《中国人口老龄化发展趋势预测研究报告》。

而我们将是"未富先老"。世界上65岁以上老年人口比重在7%以上的国家和地区,人均国民产值至少是5000美元,而我国到2006年人均国民收入只有1740美元;①中国在经济实力不强的背景下,迎来了老龄化的巨大浪潮,并不具备向全体老年人提供完善社会保障的条件,大部分中国老年人在很大程度上仍需要继续依赖传统的养老模式。

二、居家养老服务的特征

1. 居家养老服务具有一般公共服务的特征

公共服务是政府为了满足社会成员公共需要而提供的产品与服务的总称,公共物品和公共服务最大的特征是服务的非排他性和非竞争性,非排他性是指在技术上无法将那些不愿意为消费行为付款的人(免费搭车者)排除在某种公共产品的收益范围之外,非竞争性是指某人对公共产品的消费不排斥和妨碍他人同时享用,也不会减少他人消费该种公共产品的数量或者质量。

按照是否具有排他性和是否具有竞争性,我们将物品和服务分为个人物品、可收费物品、共用资源和集体物品等四类。个人物品具有物品和服务的独占性质,例如工作人员为居家老人上门提供生活照料服务的同时,他就不可能给其他老人提供同样的上门服务,老人对服务员的服务具有个人消费的特征,同样性质的服务还包括上门的医疗服务和送餐服务等。可收费物品属于容易排他的公共消费物品和服务,但是当一个人享受物该品和服务时,并不影响其他人同时享受同样的服务。例如社区棋牌室是一个所有社区老人都可以享受的服务场所,可以设置一个很低的门槛(例如每次收费1元)防止过度的拥挤。共用资源则是难以排他的个人消费品,例如社区的老年人康复器械,社区内的老年人都可以享受,排他性较弱,但是当某一种器械已经被某位老人使用时,其他人就只能等待使用和消费。集体物品也是难以排他的公共消费品。例如老年阅览室里的各类报刊

---

① 于晶波:《中国人均GDP已逾1700美元,世行贷款将缩为17年》,中新社北京2007年8月16日电。

图书可供很多人同时选择阅读,是典型的集体物品,很难将某一位老人拒之门外。

对公共物品和公共的服务的界定是为了分析提供居家养老服务的物品内容和服务方式。对于个人物品,由于个人消费和容易排他,个人物品应该是市场提供的。对于可收费物品,与个人物品一样,由于排他的可能性,也能够通过市场来提供,但是有些可收费物品由少数生产者来提供比较经济,例如有线电视网络、通讯网络等,一个或者少量的供应者可能会导致垄断和暴利,政府必须管制这些自然垄断的行业。共用资源存在供给上的问题,因为物品和服务是难以排他的,消费这些物品不需要付费,因此,市场机制无法提供。对于一些公用资源的提供,必须由政府来实施。集体物品是最不可能被市场机制提供的物品,因为无法排他,也可以供很多人同时消费,市场必然是失灵的。可通过自愿捐款、慈善基金等途径采集提供这些物品。之所以用"集体物品"来代替常规的容易混淆的"公共物品",是因为集体物品的提供并不是必然通过政府来提供。同样的情况下,居家养老服务中也可包含某些收费服务,但是这些费用也可以由政府提供补贴。

2. 居家养老服务还具有自身特殊的性质

首先,居家养老服务具有较强的外部性。居家养老服务是具有社会救助和社会福利性质的服务,它的外部性使得居家养老服务中的个人生活照料虽然可以用市场机制来提供,但是对于极端弱势的老人,由于购买力极弱导致市场机制失灵,在低于市场价格和无偿提供时,市场的激励不够,所以需要强调政府的责任和社会的参与。

其次,居家养老服务的"同质性"比较低,需求具有分散性。居家养老服务满足的是一种分散的、个性化的需求,而不是规模化的需求。在满足这种需求上,中央政府难以有所作为,所以对于基层政府制度设计的要求更加紧迫。由于同质性低和分散性,导致居家养老服务对社区的依赖性比较强,不管是采取何种服务方式(行政机制、社会机制、市场机制)都要依托社区来提供服务。

再次,居家养老服务数量和服务质量的"可度量性"较低。由此带来的制度设计的难题是,进行服务的监督和绩效评估会十分困难。这是人类服务领域普遍存在的问题。由于可度量性比较低,使得服务的质量和数量是难以立约的,正因为如此,市场机制在居家养老服务领域中的作用受到了限制。

最后,居家养老服务提供者之间只能产生有限的竞争,甚至不可能产生竞争。例如不同社区的居家养老服务中心,他们之间的"可竞争性"很低。由于地域的隔断,我们很少看到同一个地区两家机构,提供同质的服务,进行竞争的案例。在制度设计中,对于市场机制的参与,要偏重于把那些提供者的竞争从"市场内的竞争"到"为市场的竞争",重在设计市场准入制度。

三、政府主导居家养老服务的现实意义

政府在社会福利领域中发挥主导作用的论点,有国际经验和本土实践的支持。《1982年老龄问题维也纳国际行动计划》提出,"确保家庭继续发挥重大作用和老年人继续享有尊严、地位和安全……是值得各国政府和非政府组织认真考虑并采取行动的问题";要"鼓励各国政府和非政府机构建立社会服务来支助有年长人在家的整个家庭,并执行特别为了帮助愿意把年长人留在家里的低收入家庭的各种措施"[①]。从这个角度上讲,居家养老服务模式正是为适应这种现实需要而提出来的,它是政府和社会力量依托社区,为居家的老年人提供生活照料、家政服务、康复护理和精神慰藉等方面服务的一种服务形式;是对传统家庭养老模式的补充与更新,也是弘扬中华民族尊老敬老优良传统,尊重老年人情感和心理需求的人性化选择。虽然居家养老服务作为一项新兴事业,目前尚处于政府扶持推动的初级阶段,无论是建设服务设施、成立服务机构、设立服务项目,还是制订具体方案都由政府完成,行政色彩浓郁;政府承担着大量行政事务性工作,宏观规划、布局与管理相对比较欠缺。但是,政府主导的居家养老服务模式的形成将是破解我国日趋尖锐的养老服务难题,切

---

① 《老龄问题研究——老龄问题世界大会资料辑录》,中国对外翻译出版公司1983年版,第257页。

实提高广大老年人生命、生活质量的重要出路;也将会使我国的养老事业大放光彩,是我国养老模式的又一大特色。

1. 政府的主导体现了政府职能的转变

建设服务型政府的方向,是坚持党的全心全意为人民服务宗旨的根本要求,是深入贯彻落实科学发展观、构建社会主义和谐社会的必然要求,也是加快行政管理体制改革、加强政府自身建设的重要任务。当前,公众对社会管理和公共服务职能有强烈的现实诉求。所谓"经济调节、市场监管、社会管理、公共服务"的政府职能十六字方针,其公共服务,就是提供公共产品和服务,包括加强社会保障服务和居家养老服务等,为社会公众生活和参与社会经济、政治、文化活动提供保障和创造条件。这些内容,鲜明地展示了以社会管理和公共服务为核心内容的服务型政府的基本内涵。

在居家养老服务中,政府的基本职能是组织居家养老"公共物品"的供给,并管理规范居家养老服务,改变计划经济体制下由政府包揽一切的状况。为此,要求政府的社会管理方面实现三大转变:在管理范围上,改变原来由政府包办一切社会事务的做法,向社会提供"公共物品";在管理模式上,从"大政府,小社会"转变为"小政府,大社会";在管理方法上,从传统的以行政方法为主转变为间接的以法律方法为主。① 为了实现这三大转变,政府必须培养社会的自治能力,大力培育中介组织,为社会中介组织的发展提供生存空间,减少政府以及有关部门办理有关中介事务;加快社会保障制度的改革,建立与市场经济体制相适应的社会保障体系;确立政府与社会的良性互动。政府在介入居家养老服务事业过程中,很重要的方面是所谓"政府购买服务"(Purchase of Service Contracting, POSC),即政府部门为了履行服务社会公众的职能,通过政府财政向各类社会服务机构的直接购买而实现政府财政效力最大化的行为。②

---

① 夏书章:《行政管理学》,高等教育出版社2006年版,第55—56页。
② 李慷:《关于上海市探索政府购买服务的调查与思考》,《中国民政》2001年第6期。

2. 政府主导的居家养老服务事业反映了公共财政发展的方向

考察当代西方福利国家政府角色的变化以及相关理论的进展，不难发现，政府的社会福利角色虽从过去的直接提供者变成了支持者，但政府是社会福利制度中最基础的力量这一点并没有改变。政府仍然是社会福利支出中最大的资金渠道，并对服务提供者的服务质量进行监控和评估。政府购买是公共财政最主要的支出方式，表现为政府按照商品等价交换的原则，在市场上直接购买物质产品和劳务服务用以满足公民群众的各种公共需求。政府购买的范围一般分为商品、工程和服务三大类。随着社会经济的发展，政府购买服务的比重有不断上升的趋势。从增强政府购买服务的实效出发，政府购买居家养老服务的内容，由一般生活照料、精神慰藉、家政服务，延伸到日托服务、医疗护理、保健康复、文体娱乐、紧急援助、法律服务、临终关怀等内容，并按照老人自理程度和服务需求的不同，为老人购买不同项目的服务。通过政府购买居家养老服务的实施方式，既可以将政府补贴的资金直接付给社区居家养老服务机构，由其向享受政府购买服务政策的老年人提供特定时间和特定内容的服务；也可以采用居家养老代币券、服务券的形式，由享受政府购买服务政策的老年人根据自己的需要，持券自主选择服务时间和服务内容。

3. 政府的主导标志了政府维护社会公正的底线

老年人属于社会中的弱势群体。由于生理的自然衰老及社会变迁过程中利益关系和分配关系的重新调整等原因，不但使老年人满足自身需求的能力受到限制，而且他们的利益和需求也比较容易受到忽视。可以认为，老年人是社会弱势群体中最容易受到侵害的对象。如果政府对他们的养老需求不给予援手，他们中的很多人有可能面临各种困境，社会经济的发展成果有可能与他们无缘。因此，政府主导推动的居家养老服务事业不但是面向全社会老年人的服务，也是维护社会公正、构建和谐社会的政府职责使然。

居家养老服务政府埋单的对象一般是低保等经济困难的老年人和有特殊贡献的老人，其他高龄、独居、残疾老人享受一定的政府补贴。由于缺乏科学的老年人身体状况和经济状况的评估机制，需求与供给之间有时会发生错位。为此,一方面,政府主导的居家养老服务服务要体现差异性,使最需要获得服务的老年人从中受益,并根据不同的老人的经济状况和生活水平,实施程度不同的服务保障。另一方面,居家养老也要体现普遍性,惠及更多的老人。当前,散居的三无老人、享受最低生活保障的老人、优抚伤残老人、有突出贡献的老人、生活不能自理或者半自理的老人、家庭经济困难的空巢老人无疑是居家养老服务保障工作的主要对象,对他们应实行无偿或者低偿服务,由政府购买服务,予以全额或者部分补贴;对于社会上经济收入比较稳定或者生活水平比较高的其他老人,应对他们进行低偿或者有偿服务,采取政府购买服务予以适当的补贴,引导其自费购买服务。[①] 总之,有限的政府资金应当重点保障低保等有特殊困难的低收入老人的养老服务需求,在财力允许时,再逐步扩大到更多的老年人,以提高公共服务资源的利用率。

四、完善居家养老服务模式的政策取向

为满足老年人快速增长的养老服务需求,各级政府在加快经济社会发展的同时,努力构建以居家养老为主、机构养老为补充的社会化养老格局方面,已经取得了一定成效,但由于居家养老服务工作刚刚起步,尚未形成良好的运行机制和长效的管理体制,在政策扶持、资金投入、资源整合、队伍建设等方面还需进一步研究探索。为此,我们提出以下设想。

1. 建立居家养老服务管理体系

完善的管理体系是推动政府主导的居家养老服务事业快速发展的关键。政府应结合本地实际,研究制定居家养老服务发展规划,推动居家养老服务工作快速发展。政府还要着眼于制定有关政策和总体规划,推动基层社区建立居家养老服务指导中心、居家养老服务中心。这些机构应属民办非企业性质,作为开展居家养老服务的中介组织,负责接受政府委托,组织实施服务工作。它们既可以委托设在

[①] 张晓峰:《建立政府购买服务制度,完善养老家居服务体系》,《社会福利》2007年第8期。

社区的非正规就业组织"助老助残岗"从事具体服务工作,也可以在政策扶持的前提下,委托专业服务企业来承担服务工作。它们要建立老年人信息库,发布老年人需求信息和社会服务供给信息,对享受政府补贴的居家养老服务对象进行资格评估,并检查监督居家养老服务的质量。尤其是各级政府的民政部门,应充分发挥牵头作用和组织协调作用,与其他部门一起,共同做好在居家养老中政府购买服务各项制度措施的制定和落实工作,不断提高居家老年人的生活质量。

2. 加大政府财政投入和资金筹措力度

居家养老服务事业是政府组织和推动的一项社会福利事业,也是社会保障的重要组成部分。根据国务院有关精神的规定,今后社会福利支出不应低于财政支出的10%—20%;因此,财政应建立居家养老服务专项资金,并以每年不低于国民收入增长的比率扩大政府的财政投入,并做到逐年有所增长,用于政府购买服务的补贴,托老所、老年食堂等公益性项目的一次性开办补贴和日常运营补贴,以及工作经费、评估经费、培训经费、奖励经费等。同时,要实现资金筹措渠道的多元化。政府应鼓励并对社会福利机构兴办的养老服务机构以及通过捐赠支持社会福利事业的单位和个人给予税收优惠政策,倡导建立养老慈善基金;还应实行产业化经营,运用市场机制,充分发挥市场在配置福利资源中的主导作用,使福利服务的需求与供给保持相对平衡。

3. 加强社区居家养老服务机构的建设

健全的社区居家养老服务机构是居家养老服务体系的重要载体,积极培育和规范发展社区非营利性的居家养老服务组织,对政府主导的居家养老服务事业的发展具有重要意义。为此,居家养老服务机构应争取以民办非企业单位法人的形式登记注册,并受当地政府和有关部门的委托,具体承担本地区居家养老服务工作的信息提供和组织实施等工作。首先,居家养老服务机构应该优化居家养老服务内容,从老人实际需求出发,不仅满足补救性服务的需求,还要提供预防性和发展性的服务,建立居家养老生活照料服务网、社区紧急救助网、医疗卫生保健网,提供全面的居家养老服务。其次,居家养老服务机构应实现居家养老与机构养老的优势互补。今后社区老年照料服务体系应根据不同老年人身体状况和服务需求采取不同层次的照料形式,努力发展成社区"志愿者服务—托老所—上门服务—养老院"相互衔接的照料体系。如对低龄老人、身体健康的独居老人可组织社区志愿者队伍开展结对子活动;对生活基本能自理但又需要一定照料服务的中高龄老人可采取日间护理中心、托老所等服务形式;对高龄老人、基本生活部分不能自理而又不需要全天候照料的老人以上门照料为主;对基本生活严重和完全不能自理、需全天候照料的老人应通过养老机构来解决。

4. 提高居家养老服务队伍的素质

高素质的居家养老服务队伍是政府购买居家养老服务的重要条件。居家养老服务人员可以通过政府购买公益岗位的形式,招募和录用城市下岗职工、进城务工人员和志愿人员从事居家养老服务工作。为了逐步提高居家养老服务队伍的专业化水平,对居家养老服务人员实行职业资格和技术等级管理制度势在必行。党中央提出要"建设宏大的社会工作人才队伍。造就一支结构合理、素质优良的社会工作人才队伍,是构建社会主义和谐社会的迫切需要"[①]。居家养老服务队伍的建设应与社会工作者制度的建立紧密联系,抓紧开发社工岗位,吸引专业的社会工作者参与居家养老服务,同时大力倡导志愿者服务,加强志愿者队伍建设,形成专业化和志愿服务相结的服务队伍。此外,还应大力倡导发展居民间的互助服务。比如,建立"劳务储蓄"制度。目前,随着健康水平的提高,有大批"准老人"或低龄健康老人,他们既是养老服务的需求者,又是养老服务的潜在提供者。利用"劳务储蓄"或"以服务换服务"的形式,可以让他们为高龄老人和生活不能自理老人提供服务。这种服务形式不仅在一定程度上可以调动社区居民参与社区服务的积极性,缓解社区服务供给不足的现实矛盾,还是实现社会人力资源和时间资源配置最优化的

---

① 《中共中央关于构建社会主义和谐社会若干重大问题的决定》,中国网: http://www.china.com.cn/policy/txt/2006-10/18/content_7252336_8.htm。

一种有效途径,是弥补当前公共财政能力有限的重要举措。

5. 探索建立居家养老服务效果的评估制度

科学的服务效果评估机制是政府购买居家养老服务的重要保障。首先,应建立对老年人养老服务需求的评估机制。养老服务需求评估就是对有日常生活照料服务需求的老年人进行评估,通过评估可保证政府的补贴资金真正用到最需要得到政府帮助的老人身上,发挥最大的资金效益。因此,评估的指标体系应侧重于老年人居家养老中与生活照料相关的具体状况,包括老年人的自理生活能力、家庭照料能力、家庭经济支付能力,其中老年人的自理生活能力是养老服务需求评估的主要内容。其次,建立养老服务质量的评估机制。可以采取向服务员发放服务手册、建立服务监督员、定期走访服务对象等方法,对居家养老服务的效果、效率进行服务质量评估。同时还要对居家养老的发展规划是否科学合理、现行政策是否解决实际问题进行评估,以此不断完善评估工作。再次,在建立评估机制的同时,还应建立基于评估效果的约束激励机制,对于评估结果正面的居家养老服务机构,可以给予一定形式的经费资助或者其他奖励形式;对于评估结果负面的居家养老服务机构,有权要求其限期改善服务,或者中止其承担的政府购买服务任务,严重的可以取消其从事居家养老服务的资格。最后,在建立居家养老服务评估机制的同时,还应组建中介性的评估机构,使评估人员逐步职业化。我们借鉴发达国家的经验,鼓励社会力量参与社会福利评估,发展NGO性质的评估组织,逐步使评估人员纳入国家的职业系列,促进养老服务评估向职业化发展。

第八节 养老政策的转型

发展老龄事业,就要把解决城乡老年人的养老问题作为中心任务,紧密围绕"老有所养"描绘蓝图,规划发展,探索实践,做好文章,使每个老年人都能平等地参与和分享经济发展和社会进步的成果,安享幸福晚年。推动和普及城乡社区居家养老服务的开展,就是一项立足中国国情,顺应民意,惠及亿万老年人利益的有力举措。在构建和谐社会进程中,居家养老模式充分体现了当前中国养老制度的转型。

一、养老制度由单一型向综合型转变

在现代中国,老年人长期护理照料的主要服务形式仍然主要依赖于家庭,尤其在农村更是如此。家庭养老模式的优势,一是以血缘关系为纽带,易为人们接受,具有一定的稳定性;二是供养成本低,家庭只需要提供少量的物资就能保障老年人的基本生活及照料。但是,随着城乡社会经济的发展,传统的单一的家庭养老制度开始向综合型的养老制度转变。综合型的养老制度将家庭与政府、社会紧密地联系在一起,它并不排除家庭养老的功能,许多老人可以选择在熟悉的社区环境和家庭中养老,满足了相当多的老年人不愿离家养老的传统心理;但老人所接受的一部分照护与服务是由社会提供的,一支专兼职结合、以兼职为主的服务队伍同时为居家养老老人创建良好的外围支持环境,使老年人的养老资源从单一的对家庭成员的依赖向社会拓展,养老方式趋向多形式、多元化格局。而且,这种综合型的养老制度充分体现了公共服务型政府的责任,政府为居家养老提供资金保障、政策优惠扶持,并且动员、鼓励和扶持社会各方面力量,参与老年人的养老服务活动,不断扩大社区、中介组织服务网,使广大城乡老年人得到了可见的实惠。

此外,专业养老机构对一部分有需要、有条件的老年人提供的养老支持是综合型养老制度不可或缺的组成。在老年公寓、老年医院、护理院和具有福利性质的福利院、敬老院等负责为老年人提供照料与服务的专业养老机构中,专业护理、专门的服务人员具有专业手段和专业技能,在当前和未来具有很大的发展潜力和广阔的市场前景。

二、养老重点由赡养型向照护型转变

长期以来,经济赡养在养老制度中都是举足轻重的。除了子女或其他亲属对老年人提供经济供养外,我国不仅有城镇职工基本养老保险制度、机关事业单位离退休养老制度,各地还有农民工养老保

险、农村养老保险、计划生育夫妇养老保险、失地农民养老保险,以及老年津贴制度、农村五保户制度、优抚制度和城市孤寡老人福利制度等。随着国家对民生问题的重视和投入的增加,老年人养老的经济支持需求将逐步得以解决。我国养老的主要经济来源已经开始了由家庭为主向社会为主过渡。在老年人的经济赡养问题基本有保障后,老年人的生活照料需求已经越来越突出。养老的经济需求正随着社会保障制度的完善而减弱,养老的生活照料与护理的需求却愈显强烈。

随着养老重点由赡养型向照护型转变,为满足老年人日益增长的、多样化的护理需求,多层次的老年护理保险体系和爱心护理工程展现了巨大的发展前景。通过新建和改扩建一批老年爱心护理院(部),为生活半自理或完全不能自理的老人提供生活照料、护理康复、精神慰藉、临终关怀等长期照料服务。当前,社区在养老照护方面的作用越来越突出。社区照料功能主要体现为两种方式:一是将一些为老年人服务的场所、设施建在社区,贴近老年人生活,便于他们走出家门,走入社区,接受日间照料和健康指导等服务,参与各类社会活动包括文体娱乐、老年互助服务等;二是为不能或不愿出门的老人,主要是生活半自理和完全不能自理的老人,上门提供保洁、送饭、洗澡等日常生活照料和护理,设立家庭病床开展治疗、康复等服务,建立定期或不定期问候制度,提供紧急救援和安全保障服务,使居家养老不仅能提供物质形式的服务,更重要的照护型的服务,是精神上和感情上的沟通。

三、养老服务由供给型向购买型转变

改革开放前,在实行低工资的条件下,中国的社会福利水平虽然不算高,但却有明显的政府单方面供给的特征,许多社会保障和福利项目都是由国家和社会(主要是国家)兴办和资助的,个人购买福利保障的意识极弱。随着改革开放的深入发展,为了适应我国从计划经济体制向社会主义市场经济体制的转型,不少原有的社会保障和福利供给方式已经不能适应新的形势。国务院于1991年6月发布了《关于企业职工养老保险制度改革的决定》,明确规定养老保险实

行社会统筹,费用由国家、企业和职工三方负担,从而标志着养老保险制度改革进入了以社会统筹与个人账户相结合为特征的制度创新阶段,即个人要为自己的养老保障承担一定的责任,意味着养老服务由供给型向购买型的转变;这既是养老理念的更新和自我养老观念的提升,也是养老服务供给方式的创新,是解决我国众多老人养老服务需求的重要途径。

养老服务的消费者一般可分为能自理的老人和不能自理的老人、经济困难的老人和经济条件较好的老人,因此也就出现了属于供给型的养老福利服务,以及属于购买型的养老服务。但是,即使是供给型的养老福利服务,其背后也存在着政府对服务的购买,即对那些自理能力差、无子女或子女因客观原因无法实施有效照顾(如子女智障、残疾等)的三无老人、低保户老人和处于低保户边缘的老人,尤其其中的高龄老人、孤寡独居老人和因病卧床老人,更多地体现为政府出资为他们购买服务来解决他们的生活照料问题。而经济条件尚可的一部分老年人,则根据自己的需要购买特定的养老服务。这体现了养老服务内容和方式的多样化、个性化特点,是市场经济条件下的一种社会福利观念革新和进步。

四、养老内容从救助型向福利型转变

作为维持社会稳定的基本社会政策之一,救助型的养老保障对象是特定的,救助对象在接受救助时,也无须做出履行某种特定义务的承诺。因为,在整个社会保障体系中,社会救助是一种最低水平的保障,是社会安全的最后屏障。[1] 显而易见,救助型的养老保障内容比较单一,仅限于满足老年人基本的生活需要,即由国家和社会提供维持最低生活水平的资金和物质等资源的社会救助。

在中国社会经济发展和老年人提高养老生活质量愿望越来越强烈的背景下,浙江省、宁波市等地方政府陆续出台了《扶持居家养老服务业的意见》《关于推进居家养老服务工作的若干意见》等文件,

---

[1] 时正新主编:《中国社会救助体系研究》,中国社会科学出版社2002年版,第6—7页。

一方面加大政府投入力度、贯彻落实支持居家养老服务的优惠政策，另一方面，通过政策引导，鼓励社会资本投资兴办以老年人为对象的生活照顾、家政服务、心理咨询、康复服务、紧急救援等业务，向居住在社区(村、镇)家庭的经济困难老人、特殊贡献老人、百岁以上老人、80岁以上其他老人发放不同数额的居家养老服务补贴，实现"老人床位不离家，服务照样送到家"。老年人社会优待政策也逐渐推广，地方各级政府相继出台既有共同性又有特色的老年人社会优待政策，优待保障水平不断提高。这一切都意味着我国老年福利政策和老年福利事业正在发生重大的转型升级，养老保障内容正在由满足生存需要的救助型向全方位的福利型转变，当代中国的广大老年人的社会福利享受范围和养老生活质量正在不断提升，一个为老年人营造的安定、幸福、充满生机与活力的老有所养的社会环境正在形成。

第五章　残疾人事业与社会政策

　　残疾人事业的发展状况，与国家的政治、经济、维护的发展密切相关，并可以反映出国家的社会发展程度。中华人民共和国成立至20世纪80年代的相当长时间里，社会政策一直是以保障人民基本生活需要、促进社会公平和维持社会稳定为基本目标取向。相应的，残疾人的社会政策亦以满足贫困残疾人的基本生存需求、改善其生活水平为基本内容。改革开放以来，我国的经济一直保持着持续的较快发展，科技、教育、文化、卫生等各项事业也取得了显著成就，随着经济的发展和人民生活水平的不断提高，城乡人民生活总体上已达到了小康水平，从而为残疾人事业的发展带来了新的机遇，残疾人平等参与社会生活的环境有了很大改善，残疾人参与社会生活的环境更加和谐，广大残疾人生存和发展状况得到明显改善，自身素质普遍提高。

　　但是，在这一跨越过程中，内生于计划经济体制的传统社会政策模式对新时期的社会建设和政策体系发展有着持续的影响。总体上看，残疾人社会政策滞后于经济政策、残疾人基本需求满足度低、存在一定的社会隔离倾向，以及呈现出城乡二元化等问题。因此，完善残疾人社会政策对构建社会主义和谐社会具有特殊重要意义。《中共中央关于构建社会主义和谐社会若干重大问题的决定》指出："发扬人道主义精神，发展残疾人事业，保障残疾人合法权益。"发展残疾人事业是构建社会主义和谐社会的重要组成部分，解决好残疾人问题，是落实以人为本的科学发展观、促进社会公平正义、增进社会团结和睦的重要内容。只有认真对待残疾人事业，把残疾人事业统筹到整个社会发展中去,完善残疾人社会政策,才能使残疾人事业与经济社会保持同步发展。

第一节 中国残疾人的基本状况

联合国第三十七届会议1982年12月通过的《关于残疾人的世界行动纲领》(简称《行动纲领》)第6条,对残疾人作了如下定义:"世界卫生组织根据卫生工作的经验,对缺陷、残疾和障碍三者区分如下:缺陷(impairments):是指心理上、生理上或人体结构上,某种组织或功能的任何异常或丧失。残疾(disabilities):是指由于缺陷而缺乏作为正常人以正常方式从事某种正常活动的能力。障碍(handicaps):是指一个人由于缺陷或残疾,而处于某种不利地位,以至于限制或阻碍该人发挥按其年龄、性别、社会与文化等因素机能发挥的正常作用。"同时在《行动纲领》的第7条进一步说明:"障碍的有无及程度是由残疾人与其生活环境之间的关系所决定的。当残疾人遭到文化、物质或社会方面的阻碍,不能利用其他人可以利用的各种社会系统时,就产生了障碍。因此障碍是指与其他人平等参加社会生活的机会的丧失或是各种机会受到限制。"根据世界卫生组织对残疾人的定义,我国在1987年开展了第一次残疾人抽样调查,首次确定了残疾人的定义,并写入1990年12月颁布的《中华人民共和国残疾人保障法》中:"残疾人是指在心理、生理、人体结构上某种组织、功能丧失或者不正常,全部或者部分丧失以正常方式从事某种活动能力的人。"

中国究竟有多少残疾人,一直是社会统计方面的一道难题。建国前没有这方面的资料。1949年10月中华人民共和国成立后,政府主管部门从60年代开始一直使用"2000万人"的估计数字,医学和社会学的专家们提出了从"2000万"至"8000万"的各种推算数。世界卫生组织则认为全世界有5亿残疾人,其中1亿在中国。为了得到这方面的准确数据,为了科学地制定和完善各项残疾人政策,有计划地发展残疾人事业,中国于1987年进行了历史上第一次全国残疾人抽样调查。

根据全国残疾人抽样调查领导小组和国家统计局于1987年12月7日正式公布的《关于全国残疾人抽样调查主要数据的公报》:这次抽样调查在全国共抽取了369816户,1579314人,调查人数占全国总人口的1.5‰。按照《残疾人筛查表》筛出可疑残疾人176888人,占总调查人数的11.2%。经眼科、耳鼻喉科、儿科、骨外科和精神病科医生分科筛出的可疑残疾人逐一作了检查、诊断,共确诊各类残疾人77343人,占调查总人数的4.9%;其中听力残疾人占调查总人数的16.79‰,智力残疾占9.65‰,肢体残疾占7.16‰,视力残疾占7.16‰,精神病残疾占1.84‰;兼有两种以上残疾的综合残疾人占6.38。根据这次抽样调查结果推算,1987年4月1日,中国内地29个省、自治区、直辖市共有残疾人约5164万人。其中:听力语言残疾约1770万人,智力残疾约1017万人,肢体残疾约755万人,视力残疾约755万人,综合残疾约673万人。

2006年,我国进行了第二次全国残疾人抽样调查。根据调查数据推算,全国各类残疾人的总数为8296万人。按照国家统计局公布的2005年年末全国人口数,推算出本次调查时点的我国总人口数为130948万人,据此得到2006年4月1日我国残疾人占全国总人口的比例为6.34%。各类残疾人的人数及占残疾人总人数的比重分别是:视力残疾1233万人,占14.86%;听力残疾2004万人,占24.16%;言语残疾127万人,占1.53%;肢体残疾2412万人,占29.07%;智力残疾554万人,占6.68%;精神残疾614万人,占7.40%;多重残疾1352万人,占16.30%。①

与1987年第一次全国残疾人抽样调查比较,我国残疾人口总量增加,残疾人比例上升,残疾类别结构变动。影响这些变化的因素除了两次调查间全国总人口基数增大,导致残疾人口总量相应增加外,还有三个原因:

一是我国人口年龄结构老化。老年人由于生理机能衰退,心脑血管疾病、骨关节病、痴呆等致残几率增高。如脑血管病率居高不

---

① 第二次全国残疾人抽样调查领导小组、中华人民共和国国家统计局:《2006年第二次全国残疾人抽样调查主要数据公报》,《人民日报》2006年12月2日。

下,已经成为老年人致残的主要诱因,约占肢体致残因素的20%以上,骨关节病占到造成肢体残疾因素的近20%,而这两种疾病都是目前老年人的多发病。从第二次残疾人调查数据来看,60岁以上的残疾人占到了这次调查残疾人总数的51%,如果将1987年到2006年两次调查期间新增的3100多万残疾人作进一步分析,可以发现其中有2365万残疾人是60岁以上的人口,占75.5%,这就意味着新增的残疾人里面有75%是由60岁以上老年的人口构成的群体。

二是本次调查与第一次抽样调查不同的是,此次执行的残疾标准是参照国际最新标准并结合我国国情进行的适度调整,尽可能与国内其他行业标准相衔接。身高不超过130厘米的成人侏儒症患者,首次被列入残疾范围。残疾标准的适度调整也是造成此次残疾人数上升的因素之一。对残疾的评定,不仅重视生理结构,同时强调功能障碍和社会适应性。肢体残疾标准对照我国现行有关伤残标准进行了适度的调整。同时还认定以下情况为残疾人:单侧拇指全缺失,单足跖附关节以上缺失,双足趾完全缺失或失去功能。这些情况在《职工工伤与职业病致残程度鉴定》《军人伤残等级评定标准》《道路交通事故伤残标准》等相关法律法规中均已列入较重等级的条款。将其列入残疾标准,体现了我国社会保障能力的提高和对这部分特殊人群的关爱。

三是其他社会环境因素的影响。随着我国工业化和城镇化进程的加快,人口流动频繁,人们工作节奏加快,以及生产安全事故、交通事故和环境污染等因素的影响,都不同程度地增加了残疾的风险。年轻人长期面临高节奏的工作压力和不健康的生活习惯,成为诱发精神残疾比重大幅上升的主要原因。此次调查结果表明,精神残疾人与1987年上升明显。其中除了老龄化相应精神疾患如痴呆、器质性精神障碍增多外,值得关注的是精神分裂症所占比例最高。

第二次残疾人调查的结果显示全国残疾人总数达到8296万人,占全国总人口的6.34%。这不是个小数,也不是简单的数字,数字里面蕴含着千万生命的喜怒哀乐,影响着千万家庭的工作生活。他们的生存、发展和保障关系到经济社会发展,关系到全面建设小康社会和构建社会主义和谐社会。"调查表明,残疾人家庭收入低,贫困问题仍然比较突出。截至 2006 年 4 月 1 日,中国有残疾人的家庭户共 7050 万户,占全国家庭户总户数的 17.8%。残疾人家庭人均收入不足全国人均水平的一半。调查数据还表明,残疾人的基本需求与已经提供的服务之间存在较大差距。残疾人曾接受过医疗服务与医疗救助、贫困救助与扶持、康复训练与服务和辅助器具配备服务的比例不高"①。这不能不引起我们对广大残疾人的深深关切,对残疾人问题的更加关注;同时呼唤全社会大力支持残疾人事业,要求各级党委和政府进一步增强做好残疾人工作的紧迫感和责任感。

总之,中国的残疾人群体是一个庞大的社会弱势群体。我们现在既面临着由于贫困、经济不发达造成残疾人数量多、比例高的问题;同时还面临着社会转型带来的致残因素比较多、人口老龄化导致因老致残人数增加快等问题。多重压力表明残疾人问题的严峻性,以及残疾人社会政策的重要性与紧迫性。

第二节 残疾人事业发展状况:以浙江为例

浙江省的经济快速发展,社会全面进步,为发展残疾人事业创造了良好的物质基础和社会环境。广大残疾人生活水平有了一定程度的提高,残疾人参与社会生活的环境与条件有了一定程度的改善,残疾人事业由政府安养救济的开创阶段,步入以"平等、参与、共享"为宗旨,康复、教育、就业、文化体育、社会福利、社会环境、法制建设等各项业务全面发展的成型阶段,并逐步建立起完整的残疾人事业的组织体系、业务体系、法律法规体系和工作体系,确立了残疾人事业发展的基本格局。基于 1987 年和 2006 年两次全国残疾人调查结果中浙江省的数据,②以浙江省残疾人事业的发展状况为侧面,可以反映出全国残疾人事业的基本态势,为残疾人社会政策的完善提供可靠的依据。

---

① 潘跃:《全国残疾人总数近 8300 万:各方面状况明显改善,但与社会平均水平仍存在不小差距》,《人民日报》2007 年 5 月 29 日。
② 浙江省第二次全国残疾人抽样调查领导小组、浙江省统计局:《2006 年第二次全国残疾人抽样调查浙江省主要数据公报》,《浙江日报》2006 年 12 月 28 日。

一、残疾人物质生活有了改善和提升，但残疾人的生活水平与社会总体的生活水平之间的差距在拉大

改革开放以来，浙江省国民经济各个领域都发生了巨大的变化，综合实力大大增强，人民生活水平显著提高。三十多年来，浙江省 GDP 保持了快速增长的势头。作为经济社会发达的省份，浙江残疾人的生活水平相对较高。全国第二次残疾人抽样调查数据显示，全国残疾人的人均年收入在 2000 元—3000 元之间，但浙江省的城镇残疾人为 5000 元，农村残疾人为 4000 余元，差不多是全国残疾人人均年收入的 2 倍！然而，在浙江省内的横向比较发现，残疾人群体的经济收入却存在较大的差距。全省有残疾人的家庭户 2005 年人均全部收入，城镇为 7679 元，农村为 4331 元，而当年全省人均收入水平城镇为 17877 元，农村为 8580 元，残疾人家庭人均收入不足全省人均水平的一半。① 从当前的经济社会发展趋势看，残疾人的生活水平与社会总体的生活水平之间的差距在拉大，基尼系数在增加，这无疑给残疾人工作带来了难度。值得注意的是，全省残疾人中，城镇残疾人口占残疾人总数的 26.6%，农村残疾人口占 73.4%，这表明大多数残疾人生活在农村，经济欠发达地区残疾比例较高，残疾人口较多。现在在浙江，无论是城市或农村，符合条件的残疾人基本都已被纳入最低生活保障体系。全省城镇残疾人口中，有 6.89 万人享受到当地居民最低生活保障，占城镇残疾人口总数的 8.31%；8.99% 的城镇残疾人领取过定期或不定期的救济。农村残疾人口中，有 18.82 万人享受到当地居民最低生活保障，占农村残疾人口总数的 8.22%；10.47% 的农村残疾人领取过定期或不定期的救济。据抽样调查推算，浙江省尚有贫困残疾人 14.5 万，其中特困残疾人约 7 万。

二、残疾人教育工作成效显著，但残疾人受教育程度总体看依然较低

教育事业涉及千家万户，惠及子孙后代，关系到国家的长治久安，是一个民族最根本的事业，是构建和谐社会的基石，是提高人民

---

① 《浙江日报》2007 年 7 月 25 日。

科学文化素质和思想道德水平的基本途径。"十五"期间是浙江省经济社会发展最快最好的时期之一,也是中华人民共和国成立以来全省教育事业发展最快最好的时期之一。全省有53个县(市、区)被省委、省政府命名为教育强县,占县(市、区)总数的60%。目前,浙江省的教育整体水平和综合实力位于全国前列。在残疾人教育方面,浙江省各级政府和教育部门认真贯彻落实国务院颁布的《残疾人教育条例》,大力发展残疾人教育事业,以一定数量的特殊教育学校为骨干,大量的普通学校附设特教班和随班就读为主体,立足义务教育,逐步向学前教育和职业教育延伸,具有浙江特色的特殊教育体系基本形成。全省现有特殊教育学校61所,其中盲校2所,聋校35所,盲聋合校3所,弱智学校16所,特殊教育综合学校5所,普通学校附设特教班38个,在校学生20412人,盲、聋、智障儿童少年入学率达到96.21%,启动"相伴十六年"爱心助学活动。普通高校上分数线的残疾考生录取率连续四年达到90%以上。建立了省电大残联工作站。开展电脑、珠宝加工等培训,培训7.5万名。根据"二普"调查,全省残疾人口中,具有大学程度(指大专及以上)的残疾人为3.86万人,高中程度(含中专)的残疾人为11.52万人,初中程度的残疾人为37.34万人,小学程度的残疾人为105.17万人(以上各种受教育程度的人包括各类学校的毕业生、肄业生和在校生)。15岁及以上残疾人文盲人口(不识字或识字很少的人)为145.95万人,文盲率为46.81%。6—14岁学龄残疾儿童为5.09万人,占全部残疾人口的1.63%。其中视力残疾儿童0.1029万人,听力残疾儿童0.1543万人,言语残疾儿童0.3086万人,肢体残疾儿童0.6685万人,智力残疾儿童1.9542万人,精神残疾儿童0.2571万人,多重残疾儿童1.6457万人。学龄残疾儿童中,73.74%正在普通教育或特殊教育学校接受义务教育。

与1987年第一次残疾人抽样调查数据比较,浙江省残疾人受教育水平和文化程度比1987年有较大幅度提高。每10万名残疾人中具有大学程度的残疾人由534人上升为1237人;具有高中程度的由1149人上升为3695人;具有初中程度的由5624人上升为11975人;具有小学程度的由2845人上升为33730人。但总体看来,浙江为残疾人提供中等和高等教育资源缺乏,残疾人口的受教育程度依然普遍较低。15岁及以上残疾人文盲人口(不识字或识字很少)有145.95万人,文盲率为46.81%,而全国人口的文盲率仅为6.72%。在全省残疾人口中,具有大学程度(指大专及以上)的残疾人为3.86万人,占全部残疾人口的1.24%,而全省人口中具有大学程度(指大专及以上)的人口为250万人,占全省常住人口的5.11%。在6—14岁的5.09万学龄残疾儿童中,有73.74%的残疾儿童正在普通教育或特殊教育学校接受义务教育,这一比例高于全国残疾儿童接受义务教育的平均水平(63.19%),但大大低于全国适龄儿童接受义务教育的平均水平(97%以上)。

三、残疾人的总体就业率持续上升,但就业形势依然严峻

对于处在劳动适龄期的残疾人,仅仅依靠生活救助,难以助其自立;只有就业扶持才能让残疾人自立自强。他们一旦能够就业,就可以理直气壮地自食其力、分享改革发展繁荣的成果。浙江省的劳动就业工作按照省委、省政府"干在实处,走在前列"的要求,成功应对人民币升值等对就业的影响,取得了较好的成绩,就业形势保持稳定:一是城镇就业岗位开发成效显著,二是城镇登记失业率仍运行在较低轨道,三是农民进城就业环境得到改善,四是进一步加大了对失业人员特别是就业困难人员的扶持力度,再就业工作取得较大进展。根据浙江省残联的调查,全省各级政府和劳动部门认真贯彻国家有关做好残疾人就业和职业培训工作的方针、政策,坚持分散按比例安排残疾人就业主渠道,同时,积极做好福利企业集中就业和扶持个体就业工作,就业服务机构和职业培训机构已初步形成网络,为残疾人提供职业培训和就业服务,劳动就业渠道不断拓宽,残疾人就业率达到80%,通过自谋职业、自主创业等形式实现就业再就业的残疾人人数显著增加。

第二次全国残疾人抽样调查数据显示,就业工作是解决残疾人问题的根本,浙江省残疾人的总体就业率持续上升。城镇残疾人口中,在业的残疾人为13.42万人,不在业的残疾人为12.03万人。全省能够就业残疾人就业率已达85%,高于全国水平。但是,残疾人就

业形势依然严峻:一是目前75%以上残疾人都在农村,加紧对农村就业人员的培训和扩大农村残疾人就业扶贫基地的建设任务繁重。二是社会就业形势处于相对严峻的时期,健全人的就业需求尚且有很大缺口,则残疾人在就业竞争中所遇到的困难和障碍会更多,从而导致他们的失业率远远高于社会平均水平。三是残疾人就业有低层次性特征,即使已经就业的工作也不够稳定、合理。四是不同程度地存在残疾人劳动权益受侵害现象,不少残疾职工工作环境差,工资低。

四、残疾人康复救助工作成绩巨大,但残疾人基本需求仍有待满足

残疾人的康复事业是一项复杂的、长期的、全民性的事业,需要各部门的密切配合及全社会的关注和支持。康复是集医学、工程学、心理学、社会学和教育学等学科手段,使残疾人某种缺损的功能得到恢复或得到补偿的过程。对残疾人来说,康复是终身的需求。随着浙江省经济社会的迅猛发展,按照省委、省政府提出的浙江残疾人事业要与经济社会同步发展、继续走在全国前面的要求,残疾人康复工作取得了长足的发展,促使残疾预防、医疗保障、大众教育等工作强化。近二十年来,省委、省政府出台了一系列重大措施,残疾人康复和预防取得了有目共睹的成就。根据《国务院办公厅转发卫生部等部门〈关于进一步加强残疾人康复工作意见〉的通知》精神,省政府提出2015年有康复需求的残疾人"人人享有康复服务"的总体目标和要求,并将工作内容纳入"十五"计划。2005年,全省城市和首批基本实现现代化县(市、区)的农村,有需求的残疾人70%得到康复服务;其他县(市、区)的农村达到50%。[1] 康复服务质量提高,完成10.4万例白内障复明手术,3869名低视力患者验配助视器,聋儿语训2727名,供应各类残疾人用品用具14.7万件,对3615名智残儿童和5469名肢体残疾人进行康复训练,提高康复服务质量。在33个市县开展精神病防治康复工作,开展全省麻风畸残康复需求调查

---

[1] 中国残联康复部:《"浙江模式"——中国残联康复部浙江调研报告》,《中国残疾人》2005年第7期。

和服务。建立了浙江省残疾人康复指导中心。在新建、改建城市道路、重要公共建筑物时,积极推行无障碍设施,加强宣传和监管力度。杭州市被建设部、中国残联确定为创建"全国无障碍示范城"的城市之一。根据总体目标,浙江省结合实际大胆探索,已基本搭建起"以网络化的组织为平台,以社会化的运作为手段,以制度化的政策为保障"的浙江康复模式,为提前实现残疾人"人人享有康复服务"奠定了坚实的长效工作基础。中国残联党组理事会主要领导指出,浙江康复模式理念创新、工作扎实,为全国残疾人康复工作做出了榜样,为全国工作提供了很好的学习借鉴的范例。①

然而,随着经济社会的发展,残疾人康复的需求量大与康复资源贫乏的矛盾日显突出。一是资源配置的空间结构上存在着不均衡性,尤其是我省农村残疾人康复需求量大与康复资源贫乏的矛盾相对突出。二是地区经济发展差距拉大,不同地区残疾人享受的公共服务的差距拉大,各地区发展不平衡。三是现行任务指标体系子系统层次的框架结构不够明确,尤其是根据各地经济社会发展的条件,围绕实现"人人享有康复服务"的目标,在加强分类指导方面的导向性指标上不够明确和完善,这些情况都使我省残疾人康复工作上新台阶受到制约。

综上所述,浙江省残疾人事业已迈上了一个新台阶,达到了一个新水平;残疾人事业持续发展的基础已经初步形成。各级政府重视残疾人事业的发展,将残疾人事业纳入了当地国民经济和社会发展计划,统筹安排,同步实施,协调发展。各有关部门各司其职,社会各界广泛参与,形成了各尽其责、密切配合、协调运作的工作机制。全社会更加重视残疾人事业,理解、尊重、关心、帮助残疾人的良好社会风尚逐步形成。保障残疾人权益的有关法律、法规进一步完善,法律宣传、执法检查得到加强,法律服务和法律援助得到发展。残疾人组织建设得到加强,广大残疾人工作者爱岗敬业,努力工作,队伍素质明显提高。各级残疾人综合服务设施建设不断加强,改善了为残疾人服务的条件。比较第二次全国残疾人抽样调查数据中的浙江省数

---

① 中国残联康复部:《"浙江模式"——中国残联康复部浙江调研报告》。

据与全国平均数据,可以认为浙江省的残疾人事业已经走在全国前列,依据有四:其一,浙江残疾人就业率85%,高于全国平均水平;其二,浙江残疾人人均收入比全国平均水平高一倍;其三,残疾人康复工作创造了独特的"浙江模式",目前康复服务已深入社区,残疾人15分钟就可找到"康复圈";其四,残疾人信息化建设全国居前,要为残疾人打造专门的网络体系,未来5年还拟投入5000万元进行建设。总之,浙江省残疾人事业给广大残疾人带来了实实在在的利益,为浙江省的精神文明建设和社会繁荣稳定作出了积极的贡献。

但是,残疾人事业与经济社会发展的同步性和不同步性矛盾依然存在,残疾人事业面临的压力与挑战依然严峻,困难和问题依然不少:尊重、关爱、帮助残疾人的社会氛围尚不浓厚;小区残疾人文化活动设施尚不充足,不能满足广大残疾人日益增长的精神文化生活需求;残疾人文化和技能水平普遍较低,就业竞争力不强,就业层次不高;残疾人社会保障水平还不高,三分之一以上残疾人家庭生活水平还较低,实现在高一层次上安居乐业还有较大差距;现有的康复服务能力还不能满足残疾人的康复需求;残疾人工作网络还存在薄弱环节等。为此,要大力弘扬人道主义思想,宣传现代文明社会的残疾人观,倡导理解、尊重、关心、帮助残疾人的良好社会风尚,营造残疾人事业可持续发展的社会环境,使我省的残疾人事业与经济社会同步发展,促进社会和谐。

第三节　残疾人事业与经济社会同步发展

在落实科学发展观、构建和谐社会的进程中,中国共产党明确提出并强调"使全体人民共享改革发展成果"。从深层意义上看,"使全体人民共享改革发展成果"的提出标志着中国社会政策的取向进入了一个新的阶段。应当肯定的是,改革开放以来的中国在促进社会公正方面取得了许多进步,但是总体情况不容乐观,因为社会弱势群体在很多方面尚未实现改革发展成果的"共享",残疾人群体在"共享"方面还有许多期待。

一、残疾人事业与经济社会同步发展的内涵

残疾人事业与经济社会同步发展,就是让残疾人能够"共享改革发展成果"。所谓"共享",其主体是全体社会成员,但重点和难点是弱势群体的"共享",弱势群体的"共享"是全体社会成员共享的基础和前提。如果不能实现弱势群体的"共享",全体人民的"共享"只能是句空话。但是,在残疾人共享社会发展成果方面存在许多方面的缺憾,从而表明距离现代意义上的公正社会还有不小的差距。基于这种情况,伴随着经济社会发展同步提高,改善社会公正现状,促进残疾人的生存和发展质量既是社会公正这一基本理念的内在要求,也是实现社会成员共享社会发展成果的内在要求。

残疾人事业是文明和崇高的事业,是社会保障事业的重要内容,是社会主义精神文明建设的重要组成部分。我国宪法规定:"中华人民共和国公民在年老、疾病或者丧失劳动能力的情况下,有从国家和社会获得物质帮助的权利,国家发展为公民享受这些权利所需要的社会保险、社会救济和医疗卫生事业";"国家和社会保障残疾军人的生活";"国家和社会帮助安排盲、聋、哑和其他有残疾的公民的劳动、生活和教育。"《中华人民共和国残疾人保障法》又对残疾人权利作出了进一步的规定,其基本精神之一就是强调残疾人作为公民,在政治、经济、文化、社会和家庭生活等方面,享有同其他公民平等的权利。残疾人应享有的权利主要包括政治权利、人身权利、财产权利、受教育权利、劳动权利、医疗康复权利、文化权利、婚姻家庭权利以及获得特别扶助的权利等。这些规定,体现了残疾人事业与经济社会同步发展的内涵,就是残疾人的社会地位、经济地位、政治地位是与经济社会发展相联系的,经济社会的发展促进了残疾人事业的发展;就是政府在做二次分配时,财政对残疾人事业的投入也是逐年提高的,使残疾人事业与经济社会发展相适应,协调发展,缩小差距,残疾人与健全人共同奔小康。

对残疾人给予特别扶助,发展残疾人事业,保障残疾人权利的实现,是政府义不容辞的职责,是社会应尽的责任,也是一项国际事业。现在,肯定残疾人的作用和残疾人事业的意义,理解、尊重和保障残

疾人与发展残疾人事业已经成为事关全球和平与发展的大事。经联合国大会第三十七届会议1982年12月3日第37/52号决议通过的《关于残疾人的世界行动纲领》，其宗旨是促进实现使残疾人"充分参与"社会生活和发展并享有"平等"这一目标，并且指出，无论在什么地方，对产生缺陷的条件进行弥补以及对致残后的种种后果进行处理的最终责任都要由各国政府来承担。

我国的社会主义制度以实现全体人民的富裕幸福为建设的根本目的，更应尊重残疾人的公民权利和人格尊严，保护其不受侵害。同时，对这个特殊而困难的群体还应给予特别扶助，通过发展残疾人事业使他们的权利得到更好的实现，使他们以平等的地位和均等的机会，参与社会生活和国家建设，共享社会物质文化的成果。因此，实现残疾人"平等、参与、共享"目标需要残疾人事业与经济社会同步发展。残疾人保障法规定，各级人民政府应当将残疾人事业纳入国民经济和社会发展计划，经费列入财政预算，统筹规划，加强领导，综合协调，采取措施，使残疾人事业与经济、社会协调发展；政府有关部门要按照各自的职责，做好残疾人工作；全社会应当发扬人道主义精神，理解、尊重、关心、帮助残疾人，支持残疾人事业；机关、团体、企业事业组织和城乡基层组织，应当做好所属范围内的残疾人工作；从事残疾人工作的国家工作人员和其他人员，应当认真履行职责，竭诚为残疾人服务。应该特别指出的是，对残疾人的特别扶助措施，并不妨碍和影响其他社会成员实现自己的权利，因而不应视为对其他人的歧视或不公正，恰恰相反，它体现了社会公正，促进了社会和谐，是社会文明进步的表现。

党的十七大确立了国家在新的发展时期追求公平、正义、共享的核心价值观，明确了走持续、健康、文明的发展道路，而发展残疾人事业则是实现核心价值观的重要内容，是确保全体国民合理共享社会经济发展成果的重要方式。虽然我国残疾人的生存和发展状况自改革开放以来获得了明显改善，但残疾人事业仍然明显滞后于经济社会的发展，现阶段应当全面加快推动残疾人发展事业，进一步改善残疾人平等参与社会生活的物质条件和精神环境，缩小残疾人事业与国民经济和社会发展水平的差距，使残疾人参与机会增多，参与范围扩大,自身素质提高,生活状况改善,使残疾人既能为社会经济发展做出贡献,又能够合理分享社会经济发展成果,促进残疾人事业与经济社会同步发展。

二、残疾人事业与经济社会发展的同步性与不同步性特征

残疾人是社会特殊而困难的群体,无论从弘扬人道主义角度,还是从维护社会稳定出发,残疾人是最急需社会保障和特别扶助的群体。经济发展,社会进步是发展残疾人事业的基础和前提条件,残疾人事业的发展也会促进经济发展、社会稳定和进步。残疾人事业与经济社会发展同步协调进行,体现了辩证统一的关系。当前,我国残疾人事业与经济社会发展的关系呈现同步性与不同步性并存的特征。

1. 残疾人事业与经济社会发展总体上的同步性

残疾人是社会主义大家庭的一员,残疾人事业的发展水平,是社会文明、进步的标志之一。残疾人事业与经济、社会发展息息相关,经济、社会的发展为残疾人事业的发展提供了基础,创造了有利条件;而残疾人事业的进步又反过来映衬和促进了经济社会的全面发展。全面建设小康社会,理所当然地包括了残疾人的小康。但是,残疾人事业的发展不能脱离本地经济社会发展而独立存在。随着经济快速发展,社会全面进步,经济社会逐步朝着现代化的目标迈进,客观上要求残疾人事业也要同步迈向现代化。因此,残疾人事业与经济社会同步发展,从根本上说体现了"现代性"、"先进性"、"示范性"和"社会性"。从社会经济发展的总体态势来看,残疾人事业与经济和社会共同沿着由低向高的方向不断发展,在总体上是同步的,全社会重视残疾人事业,是社会安定团结的重要内容。残疾人事业与经济社会发展相互联系、相互制约、相互促进的内在机制决定了两者发展总体上的同步性,这是历史和现实所证实的一条基本规律。

2. 残疾人事业与经济社会发展一定阶段上的不同步性

20世纪70年代末以来实施的改革开放政策,推动了中国经济连续持续高速增长,中国的残疾人事业也有了长足的发展,残疾人的社

会地位有了明显的提高。但是,相对于社会经济的发展水平而言,残疾人的社会、经济地位仍然偏低,他们在生存和发展中所遇到的困难也远比健全人更多、更严重。由于历史的原因,残疾人事业起点低,基础弱,许多残疾人的处境还相当困难,主要是教育普及率低;就业受到限制;福利水平不高;康复医疗缺乏;社会上仍然不同程度地存在着对残疾人的歧视和偏见;残疾人参与社会生活还存在某些环境障碍;还有很多残疾人的温饱问题有待解决;还有将近三分之二的残疾人依靠亲属供养,给残疾人及其亲属带来沉重的物质负担与精神负担。第二次全国残疾人抽样调查表明,与1987年第一次全国残疾人抽样调查结果相比,残疾人状况得到明显改善,但生存和发展状况与社会平均水平仍然存在不小的差距,尤其是残疾人家庭收入低,贫困问题仍然比较突出。调查数据表明,残疾人的基本需求与已经提供的服务之间存在较大差距。残疾人曾接受过医疗服务、医疗救助、贫困救助、康复训练与服务和辅助器具配备服务的比例不高。从全国的经济社会发展趋势看,残疾人的生活水平与社会总体的生活水平之间的差距在拉大,基尼系数在增大。这些矛盾交叉激化,集中反映在由于历史原因和生产力的制约,残疾人事业仍然相对滞后于经济社会发展总体水平,表现为残疾人事业与经济社会发展的不同步性,即一方面是残疾人的总体生活水平有了提高和改善,但是提高与改善的程度与范围滞后于社会的总体水平;另一方面是在经济社会发展的进程中,残疾人事业的发展滞后于其他社会事业的发展。

3. 残疾人事业与经济社会发展的同步性与不同步性特征将长期存在

残疾人事业是社会主义事业的一部分。残疾人问题作为社会问题,牵涉到各个方面,如就业、教育、医疗、法律、社会保障等;而解决这些问题,又是一个系统的社会工程。在我国现阶段,发展残疾人事业,要立足于我国社会主义初级阶段的基本国情,与经济和社会的发展相适应,既缩小差距又不超越现实;要贯彻"讲求实效,打好基础"的方针,既立足当前,优先解决残疾人迫切需要而又有可能满足的基本需求,又着眼长远,抓好关系残疾人根本利益和残疾人事业持续健康发展的战略性工作；要发挥政府主导作用，动员社会力量广泛参与；要激励残疾人的参与意识与自强精神，充分重视和发挥残疾人在残疾人事业发展中的作用。因此，残疾人事业与经济和社会发展总体上的同步性，是发展趋势的主导方面，是长期起作用的。残疾人事业与经济和社会发展阶段上的不同步性是发展趋势的次要方面，是一种暂时的现象。正是由于这些内在原因，残疾人事业与经济社会发展的同步性与不同步性特征将长期存在，并有极强的互动性质。

鉴于残疾人事业改善与发展的进程是随经济发展和社会进步而逐渐推进的进程，因此有必要设定具有客观性、科学性、阶段性的残疾人事业与经济社会同步发展的目标，这样的目标必须是与社会经济发展的趋势基本同步的，必须是能缩小残疾人与健全人在生存态势与发展空间差距的，必须是在现实的经济社会条件下经过努力能够实现的。也就是说，残疾人事业与经济社会的同步发展，并不是绝对的同步，而是相对的同步；也不是绝对的不同步，而是相对的不同步。

第四节 残疾人社会政策的制定与完善

中国是人口大国，也是残疾人口大国。根据中国2006年第二次全国残疾人抽样调查数据推算，中国现有各类残疾人总数为8296万人，约占全国总人口数量的6.34%，平均每4—5个家庭中，就有1名残疾人。因此，有效保障残疾人的基本生活和特殊需求，不断改善残疾人的生活、教育、就业状况，使其与其他人群一样共享经济增长和社会发展的成果，既是中国社会政策体系建设的应有之义，也是市场经济和现代化的客观要求。

为使残疾人事业与经济社会同步发展，在科学发展观的指导下，紧紧围绕残疾人事业和经济社会同步发展的总体目标，制定与完善残疾人社会政策，力争使残疾人平等参与社会生活的物质条件、生存环境和残疾人的生活、就业状况得到进一步改善，使残疾人"平等、参与、共享"目标在经济、政治、文化等各个领域得到充分体现，就要加大残疾人事业宣传的力度，使全社会形成这样的共识：残疾人事业是全面建设小康社会、推进我国提前基本实现现代化的一部分;要有切实可行的保障措施,建立和完善残疾人事业的工作机制,即政府、社会、残疾人组织密切配合,协调运转的机制;要加强和完善各级残联的组织建设、基础设施建设、队伍建设,壮大自身力量,增强工作手段,提高办事效率;在社会中,要广泛开展志愿者助残系列活动,加强助残志愿者服务队伍建设,使志愿者助残服务制度化、规范化,使扶残助残成为全民自觉、自愿的统一行动,使全社会形成扶残助残的良好氛围。

一、中国的残疾人社会政策

中国的社会政策体系是在特定的历史条件下形成和发展的,经历了从传统到现代、从适应计划经济体制到适应市场经济体制、从平均主义到发展主义的转变。相应的,残疾人社会政策作为整个社会政策体系的子系统,亦经历了从与其他人群无差别的平均主义低水平保障到向残疾人倾斜的适度普惠福利转变。

中华人民共和国成立至改革开放初期的近三十五年间,中国政府在人口、教育、就业、收入分配、社会保障等方面制定和实施了一系列的社会政策。在残疾人政策方面,把残疾人的社会救济放在较为突出的位置,并先后制定了一系列法律、法规和政策对残疾人群体的救济给予确认和保障。《中华人民共和国宪法》《救济失业工人暂行办法》《国务院关于安置老弱病残干部的暂行办法》《刑法》《刑事诉讼法》《民法》《民事诉讼法》《义务教育法》《婚姻法》等大约40部法律法规都含有残疾人权益保障的内容。

1984年11月,民政部"全国城市社会福利事业单位改革整顿工作经验交流会"提出了社会福利事业的三个转变发展战略和改革方向,即向国家、集体、个人一起办的体制转变,由救济型向福利型转变,由供养型向供养康复型转变,由封闭型向开放型转变。从20世纪80年代中期开始,中国残疾人事业的制度化、规范化和社会化发展有了显著的推进,残疾人事业开始逐步系统地纳入国家经济社会发展规划,一系列有关残疾人的法律、法规和措施相继发布。1991年以后,国务院制定并实施了失业保险条例、农村五保供养工作条例、城镇最低生活保障条例,通过了残疾人保障法、残疾人教育条例、妇女权益保障法、老年人权益保障法、公益事业捐赠法、城市最低生活保障条例等法律法规。

2005年11月,民政部发布《关于支持社会力量兴办社会福利机构的意见》,提出推进社会福利社会化,动员社会力量多渠道、多层次参与福利事业、兴办福利机构,开展形式多样的系列化服务。2007年最低生活保障制度从城市全面推广到农村,打破了长期以来社会保障制度"重城轻乡"、社会保险只在城镇内部覆盖的不平等格局。2008年4月,党中央、国务院印发《关于促进残疾人事业发展的意见》,提出加快推进残疾人社会保障体系和服务体系建设。2010年3月10日《国务院办公厅转发中国残联等部门和单位〈关于加快推进残疾人社会保障体系和服务体系建设指导意见〉的通知》,对残疾人社会保障与服务体系做了部署,我国残疾人社会保障和公共服务事业的发展进入一个全新的阶段。

总结中华人民共和国成立以来的残疾人社会政策,可以看出具有以下重点:

一是发展社会福利事业,提升残疾人保障水平。通过举办城市社会福利机构和农村五保供养机构,对无法定抚养人、无劳动能力、无生活来源的老年人、残疾人和未成年人实行集中供养。在加强机构建设的同时,民政部门注重针对残疾人的特点,加强福利机构和福利工作中医疗康复功能的建设,努力提高残疾人的康复水平。

二是完善社会救助机制,努力保障贫困残疾人的基本生活。建立城乡最低生活保障制度。在城乡实施最低社会保障工作中,积极推行分类救助,对存在特殊困难的残疾人按残疾程度不同,分别享受待遇不同的重点保障,使其救助水平与一般的低保对象有所区别,并及时将符合救助条件的残疾人纳入大病救治范围,对残疾人困难家庭实施一系列特殊优待,极大减轻了贫困残疾人家庭的负担。

三是推动社会福利企业发展,促进残疾人集中就业。社会福利企业是为安置有一定劳动能力的残疾人劳动就业而兴办的,具有社会福利性质的特殊企业,是残疾人集中就业的主要方式和有效载体。

二、中国残疾人社会政策的反思

1. 中国残疾人社会政策具有非规范性、非持续性和城乡二元分割的特征

在城市,政府建立了对无依无靠、无劳动能力、无正常生活来源的孤寡老人、孤残儿童、精神病人和残疾人的"三无"人员社会救助。在农村,政府建立了对缺乏或完全丧失劳动能力、生活无依靠的老、弱、孤、寡、残社员保吃、保穿、保烧和对年幼的保教、年老的死后保葬的农村五保供养制度。但在有关残疾人社会政策的目标偏好方面,表现出强烈的重城市轻农村、重国营轻集体、重中央轻地方、重大单位轻小单位的倾向和做法。① 计划经济体制下形成的、以城乡二元结构和户籍身份为基础的传统社会政策模式具有强大的惯性,并与改革未彻底的行政体制相互强化,使得新型适度普惠社会福利仍具城乡二元化的路径依赖特征。即使是在同一城市,因户籍身份不同残疾人享受的社会福利待遇也不同,甚至差距极大。比如,作为社会救助核心内容的最低生活保障与医疗救助,残疾人是其主要的、优先的救助对象,但农业户口与城市非农口相比,农业户口的残疾人福利种类更少、覆盖面更窄、投入力度更小、服务水平更低。2010 年,城市和农村的低保人数分别是 2311.1 万人、5228.4 万人,后者约是前者的 2.26 倍,但资金只及前者的 85%,人均每月低保金不到前者的一半;在医疗救助方面,城市与农村的人数分别为 373.6 万人次和 813.8 万人次,后者是前者的 2.18 倍,而人均救助金额农村比城市少了近 150 元。总之,残疾人社会政策的城乡二元化是当前中国社会的基本现实,现有政策设计仍可见城乡二元化路径依赖的影响,未能有效遏止城乡差距和社会不平等扩大的趋势,给未来统筹城乡发展带来负面影响。②

---

① 姜晓星:《论我国社会政策的传统模式及其转变》,《社会学研究》1992 年第 1 期。
② 吴军民:《中国残疾人社会政策演进:经验、问题及下一步行动》,《改革与发展》2011 年第 2 期。

2. 中国残疾人社会政策兼具保护性与边缘性的双重特点

考察中国残疾人事业发展史,就会发现中国残疾人社会政策的双重性特点:一方面,从仁政出发,政府对残疾人的社会保护承担了较多责任;但是另一方面,中国历代强调家庭责任,强调残疾人个体责任,这又必然导致残疾人社会保护政策的边缘性。① 从政府承担残疾人保护的角度看,一方面,自中华人民共和国成立至20世纪80年代,政府建立了敬老院、养老院、儿童福利院、精神病院、麻风村等各种形式的居养机构,甚至福利企业也成为残疾人居养的一种形式。居养服务的建设成就主要表现为改造了一大批旧的教养机构,各地正式建立社会福利服务机构,收养无依无靠、无劳动能力、无正常生活来源的孤寡老人、孤残儿童、精神病人、残疾人,对于缺乏劳动力或者完全丧失劳动力,生活没有依靠的老、弱、孤、寡、残疾者实行"五保"制度,建立病患居养制度等。但是,除了被纳入政府居养制度内的少数残疾人之外,绝大多数残疾人依然生活在家庭中,依靠家庭其他成员的扶持与供养,而这些有残疾人的家庭很少得到正式的社会支持,多数处于因残致贫困的处境。"居养政策的出发点是:残疾人是社会的失败者,本着人道主义和怜悯精神,需要政府和社会对残疾人加以施舍和收养,因而带有典型的'慈善'特征"。② 另一方面,国家对贫困残疾人的生活救济也多以临时性救济为主,救济水平低,救济对象少,政府介入程度低,介入行为也较为随意、不固定,缺乏良好的统筹规划,缺乏成体系的长远融入规划;而且也没有从法律上保障残疾人的社会权利和经济权利,多是从人道主义的角度对残疾人实施一定程度的保障。

3. 中国残疾人社会政策以残疾人权利的强调为取向,保障残疾人社会参与程度权利却相对不足

基于平等参与的残疾人社会政策强调权利,强调平等的/公民资格,强调其他社会成员的责任和义务,强调国家和政府在促进残疾人

---

① 杨立雄:《从"居养"到"参与":中国残疾人社会保护政策的演变》,《社会保障研究》2009年第4期。
② 同上。

的福利与权利保障中的作用,更强调残疾人对社会所尽的义务和回报,强调人们在尊重残疾人权利的同时,肯定他们的能力,消除对他们的歧视与偏见,这些强调无疑是重要的。但是,仅强调权利是不够的,残疾人更需要参与。例如,就业是残疾人融入社会的最重要方式,我国以残疾人为对象的社会福利生产起源于建国初期城市贫民的"以工代赈",目的在于解决残疾人问题。虽然政府并没有明确福利生产单位的性质,但从其管理主体(社会部门而非经济部门)看,政府并没有真正把它看成是"企业",而是当成"收养"单位。政府通过保护性政策,不但对残疾人就业进行保护,而且对其"养护"场所加以保护,使其等同于一般收养机构。在计划经济时代,这种定位固然使福利企业能在国家的保护下得到维持和一定的发展。但是,从社会回归的视角看,在养护机构或福利企业中的残疾人长期生活在半封闭的环境中,交往范围有限,交流对象有限,适应社会能力下降,在一定程度上造成了残疾人的"社会退却"与社会的隔阂,①不利于他们的社会参与。而且,居养政策在向残疾人提供帮助时常常没有考虑到他们自身的意愿,康复过程中缺乏残疾人的积极参与,使残疾人处于被动接受救济、照顾的状态。基于这种观念之上的社会政策更强调"残疾人"的特殊性而非作为"人"的一般性,强调对残疾人的特殊保护而非平等参与,因而,残疾人社会政策起到了一种"标签"作用,将残疾人与"正常人"区分开来。②

三、残疾人社会政策与人道主义

残疾人是社会成员的一部分。残疾人致残的原因既可能是先天性的,也可能是后天性的。但无论因何种原因致残,残疾人都是社会发展和人类文明的承受者,也为社会发展和文明进步作出了贡献和牺牲,因此,理解、关心、帮助残疾人,构建与社会经济发展相协调的残疾人安全网不但是一种道德的要求,一种社会文明的表现,也是中

---

① 杨立雄:《从"居养"到"参与":中国残疾人社会保护政策的演变》,《社会保障研究》2009年第4期。

② 同上。

国共产党的根本宗旨和社会主义国家制度的应有之义。

尽管残疾人致残的原因各有不同,但无论是先天致残还是后天致残,都有一定的社会原因。对于先天性残疾来说,可能是残疾人的父母缺乏某些知识或者遇到不可抗拒的事件而造成的;至于后天残疾,则与社会条件的缺陷或社会的不发展有关。这就意味着,是社会原因或者由社会因素的参与造成而使一部分社会成员成为了残疾人。但是,人们必须看到,正是残疾人以其残疾为人类文明和社会进步付出了代价,从而换来了更多人的躯体和心智健全,换来了人类文明、社会进步。"没有先天弱智、先天畸形,人类就不懂得优生和近亲何以不能婚配;没有脊髓灰质炎病毒后遗症,就没有预防这种病毒的'糖丸';没有药物致盲致聋,就没有那么详细的药物应用和管理制度;没有工业交通事故引起死亡和肢体残疾,就没有交通安全规则、安全作业规程和科学救护方法。残疾人是在人类繁衍过程中、社会发展过程中不可避免要付出的代价"①。因此,社会必须构建与社会经济发展相协调的残疾人安全网,而不能让残疾人单方面地承担这种代价。总之,"残疾人事业是社会主义事业的一部分。残疾人是社会主义大家庭的一员,残疾人事业的发展水平,是社会文明、进步的标志。全社会重视残疾人事业,是社会安定团结的重要内容。各级党委、政府、社会各界都要对残疾人事业给予更多的关注和支持。残疾人问题也是一个人权问题"②。

《中华人民共和国残疾人保障法》规定:残疾人在政治、经济、文化、社会和家庭等方面享有同其他公民平等的权利;残疾人的公民权利和人格尊严受法律保护。这个简洁的界定包含着丰富的内容,其中最重要的一点,就是强调了残疾人尽管在心理、生理等方面不幸地有着这样那样的缺陷,但是在依法享有政治、经济等方面的公民权利的问题上,决不允许存在任何形式的"缺陷"。党的十七大报告明确提出"发扬人道主义,发展残疾人事业",这是首次在党的代表大会上

---

① 邓朴方:《"残疾人工作概论"序言》,转引自奚从清、沈赓方主编:《残疾人工作概论》,杭州大学出版社1990年版,第2页。
② 《人民日报》1991年5月11日。

把残疾人事业作为人道主义事业,把人道主义作为残疾人事业的旗帜提出,以推动残疾人事业发展,保障和维护残疾人合法权益。

人道主义是我们社会的基础思想之一。对于人道主义的理解,从广义上说,泛指关怀人和尊重人的各种思想和主张。人道主义是人类自尊自爱的表现,它主张爱人如己,推崇人与人之间的相互关爱、相互救助,反对人与人之间的冷漠、歧视、厌弃和排斥,更不容忍人对人的欺负和侵犯,所以人道主义精神既是弱者保护自己的合理诉求,也是强者人格美的体现。人道主义是人类思想的精华,它使人与人之间能够相互关爱、平等互助,使人与人之间的相互冷漠、厌弃和排斥,甚至欺负和侵犯的现象备受社会谴责。人道主义与残疾人事业、与残疾人的权益保障和维护,是历史的辩证的统一。人道主义是残疾人事业发展的思想基础、理论基础和实践基础,是残疾人事业发展与残疾人权益保障和维护得到提高和加强的前提条件。

中国已经加入17个国际人权公约,签署了《经济、社会与文化权利国际公约》与《公民权利及政治权利国际公约》。党的十五大报告也提出要"尊重和保障人权"。现代社会之所以要赋予和保护人权,主要是由于公民个人的生存和发展面临着政府滥用权力(包括经济行政权)的威胁。因此,经济行政机关在行使行政权时,必须顾及、尊重公民的人权与基本自由,既包括民事权利和政治权利,也包括经济、社会、文化权利,还包括生存权和发展权等。即使行政权的行使符合法定原则,也不能侵犯人权和基本自由。因此,人权与基本自由也是经济行政行为的最低道德基线。经济行政行为只有同时符合法定原则和人权尊重原则才既合法、又正当。例如,社会安全网的构建是面向全体公民的,社会安全网不仅要保障城市居民的权利,也要保障农村居民的权利,其中残疾人的权利尤其需要予以特别的保障。我国已经加入了《公民权利及政治权利国际公约》,其第9条规定:"除非依照法律所规定的根据和程序,任何人不得被剥夺自由。"因此,企业、学校、政府、团体如果以残疾人有身体缺陷为由,对残疾人的就业、教育、社会活动的权利加以限制或设置有别于常态的附加条件的话,就有可能构成对公民权利特别是残疾人权利的一种约束。因此要使我国人权保障有一个较大的进展,必须重视残疾人社会安全网的建立和完善。从人权事业发展的角度看,这是一个必须解决好的问题。

以人道主义为理念,制定与完善残疾人社会政策,就要加强对残疾人就业的支持和保护政策。就要保障残疾人的生存权、健康权、生活质量权、平等权和参与权、共享权等权利的实现;政府的责任不是代替残疾人的努力,而是帮助残疾人获得发展的能力。

残疾人这一群体的特殊身份决定了其在劳动力市场上必然受到不同程度的不平等待遇,属于就业弱势群体。因此,加强对残疾人的就业支持具有重要意义。要加强残疾人就业的法律保护,以相关法律、法规来保障残疾人按比例就业的实现;开展多种形式的就业,采取多种政策和措施推动残疾人就业的发展,充分发挥残疾人劳动潜能;积极组织残疾人职工参加各种形式的就业培训,应更加注重按照残疾人不同层次的需求开展具体的培训,并将职业培训与就业相结合,为他们就业创造条件,使残疾人逐步由"依赖福利"走向"工作福利"。目前,社会存在着保护残疾人就业政策与劳动力市场供大于求的矛盾。城镇失业人员、涌入城镇的农村劳动力、因扩招而产生的庞大的大学毕业生,都使我国整体上处于一个劳动力就业压力较大的时期,残疾人的就业遇到的困难与阻力是非常巨大的,国家出台的残疾人保护政策在各种阻力下呈现效应递减的趋势。例如,用人单位追求效率、效应的利益原则与国家按比例安排残疾人就业的政策是相抵触的,企业更多地认为,帮助残疾人士国家和社会的事,要企业承担社会责任,这是与企业按市场规律的用人机制相违背的,于是企业往往自发地会采取各种规避措施,为保护自身利益逃避社会责任。对此,国家在强调残疾人权利的同时,应利用现有政策杠杆撬动企业单位招收残疾人就业的积极性,如对于一线生产的职工中残疾人比例达到一定标准的企业,给予享受企业所得税、增值税退税的优惠政策。在当前残疾人问题还没有得到根本缓解的情况下,以牺牲地方的税收来换取对残疾人的就业机会,是一种长远的符合残疾人利益和广大人民根本利益的选择。

以人道主义为理念,制定与完善残疾人社会政策,就要以人力资本建设为核心,重视对残疾人的教育和职业培训。发展型社会政策的核心是将社会政策看成是一种社会投资行为,其基本依据是,社会政策对提高劳动者的素质有直接的作用,并关系到国家的可持续发展。因此,发展型社会政策特别注重对人力资本的投资。为此,为了保障残疾人的权利,实现残疾人福利的提升,社会政策就应更加重视残疾人自身素质的提升和人力资源的开发,更加注重发展残疾人教育事业。教育可以说是解决残疾人问题的根本途径,然而现阶段,我国残疾人的教育状况却不容乐观,残疾人所遭到的教育排斥现象十分严重。总体来说,残疾儿童入学率低,残疾人特殊学校过少,残疾人职业技术教育不充分,远远无法满足残疾人的教育需求。制约我国目前残疾人教育事业的主要瓶颈是资金的严重短缺,因此,国家应该在现有的基础上投入更多的经费,使得残疾人教育得到充分的保障,同时,建立一个有效的激励机制,多层次、多渠道引入社会资本,将社会民间资本注入残疾人教育事业中。

四、残疾人社会安全网

构建残疾人的社会安全网是我国改革和发展必须解决的一个问题,也是向弱势群体提供支持和保护的重要举措。所谓残疾人社会安全网,简而言之即国家通过实施社会保障实现残疾人劳动资源的合理配置,缩短残疾人与社会之间的贫富差距,促进社会公平;通过实施社会保障,保证残疾人的最低生活需求,消除残疾人的不安全感,使残疾人能享有充分的权利、尊严和人权,进而实现社会的稳定发展。

构建残疾人社会安全网,体现了对残疾人权利的重视,体现了公民正当权益高于一切利益的原则。换言之,在一个国家里,不分居住地域、不分职业身份、不分性别年龄、不分民族国籍,只要是这个国家的公民,他们就应享有公民的权利,就不应受到权利的限制或歧视,就是正当权益的载体。人权的主体不仅指个人,也包括一些特殊社会群体,残疾人即是其中一个重要的需要特别保障的弱势群体;他们的权利更应得到尊重,更应被置于社会安全网的保护之下。

构建残疾人社会安全网,也体现了人权和福利之间彼此依存、相互促进的关系。近年来,国际社会从理论和宪法上对人权问题的深入探讨,使得包括社会保障权在内的福利权利具有了与政治权利同等重要的地位。从世界范围来看,现代意义上的社会保障是现代国家为解除或者预防贫困以及某些经济和社会灾害对社会成员造成的威胁、维护人格尊严,通过立法和一系列公共措施,为社会成员基本生活的安全提供保护。在这里,残疾人享有的福利权是基本人权的重要内容,这种权利来自人类在社会化大生产和市场经济条件下维护自身生存和人格尊严的正当性。在现代社会中,建立于日益复杂的社会分工基础上的大规模市场经济带来的失业、破产、伤残、意外事故等生存风险有可能降临到任何人身上,而大多数社会成员对此却缺乏准备,在突发事件到来时并不可能为自己提供必要的保障,而陷入贫困的家庭也无力应对残疾的家庭成员的保障需要。因此,借助政府和社会的力量来构建残疾人安全网,以保证人的生命的延续和再生产,保证残疾人作为社会成员和劳动者的机能得以健康延续,便成为市场经济正常运行的必要条件和社会稳定发展的必然要求。

残疾人社会安全网的构建是一个长期和艰巨的工作。与发达国家大多数残疾人所享有的社会保障相比,我国残疾人的安全保障还处于初级阶段,相当一部分残疾人还远没有进入这一社会安全网,从而要求我们加强残疾人安全网的建设和完善,让8000万残疾人能在同一蓝天下享有公平的社会呵护,这将是保证社会健康稳定发展的必由之路,也是中国人权事业发展的最大成就。残疾人社会安全网的主体结构是一个由国家支持子系统、社会支持子系统和个体支持子系统组成的结构系统。

1. 政府支持系统

政府对残疾人群体的支持起着主导性的作用,这种作用表现在四个方面:制定法律和政策为残疾人的权益提供保障,制定残疾人工作方针和规划,对国家的残疾人事业进行宏观协调和监督;对残疾人实施特殊的保护和救助;通过政府各职能部门管理残疾人的救济、康复、教育、就业、文化体育事宜;承担必要的拨款和财政支持,让残疾人公平地享受社会经济发展的效益和福利成果。

首先,残疾人的安全网构建需要法制的保障。残疾人事业,是国家的一项特殊的事业,这项事业的发展,需要一套带有国家强制力的专门法律、法规来保障残疾人的权益,并给予尽可能多的照顾,帮助残疾人适应社会,分享社会经济发展的成果。中国的《教育法》和国务院颁布的《残疾人教育条例》都明确了残疾人享有受教育的权利、特殊教育的权利。1990年施行的《中华人民共和国残疾人保障法》,全面规范了残疾人福利事业。在贯彻落实上述政策与法规过程中,又产生了许多地方性法规和地方政府规章。这些政策法规的相继制定,为改善和提高残疾人福利提供了法律和政策保障。但是,残疾人事业法制建设的现状远不能满足残疾人事业发展的需要,也与国家社会经济发展不协调。如执法部门对社会上常见的侵害残疾人合法权益的违法行为,还难以作出准确的量刑和处罚,存在无法可依或有法难依的情况;为残疾人提供社会服务的社会专门机构中没有设置相应的法制机构,因此,残疾人问题的立法、执法检查和残疾人问题的法律服务等各项工作,没有专门机构和专门人员处理;整个社会对依法保护残疾人合法权益方面的法律意识和法制观念比较淡薄,歧视、打击、侮辱残疾人的违法行为仍时有发生。这些问题需要国家进一步加强残疾人权益保障法制的建设。

其次,残疾人的安全网构建需要社会政策的保障。国家要通过多种渠道向残疾人提供救助和补助,保障残疾人的基本生活和福利。对于无劳动能力、无法定扶养人、无生活来源的残疾人,按照规定给予供养、救助。如面对残疾人就业难的形势,浙江省政府出台了一系列优惠和扶助政策,规定各级人民政府和有关部门应当采取措施,拓宽残疾人劳动就业渠道,使更多的有劳动能力的残疾人就业,明确"机关、团体、企事业单位,城乡集体经济组织应当按本单位在职职工总数的1.5%的比例安排残疾人就业"。超过该比例的,予以适当奖励;未达到此比例的,应当按其差额人数缴纳残疾人就业保障金。为做好盲、聋哑等中专毕业生的就业工作,省教育厅、省人事厅等部门要求各地各单位给予特别照顾,优先录用,省和各地残联则着重在培训和服务上下大力气。这些政策和措施进一步规范了残疾人劳动就业工作,维护了残疾人的合法权益。

2. 社会支持系统

残疾人安全网还指残疾人在遇到困难时可以依赖的社会支持网络。"社会支持是一定社会网络运用一定的物质和精神手段对社会弱者进行无偿帮助的一种社会行为"①。在目前已有的社会学文献中,对社会支持的理解大致可以分为两类:一是客观的支持,包括物质上的直接援助和社会网络、团体关系的存在和参与,是人们赖以满足他们社会、生理和心理需求的家庭、朋友和社会机构的汇总;二是主观的支持,即个体所体验到的情感上的支持,也就是个体在社会上受尊重、被支持、被理解因而产生的情感体验和满意程度。社会支持系统曾长期、有效地发挥了帮助残疾人从困境中解脱出来的作用。家庭、第三部门、社区、人际关系网等都是残疾人社会支持系统中的重要组成部分。实际上,残疾人都生活在社会网络之中。

家庭是残疾人生息的最基本环境,是最重要、最直接、最经常的支持实体,家庭向残疾人提供了几乎全部的情感性支持、自尊支持、物质支持、抚养支持、照料支持;所以,加强残疾人特别是帮助成年残疾人建立家庭,对于残疾人安全网的构建具有极其重大的意义。

随着政府职能的转变和单位功能的淡出,企业、社区以及介于政府、企业之外的社会中介服务机构、民间非营利组织成为残疾人社会生活的重要空间,也成为残疾人安全网的主要聚集点,为联系残疾人、对残疾人提供社会支持发挥了重要的纽带作用。在扶贫助残中,浙江省残联和地方残联着重在培训和服务上下大力气。2001年,以省残疾人职业技术学校和各级残联培训中心为主要阵地,广泛联合社会各类培训机构,使1.5万多名残疾人接受了计算机、财会、烹饪、家电维修等实用技术培训,掌握一技之长,走上自食其力的道路。对自谋职业的残疾人,当地残联给予一定数额的无偿扶持。各类志愿组织、民间团体还在社会上开展志愿活动,发动社会重视残疾人事业,在维护残疾人权益和为残疾人事业提供支持的结构系统中发挥了越来越重要的作用。

---

① 陈成文:《社会弱者论》,时事出版社2000年版,第157—158页。

3. 个体支持系统

如何认识与对待残疾人问题,是衡量社会文明进步程度的重要标准之一。从对残疾人的服务理念角度看,保障他们的社会权利,向他们提供治疗、康复条件,维持社会认可的基本生活标准,保持他们做人的尊严,这是向残疾人提供福利服务和社会保障服务的主要理念。但是,目前社会上还不同程度地存在着对弱势群体的歧视和偏见,侵害其权益的现象仍时有发生,残疾人在实现基本权利方面,仍面临许多亟待解决的问题,需要从法律、经济、行政等方面进一步采取措施。一方面,社会要为残疾人权利的实现创造良好的社会条件,把保护和扶助残疾人的机制制度化,改变人们对残疾人的不正确观念,促进良好社会风尚的形成。另一方面,残疾人中的困难者也应该摆脱单纯"等、靠、要"的观念,增强自我保护、自我尊重、自我提高的意识和能力。任何一个处于劣势地位的人,若一味沉浸于自己的特殊境地而不能自拔,其有所建树的可能性是很小的。

提高残疾人的教育程度和文化素养,增强残疾人社会参与的能力,是解决残疾人问题的根本途径。只有在学习过程中,残疾人可以获取处理问题和压力的知识、技能和能力,获取在更大程度上控制自己生活的能力、抓住社会和政治事实的能力,以及获取有助于共同目标实现的资源和策略。我国残疾人现阶段的教育状况不容乐观,残疾人所遭到的教育排斥现象依然严重,远远无法满足残疾人的教育需求。人的能力是以人的生理、心理等自然属性为基础,通过社会实践活动形成和发展起来的。能力是多方面的综合范畴,可以说人类有多少种活动就有多少种能力。判断残疾人的能力,应着眼于他能干什么,而不是不能干什么,这是认识残疾人能力所应有的态度。虽然残疾使残疾人某些方面的功能受到损害和限制,但通过发挥其他感觉和思维器官的作用,刺激并调动人体自身的代偿功能,扬长避短,仍可以使被损害和限制的能力得到最大限度的弥补,以适合自己的方式认知世界,参与社会,创造财富,达到与健全人同等的程度和水平。因此,一方面国家应该在现有的基础上投入更多的经费,使得残疾人教育得到充分的保障;另一方面残疾人应努力学习,提高个体对环境的适应能力,正确对待面临的困难和相关的社会问题,增强个体对挫折的承受能力,平等参与社会。

加强残疾人的自我维权意识,建立以初级社会关系和人生价值取向为基础的个体支持子系统,是建构残疾人安全网所不可忽视的环节。残疾人确实急需经济救助以摆脱困境,社会各界固然要对他们多一些理解、引导和帮助,但单纯的经济物质救济并不能彻底解决他们的困难。事实证明,在以政府和市场为主体的社会保障体系的覆盖面和社会保障的覆盖能力都难以满足日益扩大的社会弱势群体需求的情况下,社会在通过社会保障体系为残疾人"输血"的同时,必须兼顾更深层面的使需要保护的个体产生"造血"的机制,树立起自立自强意识和竞争意识,才能真正地持久地实现对残疾人的社会保护。许多调查研究发现,人格因素与社会支持,以及困境的改善趋势密切相关:那些人格较为健全,积极乐观、主动热情、情绪稳定、理智冷静、关心友好、喜好人际交流的社会弱者更容易获得社会支持,主观幸福感得分远高于那些孤独、退避、冷漠、焦虑、情绪起起伏伏、人际关系不融洽的社会弱者。前者的社会支持利用度明显高于后者,而且更多的是利用功能性的社会支持,由此产生的效益更直接、更具有实质意义,其困难状况改善的预期也远比后者乐观和迅捷。因而,提高残疾人的心理健康水平、塑造其健全人格应当是残疾人安全网构建工作中的一项最根本的长期任务,贯穿于残疾人安全网络构建工程的始终。只有增强残疾人的自尊、自强、自信和自立观念,并发展和培养他们适应社会、利用现代社会的信息与资源以及生活和生产的操作功能,残疾人才能摆脱弱势,才能积极参与社会竞争,平等分享社会资源及社会改革成果。

第六章 "国家、家庭、个人"关系与家庭政策

联合国早在1948年便于《世界人权宣言》中强调,"家庭是社会组成的最基本和最自然的单元,各国政府都要保护家庭";2004年,联合国在"国际家庭年"十周年之际提出"健康稳定的家庭架构是人类福祉的基础",并呼吁"各国政府应把帮助解决家庭问题和让家庭发挥作用纳入国家发展大纲";2008年,联合国在第59/111决议中决定于2014年举办"国际家庭年"二十周年活动,借此机会"进一步推进各国家庭政策的制定"。

中国是世界家庭户数最多的国家。家庭不仅成为人们整个生命周期的重要依托,也是国家经济、社会、文化持续发展的重要基础。家庭是社会融合、保留和传递价值观的首要场所,为家庭成员尤其是婴幼儿和儿童提供所需要的情感、经济和物质方面的支持,向年老体弱和残疾人提供关怀和帮助。因此,无论是残疾人社会政策、老年社会政策,还是向其他弱势群体提供社会支持的相关社会政策,都无一不与家庭政策相关联。随着中国社会转型的深化,中国家庭的模式及稳定性都发生了很大变化,家庭功能与承担传统责任的能力受到不同程度的挑战。这些变动对于中国社会的稳定以及维系社会正常运作的各项社会政策带来巨大冲击,由此将中国家庭政策的完善与改革提上议程。

第一节　家庭政策是社会政策的重要方面

一般而言,家庭政策主要是指政府用于稳定家庭和承担家庭功能而针对家庭所推行的社会政策。不少西方国家在19世纪末就已出现了直接对家庭进行资源和行为调节的现代意义上的家庭政策。出于对人口规模和结构变动的担忧,当时的家庭政策研究大多与人口政策相关联。第二次世界大战之后,工业化和城市化逐渐使家庭失去传统的社会保障功能,福利国家的社会政策开始注重弥补家庭功能的不足,这使西方的家庭福利在20世纪40—60年代经历了一个迅速扩大的时期,家庭政策研究也随之于开始兴起,并脱离人口政策研究的路径。进入20世纪70年代末期,在经济衰退、老龄化加剧和传统家庭模式进一步萎缩的背景下,一些西方国家的福利制度在经济和政治上陷入困境,对家庭福利进行改革的研究大量涌现,家庭政策改革开始在强调家庭责任的同时,从战略的角度给予家庭以发展型福利支持,提出了"发展型社会政策"或"积极福利"的新模式,将家庭政策从救济型政策转向开发家庭功能、为家庭提供支持的发展型政策,包括减免税收、发放家庭津贴、教育补贴、休假制度、提供家庭服务等内容。其核心思想是强调经济政策和社会政策的融合,公民权利和义务的统一:经济发展必须是包容、协调和可持续的发展,要让所有的社会成员都能够分享到经济发展所带来的成果。从西方福利国家的社会政策发展过程中可以看到,由于家庭是最基本的社会单元,它不仅是各种社会政策最终发生作用的地方,也是社会政策促进社会整体功能有效发挥的焦点,因而理当成为社会政策中最基本的政策客体或福利对象之一。只有强调家庭作为福利对象的整体性,才能真正支持和强化家庭在福利供给中的功能与责任,激活家庭的潜力并延续重视家庭的优秀传统。① 对家庭功能和责任的理解一直是影响社会政策发展和变化的一个最重要的因素,而政策的演变过程事实上经历了一个对政府——家庭责任界限不断重新界定

---

① 胡湛、彭希哲:《家庭变迁背景下的中国家庭政策》,《人口研究》2012年第2期。

的过程。从这个意义上说,家庭政策是社会政策的重要方面。

家庭政策的含义有广义和狭义之分。广义的家庭政策即所谓的显性的和隐性的家庭政策,前者指具有直接而明确的家庭目标,并以家庭为对象的政策,包括对婚姻行为、生育行为、家庭关系、儿童保护等直接施加影响的法规,为对象家庭(如多子女家庭)或家庭中成员(如孕产期夫妇、儿童、老人)提供的收入支持和公共服务等;后者指没有明确的家庭目标但对家庭会有影响的政策,这种意义的政策很多,大凡社会政策甚至经济政策都会对家庭有或多或少的影响。狭义的家庭政策概念,一般限于具有明确的家庭目标,且限于由家庭法、家庭福利事业所确定的直接以家庭为对象的政策。也有学者提出另一种思路来界定家庭政策,认为家庭政策针对的是家庭中的个人或者说是承担家庭角色的个人,政策目标关注的是家庭福利和个人从家庭获得的福利,按此标准可以把家庭政策从针对一般化个人的众多社会政策中遴选出来,比如社会保险政策针对的是一般劳动者的福利,如果不是专门针对劳动者的家庭角色制定的措施就不属于家庭政策范畴。

如果仅从政策涉及的范围看,家庭政策和社会政策并无二致,差别只在于前者把重点放在家庭和个人的家庭角色上。① 家庭政策通常被理解为国家为了促进家庭的民主化、保障个人的权利而被推行的制度。但事实上,家庭政策的功能可以是多方面的,国家可以通过家庭政策,对家庭变迁实施促进或控制,并通过家庭政策的改变,对由家庭变迁导致的家庭问题作出对应。就具体功能而言,国家通过家庭政策,强制性地对家庭的某些制度实施改革与重建,既可能是废除传统的家庭制度、推行民主的家庭意识形态,促进家庭的"现代化",也可能是强化传统的家庭制度,阻止家庭的现代化、家庭的解体倾向,促使传统家庭制度的复活。

家庭政策还是国家调整"国家—家庭"关系以及"国家—个人"关系的一个重要手段。在价值层面,家庭政策既可能是以个人主义为主旨的,也可能是以家庭主义为主旨的,同时还可能是以国家主义

---

① 陈卫民:《我国家庭政策的发展路径与目标选择》,《人口研究》2012年第4期。

为主旨的。同样,在操作层面,家庭政策既可能是以个人权利为目标的,也可能是以家庭地位为目标的,还可能是以国家利益为目标的。①

不难看出,家庭政策的制定与推行反映了政府对家庭需求的不同理解,并受到当时社会客观条件的影响,甚至可以被视为政府实施社会政策选择时所采取的视角或标准。从某种意义上讲,"社会政策就是家庭政策",任何在家庭以外建立起来的社会制度都不能取代家庭的功能,而只是政府以不同程度和方式对家庭责任的分担。② 早期的社会政策主要是弥补家庭功能的不足,如社会保险制度的建立有效地缓解了家庭责任所面临的经济压力,而专门针对家庭的社会政策,如儿童福利计划和家庭补贴等普遍性福利待遇的目标,则主要是鼓励家庭承担抚育子女的责任、提高出生率等方面。

由于对家庭政策的界定缺乏广泛共识,学术界对我国家庭政策的目标和应该包括内容的理解往往存在很大差异。学者们研究视角不同,考虑问题的出发点不同,关注的政策就会不一样。大体上可以分为四类:一类是从人口问题出发,关注家庭规模和结构变化,重视家庭在长期低生育水平和大规模人口流动下的保障功能弱化,强调家庭能力建设;③ 二是从福利问题出发,关注社会保障和福利制度不健全背景下的弱势群体问题,重视福利制度变化对家庭中老年人、儿童、残疾人等特殊人群的影响,强调家庭福利体系建设;④ 三是从社会性别问题出发,关注女性面临的工作和家庭冲突问题,重视传统的家庭支持减弱和公共支持不足对女性职业发展和婚姻家庭生活造成的不利影响,强调平衡工作和家庭的政策体系建设;⑤ 四是从婚姻稳

---

① 陈映芳:《国家与家庭、个人——城市中国的家庭制度(1949—1979)》,《交大法学》2010 年第 1 卷。
② 张秀兰、徐月宾:《建构中国的发展型家庭政策》,《中国社会科学》2003 年第 6 期。
③ 吴帆:《第二次人口转变背景下的中国家庭变迁及政策思考》,《广东社会科学》2012 年第 2 期。
④ 杨迪:《聚焦中国家庭变迁,探讨支持家庭的公共政策》,《妇女研究论丛》2011 年第 6 期;徐浙宁:《我国关于儿童早期发展的家庭政策(1980—2008)》,《青年研究》2009 年第 4 期。
⑤ 李亚妮:《"工作和家庭的平衡:中国状况分析及政策研讨会"综述》,《妇女研究论丛》2008 年第 4 期。

定和家庭和谐问题出发,关注婚姻不稳定、家庭成员冲突和家庭文化从家本位转向个人本位等问题,重视人口转变和社会转型给人们家庭观念和家庭行为产生的影响,强调应对现代社会风险的家庭政策的现代化。①

虽然严格地说,上述四类研究所涉及的政策内容并非都可以称为家庭政策。国内学者对家庭政策的界定基本沿袭了上述国外学者的思路,比较一致的共识是认为家庭政策适用的对象应该是家庭,它包括两层含义:一是当政策适用对象是家庭时,应从家庭的整体状况考虑政策适用的条件;二是当政策适用对象是个人时,主要考虑的是个人的家庭角色和在家庭中的行为。② 诚然,家庭政策的构建不能脱离社会经济环境,特别是社会福利体制和发展水平;政府乃至社会对家庭及其功能的认识与重视程度决定了家庭政策的走向;需要研究社会政策体系中家庭的地位,处理好家庭政策和其他社会政策在目标和措施上的协调,否则就容易出现家庭政策发展方向的迷失和措施效果的冲突。

第二节 中国的家庭政策与家庭变迁

中华民族自古以来就重视家庭的功能和作用,一向把"齐家"作为"治国"的前提条件,孟子强调"天下之本在国,国之本在家"。国家通过现代立法而促进家庭制度现代化的实践,在中国始于清末。从清末、北洋政府到民国的《民法·亲属编》都有关于家庭问题的立法,但是这几个亲属法,在实际的贯彻过程中,都存在被搁置、架空的情况。

中国共产党成立以后,确定以反对帝国主义、封建主义为革命纲领,同时把废除封建婚姻家庭制度、争取妇女解放作为自己的奋斗目标之一。中华人民共和国建立后,政府一直把家庭和家庭问题作为

---

① 马春华等:《中国城市家庭变迁的趋势和最新发现》,《社会学研究》2011 年第 2 期;杨善华:《中国当代城市家庭变迁与家庭凝聚力》,《北京大学学报》(哲学社会科学版) 2011 年第 2 期。

② 陈卫民:《我国家庭政策的发展路径与目标选择》,《人口研究》2012 年第 4 期。

重要的政策对象和政策内容,家庭政策几经变化。2004年,中国政府在联合国召开的"国际家庭年"十周年会议上,提出把家庭问题融入社会发展政策和方案。中国政府坚持以人为本,采取各种政策保障家庭和家庭成员的利益,其具体内容涉及社会救助、救灾、社会保险、医疗卫生服务、就业、教育、妇女儿童保护、老年人残疾人权益、房屋住宅政策等,在原有的社会政策框架中,补充建立和完善符合中国国情的家庭政策体系。

一、建国前的"走出家庭"与"巩固家庭"政策

建国前,中国共产党的家庭政策是坚持对旧家庭制度进行变革,以法律武器推进婚姻家庭制度的改革变迁。首先,中国共产党面临怎样把领导社会革命和摧毁旧的家庭制度统一起来的问题,这就涉及对浸透社会生活的多个角落,对中国的政治、社会和精神道德产生巨大消极影响的封建宗法家庭制度的认识问题。1927年,毛泽东在《湖南农民运动考察报告》中,就把"由宗祠、支祠以至家长的家族系统(族权)"构成的家族组织及制度,根据为"祠堂族长的族权",指出"政权、族权、神权、夫权,代表了全部封建宗法的思想和制度,是束缚中国人民特别是农民的四条极大的绳索"①。这就深刻揭示了中国封建家庭制度的本质与特点。由于家族制度的血缘纽带很强,家长又往往集族权、神权、夫权于一身,并以家法、家规作为压迫统治的工具,使地主和农民的血淋淋阶级对立关系被蒙上了一层家庭、家族内部血亲关系的温情面纱,削弱了农民阶级的斗争意识,于是与家族主义进行斗争便成了关系到中国共产党发动群众、壮大革命力量的一个关键。为此,党规定了有关的策略,认为主要应当领导农民进行推翻地主权力的政治斗争,家族主义的破坏"乃是政治斗争和经济斗争胜利以后自然而然的结果。若用过大的力量生硬地勉强地从事这些东西的破坏,那就必被土豪劣绅借为口实,提出'农民协会不孝祖宗'、'农民协会欺神灭道'、'农民协会主张共妻'等反革命宣传口

---

① 《毛泽东选集》第1卷,人民出版社1991年版,第31页。

第六章 "国家、家庭、个人"关系与家庭政策

号,来破坏农民运动"①。这就意味着,对旧家庭制度的批判斗争不能孤立于无产阶级领导的夺权斗争之外进行,相反必须服务于政治斗争,从属于政治斗争;随着社会革命的深入,必然导致家庭革命的深入:政治斗争和经济斗争的胜利成果越大,对旧家庭制度的动摇也就越大。

其次,在中国共产党创建的革命根据地内,随着革命政权的建立,以法律武器推进婚姻家庭制度的改革变迁成为家庭政策的重要内容。早在"土地革命"时期,各地在武装暴动过程中,都曾提出过一些简单口号,如"婚姻自由""废除童养媳制"等,闽西根据地和鄂豫皖根据地等红色区域还颁布过一些婚姻条例,禁止买卖妇女,结婚实行双方自愿原则。1931年12月1日,中华苏维埃共和国中央执行委员会公布了《中华苏维埃婚姻条例》。1934年根据实践经验修改了这个条例,改称为《中华苏维埃共和国婚姻法》,其主要内容是"确定男女婚姻,以自由为原则,废除一切包办强迫和买卖的婚姻,禁止童养媳",实行一夫一妻制,保护妇女和子女合法权益。鉴于当时妇女经济地位尚未完全独立,因而在离婚问题上偏重于保护妇女。这是中国共产党关于婚姻家庭问题的第一个全国革命根据地统一的法律文献;以后各解放区公布施行的各种婚姻条例,在基本原则方面都以苏维埃时代这些文件的规定为依据。

最后,新型家庭关系在解放区和根据地兴起后,中国共产党还必须处理好建设新型家庭和继续改造旧式家庭的关系。1944年上半年,延安《解放日报》连续发表了一些关于边区农民改造旧家庭、促进新家庭涌现的报道和文章。毛泽东对此十分关心,曾为《解放日报》审阅了题为"把新民主主义社会的基础建立在家庭里"的社论草稿,并作了很多修改。然而,毛泽东觉得"原文着重改造家庭,关于联系群众运动方面说的很少","而问题的重点,恰是使家庭改造与群众运动联系起来",②于是决定不发表这篇社论,并给当时任《解放日报》社社长的博古写了一封信,从理论和政策上对家庭问题作了精辟论

---

① 《毛泽东选集》第1卷,人民出版社1991年版,第33页。
② 《毛泽东书信选集》,人民出版社1983年版,第237页。

述,提出了"走出家庭"与"改造家庭"的双重任务,为家庭变迁指明了方向。

所谓"走出家庭"就是使家庭改造与群众运动结合起来,如在当时根据地的"大生产运动"和支前抗敌斗争中,很多家庭的成员纷纷进军队、识字组,这种情况就是对旧家庭的一个大破坏;所谓"巩固家庭"则是以家庭改造为前提,使家庭制度的相对稳定同发展生产、同革命事业的发展相联系,充分发挥家庭在革命和生产中的积极作用。但是,"走出家庭"与"巩固家庭"两者相比,"走出家庭"比"巩固家庭"具有更大的意义。因为从家庭改革的方向和家庭变迁的方向来看,随着革命和建设的发展,"走出家庭"的人将会越来越多。毛泽东认为:"分散的个体经济——家庭农业与家庭手工业是封建社会的基础","农民的家庭是必然要破坏的,进军队、进工厂就是一个大破坏,就是纷纷'走出家庭'。"毛泽东还预言,即使在战后,在打下北平之后,"也将有许多人走出家庭。实际上,不断地走出,不断地巩固,这就是我们的需要"①。只有在冲破封建家庭制度和使一定社会发展阶段上的家庭制度得到完善的基础上,才能谈家庭巩固的问题。在中国共产党领导的解放区内,旧的家庭制度有了很大的动摇,新的家庭制度正开始形成,但从总体上考察,基本上仍是传统家庭制度占统治地位。

二、家庭政策干预下的"个人—家庭—国家"关系

中华人民共和国成立伊始,政府出台了一系列涉及婚姻、孕产、托幼、养老等与家庭密切相关的政策,但家庭在这一时期却并不受到重视,家庭作为"私"而成为"公"的对立面,城市的单位和农村的"人民公社"才是个人福利的主要来源,家庭的发展必须要服从于革命利益,②所以一直到"文化大革命"结束为止,中国的家庭政策处于不断弱化的过程。然而,国家对家庭生活的干预,不仅有削弱家庭纽带的

---

① 《毛泽东书信选集》,人民出版社1983年版,第238页。
② 汤梦君、解振明等:《简论中国家庭政策的历史、现状与发展——兼论人口计生部门在家庭发展上的作用》,中国人口学会网:http://www.cpirc.org.cn/yjwx/yjwx_detail.asp?id=11086。

第六章 "国家、家庭、个人"关系与家庭政策

一面,也有强化家庭关系的另一面。尤其在城市生活中,"家庭"被强制性地规定为个人无法脱离的消费共同体,"家庭"也构成了个人与国家关系间的一个结构性因素——国家经由单位和家庭,对个人实施资源配置和生活支配。"家庭"与"单位",成为国家与个人发生关系的重要的制度依托。①

1. 《婚姻法》对婚姻家庭制度的干预

1950 年的新《婚姻法》,普遍被认为是新政权对婚姻家庭制度实施国家干预的最重要的法规,它通常也被阐释为对传统中国"封建的"婚姻家庭制度实施革命性颠覆的全新的家庭婚姻制度。一般认为,该法律最具制度变革意义的是婚姻自主和夫妇平权、离婚自由等条款。恋爱、婚姻的自主权以及妇女在家庭中的平等地位和财产权、就业权等的获得,特别是离婚自由的获得,无疑是个人从家庭获得独立权利的基本内容和制度保证。新《婚姻法》的颁布和实施在 50 年代初对中国特别是农村中国的传统家庭制度及其亲权、夫权的打击,它对于年轻人和妇女的权利赋予所导致的社会能量释放,在当时无疑构成了新政权社会改革最显著的成就之一。

新政权在婚姻法之外,建立起了各种相应的配套性婚姻家庭制度(如婚姻登记制度、户口制度、生活资源按户配给制度等),并以政治动员的方式,发动了一次次社会改造运动。正是由于这样一些制度的运行以及运动的推广,1950 年的《婚姻法》对于中国社会特别是乡村社会的变革,才可能产生不同于历史上其他相关法律的社会效果,它在人们的婚姻家庭生活的规范中,才拥有了较此前更为突出的实际权威。

2. 家庭制度趋向松弛

由于解放初期在城乡进行了阶级成分的划分,同姓同宗的家族、宗族内有了资本家、地主、富农和工人、雇农、贫农、下中农等不同的阶级分野,这种分野对家族内部的社会关系有重大的影响。又由

---

① 汤梦君、解振明等:《简论中国家庭政策的历史、现状与发展——兼论人口计生部门在家庭发展上的作用》。

大家族家长的权力失去了其物质基础,个人对家族的依赖以及家族对个人的控制都大大减弱。在家长的权力被削弱后,家庭生活愈益民主化,青年一代力图摆脱大家庭对小家庭和个人的控制,向往小家庭的独立,家庭规模有了明显的缩小。与家庭小型化相伴随的是,以父子关系为中心的家庭关系正在逐步向以夫妻关系为中心的家庭关系转化,从而进一步松弛了家族的纽带。

从1958年的"大跃进"和人民公社化运动开始到1976年"文化大革命"结束这近二十年的时间里,中国家庭的变迁经历了巨大的曲折,遭受到了两次严重的冲击。

第一次冲击是1958年在全国形成的"大跃进"运动和人民公社运动高潮。当时,中国共产党领导者的主观愿望是要迅速改变我国经济文化落后面貌,赶上欧美发达的资本主义国家,但是他们忽视了经济发展的客观规律,急于求成,使以高指标、瞎指挥、浮夸风和"共产风"为主要标志随"左"倾错误严重地泛滥开来。其结果是在妇女大批走出家庭的同时,很多家庭功能被人为取消,甚至一家一户的家庭生活也被纳入集体化的社会模式之中,随着"共产风"而刮起了"家庭消亡风"。但是,共产风和家务劳动社会化并未根本改变传统的家庭角色分工。相反,国家对一家一户的个体家庭生活进行过多的行政干预,企图把家庭的消费功能也完全纳入集体化的社会组织事业中,则严重地干扰和阻碍了人们的正常生活,违背了家庭的发展规律,扭曲了家庭的形态,使国家和家庭都为此付出了沉重的代价。不久,规模巨大的经济困难阴影开始笼罩中国,人民公社规模缩小,许多建设项目纷纷撤消,大批涌入城市当工人的农村人口又倒流回农村,为数众多的妇女在刚刚取得职业后又被闲置了,一部分城乡结合型的家庭被迫解体。直至1960年年底,中共中央采取调整方针,纠正"一平二调"的错误,允许农民经营少量的自留地和家庭副业,重新确定了家庭应有的地位。

"文化大革命"是对中国家庭的第二次大冲击,家庭关系出现大混乱和大倒退。不仅传统的家庭价值观念遭到了全面清理,传统的家庭制度、家长权力也遭到了打击,"文化大革命"使无数家庭经历了生离死别的破坏,成千上万计的被戴上地、富、反、坏、右、走资派、反动学术权威等帽子的人们遭受非人道的批判、斗争、隔离、关押和迫害,被剥夺了正常家庭生活的权利,很多人被迫害死亡,连当时的国家主席刘少奇及其家庭也未能逃避厄运。政治动乱和阶级斗争风暴使家庭结构破碎,家庭关系趋于松散,很多家庭里分裂成对立的几派,造成亲人间的感情隔阂,每个挨整或出身不好的人都可能遭到配偶、子女的背弃,"五七干校"和"上山下乡"又使亲子离散、夫妻分居,家不成家。就在家庭经历这种残忍破坏的同时,封建"血统论"甚嚣尘上,家庭出身成了确定敌我、是非、好坏的唯一指标;一人当官,鸡犬升天;一人获罚,祸及子孙。

3. 捆绑式家庭福利政策的形成

1956年的社会主义改造运动,使城市居民失去了私有的生产资料和大宗生活资料,家庭不再拥有生产性、经营性的经济收入。除民族资产阶级的定息收入以外,从国家的或集体的职业单位获得的工资收入,成为所有城市居民唯一的收入源。由于《婚姻法》明确规定的父母抚养子女以及子女赡养父母的法律义务,以及实际默认了家庭成员间互负无限连带责任,所以,对于城市里的单位职工来说,抚养子女、赡养父母、扶持生活困难亲属等,实际上成为家庭成员无可规避的责任。

由于单位是改革开放以前中国社会中的一个高度整合和低度分化的基本组织形态。个人与单位的关系由于资源主要由单位垄断分配的机制而变得异常的紧密。人们从摇篮到墓地,生生死死都离不开单位。单位代表国家对个人负起生老病死的无限义务,承担了家庭的许多功能,几乎所有福利都来自于单位,一个单身者的大部分生活需求都可以从单位得到满足。在这样的单位福利制度中,城市的居民,并不是以作为"个人"的国民或市民平等地从国家获得生活福利资源,而是被设置为"单位职工"与"职工家属",通过不同的单位系统,获得不同的资源配置。在这里,对于个人而言,"家庭"和"单位"同样具有重要意义。在职工成为"单位人"的同时,职工自己以及他们的家属,也成为特殊的"家庭人"和"家属人"——个人的生活受制于家庭,这首先不是因为家庭内部的经济结构或权力结构所规定,也不是因为个人独立于家庭的能力所限制,而是由国家的家庭政策及其福利配给政策所决定的。无单位职业收入的家庭成员,也只能依靠有工作收入的家庭成员的经济扶助。个体家庭不再是社会的经济单位,由于缺乏"市场"和"社会"的渠道,"单位"与"街道/居委会"这两个国家系统成为城市居民获得福利保障、生活资源的仅有的两个渠道。而国家配置给"职工"与"居民"的福利资源,几乎都是以"家庭"为基本的消费单位的。①

在这样一种将家庭成员捆绑在一起共享单位福利的政策框架下,出身家庭或婚姻家庭既是被规定的居住生活共同体,也是城市居民获得福利资源的基本单位。换言之,"家庭"是城市居民在"工作单位"之外仅有的生活空间。

三、社会转型期家庭政策的重塑

"文化大革命"结束和中国共产党十一届三中全会后,中国社会、政治、经济、思想领域发生一系列巨大变化,尤其是城乡改革的形势,引起了社会生活方式和人们精神状态的相应变化,家庭生活走上了正常的轨道,也为家庭新发展开辟了道路,家庭政策得到重新认识。

1. 家庭功能的增强

社会转型造成的家庭变迁带来了很多社会经济问题,于是人们开始了对家庭在社会中的地位和作用的反思,加强家庭能力建设,支持家庭发展,增强家庭功能成为政府和社会的普遍共识。由于农村家庭联产承包制的推行,使家庭成为一个基本的经济单位,激发出家庭的活力。这种承包实行的是土地等生产资料所有权和使用权分离的原则,土地等生产资料所有权仍然是集体所有,分别由农户承包使用权,实行分户经营。现在,农民家庭掌握了作为农村社会经济单位所具有的各种权力,农业生产、商品流通和经济建设的每个领域过程中都有家庭在活动,都离不开家庭的作用。家庭成为现阶段农业管理体制的一个重要组成部分,这种现象从表面上看似乎是家庭变迁

---

① 陈映芳:《国家与家庭、个人——城市中国的家庭制度(1949—1979)》。

的一种复旧或倒退,但实际上这种家庭经营已不再是过去自给自足的单一的小农经济,而是广泛发展着的商品生产,为中国农村经济的发展注入了新的生机和经久不衰的活力;不仅农户家庭经济得以发展,而且也推动了整个农村经济的全面发展和振兴。

2. 家庭责任的提升

1950年颁布的《婚姻法》是中华人民共和国制定的第一部法律,1980年修订后的《婚姻法》颁布实施。实践证明,婚姻法规定的实行婚姻自由、一夫一妻、男女平等的婚姻制度,保护妇女、儿童和老人的合法权益,禁止重婚,禁止家庭成员间的虐待和遗弃等基本原则是正确的,有关夫妻、家庭成员间的权利义务的规定基本可行,对于建立和维护平等、和睦、文明的婚姻家庭关系,维护社会安定,促进社会主义精神文明建设和社会进步,发挥了积极的作用。但是,随着中国经济、社会的快速发展,人们的思想观念、婚姻关系也发生了很大变化。在婚姻家庭关系方面出现了许多新问题、新情况,如重婚纳妾、离婚率上升、单亲子女教育、离异家庭的财产分割等现象,挑战着我国家庭制度,影响社会安定和社会进步。在这种形势下,1995年10月,第八届全国人大常委会第十六次会议通过修改《婚姻法》的决定,2000年,《婚姻法修正案草案》正式提交全国人大常委会审议。草案加大了遏制重婚的力度,规定夫妻应当相互忠实,相互扶助,重申了子女对父母的赡养义务等。凡此种种法律规定表明,尽管社会转型期家庭的经济保障功能增强,家庭依然是抵御各种风险的救生筏,但由于社会保险尚未全覆盖,相关政策尚不到位,家庭成员之间依然被要求相互承担保障的责任。如果说,传统社会中夫妻间的相互扶助、子女对老年父母的赡养义务是"美德"的体现,那么如今它在现实中的运行,则有很强的制度性的推动力和强制力,即主要来自于家庭之外,特别是国家的各种法律、政策的干预以及基层权力系统的政治道德的训诫。在这样的家庭政策安排下,与子女的赡养义务相对应的,是家庭责任的提升。

3. 社会福利的家庭共担

单位制在社会转型中逐渐解体后,原来由单位向工作人员及职工提供福利的责任下沉至家庭,家庭不得不承担起相当大部分原先单位所有的福利功能。目前,我国的家庭福利政策仍主要表现为补缺模式,即将重点放在了问题家庭与那些失去家庭依托的边缘弱势群体,如城市的"三无"对象、农村的"五保"户和孤残儿童等。而那些拥有老人、儿童及其他不能自立成员的家庭,则必须首先依靠家庭来保障其生存与发展需求,政府和社会只有在家庭出现大范围的危机或困难时才会以应急的方式进行干预。不仅如此,即便是生育保险、养老保险、医疗保险等对家庭功能进行补充的社会保障政策,也均以就业作为其准入门槛,且在家庭成员之间不得转移,因而无法为未就业或非正规就业的家庭成员提供有效的保障。这样的政策安排不仅缺少对非问题家庭普遍而形式多样的支持,并在一定程度上忽略了家庭变迁导致家庭脆弱性增强的事实,忽视了家庭在养老、抚幼等方面的经济与社会成本。从某种意义上讲,这种政策取向其实是对家庭承担社会责任的惩罚,即拥有家庭的人反而得不到政策的直接支持。①

张秀兰和徐月宾认为,"这一政策取向使转型时期的中国家庭陷入一种明显的政策悖论中:一方面,中国的社会政策赋予家庭以重要的社会保护责任,使家庭成为满足社会成员保障和发展需要的核心系统,在社会保护体系中起着最为重要的作用;另一方面,家庭变成了儿童、老人以及其他生活在家庭中的弱势群体获得政府和社会支持的障碍:一个拥有家庭的社会成员就意味着得不到政府或社会的直接支持。在某种意义上,这一政策取向实际上是对家庭承担社会责任的惩罚,而不是鼓励家庭行使其应有的或希望其行使的职能。它的另一个后果是,由于家庭中弱势成员的生活质量和发展需要完全依赖其他成员的帮助,任何与家庭相关的风险,包括家庭照顾者个人的和环境的因素,都会使他们受到直接的影响,特别会使儿童的成长环境面临很多不确定的因素"②。

---

① 张秀兰、徐月宾:《建构中国的发展型家庭政策》,《中国社会科学》2003年第6期。

② 同上。

第六章 "国家、家庭、个人"关系与家庭政策

为不同类型的家庭提供直接经济援助是发展型家庭政策的重要组成部分。尤其对于那些正承担着抚幼或养老责任的家庭来说,为尚未或不能自立的家庭成员提供支持是一件需要动用很多资源的事情,这些资源的短缺是影响家庭发挥功能的重要因素,但政府和社会却并未从政策上对这一资源需求予以明确承认,在忽视家庭成本的同时也使传统家庭能力进一步被弱化。政府应当通过家庭政策扩大对家庭的财政支持,在保障民众基本需求的基础上,尝试消除现行福利体制固有的内在不平等(如高收入和低收入家庭在收入再分配方面的不平等等),提升对最有需求家庭的资助力度(如残疾人家庭、空巢家庭、单亲家庭、独生子女家庭等),并减少妨碍有抚幼或养老责任的夫妇就业的不利因素。①

对于这种捆绑式的社会福利共担制度,固然一定程度上减轻了国家与企业用于社会保障的支出负担,使我国的社会保障制度在很大程度上建立在由家庭承担主要社会责任的基础之上,它所覆盖的人群只是与国有企业改革直接相关的一部分社会成员以及传统社会弱势群体中的一小部分,即失去家庭依托的社会边缘群体,并且具有浓厚的应急色彩。其他凡是有家庭的社会成员,包括儿童、老人以及其他有特殊需要的人员,则首先必须依靠家庭来满足其相应的保障和发展需要,而家庭以外为家庭及其不能自立的成员提供帮助的渠道几乎不存在,政府和社会只有在家庭出现危机或遇到通过自身努力无法克服的困难时才会干预。然而,我国目前面临的问题是在国家提供社会福利发展不足的同时出现了家庭保障功能弱化的征兆,人们更希望在推进社会福利制度建设的同时,加强家庭能力建设,通过社会福利与家庭保障相互支持来抵御人口转变和社会转型给未来生活带来的风险。

报载国家人力资源和社会保障部已有意扩大城市基本医疗保障制度覆盖范围,如以家庭为单位纳入医保,将医保受益面扩大到家属。由于女性预期寿命长于男性,而就业机会少于男性、工资水平低于男性,使得部分老年妇女与男性相比缺乏基本的社会保障,因此有

---

① 胡湛、彭希哲:《家庭变迁背景下的中国家庭政策》。

专家提出将遗属津贴纳入社会保险体系,即参保职工死亡后,其家属(符合条件的配偶、未成年子女和父母)享有津贴的一种附加性的社会保险制度,对于保护老年妇女及其家庭利益具有积极意义。这些改革思路值得倡导。其他如个人所得税的征收等不妨也考虑以家庭为单位。在税收上对抚养、扶养和赡养负担较重者试行减免政策,以减轻那些供养责任过于沉重家庭的经济压力。此外,最低生活保障政策和服务也应考虑家庭人口数,以体现最低生活保障制度的公平性和公正性。

第三节 家庭政策问题的聚焦

一、儿童福利政策

儿童福利是一个非常复杂的概念,是社会福利的重要体现;它既是社会福利的一部分,也是社会福利在儿童这个特殊群体中的体现。它除了具有社会福利的一般特点外,还具备特定的含义和不同的类型。它既是一种社会机制,又是一种社会理念,同时还是一种社会政策。1959年联合国的《儿童权利宣言》指出:"凡是以促进儿童身心健全发展与正常生活为目的的各种努力、事业及制度等均称之为儿童福利。"美国的儿童福利联盟则认为:"儿童福利是社会福利中特别以儿童为对象,提供在家庭中或其他社会机构所无法满足需求的一种服务。"《美国社会工作年鉴》也指出:"儿童福利旨在谋求儿童愉快生活、健全发展,并有效地发掘其潜能,它包括了对儿童提供直接福利服务,以及促进儿童健全发展有关的家庭和社区的福利服务。"儿童与社会、国家与儿童、儿童与家庭、儿童与儿童的关系成为公共政策、社会政策与福利政策议程的核心议题。

儿童福利实质是由国家或社会为立法范围内的所有儿童普遍提供旨在保证其正常生活和尽可能全面健康发展的资金与服务的社会政策和社会事业。儿童福利可分为广义和狭义两种:广义的儿童福利指政府和社会为了儿童的健康成长而提供的各种社会服务和局部的各种社会事业,狭义的儿童福利是指政府和社会对有特殊的儿童群体提供的特殊保护和特殊服务。儿童福利在个人福利、家庭福利、社区福利、群体福利、国家福利与社会性福利体系中占据基础性与核心性地位,儿童福利状况是衡量社会协调发展与科学发展状况的最佳角度,是衡量社会发展模式是否科学,是衡量客观生活质量与主观幸福感、快乐感与深度安全感的灵敏指标。①

中国是世界上儿童数量最多的发展中国家,但是儿童福利政策发展的基础相对薄弱。长期以来,儿童社会政策被视为是对无法从家庭、从经济发展进程中获得必要资源的儿童的国家保障计划。在这个意义上,儿童社会政策被看作一种负责消减市场经济发展给儿童带来的负面影响的社会开支,是一种"减震器"。它通过再分配的方式帮助弱势儿童群体获得必要的生存与发展资源,进而在保障儿童权利的同时,实现社会公平,维持社会秩序。

我国儿童福利对象主要是"三无"(无法定抚养人、无劳动能力、无固定生活来源)未成年人,实际工作中主要是福利机构中的孤儿、弃婴和农村纳入"五保"供养的孤儿。② 政策受益人的范围相对狭小,是一种典型的残余型儿童社会政策。更多的边缘儿童与普通儿童的福利状况则未进入政策视野。在社会压力与经济发展的推动下,我国儿童社会政策的对象范围与保障水平近年有一定提高,但是相关社会政策的可操作性低,对国家作用的规定不够具体。相形之下,国家更愿意强调父母与家庭在抚育儿童中的责任,公共政策的触角很少延伸至儿童抚育等家务事之中。

改革开放以来,随着经济社会的快速发展,伴随社会结构分化程度提高,社会流动速度加快,社会分层与不平等加剧,大量进城务工农民和流动人口产生亿万流动儿童群体,形成世界上罕见的"流动儿童问题"。特别是家庭功能结构角色变化和婚姻稳定性下降,婚姻自由度提高和两性关系开放性提高,城乡各类"困境儿童"大量涌现。目前,"中国出现了5000万以上的留守儿童,这些孩子不能经常与父

---

① 刘继同:《当代中国的儿童福利政策框架与儿童福利体系(上)》,《青少年犯罪问题》2008年第5期。
② 张世峰:《变革中的中国儿童福利政策》,《社会福利》2008年第11期。

母居住在一起,无法如普通孩子那样得到父母的照料;有近2000万的流动儿童,这些儿童离开了自己的家乡,和自己的父母一起来到城市居住,但是父母因为都要去工作却不能很好地照顾他们;有100万—150万左右的流浪儿童,这些儿童与自己的家庭基本或完全切断了联系;还有几百万有待康复、面临就学困难的残疾儿童,有几十万服刑人员子女和受艾滋病影响的儿童。这些在新的变化了的社会环境中产生的处境困难儿童,无法从家庭、社会与市场获得充分的照顾,急需国家力量的介入,急需儿童社会政策的荫蔽。但是,国家的儿童政策与社会需求并不同步,也没有发展出一套有效的操作系统去应对儿童在家庭和社会之中面临的困境与遭遇的忽视。即使我们在法律上承认抚育儿童是家庭、学校、社会和国家的共同责任,当儿童因为父母贫困、遗弃、离异、服刑等原因而在事实上不愿或无力抚养儿童时,传统的残余型儿童社会政策已经难以适应社会发展的需要"①。虽然我国许多地方都兴建了儿童福利机构,但这些机构康复特教功能比较薄弱,福利保障仍停留在救助层面;而且救助服务对象主要是单一集中收养的孤残儿童,在孤残儿童"养、治、教、康"服务中,特教和康复服务现仍比较薄弱,在充分发挥儿童福利机构技术和资源优势服务社会残疾儿童方面也很不适应。儿童福利经费短缺制约了机构功能的实施,直接影响儿童福利事业发展。

随着改革开放和市场经济的深入,政府和社会甚至减少了对托幼事业的投入,托幼机构的福利性质也趋于淡化。"目前,全国3—6岁儿童的平均入园率正在不断降低,政府又几乎没有针对1—3岁儿童群体提供任何公共服务,看护照料服务的缺失是致使伤害和拐卖幼童案件层出不穷的原因之一。三十多年来,中国的家庭大多为响应国家计划生育的号召尽了义务,独生子女成了父母的命根子,但适度普惠的儿童福利政策却至今仍未出现。有学者认为,中国根本没有真正意义上的家庭与儿童福利政策"②。

---

① 杨雄:《我国儿童社会政策建设的几个基本问题》,《当代青年研究》2011年第1期。
② 胡湛、彭希哲:《家庭变迁背景下的中国家庭政策》。

从这个意义上说,儿童社会政策的边界需要拓展,国家在抚育儿童过程中的角色需要适当调整,消极不作为的被动型儿童社会政策需要改革,并构成了格外突出的儿童发展、儿童保护和儿童福利等问题,成为社会政策和家庭政策议程中的重要议题。如何正确处理国家与儿童的关系?如何营造良好和谐的社会环境和幸福温馨的家庭环境,确保儿童身心健康成长?这已成为刻不容缓的当务之急。

二、独生子女"空巢"家庭和失独家庭政策

为了应对1960年代中后期生育高峰所引发的人口膨胀性增长,我国政府自20世纪70年代开始推行的计划生育政策及项目,其本质是通过对家庭进行生育调节来达到有效控制人口规模的目的。特别是1980年正式提出"提倡一对夫妇只生育一个孩子"的独生子女政策以来,与改革开放和社会经济迅速发展相伴随,生育率水平在短期内大幅度下降,使我国跨入了低生育水平国家的行列,同时也催生出大量独生子女家庭。必须指出,目前独生子女政策的继续实施对人口年龄结构、家庭模式等方面的负面影响正在不断积聚,已经到了根据现有人口发展态势适时调整并加以完善的时候。而家庭政策本就具有调节家庭规模与家庭结构的潜在目的。如何调整现有生育政策,并设计更为完善的家庭政策与之匹配,已经迫在眉睫。政府有必要通过家庭政策对此进行补充,即弥补受损于这一人口政策的社会群体。虽然政府一直有一些针对孕产保健、育儿等方面的政策与项目,却仍未从更高的层次上去考虑独生子女家庭的负担与风险。

总体上看,中国家庭的很多养老资源是通过生育资源转化的。虽然独生子女家庭的养老负担并没有人们想象的那么严重,但是独生子女家庭的孩子一旦因为求学、就业、结婚、伤亡等任何原因离开父母家庭,就会造成部分中年或老年家庭"空巢";而独生子女的唯一性又使得这些家庭的养老远比非独生子女家庭更具风险,独生子女的意外伤亡就是这种风险的极大化表现。

"失独家庭"指独生子女死亡,其父母不再生育、不能再生育和不愿意收养子女的家庭。失独者年龄大都在50开外,经历了"老来丧子"的人生大悲之后,一般已失去再生育能力。在中国失独家庭有多

少？还没有权威部门对他们进行过详细的数据统计,但是有机构按照已有数据做了样本统计:中国15岁至30岁的独生子女总人数约有1.9亿人,这一年龄段的年死亡率为万分之四,因此每年约产生7.6万个失独家庭,按此统计,中国的失独家庭至少已超百万。①

传统来看,家庭养老一直是中国的最主要的养老方式,但是对于失独家庭来说,这"最主要"的养老方式失去之后,他们就只能依赖国家和社会。但是,对于失独家庭的帮扶制度并不完善。2001年12月份出台的《中国计划生育条例》第27条规定:独生子女发生意外伤残、死亡,其父母不再生育和收养子女的,地方人民政府应当给予必要的帮助。但对于这个"必要的帮助"究竟是什么样的标准且如何实施并没有明确说明;有法律专家分析,这里的"帮助"不是"责任和义务",而且"给予必要的帮助"这个概念很模糊;在法律上没有一个具体的量化标准,执行起来也有很大的伸缩性。2007年,人口计生委、财政部联合发出通知,决定从当年开始,在全国开展独生子女伤残死亡家庭扶助制度试点工作。根据这一通知,独生子女伤残死亡后未再生育或合法收养子女的夫妻,符合相应条件的,由政府给予每人每月不低于80元或100元的扶助金,直至亡故为止。但在年龄方面要求女方年满49周岁时,夫妻双方才能同时纳入扶助范围。而这样的经济救助和年龄门槛对于数量庞大的失独家庭来说只能是杯水车薪。2012年6月,施行16年的《老年人权益保障法》迎来首次修订,中国的养老问题再次提上国家议程;而这份大规模扩容的修订草案并没有给予数量庞大"失独老人"特别的关注。

在分析这些不同政策的背后理念时我们会发现,其他社会政策正越来越强调风险社会环境下如何保护弱势个体的权力,而独生子女政策在这方面却和其他社会政策之间存在不少冲突。失独家庭是中国社会政策的新问题,因而亟须制定新的家庭政策,针对这个特殊的群体出台相应的帮扶方法,在政策、经济、福利、精神等方面进行必要的制度安排和服务,以规避更大的人口及社会风险。

---

① 《失独家庭》,中国国情网:http://guoqing.china.com.cn/2012-08/27/content_26340246.htm。

三、住房政策

现代生活的五要素是"衣、食、住、行、医",其中"住"占据着重要位置。在经济结构调整和社会转型期,中国各级政府已采取包括最低生活保障、困难家庭医疗保险、廉租租房、居家养老政府购买服务、生育保险等全方位的社会保障政策措施,为低收入的家庭提供了安全网。但住房政策尚待完善或需要增加家庭视角。

一般认为,1998年标志着中国城镇住房制度从实物分房走向商品化、社会化和货币化。住房商品化不仅激发住房供应能力激增,也带来了多方面的经济利益,对国民经济影响深远,房地产业对国民经济的支柱作用已经客观形成。住房市场化,对住房供应和人均住房条件的改善是十分显著的,总体上保障了人民随着收入提高而不断增加的住房改善需求的实现,也基本维护了城市化进程的加速。但现在回头来看,当时对住房供应和分配中市场机制作用的强调,并不是以提高城镇居民住房福利为主要出发点,而是更多从住宅房地产业对国民经济的产业拉动作用出发;通过一系列制度变革和政策引导,市场对住房供应的效率性得到有效释放,但政府对市场在住房分配的公平性上可能存在的缺陷估计不足,对市场化过程凸显的问题反应过缓、对策不力。

随着我国房价一路狂涨,让中低收入家庭买房成为可望而不可即的事情,老百姓怨声到处可闻。在构建和谐社会的大政方针指导下,政府力促扩大内需,接连出台不少优惠措施,减轻老百姓购房税费负担,更拉近了他们实现买房梦想的距离,看到了圆买房梦的希望。2004年后相当长的时期内,中国政府的住房政策主要围绕如何抑制商品房价格过快上涨而展开。特别是在美国次贷危机下,随着金融危机袭来,房价应声下跌、市场销售一片惨淡;一部分持币者,则期待着房价继续下跌到合理价位时入市购房。然而,没等房价调整到一般人可以接受的水平,2007年年底以来,国内房地产市场出现强势复苏的趋势,甚至连一些二线三线城市的房价也大幅飙升。

楼市由涨变跌,又由跌变涨,固然反映了供需关系变化和市场机制的作用,也是政策干预的结果,所谓"房地产的复苏取决于政策"的观点可谓击中了房地产兴衰的最大真相。确实,在历经数年对房地产的调控,中国房地产即将回归理性和进行自发调整的前夜,金融危机的到来成了房地产复兴的最后一根稻草。中国政府推出了应对国际金融危机的以"4万亿"为主导的刺激经济一揽子计划,在面对保增长的压力下,许多地方政府放弃了多年对房地产调控的努力,拯救楼市的措施接二连三出台,相关部门和地区的护盘办法一个接一个,如首付比例降低、自有资金要求减低、交易限制放松、二套房限制解套、外资进入解禁、购房赠户口指标等,接连出手。而在此轮房价上涨中,银行扮演着推波助澜的角色,一些地方的银行房贷门槛一再放宽,房地产成了本轮中国经济中最大的赢家。事实证明,很多地方政府对于抑制房价上涨的期望,有些一厢情愿。不从根本上解决住房弱势群体的住房保障,不对住房需求进行疏导,不对无良房地产开发商进行监督和打击,所谓的房地产调控最多只能让房价短期内略有回调,但长期看是越调越高。

从政府的角度来说,对何谓住房保障、保障性住房需要覆盖多少比例或什么样的人群也是经历一个探索阶段。八九十年代的房改是在一个很低的起点起步,城镇居民的住房困难当时是普遍性、全民性的,还谈不上对部分特殊人群的保障。1998年7月发布的《国务院关于进一步深化城镇住房制度改革加快住房建设的通知》,使中国城镇住房制度改革打破坚冰,为告别旧的福利分房制度创造了条件,但当时仍然提出政府主导的经济适用房应为城镇住房供应的主体。从商品化到市场化,仍有相当长距离。然而,城镇住房全面市场化后,主要大城市房价呈现持续的快速上涨,普通老百姓啧有烦言,城市居民对房价的抱怨,已经迅速演变成为一个严峻的政治压力,不断引发经济风险和社会矛盾,已经成为中央政府和老百姓的心病。党的十七大报告将"住有所居"与学有所教、劳有所得、病有所医、老有所养并列为加快推进以改善民生为重点的社会建设重要目标;而低收入阶层的住房问题具有明显的社会保障性质,不考虑这个问题,社会政策是不全面的。

我国近期城镇住房政策的基本内容,是建立以中低收入家庭为对象的经济适用房供应体系,无论是住宅区的规划建设还是住房制度改革,都以面向中低收入家庭为要旨。由于"中低收入家庭"这一概念涵盖了城镇人口的绝大多数,而可以称得上高收入者为数很少,所以,这个政策实际上只是单一的"保障中低收入者"的政策。应该说,这一政策对中国城镇居民居住状况的改善具有重要作用。但随着经济体制改革的深入,新问题、新矛盾的不断出现,这一政策的弊端也逐渐显露出来,主要表现在长期不加区分地将低收入者与中等收入者捆在一起,实际上主要是照顾了中等收入者这一头而忽视了低收入者那一头。就廉租房而言,只能被户籍家庭享受,且准入门槛极为苛刻,融资来源有限,发展十分缓慢。从住房建设投入渠道和受益人群来看,国家为公务员投入,效益好的企业为职工投入,富有的人为自己投入,而住房困难户大部分是效益差的企业职工,前三种投入渠道均与其无缘。无论是哪种房改的路子在低收入阶层都很难贯彻,原因很简单,买房无钱,租又交不起,只能听之任之。基本这种状况,只能由政府出面以社会保障的方式去解决低收入阶层的"住"的问题。

政府应从"关爱家庭""以人为本"出发,采取更加有效的措施整顿房地产市场秩序,杜绝官商勾结,规范房地产企业的市场行为,进一步压缩房地产企业的暴利,抑制房价快速上涨,给予困难家庭更多的支持,让弱势群体家庭"居有其屋"。这是当前和今后一个时期各级政府的艰巨任务,是关注民生、改善民生,得民心、顺民意的具体行动,是构建和谐社会应采取的具体措施。

第四节 德国的家庭政策回顾与借鉴[①]

当代西方发达国家的社会政策正在经历一个改革的过程。在这一改革过程中,家庭对经济和社会发展的作用重新受到重视,因而很多社会政策转向了对家庭的支持或投资。

德国是世界上最早提出"社会政策"理念,并通过立法建立了世界最早的工人养老金、健康和医疗保险制度的国家。140年来,社会

---

① 张敏杰:《德国家庭政策的回顾与探析》,《浙江学刊》2011年第3期。

政策作为一种在国家公共责任基础上,"通过政府提供服务和收入,对公民的福利直接影响的政府政策"①,早在俾斯麦统一德意志以后就在德国的社会生活中被确定下来,而家庭政策在社会政策中始终占有举足轻重的地位。二战后,分裂后的联邦德国与民主德国的家庭政策朝不同的方向发展,分别出台了一系列重建及稳定家庭的政策,多次修订家庭保护法,添加所需的新内容,使其不断充实完善,以适应家庭、社会环境及人口结构的新变化。德国统一使东西德的家庭政策纳入合并的方向,政府又及时调整家庭政策,充分体现了社会政策的福利传统和保障功能,使家庭政策与国家利益相结合,实现家庭与国家的双向服务与支持。回顾与总结德国的家庭政策,对中国的家庭政策有许多值得反思与借鉴之处。

一、魏玛时代的家庭政策

1914 年,为了重新划分世界,德国发动了第一次世界大战;但是战争加速了德国国内危机,引发了 1918 年的德国资产阶级革命,建立了资产阶级共和国。面对战后的 150 万伤兵和 250 万遗属,大联合政府首当其冲的第一个社会政策问题就是如何保障这些战争受害者的供养问题。1919 年 8 月 11 日颁布的《魏玛宪法》至少从法律上勾画出他们为之奋斗的"社会福利国家"的特点,第 161 条规定:"为了保持健康和劳动能力,为了保护母亲,为了应付由于老年和生活中的软弱地位以及情况变化造成的经济上的后果,帝国将在投保人的决定性参与影响下,创造一个全面广泛的福利保险制度。"1920 年 3 月的《帝国供给法》和《健康严重受损者法》将这种源于传统的处理程序正式纳入福利体系之中,"战争牺牲者们"获得了有关医疗、职业恢复、教育培训,以及养老金方面的法律保证和许诺。1924 年 2 月《关于救济义务的帝国条令》和 4 月的《关于公共救济的前提、方式、程度的帝国原则》的出台都考虑到家庭,并增加了给投保人子女的津贴费。由于人口政策方面的原因,所有的生育妇女,无论是否投保人的家属,均能获得生育后的免费助产服务、医药、分娩津贴,以及先是

---

① T. H. Marshall, *Social Policy*, London: Hutchinson University Library, 1965, p. 7.

8周后是10周(1927年)的产假补助。在遗属年金方面,丧失就业能力的工人寡妇能享受亡夫年金的6/10(过去为3/10),孤儿享受5/10(过去为2/10)。若孤儿在接受教育,这笔年金可从18岁延续到21岁(过去是16岁)。①

此外,针对战后家庭的居住困难,魏玛政府直接参与了住宅和公益事业建设。1925年到1930年间,德国新增住宅总数中,私人投资者建造了50%,公益生产合作社建造了40%,国家建造了10%。国家还负责制订住宅建筑计划,并通过向房屋抵押贷款债务人征收房屋利息税,拨出6%的公共事业开支,补贴私人建房者和建房合作社,以资鼓励。同时政府又严格控制房租上涨,一定程度上保护承租者的利益。至此,魏玛德国的"福利国家"政策获得了空前的发展。它不仅扩充了帝国遗传下来的对工人、职员的三大保险和遗属保险,而且还新增设了对战争牺牲者供养、社会救济、失业保险和危机救济。但是,20世纪30年代大危机的到来,面向家庭的社会福利津贴费的削减,造成了受济者心理上安全保障感的丧失,导致了社会矛盾的激化,也为纳粹党力量的壮大推波助澜。

二、纳粹时期的家庭政策

1933年希特勒上台之后,纳粹政府以种族主义理论为依据,在复兴、稳定家庭的口号下,以夺取世界霸权为目的,推行了一种以"保种保族"为主要内容的家庭政策,利用家庭来为国家政策服务,主张家庭应服务于社会目的,具有明显的实利性目的。其具体政策和措施有以下几个方面:

1. 鼓励结婚,强化传统的家庭角色分工

纳粹的家庭政策是围绕提高德国民族的生育率和培育具有纳粹理想的年轻一代而展开的。关于"家庭"的立法是纳粹最早的立法,为使德意志人口增长,结婚是重要的前提条件之一。它试图通过激

---

① [德]卡尔·迪特利希·布拉赫、曼弗雷德·冯克、汉斯-阿道夫·雅可布森:《魏玛共和国,1918—1933》,转引自李工真:《德国魏玛时代"社会福利"政策的扩展与危机》,《武汉大学学报》(哲学社会科学版)1997年第2期。

励和强制多种方式促使"优势种族"妇女生更多的孩子。根据 1933 年颁布的《减少失业法》,准备结婚的妇女只要同意婚前六个月放弃原有的工作,就将自动获得政府的贷款资助。纳粹政府极力维护传统的男女性别角色和职能分工,即一般来说只有男性作为经济支柱的家庭模式,要求妇女返回家庭。在 1933 年后的一段时间内,政府管理部门的大量女职员被解雇,中小学的女教师被免职,医疗保健机构的女医生被取代,禁止妇女当法官和律师。这样,数十万计的妇女被赶回家专营家务,生儿育女。从历史上看,这种角色分工"在德国有古老的根源,并且受到风俗、宗教和法律的认可"①。

2. 资助多子女家庭,推行种族主义的生育政策

纳粹政府"把家庭看作是为国家提供未来士兵的再生产工厂"②,认为要使德意志民族复兴壮大,最重要的环节是使德意志妇女多生孩子,并强调生育对维护"民族生存"和防止"种族灭绝"有十分重要的意义。围绕妇女的母亲角色和生育功能,纳粹通过宣传、法律、政策掀起一场广泛的支持家庭生育的运动,所采取的家庭政策主要有:(1)发放多子女生活补贴。1935 年 9 月 15 日政府颁布《向多子女家庭提供子女补助金法令》,开始发放一次性的子女补贴。自 1936 年 4 月起正式实行经常性的子女补贴。(2)提供多子女教育津贴。纳粹政府于 1938 年 3 月和 6 月两次发布法令,为多子女家庭提供教育津贴以及减免学费。教育津贴主要用于学费、生活费、交通费和学习用品费。对第三和第四个孩子的教育津贴提供至满 14 岁。(3)减免多子女家庭税收。在所得税方面,多子女家庭的免税额提高,拥有六个孩子的家庭,所得税全部免掉。(4)为孕妇和婴儿提供社会救济和帮助。并可以根据生孩子的数目减少偿还贷款数额,如果能生满四个孩子,则无须偿还。通过此方式,刺激年轻女子结婚,生孩子,让她们无意间就回到了"母亲和佣人"的传统角色。纳粹政

---

① [美]戈登·A. 克雷格:《德国人》(杨立义、钱松英译),上海译文出版社 1998 年版,第 199 页。
② [德]费舍尔:《纳粹德国——一部新的历史》(下册)(萧韶工作室译),江苏人民出版社 2005 年版,第 454 页。

府所建立的社会救济机构"民族社会主义母亲和儿童国民福利院"除从事通常的家庭救济外,还组织动员社会力量向孕妇家庭和育婴家庭提供志愿服务。① 这些政策的出台一改魏玛共和国软弱无能的形象,刺激年轻女子结婚,生孩子。同时,纳粹政府还陆续颁布了《德意志人血统及婚姻保护法》《德意志人遗传健康保护法》《大德意志婚姻法》等法律,"禁止犹太人与德意志人或者同种血统的公民结婚","禁止犹太人与德意志及其同种血统的公民发生法外婚姻关系";1933年6月,纳粹政府颁布的第一个人口政策法甚至规定"为优化、纯洁德国种族,必须强制优生、绝育"②。为此,纳粹建立了250个特别绝育法庭,以法西斯的残暴来淘汰所谓的"无生存价值的生命",以求德意志妇女生育的孩子符合纳粹的质量要求,成为献身于纳粹事业的可用之才。

3. 破坏传统的家庭价值观,推动家庭的纳粹化

纳粹政权表面上强调坚固的家庭生活、为妇女提供安全和地位,实际却在破坏传统的家庭价值观,削弱以家庭为中心的生活;纳粹特别强调,做母亲不仅仅是养育孩子,同时还担负着培养具有新价值、新理想的德国下一代的责任,让妇女回到"母亲和佣人"的传统角色,并鼓励以同性别的组织生活为生活常态。他们将种族主义的基本国策与人口政策、生育政策等联系起来构筑家庭政策的基础。在教育制度方面,纳粹政权建立了中央集权的学校管理制度,要求家庭配合各类学校必须进行所谓的"种族教育",强调德意志是最优秀的民族。并在各种教科书中宣扬对法西斯的崇拜和对法西斯头子的盲从,家庭教育和幼儿教育受到了严重的摧残。在社会生活方面,以军队、青年组织和学校来完成家庭的纳粹化,要求家庭成员要融入各种社会组织中,如"希特勒青年团""国家社会主义司机团""帝国劳工战线"等。总之,纳粹政府采取了促进德国人口发展的政策,这种政策主要是以经济上的资助来推动实行的,并辅之以法律上的强制和宣传教

---

① 王肇伟:《试论纳粹德国的人口政策》,《山东师范大学学报》(人文社会科学版)1994年第4期。

② 马瑞映:《德国纳粹时期的妇女政策与妇女》,《世界历史》2003年第4期。

育方面的鼓动。但是,纳粹"复兴家庭"政策并非是家庭至上和母亲优先的政策,而是利用国家改变了家庭,使家庭支持国家政策,达到家庭服务于纳粹政权的目的。

三、战后东、西德家庭政策的分野

随着二战后德国的分裂,家庭在两个完全不同制度的国家,以不同的方式重新开始整合,家庭政策也出现明显的分野。

1. "去家庭"与"家庭化"的分野

战后民主德国政府实施了一系列强有力的"去家庭"(de-familising)措施,试图使家庭事务政治化。1949年的东德宪法宣布,不允许任何阻碍实现两性平等的现象存在,"所有与妇女的平等权利相抵触的法令和规定,一律立即废止"[1]。1950年,东德颁布了《儿童、母亲和妇女权利的保护法》,正式否定了妇女的经济依赖性,倡导男女权利平等,保护妇女合法权益,促进妇女解放,这不仅是德国历史和传统的突破,同时也使家庭地位和家庭功能发生了前所未有的变化。为了提升与西德之间在意识形态竞争领域中的力量,社会主义东德大力促使妇女投身到全职工作岗位上,民主德国的劳动法规更是要求所有企业,必须制订招收、正式培训和提升女性职工的明确计划,由于受到政府实行的以鼓励和支持工作适龄妇女进入劳动力市场为主要内容的妇女政策影响,妇女作为工作者与母亲的双重角色得到了肯定;通过大力提升妇女的独立性,使她们从过去对男性的依赖转变为对国家的依赖,以高就业率为特征的女性就业模式,满足了国家在社会经济建设过程中对劳动力资源的需求,改善了妇女在家庭和公共生活领域里的地位。[2] 社会主义的"供给型国家"支配了家庭的基本功能,不但父母角色以及依靠丈夫养家糊口的功能都发生了变化,而且也导致家庭的生活方式的变化,出现由未婚先育的同居者组

---

[1] Eva Kolinsky, *Women in 20th-century Germany: A Reader*, Manchester: Manchester University Press, 1995, p.74.

[2] 王扬:《试论原民主德国女性就业模式及其影响》,《湖北大学学报》(哲学社会科学版)2003年第1期。

第六章 "国家、家庭、个人"关系与家庭政策

成的新的、平等的准家庭生活方式和建立在性别平等基础之上的婚姻家庭生活方式同步发展的现象。

与民主德国形成鲜明对比的是,西德的传统的家庭生活方式基本未变,家庭政策不同于纳粹德国时期及社会主义东德政权国家对夫妻权利及父母权利的干预,在婚姻和家庭领域加强了夫妻作为父母的权利和公民权利,在不断强化传统的妇女对丈夫的人身依附和经济依赖的同时,由政府向家庭提供必要的福利支持,这些政策可以叫做婚姻为基础的"家庭化"(familisation),①即政府通过福利政策来加强对于家庭的各项支持,使家庭的经济功能、情感功能、抗风险功能等得到增强,它包括儿童津贴、母育假与父育假津贴、鼓励妇女平衡就业与家庭关系的各类政策等。② 联邦德国政府 1949 年颁布的《基本法》有"男女平等"的内容,规定了"婚姻和家庭处于国家的特殊保护之下",但在有关男女在家庭和婚姻中的具体规定中,给予妇女的平等地位显然是不够的。如《民法典》1354 条规定男人在婚姻中选择居住地等方面具有决定权;1356 条规定,妇女只有在不影响在家庭中的义务时,才能够外出工作;1360 条规定,只有当男人的工资不够养家时妇女才能工作;1628 条规定,男人在关系到孩子的问题上有最终决定权;等等。随着时间的推移,从 1957 年开始,上述规定逐渐被取消。到 1980 年,在民法中才真正规定了家庭事务要由夫妻双方共同决定。

2. 发展公共托儿事业与强调亲职教育的分野

东德政府认为,通过在公共设施中设立早期的、综合性的保育机构可以影响孩子的社会化朝着社会主义者的行为准则方向发展。因而,机构性的保育设施膨胀,几乎涉及所有的孩子。发展公共托儿事业是根据社会主义原则教育儿童,并使妇女能投身工作岗位的重要措施。东德通过各种家庭补贴、公共设施、儿童保育、度假设施建设

---

① Ilona Ostner, Michael Reif, Hannu Turba,"Family Policies in Germany," Drafted for the meeting "Welfare Policies and Employment in the Context of Family Change", 8-9 October, 2001 in Utrecht, Netherlands.

② 张浩淼:《德国福利体制的转型与重构》,《经济研究导刊》2010 年第 6 期。

和单身母亲的特别津贴等福利项目,直接或间接地支付了儿童抚养成本的80%;国家成了儿童抚养的主要供应商,并通过向在职母亲提供的带薪学习、抚养假期等国家服务,与她们一起分享了抚养的任务。从20世纪70年代起,以儿童为中心的家庭政策优先考虑的是增加人口数量,公开地强调和推动家庭的生育功能,而不论儿童的家庭形式和其父母的婚姻状况,这反过来又使非婚生育有了发展的趋势。由于东德国家在财政上还不能负担起公共托儿的巨大开销,不得不要求有子女家庭依靠自身的资源来兼顾工作和育儿义务,因此妇女在家庭中承担的责任和义务未能得到实质性的削减,在家庭与社会中的双重角色使大多数妇女感到自身对生活选择度过小,存在生活压力过大的问题。①

联邦德国的家庭政策受到分配政策和传统观念的影响。分配政策倾向于应使家庭政策减轻父母抚养孩子而带来的负担,主张应为孩子确保社会和文化方面的最低需求。而传统观念导致西德的家庭政策建立在在男人赚钱养家、妇女育儿与做家务的模式上。虽然战后西德妇女也开始追求工作和家庭的协调和连续,但是带孩子和教育孩子仍然由各个家庭、主要由妇女在家庭中承担。妇女在抚养教育孩子期间依然被认为不应从事职业工作或只能从事有限的职业工作。由于联邦德国强调母亲的传统角色,故不重视公共托儿事业和学前教育,而强调亲职教育,并认为它是无法通过公共托儿教育来取代的。基于这个考虑,西德基本没有3岁以下幼儿的托管机构,3岁以下幼儿在公共教育机构中接受照顾和教养限定在严格界定的"紧急情形"下,并不认为这是一种为家长提供的"正常的"服务。3岁至6岁的幼儿服务机构也严重不足,多数托儿所为半日制,只有少数的托儿所提供全天班;原则上只有来自单亲家庭及双亲均为大学生或正在接受职业训练的幼儿才可能将孩子送到全日制托儿所。

20世纪70年代开始,西德社会普遍认识到,对儿童的培养和教育关系到国家的发展,政府应当把这一社会福利项目纳入整个社会

---

① Manuela Badur, *Junge Frauen aus Ostdeutschland*, Aus Politik und Zeitgeschichte, B12/99, p.27.

第六章 "国家、家庭、个人"关系与家庭政策

保障体系之中。通过社会保障机制,平衡各个家庭在教育子女费用上的负担。1975年,西德政府颁布《联邦子女补贴费用法》,以法律形式对儿童补贴做出规定。其具体内容为:第一,每一个有义务抚养儿童的公民,不论其收入多少,都可以领取一定数量的儿童补贴。第二,每个儿童从出生之日起到年满16岁止,都可享受儿童补贴;如果儿童在年满16岁时还在上学或还在接受职业培训,可以进一步把儿童补贴延长到27岁止。第三,补贴标准,主要根据每一家庭孩子的多少和家庭收入的多少来决定。孩子越多,每个孩子享受的补贴越多;低收入家庭可领取的补贴,高于高收入的家庭。在实施儿童补贴时,还辅助以税法及其他法律法规。如联邦税法规定,有孩子的家庭可以减免个人所得税,原则上孩子越多的家庭,减免幅度越大;妇女在家抚育儿童的时间,也被列入退休保险的时间之内等。这些政策的实施,有效地对家庭看护和教养提供了支持和援助。

3. 鼓励生育与消极人口政策的分野

东德政府采取鼓励生育的政策,如扩大机构化的公共保育设施,也不惩罚堕胎者。但许多已婚夫妇仍不愿多生育。从20世纪70年代起,以儿童为中心的家庭政策更加公开地推动以生育为取向了,生育政策假定一个强大的中央政府存在于东德而非西德,这些政策优先考虑的是增加人口数量,而不论儿童的家庭形式和其父母的婚姻状况。这反过来又增加了非婚生育、离婚或分居的妇女和男人,故东德未婚同居人数和非婚生子女人数都多于西德。

西德在很长时间内并不鼓励生育,人口政策倾向消极,人口出生率自1950年以来呈缓慢下降趋势。由于西德一直较为严格地执行限制甚至禁止堕胎的政策,故地下堕胎在70年代逐渐盛行,西德国会为回应社会现实在1974年通过了刑法的修正案,规定在怀孕之后的12周之内进行堕胎,免除其刑罚。但是1975年,国会根据宪法法院指出的模式重新制定条文,对堕胎进行严格限制,只有在危及孕妇生命、胎儿畸形等情形下可允许堕胎,否则将施以刑罚。为了保持人口总数的相对稳定,西德政府对每生养一个孩子累进补贴,延长产假,并且保证这些母亲在家里抚养孩子2年至3年后,在原来工作的

公司或机构可重新获得职位等政策。

四、德国统一后的家庭政策

家庭政策与一般的社会福利政策紧密相连。因为家庭政策具有社会效应，反过来政府也需要及时调整家庭政策以适应社会的变化。随着柏林墙的倒塌，东西德于1990年10月实现了统一。在德国统一的进程中，西德的社会制度和社会福利政策被转移到东德；东德大批的退休人员成为两德统一的获利者，他们的平均收入几乎是统一之前东德退休者所获的三倍，这些趋势都加重了联邦政府在社会政策开支上的负担。根据统一条约法规定，由于两德制度差别过大，为避免急促统一可能引起的大量失业及社会不安，因此东德地区既有的法律规范必须部分被保留。总体上看，东西德的家庭政策被纳入了合并的方向，但是自90年代以来，德国的家庭政策基本上朝着前东德的思维方向发展。① 家庭政策的主要目标是：促进人口出生率的提高；调整有子女家庭和无子女家庭，多子女家庭和少子女家庭的收入分配；作为福利国家的一项福利措施，对家庭中的父母和子女提供生活保障，保证儿童在受教育等方面的机会均等。②

影响德国家庭政策的原因是多方面的。出生率低、人口老龄化的加剧和劳动力日趋萎缩已经不再是纯私人的事情了。在欧洲国家中，德国是其中最受人口老龄化影响的国家。预计到2020年，与欧盟其他国家相比，德国人口中年轻人所占比例将是最低。③ 政客和社会政策学者担心长此以往，国家将会无力为激增的老龄人养老口买单，市场购买力将会下降，从而阻碍经济增长，德国有可能变成一个经济弱国。因此，一个国家的出生率已经成为重要的经济区位因

---

① Ilona Ostner, Michael Reif, Hannu Turba,"Family Policies in Germany".

② 张雨露：《家庭——个人与社会的博弈——关于德国家庭现状及目前家庭政策的分析》，《德国研究》2007年第1期。

③ Eurostat, "Old-age-dependency Ratio Percentage," 2006; http://epp.eurotat.ec.europa.eu/portal/page?_pageid = 1996,39140985&_dad = portal&_schema = PORTAL&screen = detailref&language = en&product = sdi_as&root = sdi_as/sdi_as/sdi_as1000, accessed June 30, 2007.

素,政府不得不通过养老金政策、医疗照顾政策、人口政策、家庭政策等社会政策的调整来进行干预。

影响社会政策的另一个主要因素是德国家庭结构的转变,其具体表现为:一是婚龄期的男女初婚人数持续下降,根据德国法律,初婚年龄女性为16岁,男性为21岁,特殊情况下也允许男子18岁结婚;但是,在婚姻缔结人数下降的同时,青年初婚平均年龄上升,婚龄青年初婚人数下降,而且从全国结婚的绝对人数看,每年结婚人数也在下降。二是不以生育为动机的"非婚生活联合体"或"非婚同居"生活方式蔚然成风。三是是离婚人数持续上升,这反映了德国的婚姻与家庭存在严重的危机。四是完整家庭数量下降,单亲家庭数量不断增加,其中不乏身患重病、身有残疾者和鳏寡孤独老人,也有相当比例的单亲父母与孩子单独生活,他们特别依赖于法律上的社会福利保险以及社会援助。① 因此,在德国的新闻媒介上不时传播着有关婚姻与家庭出现"危机"和要求"抢救家庭"的舆论,统一后的德国政府陆续出台相应的家庭政策进行干预。

1. 将促进生育提升为国家的头等战略任务

生育是家庭的主要功能。但是,德国联邦统计局发布的人口发展调查报告显示,德国人口正在快速减少。一方面,越来越多的育龄女性选择不生育,另一方面是人口老龄化加重;孩子少意味着就业人数少,既意味着专业劳力和消费者人数的减少,又将带来养老金短缺等一系列社会问题,给养老保险体制带来极大的冲击。因此,家庭政策的意义越来越重大。自2003年开始,德国成立了所谓的"家庭政策联盟",也就是德国政府和经济界齐心合力,实施一系列促进家庭人口增长的刺激计划,共同创造有利家庭的工作环境。在红—绿政府上台执政后,在家庭政策方面高度肯定了生育的价值,将生育等同于"社会投资"和"增加回报",即认为儿童是具有第一价值的"投资"

---

① 张敏杰:《当代德国的婚姻与家庭》,《浙江学刊》1993年第3期。

对象,也是具有"未来收益"价值的来源。① 前德国总理施罗德曾直率地承认:"孩子是我们的未来。这句话并不是这么泛泛说来的,就是从经济角度而言它也无疑是正确的。孩子不仅是我们的未来,也是我们的劳动力、消费者和明天的父母。我们的未来,也就是我们国家的经济力量、养老保障和国内所有地区的生活能力都依靠我们的后代。在即将来临的知识社会中,德国出生多少儿童将成为我们这个国家的头等战略任务";因此,"家庭政策必须创造框架条件,使更多的人能够满足他们要孩子的愿望。"② 2006年9月,德国政府出台了一项鼓励双职工夫妇多生育、促进家庭人口增长的法规,根据规定,在2007年1月1日当天或之后出生的孩子都可享受这一福利。停职在家照顾孩子的父母全年每月可得到相当于税后月收入三分之二的补贴,每月最高可达1800欧元。如果父母中的另一方继续停职两个月,则可享受14个月的补贴,即最高为2.52万欧元的生育福利津贴。而根据此前的"父母津贴"规定,新生儿父母在两年里最多可以获得7200欧元的津贴。新政策的目的是希望使年轻的父母免于经济压力,安心在家抚养小孩,也是为了鼓励德国夫妇多生育。

2. 对拥有未成年孩子家庭的现金补助和税收优惠

为了改善家庭的收入状况,德国主要是通过直接的货币转移(直接给家庭补贴金)和间接的转移(通过税收)等措施来改善家庭的收入状况。德国统一初期,政府在家庭现金补贴和税收优惠上的公共开支占国民生产总值的比例已远高于经合组织(OECD)成员方的平均水平,这项改革代表了从税收减免为主导的体制向现金补助为主导的体制转变,使得福利计划更能体现社会公平,因为低收入家庭从税收优惠政策上的得益往往较少。此后几年中,主要的政治力量都急于加强其在家庭政策上的信誉,因而家庭现金补助得以不断增加。在整个90年代,宪法法院多次在其裁决中认定公共拨款不足以保证

---

① Ilona Ostner, Michael Reif, Hannu Turba, "Family Policies in Germany," Drafted for the meeting "Welfare Policies and Employment in the Context of Family Change", 8-9 October, 2001 in Utrecht, Netherlands.

② 《德国缺少孩子,家庭政策为战略任务》,"德国之声"中文网:http://www.dw-world.de/chinese,2005年4月16日访问。

第六章 "国家、家庭、个人"关系与家庭政策

有孩子的家庭的最低生活水平,要求增加补助;尤其是1996年对家庭补贴的二元体制(familienlastenausgleich)改革代表了社会政策发展的一个重大飞跃,对儿童和无经济独立能力的配偶的补助水平得到显著提高。这些用于支持家庭和给予孩子的补贴是免税的,与孩子有关的照料、教育等方面的必要开支,也同样可以部分享受免税。"2001年,德国花在家庭政策方面的资金为1800亿欧元,占当年国内生产总值(GDP)的9%。这笔款项中大约有三分之一是用于与家庭有关的税收政策,三分之二的支出为转移到家庭的收入部分。这意味着,德国政府支付了家庭抚养孩子成本的46%"①。

3. 为儿童和家庭提供优质的看护服务

德国统一后,前西德儿童看护体系的缺失引起了执政者的不安,当时执政的基督教民主联盟和自由民主党(CDU/CSU-FDP)联合政府为弥补东西德之间在儿童看护服务服务提供方面的差距的政策,原则上放弃了此前西德反对扩大儿童看护的公共服务体系的主张,政府不再将孩子的看护责任完全推给家庭,认为看护孩子是社会的共同责任,是关系到社会福利的大事。② 根据德国政府推动和通过的一项全国性扩大儿童看护服务体系的法案(*Tagesbetreuungsausbaugesetz*),从2005年起政府每年提供15亿欧元给地方政府,用以扩大针对0—3岁年龄组儿童的日间托儿机构,同时为3—6岁年龄组的孩子们提供非全日制的儿童看护服务。2007年德国政府又决定到2013年,将接收未满3岁孩童的保育园数量增加到3倍。这些保育园未来可以容纳35%这个年龄段的孩子。而且对于入不了保育园的家庭也有家庭内的保育支援政策,可以拿到150欧元的现金补助。同时,法律将承认父母有将未满3岁的孩子送入保育园的权利。这些政策标志着德国家庭政策的决定性转变。目前,德国东西部3—6岁的孩子在保育上的差别开始缩小。

---

① Ilona Ostner, Michael Reif, Hannu Turba, "Family Policies in Germany," Drafted for the meeting "Welfare Policies and Employment in the Context of Family Change", 8-9 October, 2001 in Utrecht, Netherlands.

② 宋卫清、丹尼尔·艾乐:《福利国家中的社会经济压力和决策者——德国和意大利家庭政策的比较研究》,《欧洲研究》2008年第6期。

4. 实现工作与家庭责任的平衡

原西德的家庭模式是由传统的男性赚钱者和家庭主妇组成的，家庭成员的福利程度取决于男性劳动力的社会权利及家庭成员（妇女）照料儿童和老人的程度，而东德女性则有较高的就业率。德国统一后，原东德的职业妇女大批失业，而西德妇女就业人数开始逐步增加。① 但是，到 2005 年，德国女性的就业率已达到 60%，而同期德国的总体就业率约为 65%。② 如今，德国三分之二的企业都实行弹性工作时间和非全职工作制度，女性的收入也已接近家庭总收入的一半。在这种情况下，为有工作的母亲扩展儿童照顾和护理的基础设施，以及促进工作与家庭责任之间的和谐等，成为德国福利国家的改革方向。③ 2001 年德联邦政府对教育费做出了重新规定，其原则是有利于减轻家庭负担。在父母假期方面，规定了父母双方都可以要求享受照顾孩子的父母假，最多可以休息 3 年。孩子的父母有权自愿决定谁享受父母期以教育、照料孩子，父母双方也可同时享受此权利。无论父母哪一方或父母双方同时享受父母期，仍可每周作至 30 小时的兼职工作，每一个满 15 个正式员工以上的企业，必须接纳兼职人员。在父母期期间，父母受解雇保护法的保护，即企业或公司无权解雇在父母期的雇员。（若企业在此期间破产，联邦法律有另行规定）父母期结束后，雇员有权回到其原工作岗位或与其原岗位等值/等职的工作岗位。一个比以前级别低，待遇低或与职业品值不相符的工作岗位是不允许的。德国政府积极推动妇女介入劳动力市场的模式取代了传统的以妇女三阶段生命周期为基础的政策，使父母拥有了选择的自由，无论是继续工作还是照顾家庭都能有一定的经济与福利服务保障。家庭政策因此获得了各社会阶层日益广泛的支持，为工作和家庭平衡政策的继续发展奠定了基础，增加了就业和家庭责任之间的兼容性。

---

① 张敏杰：《德国妇女的角色选择》，《妇女研究论丛》1993 年第 3 期。
② Federal Ministry of Economics and Technology, *Annual Economic Report* 2007, p.48.
③ 杨解朴：《德国福利国家的自我校正》，《欧洲研究》2008 年第 4 期。

五、德国家庭政策对中国的启示与借鉴

虽然中国有不同于德国的社会制度与家庭发展历史,但是德国与中国都是重视家庭、重视家庭政策的国家。德国的家庭政策充满了曲折与起伏,德国的社会福利体系也仍然面临着日益沉重的负担,但是通过对德国家庭政策的回顾,中国的家庭政策依然可以从中获得不少有益的启示与借鉴。

(1)德国在不同时期实施的不同家庭政策表明,家庭政策是社会政策的重要组成部分。虽然德国经历过纳粹时期对家庭的非人道的政策干预,但总体上看,德国政府坚持了福利取向的家庭政策,通过福利政策来加强对于家庭的各项支持,使家庭的经济功能、情感功能、抗风险功能等得到增强,使家庭利益与国家利益相结合,推动家庭服务于国家利益。二战后德国的分裂和东西德家庭政策的分野,很大程度上是意识形态的对立和国家制度竞争的结果;但是在德国统一的进程中,一方面是西德的社会制度和社会福利政策被转移到东德,另一方面是东西德的家庭政策被纳入了合并的方向,政府推出的家庭政策基本上朝着前东德的思维方向发展,如促进生育、广建托儿所和聘雇保姆、提供儿童津贴、母育假与父育假津贴、鼓励妇女平衡就业与家庭关系的各类政策等,都体现了德国社会政策的福利传统和保障功能,反映了家庭政策的效率性、适用性和福利性。虽然在家庭政策的具体操作方法上,德国国内存在着不同的声音,但是,"德国的家庭福利政策已经由补充性、边缘化的政策转变为福利体制的基础性、中心性政策,任何一个家庭,无论其家庭类型如何、家庭成员是否就业,都可以从以上这些家庭福利政策中受益"[1]。

考虑到中国的实际情况和目前已涌现的家庭发展困境,推行以家庭整体为福利对象的社会政策势在必行。当前,为那些承担养老和育幼责任的家庭提供经济帮助是发展型家庭政策的重要组成部分。抚育子女或为不能自立的其他家庭成员提供照顾对于任何一个家庭来说都是一件需要花费很多资源的事情,这些资源的短缺是影

---

[1] 张浩淼:《德国福利体制的转型与重构》,《经济研究导刊》2010年第6期。

响家庭功能和儿童健康成长的重要因素。如果政府能够通过税收政策对这一成本予以承认,不仅是从经济上对家庭责任的有效支持,也是社会公平的体现。

(2)家庭是形成和发展人力资本的首要环境,教育投资无疑是发展家庭能力的必由之路。家庭政策作为一种主动的工具,统一后的德国政府为了应对人口出生率下降问题,通过对家庭政策的重视和投入,在强调家庭责任的同时更重视对家庭的支持,不仅是为了鼓励提高出生率,也是为了大力促进人力资本的培育,使生育产生"社会投资"和"增加回报"的效应,家庭因此成为培育人力资源最重要的机制,同时国家投入的公共教育制度更是直接培育了人力资本和人力资源,这对一国长期的可持续发展起了决定性的作用。

基于国情的不同,中国实施了严格的计划生育与人口控制政策。如今,独生子女政策实施已经三十多年,中国应从社会经济现实出发调整相关的家庭人口政策,在科学控制人口的基础上,不仅重视对中低收入家庭的教育投资支持、提高这些家庭的人力资本含量,以适应新的社会发展需要;而且要在整个社会形成重视教育与人力资本投资的环境,赋予人力资本更为丰富的内涵。政府应当通过家庭政策扩大对家庭的财政支持,在保障民众基本需求的基础上,尝试消除现行福利体制固有的内在不平等(如高收入和低收入家庭在收入再分配方面的不平等等),提升对最有需求家庭的资助力度(如残疾人家庭、空巢家庭、单亲家庭、独生子女家庭等),并减少妨碍有抚幼或养老责任的夫妇就业的不利因素。

(3)德国政府通过直接的货币转移和间接税收调节政策改善家庭的收入状况,使收入较低、从税收优惠政策上的得益较少、经济负担较重的家庭首先受益,充分体现了福利计划的社会公平性。

"以民为本""改善民生"是中国政府的承诺。中国改革开放三十多年来,大多数家庭为国家的发展分担了改革的成本,作出了贡献。他们响应国家计划生育的号召尽了义务,独生子女成了父母的命根子,但适度普惠的儿童福利政策却至今仍未出现;"养老靠国家"曾经是国家对响应独生子女政策的夫妻所作过的承诺,但现在却有权威人士称"养老责任不能全靠政府","要警惕政府责任放大"。其实,"失独""空巢"老人的需求不过就是希望政府能体恤当下的困境,给予一些帮助罢了;同样,多建一些幼儿园、养老院、医院等改善民生的设施,提升人民群众的社会保障程度,花不了国库多少钱。2012年8月15日,国家统计局报告称2011年中国人均GDP达5432美元;又据财政部公布数据,"2012年全国实现财政收入人民币11.72万亿元"①。可见,国家现在已经有能力建立起一个适度普惠的社会政策体系,较大幅度地提升社会福利也成为可能。推进适度普惠的社会政策已不是"能不能"的问题,而是"想不想"的问题。总之,通过家庭政策及其相关的社会政策将社会资源用于改善家庭环境、满足儿童成长与老年人养老的需要,发展残疾人事业,在经济上支持家庭,我国已初步具备了明显提升整个社会福利所必需的财力与物力,也是不难实现的。

(4) 联邦德国政府早在1953年就成立"联邦家庭事务部"(Bundesministerium für Familienfragen),目前政府分管家庭事务的机构为"联邦家庭事务、老年、妇女及青年部",工作领域涵盖了家庭、老人、妇女、儿童及青年。该部致力于维护和促进家庭的发展(包括单亲家庭抚养金、孕产妇权益保护、特殊抚养金、儿童津贴等),保障家庭利益能够在联邦德国政府中受到尊重,并努力创造良好的外部环境(如父母假、事业与家庭的平衡发展以及各地的保护家庭权益组织等),使为人父母者能够更好地共同承担其责任。该部还资助、促进家庭工作(如家庭协会、家庭教育、家庭咨询和家庭救助),通过建立示范项目促进老年人的独立生活,改善老年人的救助和护理质量,帮助老年人组织和老年人维护合法权利;并致力于在联邦法律的制定以及其他部委制定法律的过程中影响立法者,以达到在各个政治领域维护儿童和青少年、妇女、老年人的合法权益。

在中国现有的行政管理体制下,目前以部门为主导而形成的各种与家庭相关的社会政策均呈现分散化和碎片化的特征,不同的政府部门往往专注于各自的功能和职能定位,相关部门之间职责交叉

---

① 《中国2012年财政收入增长12.8%》,和讯新闻:http://news.hexun.com/2013-01-22/150448928.html。

但界限不明确的情况时有出现,政策之间相互制约乃至冲突的现象时有发生,家庭发展在发展序列中的排序以及家庭政策优先对象的确定都要取决于相关部门对家庭事务的理解,这会使推行家庭政策的许多基础性工作仍难以开展、源头性问题仍难以解决。① 形成多头管理、政出多门、推诿扯皮、效率低下和政策冲突的局面,缺乏国家层面上权威、统一和综合性的儿童、老人等人口的行政管理机构。因为政出多门,儿童社会政策、老人社会政策、人口生育政策的发展在一定程度上呈现出了各自为政、相互不配套,甚至相互"打架"的局面。政策的出台、实施与改革缺乏统筹规划,整体合力的发挥不足。为此,政府可以建立专门的人口与家庭部、儿童与家庭事务部,创建专门的家庭政策机构,将原来分散在各部门的儿童、老人、人口社会政策与家庭政策管理事务统一纳入到统筹行政资源的基础上,有效推动中国家庭政策体系的重构,有利于在公共政策层面更好地促进人口发展与家庭和谐。

总之,我们要在全社会形成一个支持家庭、投资儿童、关爱老人的社会环境和制度体系,形成一个政府、市场组织、社区及公民社会组织等都有责任、动机和行动来支持家庭、帮助家庭更好地行使其责任的制度框架。

---

① 胡湛、彭希哲:《家庭变迁背景下的中国家庭政策》。

第七章 社会政策视域下的社会工作

转型时期的中国,处于新旧两种体制的撞击和摩擦中,社会原有结构失衡引发了许多新的社会矛盾和问题,影响了社会的和谐发展。实践证明,这些矛盾和问题的圆满解决有赖于社会政策的完善与支持。改革开放以来中国政府所实施的一系列社会政策,不但使民生从温饱过渡到了基本小康水平,而且伴随着关乎于民生切身利益、关系到民生客观要求、关系着民生内在质量的构建社会主义和谐社会的提出以及实施,有关民生关怀的物化程度正在进一步得到普及和提升。但是,一系列通制度层面实施的社会政策,离不开专业社会工作的介入;社会工作在政府和公众之间,将社会政策转化为社会行动,将政策具体贯彻落实到每一个社区和个人身上,使社会政策的战略和策略经由具体的社会工作而得到体现。反之,有些社会政策的实施效果不尽如人意,除了在制度设计上有缺陷以外,往往因为从政府行政到公众行动之间,没有发挥好社会工作在贯彻和落实社会政策过程中的传递机制。

第一节 社会政策与社会工作的关系

社会政策与社会工作从一开始就相伴而生,它们的出现与解决社会问题关系密切,它们的发展与社会协调机制的逐渐完善紧密相连。从西方社会政策与社会工作的产生发展来看,社会政策与社会工作产生于工业化、现代化发展带来的负面影响,即经济迅速发展过程中出现的一系列的不和谐社会因素,尤其是贫富两极分化带来的严重社会问题。为了化解社会矛盾,稳定社会局面,从政府的角度就出现了解决与协调这种不和谐社会因素的社会政策和使这种政策得以实施的有组织的行为,这种有组织的行为可以看作是社会工作的雏形。① 社会政策脱胎于社会工作,又服务于社会工作,两者相辅相成。社会工作帮助社会政策对社会福利和社会需求进行界定,而社会政策则为社会工作实务指出了行动纲领。社会政策要研究政府提供哪些福利以及如何提供这些福利,因此社会政策的分析需要社会工作方面的知识,同时也会采纳这些学科中的分析方法。②

二战前后,随着科技革命和经济的高增长,随着工业社会向后工业社会的转型,随着民权运动和新工人运动的发展,欧美各国面临许多新的社会问题与社会冲突。为此,通过一系列社会计划和社会福利政策去调整利益格局、化解社会冲突、维护社会稳定、推动经济与社会的协调发展,便成为这些国家普遍面临的重大课题。但是,实施这些社会计划和福利政策,显然不能仅仅依靠单一的、有限的政府资源和行政权能,也不能单纯依靠非政府、非营利的社会服务机构,而需要建立能够有效整合各方资源、实现政府和非政府组织(特别是非营利社会团体)共同治理的制度安排,需要建立一套有利于非政府组织发育、发展的政策导向和法律规范,以及在社会分工原则下的政府与非政府组织之间合作互动的机制。正是在这一背景下,职业化、专业化与社会化的社会工作制度应运而生,作为非政府和非营利组织(NGO、NPO)最重要载体的社会工作机构迅速发展;而政府与社会工作机构之间则形成了购买社会服务与提供社会服务的合作机制。战后的欧美国家是如此,20世纪70年代以来经济起飞的新加坡以及我国香港地区也如此。③

从当今世界的情况来看,包括发达国家、新兴工业化国家在内的大多数国家和地区,都已将社会工作制度纳入整个社会管理、社会福利与社会服务的制度架构中,并赋予社会工作制度四大特征:(1)政

---

① 王玉香:《社会政策与社会工作的协调功能比较分析》,《南都学坛》2008年第4期。
② 麦萍施:《书评:社会工作新论》,《社会工作学报》2005年第1期。
③ 徐永祥:《现代社会工作与和谐社会建构》,《光明日报》2005年5月24日。

府与社会的分工合作。其核心是"政社分开",即政府与非政府社会组织的职能分离以及事业目标的合作。按照该原则,政府主要负责社会管理与社会服务的政策指引、法律监管,而非政府的服务机构则主要承担具体的社会管理和社会服务项目,并接受政府的监管。(2)用以购买社会服务的公共财政体系。政府在每一财政年度都有专门的预算,并根据社会管理事务和社会服务需求的实际,通过招标的形式或委托的形式向非营利机构(主要是社会工作机构)购买服务。而社会工作机构则通过竞标或者谈判的形式获得这些服务项目,并在社区、援助机构及其他场所向服务对象提供社会服务。(3)社会服务的非营利性质。政府购买的和社会工作机构提供的服务皆属非营利性质,其面向困难群体或边缘群体的服务项目一般不收费,面向中高档收入人群的服务则可以收取不等的费用(这些收入只能作为营运的成本)。(4)专业化、职业化的工作体制。即社会工作是一项专业性很强的职业,如同律师、医生一样,社会工作者必须经过大学专业教育或者获得专业资格证书并且注册后方能从业。①

　　社会工作是社会经济发展到一定阶段的产物。职业化的社会工作在西方已有一百多年历史,形成了浓厚的学术积淀和丰富的实践经验,且已扎根于社会生活的方方面面。当代社会工作的领域、对象日趋扩大,社会工作的制度功能也日趋完善。就其领域而言,已经从社区、慈善场所扩大到学校、医院、福利机构以及企业、监狱和法院等。就其工作对象而言,已从困难群体、边缘群体逐步扩大到所有需要社会支持和帮助的人群。就其功能而言,已不再仅仅是帮助穷人的慈善行为,而是一种专业的社会协调与社会控制手段,运用它可以有效地扶贫帮困,整合社会矛盾,预防社会犯罪,实现个人与社会的和谐关系,提升社会福利与社会保障的水平,维护社会的稳定与进步。② 就其制度保障而言,社会工作服务是根据社会政策而推行的,社会政策的完善与发展,加快了社会工作专业化、职业化的进程;同时,专业化、职业化的社会工作也推动着社会政策不断走向完善。因

---

① 徐永祥:《现代社会工作与和谐社会建构》,《光明日报》2005年5月24日。
② 张敏杰:《二十世纪中国社会工作的学科发展进程》,《浙江学刊》2001年第2期。

此,社会工作与社会政策是经常联系在一起的。

在社会政策日益发展的同时,社会工作逐步发展成为社会政策的一种重要传承机制。从国际经验看,社会政策的贯彻落实主要是通过一个专业化和职业化的社会工作服务体系来实现。社会工作以人道主义为基础的价值体系与以科学的助人技巧为基础的方法论,为社会政策的贯彻提供了充分的支持。社会工作专业正是在与社会政策不断互动的过程中,为解决社会问题做出了贡献。

第二节 中国社会工作的发展历程

在中国,现代意义的社会工作是在20世纪初开始出现的,随后,社会工作专业和教育经历了一段曲折的历史进程。到20世纪三四十年代,社会工作者通过大量的著述和社会服务实践活动为中国社会工作专业的发展建立了一定的理论体系和方法论基础,特别是在中国共产党领导下社会工作服务深得了人心。中华人民共和国成立后,一些政府部门、社会团体从事了大量为人民所需要的社会工作,为中华人民共和国社会工作的发展积累了宝贵的经验,但社会工作的专业教育和研究在实际上被中断的结果,使专业化的社会工作因此一直未能得到发展。1979年以后,我国的社会事业和社会工作的研究与教学逐步得到恢复和发展。当前,我国的改革开放进一步深入,社会主义市场经济体制逐步建立和完善,社会的发展已经并将继续会对社会工作提出更新、更高的要求,我国的社会工作将会有一个较大的发展,社会工作在社会发展中的作用也会越来越大。

一、社会工作学科在中国的萌芽及初步发展

社会工作在中国的萌芽是与社会学的传入相同步的。

鸦片战争后,帝国主义列强加紧了对中国进行经济、文化的侵略,西方教会为了在中国建立巩固的根基,不但大力传播基督教教义,而且由宗教事业而推广到慈善事业和文化事业,开设教会学校,选送出国留学生等。中国赴美留学生中最早进行社会工作研究的当推朱友渔,他于宣统三年(1911年)在哥伦比亚大学社会学系取得哲

学博士学位,其博士论文为《中国慈善事业》,回国后曾在上海圣约翰大学任社会学教授。1913年上海私立沪江大学,由美国教授D.H.葛学溥(Daniel Harrision Kulp Ⅱ)创立社会学系,并于1917年由他主持创立了"沪东公社",在上海杨树浦一带工人社区从事社会服务工作,涉及职业指导和职业介绍、卫生运动、个人家庭改良、宗教活动等工作。

20世纪二三十年代,随着现代意义的社会工作开始在我国萌生,与社会工作相关的专业团体相继成立。1913年11月,由北京青年会的积极分子发起,以社会服务为宗旨,成立了北京社会实进会;1919年11月,北京社会实进会创办旬刊《新社会》,由郑振铎、瞿秋白、耿匡、瞿世英、许地山等负责编辑和撰稿,发表了一批有关改造社会、提倡社会服务、讨论社会问题、介绍社会学说、研究贫民教育、述写社会实况等方面的文章。此外,还有北京社会学会、中华教育文化基金董事会社会调查部等团体介入了社会工作的推广。

1922年,北京燕京大学社会学系创建时,分理论社会学与应用社会学两个学科,注重培训社会服务专业人才。1925年该系改称"社会学与社会服务系",仍侧重于实际应用方面,开设了"个案工作""精神健康社会工作""团体工作""社会行政"等14门课,①为各社会服务机关、团体培养社会福利工作者。南京金陵大学在1948年以前设立社会工作组,隶属于社会学系。1946年社会工作在联合国善后救济总署社会工作组的支持与帮助下,拨给了相当数量的物质,支援了不少师资,培养了十余名社会工作研究生,又于1948年单独成立了社会福利行政系,招收了社会工作本科生,成为中国唯一的独立的社会工作系。其他如苏州东吴大学、金陵女子文理学院、苏州教育行政学院、上海沪江大学、广州岭南大学、上海复旦大学、山东齐鲁大学、北京清华大学、辅仁大学等许多大学,也都有"社会工作""社会福利行政"等课程的设置。在海外留学获得社会工作学位后回国从事教育和相关工作者也大有人在。

此阶段,一批重要的社会工作理论研究成果相继问世,如胡均的

---

① 吴桢:《试论社会工作的职业化专业化》,《江海学刊》1989年第3期。

《社会政策》、马饮冰的《都市政策论》、马君武的《失业人及贫民救济政策》、北京中国义赈总会出版的《科学方法之救灾述略》等。不少学者还进行了城乡的实地社会调查，写出了一些对中国社会工作学科产生影响的著作，如"中鼎鄂的《北平一千贫民之研究》，麦绩曾的《北平娼妓调查》，严景耀的《北平犯罪之社会分析》，许世廉的《社会计划与乡村建设》，柯象峰的《中国贫穷问题》，陶孟和的《社会与教育》、《社会教育》，李景汉的《中国农村问题》等"①。同时，一批介绍英美等国家社会事业状况的著作陆续被翻译出版，关于"十月革命"以后苏联社会事业迅速发展状况的书籍也被介绍到中国来，如余禅森的《欧美各国社会政策》、郑斌的《世界各国新社会政策》、张济川译《苏俄妇孺保护政策》、余长河译《保健事业——俄国苏联保健事业》等。

此外，晏阳初、陶行知、梁漱溟、李景汉等一批教育家，以社会教育工作为中心，进行改造乡村社区、开展平民教育、推动乡村建设的实验，开中国近代社区工作的先声。其中晏阳初在河北定县所推行的平民教育方案，想以经济、文化、政治、卫生四项综合的教育方案，把农村中的贫、愚、弱、私四种病症转为富、智、强、公。陶行知等创办的南京乡村师范学校及以后的江苏宝山师范学校等，也主张以学校为中心，改造乡村社区。这些学者，倡导乡村建设运动，致力于农村的改造和发展，其中有相当一部分内容具有社会工作色彩。一些进步团体如"保卫中国同盟""中国福利会"所开展的社会工作也十分活跃。他们的工作是中国知识分子立志唤起民众、改造乡村、拯救中国的一种实际行动，却未能挽救农村经济破产的危机。

但是，在中国共产党所创建的革命根据地及其后的解放区，人民政府以全心全意为人民服务的宗旨，依靠人民群众，开展拥军优属、拥政爱民、支援前线、社会教育、社会改造、社会救济、社会服务，取缔娼妓、赌博和缠足，禁烟禁毒，解决盐、米、房子、穿衣、生小孩等群众的生产和生活问题。毛泽东同志早在 1934 年写的《关心群众生活，注意工作方法》一文中就提出了关系群众生活的问题，指出："要得到

---

① 张乐天主编：《社会工作概论》，华东理工大学出版社 1997 年版，第 29 页。

群众的拥护吗？要群众拿出他们的全力放到战线上去吗？那末，就得和群众在一起，就得去发动群众的积极性，就得关心群众的痛痒，就得真心实意地为群众谋利益，解决群众的生产和生活的问题，盐的问题，米的问题，房子的问题，衣的问题，生小孩子的问题，解决群众的一切问题。"① 在战争年代里，根据地人民在党和政府的领导下，在解放区救济总会（中国人民救济总会的前身）等部门的具体指导下，在生产救灾、社会救济、战地服务、拥军优属等工作方面做出了很好的成绩。通过群众路线的社会工作方法，为人民谋福利，促进了革命根据地和解放区的安定团结，推动了革命事业的胜利发展，为夺取革命战争胜利作出了不可磨灭的贡献，也为中华人民共和国的社会福利工作创造了有益的历史经验。

总之，20世纪上半叶的中国社会工作专业虽然历史短，相对不发达，却具有以下一些特点：(1)社会工作的课程一般地都开在社会学系，有的在社会学系里设"社会工作组"或"社会行政组"；(2)重视社会调查与个案工作，有的大学还附设有社会调查和社会工作基地，培养理论与实际相结合的社会工作者；(3)以改造社会为宗旨，提倡社会服务、讨论社会问题、关注底层民众的生存状态和面临的困境；(4)各大学不仅注重社会学及社会工作的教学、实验、研究工作，同时还设立社会工作训练班，以培训各地社会工作者；(5)初步形成了三位一体的社会工作者队伍，它以受过社会工作专业培养的社会工作者为主体，包括广大热心于社会工作和社会服务事业的知识分子以及致力于为人民谋福利事业的解放区社会工作实践工作者。这一切都为中国社会工作专业的科学化、职业化和现代化奠定了基础。

二、社会工作专业的中断及其后果

中华人民共和国成立后，政府面对旧的社会制度遗留下来千疮百孔的社会现实，立即采取了一系列带有社会福利性质的政策和措施，主要包括对职工的社会保险、对公民的社会救济、社会福利、对军人及其家属的社会优抚等。1950年，中央有关部门陆续制定了《革

---

① 《毛泽东选集》第1卷，人民出版社1991年版，第138—139页。

命军人牺牲、病故褒恤暂行条例》等5个优待抚恤条例,《关于人民解放军1950年的复员工作的决定》等;1951年2月,政务院颁布了《中华人民共和国劳动保险条例》等。在农村,国家通过土地改革使农民获得了土地,成为土地的主人,又通过互助合作运动,逐步建立了一定规模的集体所有制经济,从而分得了生活资料。在集体经济发展的基础上,集体从全体社员创造的收入中提取一定的"公益金",兴办一些集体性质的福利事业,如"五保"制度和其他扶贫救济制度。这些法令和措施对保障劳动者的基本权益,调动广大职工建设社会主义的积极性,起到了巨大的促进作用,也为中华人民共和国社会工作的发展积累了宝贵的经验。

但是,1952年的"院系调整"取消了社会学系和社会福利行政系,从此社会学和社会工作的课程在大学里消失了。这是一个难以弥补的重大损失。虽然民政等部门和工会、青年团、妇联等社会团体一直在从事一部分与社会工作内容相近的实践工作,与此同时,一些社会团体与实际工作者根据工作的需要,也撰写编写了一些与社会工作有关的书籍和资料,如中华妇女联合会编的《妇女儿童福利工作经验》、苏蔚的《人民公社怎样办福利事业》、劳动部劳保局编的《新中国的劳动保护》、内务部办公厅编的《中国人民福利事业》等。但是,社会工作的专业教育和研究在实际上被中断的结果,却使专业化的社会工作因此一直未能得到发展;我国社会事业的发展逐渐变为缺乏学科指导的艰难摸索,我国的社会工作也变为缺乏专业化规范的以政治性、政策性和伦理道义性为取向的工作。

到1979年为止,社会学和社会工作专业在中国内地中断了近三十年。正是这个时期,西方国家伴随着50年代后半期出现的科技突飞猛进和经济迅速增长,大力发展福利事业,社会工作有很大的发展,社会工作向规范化发展的趋势有了进一步的加强,并且逐步扩大了社会工作的范围,使社会工作成为一种由政府或私人社团所举办的广泛性的社会服务工作。50—60年代,美国大学纷纷成立社会工作学院和系科,设立学士、硕士、博士等专业学位,极大地提升了社会工作的理论指导,使之在服务实践上有了明确的目标与方向,在组织管理上有了比较专门的方法和专业的队伍。特别是由于系统科学、计算机等方法引进社会科学领域,使许多社会现象易于量化,从而提高了社会工作者研究、预防和解决社会问题的能力。相比之下,中国的社会工作教育却因被长期取消而在专业理论上和实践上都大大落后于发达国家甚至某些发展中国家。

社会工作专业在中国之所以被取消,袁方认为,主要是由于"左"的指导思想,片面理解社会主义社会没有社会问题所致。① 事实上,社会主义社会仍有社会问题,如失业、犯罪、贫困、自然或人为的灾祸等。正是有各种各样的社会问题,因而社会工作是不可缺少的。而我国有许多实际部门的工作人员,虽然穷于应付各种社会问题,但他们没有受过社会工作专业训练,不懂得用现代化行政管理的理论与方法从事自己承担的工作,因而和自己的工作对象打交道工作质量低。这是多年来否定社会工作专业教育的必然结果。

三、社会工作专业的恢复和发展

"在我国,社会工作的恢复和重建是在社会学学科恢复和重建的基础上进行的,它作为应用社会学的一部分,借社会学恢复和发展之顺势,又结合本学科的特点,逐渐积累,得以恢复和重建,并在国内需求和国际经验的共同推进下获得初步发展"②。1981年,由费孝通指导和主持,在组织编写《社会学概论》的过程中,决定在书中增写"社会工作"作为独立的一章,开我国恢复社会工作教育的先声。

随着上海大学、北京大学、南开大学、中山大学、人民大学、山东大学等建立起社会学系,在相关的教学计划中,也开设了社会工作的课程,如"个案研究法""民政概论""劳动问题""人口问题""社会保障"等,以适应一部分本科生和研究生(包括硕士和博士学位)的需要,培养学生从事社会工作,使他们具有研究和解决社会问题的能力。尽管如此,社会工作在80年代初还没有成为一门独立的专业。

1985年,北京大学社会学系向国家教育委员会提请设置社会发

---

① 袁方:《社会工作教育与中国社会主义现代化建设》,转引自中国社会科学院社会学研究所编:《社会学年鉴(1979—1989)》,中国大百科全书出版社1989年版,第72页。
② 王思斌、吴利娟:《中国社会工作的恢复、重建与发展研究综述》,转引自同上书,第87页。

展计划与管理专业;1986年,教委同意社会学系增设社会工作与管理专业。这就为恢复中断近三十年的社会工作专业教育创造了前提条件,即得到了国家的重视和肯定,从而填补了社会工作教育的空白,弥合了社会工作人才的断层。随后,中国人民大学、吉林大学、厦门大学等高校也相继开办了社会工作与管理专业。这样,社会工作教育又正式纳入了学科化的发展轨道,社会工作专业也由此在我国重新得以确立。特别是90年代后,不少国家教委直属院校和地方院校也陆续开设了社会工作课程,一些部属院校和地方院校,如民政管理干部学院、中国妇女管理干部学院、中国青年政治学院等都建立了社会工作系。1994年,开设社会工作课程的学校成立了中国社会工作教育协会。社会工作专业的设立,一方面表明我国有了社会工作的专业团体和教学研究队伍;另一方面标志着我国的社会工作专业从此进入了新的发展阶段,社会工作者的队伍结构也有了明显的变化和提高。

中国社会工作教育的恢复和重建是改革开放的产物,是社会主义现代化建设的客观需要和必然趋势。现代化建设需要社会工作教育;而社会工作教育反过来又促进社会主义建设的发展。尤其是意识到中国社会工作教育中断了三十年这一现实,新时期的中国社会工作发展充满迫切感。无论是在社会发展计划的制订、社会发展水平的计量、社会发展效益的评估,还是影响社会发展与经济发展协调的诸种社会问题分析研究和对策等方面,都需要有社会工作者的微观和宏观相结合的研究,以促进社会发展与经济发展协调进行。

在20世纪90年代,中国内地的社会工作研究取得了以下成绩:

(1)社会工作专业的著作、期刊陆续出版,许多社会工作论文发表后产生了积极的反响。从1990年开始出版的概论性社会工作专著,主要有袁华音、王青山的《社会工作概论》、卢谋华的《中国社会工作》、王刚义的《社会工作学》、张乐天的《社会工作概论》等。社会工作专业的工具书则有李善峰编的《实用社会工作辞典》、中国社会出版社编辑出版的《中国社会工作百科全书》;中国大百科全书出版社出版的《社会学分册》中的"社会工作"部分,也为了解社会工作及中国的社会工作状况提供了有价值的指南。在社会工作的专业报刊方面,有民政部社会福利与社会进步研究所从1988年起创办的《社会工作研究》杂志,江西省民政厅也创办了《社会工作》杂志,还有《中国民政报》等。另外,我国许多社会科学学术刊物、社会学专业杂志等也发表了为数不少的社会工作论文。据对中国人民大学报刊资料复印中心编辑出版的《社会学》资料所作不完全统计,自1981年至1999年,有近三百篇社会工作论文被转载复印,这些从全国出版物中精选出来的论文或探讨社会工作的范畴和专业发展,或介绍国外社会工作学科状况和社会服务,或研究中国的老年问题、社区服务、社会保障事业等,对社会工作专业的发展产生了积极的作用。

(2)社会工作专业教育、研究机构和团体相继建立。进入90年代以来,共青团中央、全国妇联、民政部系统所属院校相继建立社会工作系,各地区教委所属、部门所属院校也开设社会工作课程,开展社会工作专业教育和培训。1991年民政部牵头成立中国社会工作者协会,1994年我国社会工作院校成立中国社会工作教育协会。与此同时,一些民间社会工作服务机构如热线电话、咨询服务中心等相继建立,尝试用社会工作的专业方法开展服务;志愿者服务队伍也不断扩大,我国社会工作的发展呈现出前所未有的繁荣景象。1999年12月,中国社会科学院社会学研究所社会政策研究中心正式成立。该中心的研究领域既包括社会政策的理论与方法的研究,也包括具体的社会政策研究,如社会福利与社会保障制度的国际比较,中国社会福利与社会保障政策体系的建立,失业、养老、医疗、住宅、社会求助等领域的社会福利与社会保障问题;其他紧迫的社会政策问题,如城乡的弱势群体扶助、工程建设中的移民问题等课题也受到了重视。

(3)有关社会工作、社会福利的学术会议频繁召开。主要有北京大学社会学系与亚太区社会工作教育协会合办的"亚太地区社会工作教育研讨会"(1988);中国民政理论和社会福利研究会与香港社会服务联会合办的第一次"中国内地及香港迈进九十年代的社会福利发展研讨会"(1990);中国社会工作者协会、民政部社会工作教育研究中心合办的"九十年代的中国社会工作研讨会"(1992);中国社会工作者协会与香港社会服务联会合办的"中国内地及香港社会福利发展第二次研讨会"(1993);中国社会工作教育协会与亚太区社会工作教育协会合办的"亚太地区社会工作教育的趋势研讨会"(1994)等。许多研讨会都出版了以社会工作为主题的论文集。此外,较有影响的学术会议还有:中国社会工作者协会京伦家庭科学中心与中国青年政治学院于1994年10月在北京共同主办"家庭与下一代国际研讨会",民政部社会福利与社会进步研究所与英国发展研究所于1996年9月在北京联合举办"中国社会福利体制改革国际研讨会",1998年中国社会科学院社会学研究所、中国家庭文化研究会、中国社会工作者协会京伦家庭科学中心在北京联合主办"1998家庭与社会保障国际学术研讨会"等。国际性的社会工作学术交流,开阔了我国社会工作者的研究视野,有助于他们了解世界社会工作专业的最新成果和发展动态,有效地促进了国内学术的发展。此外,在一部分内地社会工作者到欧美等国家的大学社会工作学院学习和交流的同时,被国内所接待的国外社会工作者团组也呈增加之势,中外学者之间的相互考察和交流,既扩大了中国社会工作专业的影响,也为中国的社会工作学科带来了新的信息和经验。

四、社会工作的新里程碑

进入新世纪,中国的社会工作专业呈现星火燎原之势。我国社会工作专业人才队伍建设取得重要成绩,社会工作专业教育初具规模,人才培养力度逐步加大,制度建设稳步推进,实践探索不断深入;社会工作专业人才在提高社会服务水平、解决群众困难、化解社会矛盾、减少不和谐因素等方面作用日益显现。

根据中国社会工作教育协会网站公布的团体会员名单,1994年协会成立时只有20所高校,到2006年8月,中国社会工作教育协会团体会员已有188个。① 目前,我国有近三百多所高等院校设立了社会工作专业,形成了大专、本科、研究生三个办学层次;社会工作专业教育的蓬勃发展,为社会工作者职业水平评价制度建设奠定了坚实的人才基础。

---

① 《中国社会工作教育协会团体会员名单》,中华人民共和国民政部网:http://sw.mca.gov.cn/article/mtgz/200708/20070800001601.shtml。

2000年，我国民政部开始向人事部提出建立社会工作者职业资格制度的意见，并于2003年初向各省市民政厅下发了《关于加强社会工作队伍专业化建设的通知》，积极倡导有条件的省市大胆开展社会工作职业化制度建设试点工作。上海、北京、江苏、浙江等省市也在社会工作职业化制度建设方面进行了积极探索和试点，为在全国推行社会工作者职业水平评价制度积累了宝贵的实践经验。

2001年2月，民政部下发了《社会福利机构基本规范》，这是一个强制性的行业标准，从3月10日起在全国范围内正式实施。它明确了社会工作是社会福利服务的专业基础，确立了社会工作专业人员在社会福利机构中的专家地位，提出了这类机构的专业要求标准，并要求在城镇地区和有条件的农村地区，社会福利机构应有一名大专学历以上、社会工作类专业毕业的专职或兼职社会工作人员。这一规定，是把社会工作作为社会福利服务引向专业化的发展方向，树立社会福利服务行业地位的专业化基础。

2003年，随着人才强国战略的提出，我国开始建设专业化社会工作人才队伍。民政部发文通知，引导各地开展调查和试点工作。随后，上海、包头等地率先开展社会工作者职业资格认证考试；上海市民政局成立了职业社会工作处、建立了全国第一家专业机构——"乐群"社会工作服务社；北京第一社会福利院等单位纷纷引进社会工作专业毕业生……短短几年间，自上而下、纵横贯连的社会工作人才队伍建设制度体系框架初步建立，为社会工作人才队伍建设提供了重要的保障。

2004年5月16日，国家劳动和社会保障部发布了《社会工作者国家职业标准》，从工作标准角度规定了社会工作这个职业的工作要求、理论知识与技能操作，"社会工作者"被正式认定为我国的新职业。2006年7月20日，国家人事部和民政部联合发布了《社会工作者职业水平评价暂行规定》和《助理社会工作师、社会工作师职业水平考试实施办法》，这是首次将社会工作纳入专业技术的范畴，是明确的职业定位。建立社会工作者职业水平评价制度是推进社会主义和谐社会建设、创新社会管理体制的重要举措。

2006年10月11日中国共产党第十六届中央委员会第六次全体

会议通过《中共中央关于构建社会主义和谐社会若干重大问题的决定》,提出要"建设宏大的社会工作人才队伍。造就一支结构合理、素质优良的社会工作人才队伍,是构建社会主义和谐社会的迫切需要。建立健全以培养、评价、使用、激励为主要内容的政策措施和制度保障,确定职业规范和从业标准,加强专业培训,提高社会工作人员职业素质和专业水平。制定人才培养规划,加快高等院校社会工作人才培养体系建设,抓紧培养大批社会工作急需的各类专门人才。充实公共服务和社会管理部门,配备社会工作专门人员,完善社会工作岗位设置,通过多种渠道吸纳社会工作人才,提高专业化社会服务水平"。社会工作被提到如此的高度,既为社会工作专业提供了良好的发展机遇,同时也向社会工作人才队伍提出了新的、更高的要求。此后,中央组织部联合民政部等14个部门组建政策研究起草组,开始研究制定关于加强社会工作专业人才队伍建设的专门意见,同时民政部在全国165个地区和260家单位开展试点探索,并且于2008年举行了首次全国性的社会工作者职业水平考试,产生了我国首批持证社会工作师,其中助理社会工作师27000多人,社会工作师8400多人,初步形成了一支服务社会建设、促进社会和谐的专业化、职业化人才队伍。这些政策和措施都积极推动了建立职业化专业化的社会工作体制。

2009年,民政部发布了《社会工作者职业水平证书登记办法》《社会工作者继续教育办法》,初步形成了职业水平考试、登记管理、继续教育相衔接的社会工作者职业水平评价制度体系。

2010年中央发布的《国家中长期人才发展规划纲要(2010—2020年)》进一步将社会工作专业人才提升为与党政人才、企业经营管理人才、专业技术人才、高技能人才和农村实用人才相并列的第六支主体人才地位,明确到2015年培养200万社会工作专业人才、到2020年培养300万社会工作专业人才的发展目标;2011年7月发布的《中共中央、国务院关于加强和创新社会管理的意见》也强调要发展社会工作专业服务机构,加强社会工作专业人才队伍建设,开展社会关爱行动,关心帮助困难家庭和个人。

2011年11月,为全面落实《中共中央关于构建社会主义和谐社会若干重大问题的决定》和《中共中央、国务院关于加强和创新社会管理的意见》要求,努力造就一支高素质的社会工作专业人才队伍,为构建社会主义和谐社会提供有力的人才支撑,中央组织部、中央政法委、民政部等18个部门和组织联合发布了《关于加强社会工作专业人才队伍建设的意见》(以下简称《意见》)。《意见》共分为6个部分,包括加强社会工作专业人才队伍建设的重要性紧迫性、指导思想、工作原则和目标任务,大力加强社会工作专业教育培训,积极推动社会工作专业岗位开发和专业人才使用,切实推进社会工作专业人才评价和激励,加强党对社会工作专业人才队伍建设的领导等。《意见》强调要统筹规划社会工作专业教育培训,合理配置培训资源,加快建立不同层次教育协调配套、专业培训和知识普及有机结合的社会工作专业人才培养体系;切实加强社会工作专业人才职业道德建设;大力开展社会工作专业培训,组织实施"社会工作服务人才职业能力建设工程""高层次社会工作专业人才培养工程""社会工作管理人才综合素质提升工程";大力发展社会工作专业教育,加强社会工作学科专业体系建设,支持社会工作专业学士、硕士、博士学位授权点基础建设,推动社会工作学科重点研究及人才培养基地建设,发展社会工作高等职业教育,改革、完善社会工作专业人才培养模式,组织实施"社会工作教育与研究人才培养引进工程",建立教师参与社会工作实践制度。《意见》还强调要对涉及社会管理和公共服务工作的党政部门、人民团体、相关事业单位、部分执法单位的干部特别是领导干部有计划、有步骤地进行社会工作基础理论、专业知识和方法技能培训,提高其开展社会服务、管理社会事务、协调利益关系、做好群众工作、构建和谐社会的能力;要对下派基层锻炼的党政部门、人民团体、相关事业单位、部分执法单位的干部和选聘到村、社区任职的大学毕业生普及社会工作专业知识。

　　《意见》是第一个关于社会工作专业人才的中央专门文件,是当前和今后一个时期全国社会工作专业人才队伍建设的指导性纲领,在我国社会工作事业发展史上具有里程碑意义。加强和创新社会管理,培养造就一支高素质的社会工作专业人才队伍,为加强和创新社会管理、构建社会主义和谐社会以及巩固党的执政基础提供有力的人才支撑,是当前一项重大而紧迫的战略任务。

在专业社会工作和社会工作人才队伍建设日益受到党和政府重视的背景下,中国的社会工作已经初具规模,人才培养力度逐步加大,制度建设稳步推进,实践探索不断深入。社会工作专业人才在提高社会服务水平、解决群众困难、化解社会矛盾、减少不和谐因素等方面作用日益显现。一方面,社会工作者被正式认定为我国的新职业。随着改革开放的不断深入,传统的计划经济正逐渐被市场经济所取代,大量的"单位人"向"社会人""社区人"转变,同时,"单位"剥离的社会职能,大部分转移到城市社区来承担。在社会转型的过程中,社区已成为解决社会问题的"托盘",因此,需要大量的专业社会工作者。在这种形势下,2004年7月,劳动和社会保障部颁布了第九批国家职业标准,"社会工作者"被正式认定为我国的新职业。上海市市政府在社会工作职业化方面在全国先行一步,已经建立起社工的职业资格认证制度和注册管理制度,打造"专业社工"这一全新行当。另一方面,社会工作的实践活动范围不断扩大。社会工作以服务特殊社会群体为主,通过专业工作和专业服务,提升社会工作专业素养和对社会工作专业的认同。目前,广大社会工作者在推进禁毒、社区矫正和青少年管理领域的社工建设,推进社区建设和老年人等社会福利领域的社工建设,推进救助管理、婚姻管理等社会管理领域的社工建设,推进医院、学校、劳动就业、家庭、妇女和儿童保护、残疾人康复等机构领域的社工建设方面,以及在志愿者工作、扶贫工作、非政府组织工作等方面的影响不断扩大,作用不断显现。

总之,中国的专业社会工作专业发展是国情与时代的需要,新世纪社会工作在中国的发展尽管仍有漫长的道路要走,但是,社会工作的社会重视程度越来越高,实施领域继续扩大,工作内涵日益深化,呈现了非常广阔的发展天地,从而预示着专业社会工作已经跨越了重要的发展里程碑。

第三节 专业社会工作面临的挑战与问题

然而,在这样的良好征兆和专业发展背景下,高校社会工作专业招生时第一志愿录取率低、调剂和征求志愿录取率高的现象却一直持续,不但大多数社会工作专业的毕业生基本流失,即使少数走上专业社会工作岗位的优秀的社工毕业生也存在很高的流失率。显然,中国社会工作专业发展面临的挑战和问题仍然不少。

一、社会工作专业仍未得到社会的广泛认同,社会工作的社会支撑体系尚未形成

近年来,尽管社会工作者在禁毒、社区矫正、青少年管理、社区建设、老年社会福利、社会救助、婚姻家庭咨询管理以及医院、学校、劳动就业、家庭、妇女和儿童保护、残疾人康复等领域的服务与管理方面的影响不断扩大和显现,工作内涵日益深化,但是社会工作的专业化仍未得到社会的广泛认同。什么是社会工作?其实多数人并不了解。有人认为中国共产党的群众工作就是社会工作;有人认为民政、工会、妇联以及共青团的工作就是社会工作;也有人认为"义工"所从事的志愿服务就是社会工作;还有人认为社区、居民委员会工作就是社会工作……人们对社会工作的理解仁者见仁,智者见智,众说纷纭,莫衷一是;即使国家干部甚至民政工作者中对社会工作不甚了解者也不乏其人。在这种情况下,虽然我国大学开设社会工作专业已近三十年,但许多录取为社会工作专业的新生在进入大学前却对所学专业几乎一无所知,对自己未来的发展也充满困惑。产生这种现象,一定程度上与我国机构设置的历史有关。长期来"大政府"包揽一切,诸如民政、社保、妇联等行政部门或有政府背景的各种团体实际上包揽了社会工作的各种服务领域,并在实际上占领着社会工作的目标市场,"政社不分"的行政理念导致社会工作职业化、专业化的落后。

目前不但许多社会工作专业的新生在跨入大学校门之际,对社会工作为何一无所知,甚至一些民政部门的工作人员也对社会工作专业十分生疏。虽然很多高校专业人士、民政和社区工作者、各类志愿者、党务工作者、司法工作者等都可能是"合格的专业社会工作人

员,但他们之中只有相对一小部分人从事社会工作"①。许多政府部门、社会团体在招考工作人员时,只有极其有限的岗位要求报考者具有社会工作的专业背景,在近几年国家公务员招考的专业要求方面,与火热的报考场面不相对照的是,只有极其有限的公务员岗位欢迎有社会工作专业背景的人员报考。这一现象既使在校的社工学生产生不平之感,也使一部分本来准备选择社会工作专业的高中毕业生及其家长望而却步。社会工作专业仍未得到社会的广泛认同,社会工作的社会支撑体系尚未形成。其原因既与社会工作在中国发展的特殊背景有关,也受中国社会福利水平不高的影响。2013年5月24日杭州市的《都市快报》发布独家调查杭州8所大学毕业生就业的信息,称"就业率最惨的是部分学校的社会工作、哲学等专业,目前就业率还是零"②。应当承认,这类信息的传播,将进一步制约公众对社会工作专业的信任和认同,制约高考考生选择社会工作专业的意愿,并将在较长一段时间内制约中国社会工作的深入发展。

二、社会工作专业致力于培养职业化的人才,但中国的社会工作职业化滞后于经济社会发展水平

从国际视野来看,社会工作职业化问题是社会工作研究的一个传统课题。中国的社会工作发展落后于许多国家,但自20世纪80年代专业社会工作恢复以来,虽然职业化的社会工作已经提到议事日程,其发展却一直滞后于社会经济的发展。长期以来,"社会工作者"这一概念在中国是泛指那些从事社会工作实务的人,他们大多数并未受过社会工作的专业训练,所以"社会工作者"与"民政工作者"的区分并不清晰,从而使多数人对社会工作的理解局限为普通的社会工作或实际的社会工作,如民政部门的工作、群众团体的工作、政府机关的工作等;而遵照社会工作的价值观、采用社会工作专业方法进行的专业社会工作在我国"尚处于发展初期"③。由于我国的社

---

① [英]迈克尔·希思:《理解社会政策》(刘升华译),商务印书馆2003年版,第117页。
② 《杭州8所高校就业调查,最惨专业就业率为零》,《都市快报》2013年5月24日。
③ 王思斌主编:《社会工作概论》,高等教育出版社1999年版,第16页。

会服务、社会救济、社会救助等社会福利领域的工作主要由民政部门组织,人们习惯上往往把社会工作看成是民政工作的延伸;其实国际上专业社会工作有极广泛的职业领域,不仅政府部门需要社会工作者,而且非政府组织、非营利组织、专业诊断和治疗机构等对社会工作者有更大的需求。"专业社会工作者"作为一种职业的重要性也正在不断地得到政府及社会的认同,社会工作作为一个专业和职业的社会认知度正在不断提高。在1999年"中国社会工作教育协会第二届年会"上,与会的民政部副部长李宝库在谈到社区基层干部的专业化问题时说:"受过专门社会工作的专业教育的寥寥无几",并指出"作为民政部是个用人单位,我们需要社会工作者。"①

但是,作为专业的"社会工作者"的实际从业状况仍然处于一种喜忧参半的状态。虽然社会对专业社会工作者具有巨大的潜在需求,但是这种社会需求并未导致专业社会工作者良好的从业环境,即专业社会工作者还没有适当的土壤来发挥其专业特长,并进而实现其专业价值。因此,一方面是迅速发展的社会福利服务本身对专业社会工作者的介入和真正发挥专业作用存在着需求增长,另一方面是目前仍然缺乏有效的合适的机制或模式来启动这种需求从潜在向现实的转化。同时,由于部分城市推出的社会工作者职业认证是在职业没有形成的情形下出台的,那些通过了社会工作职业资格考试的参加者存在没有专业社会工作岗位可就业的可能性。

中国的社会工作至今在职业化的道路上仍然举步维艰,要真正发挥专业社会工作的独特作用并最终形成一门不可替代的专门职业,还存在着众多困难。根据我国全面推进社工战略规划:到2015年,全国需要200万社会工作专业人才,到2020年需要300万社会工作专业人才。然而,社工的发展速度应该是有其自身规律的,是社会问题、社会矛盾以及社工行业相互制衡的结果,不是哪个权威部门拍板可说了算的;政府固然可以推动某项事业的发展,尤其对专业社会工作这样的新兴学科和弱势专业,政府推动确实非常重要,但绝

---

① 李宝库:《大力兴办社会工作教育,加强社区服务建设》,《中国青年政治学院学报》1999年社会工作教育专刊。

对不是设定一串指标推动得了的。专业社会工作者在社会上确实有巨大的潜在需求,而要使这种社会需求从潜在向现实转化,离不开专业社会工作者良好的从业环境,即专业社会工作者能在适当的土壤上发挥其专业特长,并进而实现其专业价值。现在,专业"社会工作者"的实际从业状况仍然喜忧参半。从职业定位看,尽管有了社会工作者职业认证的制度,相应的职业设定却还不明晰。以社区工作者为例,这一职业既非公务员,也非事业编制工作人员。从职业待遇看,本科的社工专业毕业生工作两三年后,薪酬普遍不到 3000 元。待遇低、压力大、工作琐碎、社会地位不高、身份边缘化,于是一些社区大学生社工"来也匆匆,去也匆匆",跳槽现象极为常见。

目前全国开设社会工作专业的高校有近三百所,每年培养的社工学生约 1 万人,他们都有较强的专业认同感,职业兴趣也在与日俱增,愿意把社会工作作为自己终生追求的事业。但是他们中的多数人并没有进入相应对口的职业岗位;即使一部分人是在"专业对口"的岗位上提供服务,但工作状况令人困惑:把大量的时间花在社区的文件报表处理上,应对基层的各种人际关系,或成为某位领导的没有名分的秘书、随行。事实上,专业社工应该是社会福利、社会救助、社会慈善、劳动保障、残障康复、优抚安置、医疗卫生、心理辅导、青少年服务、司法矫正等领域中某一方面的专门工作者。可是从目前来看,本科毕业生不但在校学习时有很多的专业领域是生疏的,而且他们的专业技能和实践也跟不上相关领域的细化程度。这在一定程度上折射出我国的社会福利事业发展及社会福利投入仍然滞后于社会经济的发展,而且也预示着职业化的不足将严重制约目前看似红火的社会工作教育发展。

三、知识创新是时代的要求,但中国的社会工作专业化程度不高将成为发展瓶颈

21 世纪是自然科学和社会科学融合的世纪,是追求知识不断创新的时代。社会工作已经成为一种全球化的专业,"国际化的社会工作教育"(international social work education)致力于训练受教育者成为具有在全球化时代能提供社会工作服务的专业工作者。这意味着,实现中国的社会工作专业化将成为时代发展的客观要求。然而,中国今日不少地方的社会工作仍停留在经验型的层次上,如何把社会工作作为一门科学和艺术来倡导,把社会工作作为一种专业活动来处理,把社会工作者作为像医生、律师那样的角色来专门培训对待,从而更好地、更大幅度地开展助人活动,将是摆在我们面前的一项重要任务。比较发达国家的社会工作专业化,我们不能不清醒地看到以下问题制约我国社会工作专业发展:

第一,师资、教学力量普遍缺乏。由于相当一部分院校在发展高等教育的背景下仓促建立社会工作专业,故专业建设具有一定盲目性,不少社工专业的教师并无社会工作的学科背景,即使其中有一些教师毕业于社会学专业,但他们往往属于"知识型""宏观型"的教师,对社会学与社会工作的学科差异其实了解并不多,以社会学的知识结构、研究方法来进行社会工作的教学,必然使教学缺乏社会工作的专业特色,教学质量很难保证。

第二,社会工作实务教学与实务督导非常薄弱。这一方面使社会工作教育难以跃上规范化、国际化的台阶,另一方面也不利于社会工作职业化。社会工作完全不同于一般纯理论性学科,甚至也与社会学有很大的差异,它是以解决现实社会问题和个人问题为主的应用性学科,实务性是社会工作最基本的特征。社会工作的一切知识、方法和技巧都是围绕着助人活动的实践而展开的,它只有介入实务才能得到发展,任何社会工作理论也都必须在实务中进行最终的验证。因此,与其说社会工作是社会学的二级学科,倒不如说它与临床心理学更加相关。由于实务教学的滞后,个案工作、小组工作、社区工作等课程的教育局限成为制约社会工作教育的主要瓶颈。学生对社会工作的兴趣逐渐减退,实际工作能力不能得到有效培养,社会工作本科毕业生的毕业论文选题多集中在社会问题、社会保障等领域。在美国,一个学生要获得社会工作学士学位,必须有800—900小时的实习。而国内,由于督导配备不足、实习基地有限、接纳实习单位对社工专业的理解偏差,许多大学的本科毕业生既没有达到实习时间要求,又在实习内容上与社会工作的实务要求相距甚远。

第三,缺乏统一的学科规范。目前国内还没有形成统一的课程规范,中国社会工作教育协会为促进学科发展,从专业主干课程、师资队伍、教材,社工专业实习、社工实验室和实习基地等方面制定了专业评价指标体系。这一指标体系具有科学和指导意义,但对各学校并没有强制执行的效力,也不是教育部在审批社工专业时的考核标准。特别是在大多数教师对社会工作价值取向、实务技能不甚了解的情况下,社工教育在社会福利、社会政策、社会问题的教学上可能还比较得心应手,但在社会工作方法的教学方面则困难重重。

第四,没有形成完整的专业层次。社会工作在国外的高等教育中是一个较大的学科,许多学校设有社会工作学院,形成从社会工作学士(BSW)、社会工作硕士(MSW)到社会工作博士(PSW)的学位层次;通过系统、完整的专业社会工作教育,使受教育者通过专门训练能够保证助人活动科学有效地进行,并使他们具有从业的资格。学士课程以培养社会工作领域实践人才为主,硕士课程培养学生具有从事专业服务的能力和领导才能,博士学位的宗旨是满足高素质的社会工作教育人员、研究人员、社会规划人员和行政人员的需求。但是在我国,虽然社会工作本科教育已经有二十多年了,但社会工作硕士教育才刚刚起步,博士的培养计划尚未进入视野;即使是本科社会工作教育的学位名称也五花八门,至今尚未有"社会工作学士"学位见于高校。

四、全球化时代下的社会工作日趋国际化,但中国的专业社会工作仍相对封闭

社会工作从诞生开始就与国际社会密不可分。早期的社会工作者十分重视对那些来自其他国家的战争难民和移民实施援助,帮助他们在新的生活环境里再定居;向那些遭受自然的或人为灾难的受害人提供紧急的救助;积极地维护社会弱势群体的权利等。这些工作通常在国内与国际范围进行,以使那些面临社会不公、处于困境的人们获得帮助。社会工作者也为促进世界和平而及时、努力地工作。

在美国,社会工作教育委员会(Council on Social Work Education)规定,任何一个大学的社会工作教育课程如果要通过每年的评估和认证的话,其课程内容必须包括国际社会工作的内容。美国的社会

工作教育要求学生以"国际社会工作者"为目标。所谓国际社会工作者,是意识到全球问题并准备去迎接当前全球化趋势带来的挑战的专业工作者。国际社会工作者要准备去与不同种族的群体接触,去了解当今世界的各种社会问题(如艾滋病、无家可归、青少年怀孕、吸毒、恐怖主义、贫困等)。国际社会工作者将致力于因全球化而导致的经济问题的解决(如失业、高生活费、缺乏合适的医疗照顾、退休后的经济担忧等)。

在欧洲,已经有一些学校或国际社会工作学院网络组织提出了一些具体的国际社会工作教育课程。2001年通过的布拉格决议要求"高等教育要增加有关'欧洲人'内容的教学模块和课程",德国、比利时、挪威、捷克、爱尔兰、拉脱维亚、罗马尼亚、法国等国家的社会工作硕士学位课程,就设置了"欧洲社会工作"的课程。还有一些欧洲大学开设了以外国学生为对象的一年制的社会工作课程,其教学模块包含社会科学理论与方法、小组社会工作、社会工作与社会政策、移民(难民)社会工作、农村社会工作、非营利组织管理、教会社会工作、劣势群体社会工作、文化小群体社会工作等课程。①

由于专业社会工作在中国曾经中断了几十年,目前仍处于发展的初期,还未跟上国际社会工作专业发展的步伐,所以许多社会工作者不但对国际社会工作的发展潮流知之不多,而且对本专业的学科规范、价值取向和专业工作方法也不甚了了。在此状况下,我们有相当一部分的社会工作者存在以下一些问题:(1)缺乏国际文化、社会、经济、政治方面广泛的知识背景,及解决社会问题的实际工作能力。(2)缺乏对不同国家的意识形态、生活方式、社会价值、文化模式的了解。(3)缺乏对不同国家的社会问题、社会政策、援助模式从不同的角度进行思考和分析的能力。(4)缺乏跨文化的社会工作沟通、交流、合作的能力。(5)缺乏向国际展示中国社会工作特色、方法和技术的能力。显然,随着社会工作国际化日趋加强,以及国家间关系越

---

① Piotr Salustowicz, "Globalization and Social Work from European Perspectives," paper delivered to International Conference of Social Welfare Issues and Social Worker's New Roles in the Era of Globalization, Kangnam University, South Korea, November 26, 2004.

来越受全球化的影响,如果社会工作没有一种全球化的视野,要想有效地解决面临困境的人们的问题,促进世界不同国家与地区间人民的交流、理解与合作,共建和平与公平是越来越不可能的了。中国的社会工作也需要国际化,这是中国"和平发展""和平崛起"的题中应有之义。

为此,在改革开放向纵深推进及建设和谐社会的目标下,我们应该立足中国实际、参照社会工作的国际通则,将国内外最新的学科成果融入学科建设之中,加强社会工作的专业化建设,创建符合中国社会需要的专业化的社会工作模式。

第四节 联合督导在社会工作实习中的应用

社会工作的实务属性对专业人才培养方式提出了较高的要求,作为专业教育中的一个重要环节,社会工作实习的开展也日益受到重视。在美国,社会工作教育委员会规定,一个学生要获得社会工作学士学位,必须有 800—900 小时的专业实习。在我国,教育部高教司 1998 年编印颁布的《普通高等学校本科专业目录》和专业介绍中,也要求社会工作专业的实习时间需达到 14—16 周。但是,"由于督导配备不足、实习基地有限、接纳实习单位对社工专业的理解偏差,许多大学的本科毕业生既在实习时间上没有达到要求,又在实习内容上与社会工作的实务要求相距甚远";"社会工作实务教学与实务督导非常薄弱,这一方面使社会工作教育难以跃上规范化、国际化的台阶,另一方面也不利于社会工作职业化的推动"。[①] 这种现象已经引起了许多社会工作教学与从业人员的关注,提升社会工作督导的水平也成为社会工作人才队伍建设的重要环节。

社会工作督导(social work supervision)是社会工作专业训练的一种方法。美国社会工作者协会出版的第 19 版《社会工作百科全书》称,"督导是社会工作专业的传统方法,通过这种方法把社会工作

[①] 张敏杰:《中国专业社会工作面临的三大问题》,《浙江工商大学学报》2006 年第 4 期。

知识和技术,由训练有素的社会工作者传授给新的社会工作者或实习生"①。这一定义表明了督导作为专业训练手段的作用。为了保证社会工作专业实习的有效性和规范性,使社会工作专业学生的实习质量得到切实提升,需要大力加强实习督导工作。社会工作专业联合督导是一种值得推广的督导形式,它由社工院系与同城、跨地或跨境的专业机构签订正式实习协议、安排或派遣社会工作专业学生到机构、社区实习,并由社工院系与专业机构共同为学生提供集中实习训练和实习督导,从而将学院督导与机构督导结合起来形成合力,进而有目的、有步骤地指导学生将课堂习得的理论知识和实务技巧应用于实践,并将专业价值与个人价值进行整合。

一、实习联合督导:一种新的督导模式

社会工作专业督导通常有两种主要模式,一种是学院督导,主要由学校的老师担任;另一种是机构督导,主要委托机构人员担任。② 但是,还有另一种较为特殊的督导模式值得推广,即实习联合督导,它由社工院系与同城、跨地或跨境的专业机构签订正式实习协议、安排或派遣社会工作专业学生到机构、社区实习,并由社工院系与专业机构共同为学生提供集中实习训练和实习督导。③ 其特征主要有:

(1) 依据实习时间安排,属于集中式实习,即实习活动与课堂课程的学习活动间隔开,单独集中一段时间进行全日制的实习。实习期间不再安排任何专业课堂教学,这有助于学生全身心投入实习活动,亦有助于打破实习地域选择的限制,为学生参与异地实习提供便利。

(2) 依据实习场所安排,属于专业机构实习。内地的专业机构机构既包括社会福利服务的业务机构如老人院、儿童福利院、精神病院、残疾人康复中心等场所,也包括社会福利服务的中介组织如青少

---

① Richard L. Edwards, ed., *Encyclopedia of Social Work*, NASW Press, 1995, p.2373.
② 万江红、逯晓瑞:《从参与角色看中国社会工作实习教育的现状》,《社会工作》2008年第9期(下)。
③ 张敏杰、倪婉红:《社会工作实习联合督导浅析》,《社会工作》2011年第1期(下)。

年发展基金会、残疾人联合会、老龄委、慈善总会等场所,或者是已经设置专业社工服务岗位的学校、医院、社区等场所。这些机构一般都配备有专业社会工作者、注册社工师来计划和评估各项活动与服务,实习督导者以机构资深社工师担任,使学生通过与专业社工的接触,了解和学习社会工作专业实务,将理论知识和实务技能结合,有效内化与提升专业价值和工作能力。

(3)因院校督导与机构督导身处两地,虽然学生基本上是在机构进行实习,但院校督导有责任与实习学生及机构督导保持联系,了解实习进程,对发现的问题进行及时沟通,并对实习内容进行调整,为学生提供实习指导、协调、推动和评估。从这个意义上讲,学校和机构的督导在专业联合督导中的角色定位应有差别:学校督导实行"项目督导",主要负责联合实习项目的规划、联络、过程监督与总结评估;机构督导则负责"岗位督导",主要负责学生在机构实习期间的日常活动安排、机构环境适应、专业服务的程序指导与实习能力鉴定。

二、社会工作实习联合督导:角色定位与工作内容

督导活动本身是一个复杂的互动过程,督导者的角色亦是多样且变化的。因学生实习各阶段的工作重点有别,专业联合督导双方在实习过程中的阶段角色与工作内容亦会产生相应变化。在不同的实习阶段中,督导有不同的角色定位与工作内容。

1. 实习计划期

主要由学校督导负责部署和开展实习准备工作。学校督导老师一般由联合实习项目负责人担任,他们不但需具备较强的社会工作教学与实务经验,而且有较广泛的社会资源和较强的社会活动能力,一定意义上,学校督导扮演着"经纪人"的角色。作为实习学生与专业机构之中介,学校督导负责搜索合适的实习资源,积极与机构联络、沟通和协调各方实习责任,并面向学生部署和开展一系列实习准备工作。

学校督导作为"经纪人"与机构方的互动主要包括:与机构方签

订实习协议,明确学校、实习学生、实习机构多方之义务与责任,并核定实习经费来源与数目;与实习机构沟通并确认实习时间、实习地点;将学生资料送往机构、获得实习岗位分配信息和机构接纳学生实习的确认文件;与机构协商责任,为学生办理各种与专业实习有关的保险。

学校督导面向学生的工作主要有:发布实习活动通知、招募并挑选出满足机构要求条件的实习学生,并依据学生特质、意愿及机构需要,将学生安排到合适的机构部门;开展实习动员会议,布置实习要求,并依据工作指标、学生能力和实习意愿初拟实习计划书;开展实习经验传授会:召集往年曾有过机构实习经历的学生为新人传授工作经验并告知注意事项,令新人对机构实习工作有所认知,并可提前规划相关事宜,亦有助于增强实习信心和减少实习紧张感;将实习之安排和计划告知学生家长,以获得家庭的配合与支持。

2. 实习初期

学生按计划进入机构正式开展实习活动后,学校督导便"退居二线",由机构督导承接和主事学生的督导工作。实习初期,学生需要尽快熟悉和适应新的工作与生活环境,获得机构工作人员的接纳与支持,并与服务对象建立良好的关系。这一阶段机构督导主要履行"行政者"和"支持者"的工作角色。

作为行政者,为使实习生的具体工作都能符合机构的期望和规定,机构督导需要向学生说明机构政策、行政程序和有关的工作规章,令其日后表现能够符合机构要求和代表机构形象,帮助其建立工作责任感。阿尔弗雷多·卡杜山认为,行政性督导应承担11项工作任务,[1]引导与安置工作者、拟订工作计划与工作授权是其中的两项主要工作。引导与安置工作者的工作内容为介绍机构的组织架构与日常运作、分派机构工作、提供关于机构的阅读资料和关于服务的工作导引或专业书籍;机构督导可以根据部门需要和被督导者的个人意愿,为其安排合适的工作岗位;向员工引见学生、建立相互信任关

---

[1] [美]阿尔弗雷多·卡杜山等:《社会工作督导》(郭名倞等译),中国人民大学出版社2008年版,第38—39页。

系,减少工作孤独感,促进机构融入;为其安排办公场地与住所,提供当地生活指南。拟订工作计划与工作授权的工作内容有与学生共同拟订工作日程,并布置督导会谈、机构员工会议、员工培训、机构探访任务与时间;为实习生需要独立开展的工作进行授权,并提供指导与监督,防止不良操作;要求实习学生与机构督导沟通自拟的实习期工作计划,督导则根据机构条件和学生能力提供机构修改建议,并告知机构内可用的服务资源(资金、技术和人力资源)。

作为支持者。鉴于许多实习学生初到机构时都会产生焦虑情绪,焦虑情绪和压力来自对实习机构的陌生感、与工作人员的距离感、介意学生身份而对个人能力缺乏信心而产生的无力感等,从而令有些实习学生感到无助与压力。督导应当利用与被督导者的关系,细心观察、及时介入,通过督导会谈为实习学生提供情感支持,帮助他们克服消极情绪并给予工作鼓励,令其产生归属感和安全感。

督导也应当了解实习生对机构服务的感受,并帮助澄清其面对服务对象的感受与认识。为了解实习生内心真实的感受,督导在单独面谈时应耐心倾听、积极引导,令学生能够放心倾诉,尝试梳理已出现的想法和感受;和实习学生一起与不合理的观念进行辩论,慢慢建立对服务对象较为正确的认识、学习正确的服务理念与介入手法,初步评估服务需求。

3. 实习中后期

学生在实习中后期,基本上都会在机构内独立开展具体的专业实务,在此阶段有关服务计划和服务过程的专业指导与咨询基本上仍由机构督导提供。此时,督导的核心角色是"教育者",通过督导服务为学生提供新知识和新经验,并开展专业价值与专业伦理的反思。

社会工作实习的一个重要目标,就是提供机会让学生与服务对象在互动中自省和了解自己的价值观、态度和偏好。实习学生有自己的情绪、态度和价值观,即使受过心理学或社会工作的专业训练,一些负面的主观体验仍可能影响到专业关系或者助人活动。机构督导若施予专业关怀与支持,便能够令学生感受到工作安全感,激发学生对社会工作的专业认同和对服务对象的服务热情,并建立适当的专业价值。因此，督导要指导学生了解案主个人的成长经历、目前的机构适应和人际关系状况，以及内外环境的诸多改变，这些信息的获得有助于合理评估案主的身心发展情况与专业服务需求，帮助学生与服务对象建立基本信任关系，有助于开展深层交流，进一步了解服务对象的特点及存在的需求。

当机构督导通过观察和督导会谈觉察到学生的内心冲突后，可以通过支持性交流，帮助学生澄清不良主观感受，分析和探索自己感受和行为背后的价值取向或内在需求。学生通过自我对话，能够获得对自我内心世界的认识与评价，并觉知个人价值观、态度和偏好，从而增强自我意识和自我体验。此外，机构督导通过引导学生分析和评估个人的工作情境，对比个人、机构、专业和社会价值观的异同，将有助于学生认同专业价值伦理，并通过肯定或改变自己原有的价值观，作出更合乎专业伦理的价值判断，进而增强学生的自我效能、建立对专业及服务的信心、强化专业服务意识并增强专业理想和责任。

对服务对象的特点和需求予以了解和界定后，实习生便能够着手工作计划和介入方案。机构方可以为其提供方案设计的模板，让学生参照机构的计划书格式进行方案设计，这亦有利于日后将学生实习材料归入机构档案。计划书的拟订需要反复讨论与修改，督导需要同实习生一起就方案的目标、内容、困难和局限等进行协商和厘清，提高服务方案的可行性和有效性。

完成服务方案之后，机构督导需协助学生实施服务方案，例如参与活动提供现场支持，或及时进行督导会谈提供咨询或修改服务方案等，以此应对因学生专业操作能力不足所发生的问题或在方案实施过程中遇到的突发状况。实习学生在每次活动后也应及时进行工作评估与反思，必要时可在机构督导的认可下对活动方案进行修改，从而优化整体工作效果。

实习生在与服务对象接触的过程中、在观察机构服务和运作的过程中，可能会遇到有违个人偏好或个人价值观的现象或事件。因此如何引导学生在实习过程中，发现一些值得深思反省的现象及一些具深远影响的问题，从而启发学生以不同的角度看服务社群的能力和需要,同时驱使他们不断探索新的理念和实务模式去回应改变,都是非常重要的。① 学生在课堂上掌握了知识形态下的价值观,或者说是掌握了有关价值观的知识,然而仅仅流于知识形态的价值观并不实用,价值观需要在实践中经历"由价值观到实践、再经由实践来检验和深化价值观"的过程。因此,在实践价值观的过程中,即考察专业价值观是否真正为学生所内化的过程中,机构督导需要就学生对价值观的理解和矛盾冲突进行引导,帮助学生使用与专业角色相配的"自我"来和服务对象建立专业关系,控制不当的感受、态度与偏见,保持客观性和表现适合角色身份的行为,②从而帮助学生真正接纳专业伦理价值,并将其与个人伦理价值相整合,从而建立起真正的个人专业价值观体系。

4. 实习末期

在实习末期,学生已经能够适应机构日常运作的规律并在机构内独立完成工作,令自己的实习活动成为机构服务的有效成分。在此阶段,机构督导的角色转而成为实习学生的情感支持者,帮助处理离别情绪。还需要综合学校和机构双方的考评标准,对学生的实习表现给予评价,并将评估情况反馈给学校督导。督导在实习末期扮演了"支持者"与"评估者"的角色。作为支持者,由于学生在实习即将结束的时候,已经获得了一定的工作成就感,与机构工作人员和服务对象也建立了深厚的感情;在此即将离开机构之际,实习学生会产生一定的失落情绪,对此机构督导应该给予关注并适当介入。如通过面谈协助学生梳理和澄清失落感受,通过倾听、接纳、同理、经验分享等方式给予理解和情感支持,通过与学生商讨合适的告别方式,让实习生与其他工作人员一起分享和总结自己的实习体验,从而坚定服务信念、树立工作信心,总结实习成果。作为评估者,机构督导通过浏览学生的实习日志和实务工作材料,结合学生在督导面谈时以及提供专业服务时的表现,为学生拟定实习鉴定结果;为实习学生提

---

① 黄耀明:《浅析社会工作专业实习督导的角色定位与技巧》,《社会工作》2006年第9期(下)。

② 史柏年、侯欣:《社会工作实习》,社会科学文献出版社2003年版,第23页。

供证明材料,与机构评估材料一同反馈给学校督导,为后续的实习评估工作提供依据和参考。

5. 实习总结阶段

学生完成实习活动回到学校,并不意味着专业联合督导活动的结束,相反,学校督导应与被督导学生及时会面,了解实习收获和感受,巩固实习经验并加强自省与反思。在此阶段,学校督导还要承接机构督导的工作并担任"评估者"的角色,对学生的实习表现和工作能力给予综合评定;有关内容包括学生自我鉴定、机构督导评估和学校督导评估等。

值得注意的是,完整的评估活动是双向的,即不仅有督导对被督导者的评估,也应有被督导者对督导工作的评估。评估内容因督导者的不同而略有区别。对学校督导的评估项目包括督导在实习动员会、确定实习计划、中期实习交流、机构报告撰写指导、实习总结报告指导、定期专业督导等活动中的表现。学生对机构督导的评估需要考察督导是否协助其了解工作环境、协助明确角色、提供具体实习内容、协助完成实习计划书、提供工作设施和条件、定期专业督导等。通过收集学生对督导工作的评价,可以令督导者反思自己的工作,并找出未来的督导方向和目标。

实习评估不仅是实习教学的组成部分,亦是行政程序的一种。作为教学内容之一,实习评估有助于识别实习生在工作表现上的优劣之处,令学生发现专业进步和专业成长的可能与空间;作为行政程序的评估活动,有助于评定专业联合实习的最终成效并充实档案记录(指评估报告书),从而为未来的实习活动提供借鉴和参考。

三、美国社会工作院校的实习督导模式

社会工作实习联合督导模式在美国的社会工作院校已经发展得相当成熟,在社会工作实习中的应用有以下特点:

第一,实习督导角色定位到人。很多社会工作院校都配备了专门的教授负责学生的实习督导,与其他任课教师有固定授课课程不同,实习督导一般并不承担专业课程的授课任务,他们的工作主要是

根据教学大纲要求,制订学生实习计划,联系实习机构;他们不但要保持与一批实习机构的固定联系,而且还要不断地开拓和发展新的实习机构,与机构及社区建立良好的公共关系,他们是掌握一批丰富实习资源的社会活动家。机构督导则由资深社会工作师担任,具有专业的从业资格,例如临床社会工作者资格证书等。

第二,实习督导时间集中安排。社会工作学生的实习训练通常采用集中式的教学安排,即实习活动与课堂课程的学习活动间隔开,在专业学习的前一段时间集中上课,然后是几个月的一周五天的全日制机构实习。几乎所有的卫生和福利机构,包括精神病院、医疗机构、临终关怀机构、学校、矫正机构、危机咨询机构、安置新移民机构、公共福利机构、儿童福利机构、小组工作机构和非政府组织等都可成为社会工作专业的实习机构。当学生按计划进入机构正式开展实习活动后,学校督导要不断地前往各实习地的机构去看望学生,考察学生的实习情况,与机构督导讨论和推动学生实习的有效性。特别是随着"国际社会工作"(international social work)理念在美国的深入,跨民族和跨国间的社会工作实习得到了空前的重视,到联合国机构或国外机构实习的社会工作学生有增长趋势,由此也对学校督导提出了很高的要求。对机构督导而言,他们在学生集中实习期间主要履行了"行政者""支持者"和"教育者"的三重工作角色:作为"行政者",机构督导需要向学生说明机构政策、行政程序和有关的工作规章,令其日后表现能够符合机构要求和代表机构形象,同时根据部门需要和被督导者的个人意愿,为其安排合适的机构实习岗位,为实习生需要独立开展的工作进行授权,并提供指导与监督,防止不良操作。作为"支持者",机构督导应当为实习学生提供知识支持、价值支持和方法支持,帮助他们克服消极、畏难情绪并给予工作鼓励,令其产生归属感和安全感,为服务对象提供优良的服务。作为"教育者",机构督导通过督导服务为学生提供新知识和新经验,并开展专业价值与专业伦理的反思,及时应对因学生专业操作能力不足所发生的问题或在方案实施过程中遇到的突发状况,通过个案教育与服务总结强化实习学生的知识应用,为学生提供新知识和新经验,提升他们的社会工作价值观与伦理观。

第三,实习联合督导是一个民主教学的过程。社会工作实习的一个重要目标,就是提供机会让学生与服务对象在互动中自省和了解自己的价值观、态度和偏好,提升自己的专业水平。一方面,在学院督导与机构督导之间经常就学生的实习方案设计与实施进展情况保持信息交流、问题分析和程序调整;另一方面,在督导与学生的关系上,督导往往和学生在平行的起点上通过问题启发式讨论案例与问题,帮助学生自主能力的开发和专业价值观的建立。值得注意的是,完整的督导过程是双向的,即不仅有督导对被督导者的指导,也有被督导者对督导工作的评议和反馈,通过收集学生对督导工作的评价,有助于督导者反思自己的工作,进而提升社会工作教学质量和专业实习的成效。

目前,美国大学的社会工作学院向学习社会工作专业的本科生提供的实习督导既可以让他们为进一步深造做好准备,又可以使他们毕业后立即投入在私人或公立机构内直接提供服务的工作。对于社会工作专业的研究生,则要接受全面、严格和循序渐进的教育培训和机构实习,准备毕业后在临床实践(如保健、家庭和儿童服务、精神健康等)或政策、规划和管理(如政策规划、项目开发、研究和提供服务)等领域从事高级社会工作,并能胜任社会工作督导者的角色与任务。凡此种种,这种实习的联合督导模式对于推动中国的社会工作教学和人才培养都很值得借鉴。

鉴于我国社会工作发展起步较晚,尤其缺乏有经验的社会工作者出任督导,深圳、东莞等地已经利用毗邻香港的优势,启动了引进香港资深社工出任督导的项目;一批内地社工院校也与香港的社工机构建立了交流和合作关系,将社工学生送往香港的福利机构实习,接受香港机构督导提供实务教育及培训等督导工作。由于香港、内地体制差异较大,依靠香港督导的"帮扶"并不是内地社工事业向专业性发展的长久之计,本土督导的培养势在必行。目前,社会工作专业联合督导在我国方兴未艾,为本土的社会工作专业人才培养开辟了可行的捷径,有广阔的应用和发展前景。

附录1 他山之石

在西方发达国家,社会政策到现在已有近两百年的发展历史,有经验也有教训。研究、比较与借鉴国外社会政策的成功经验和教训。将对我国市场经济条件下社会政策理论与实践的发展,产生重要的积极的影响,使我国在建立和完善社会政策过程中少走弯路。

第一节 工作福利政策及对中国的启示

20世纪下半叶特别是90年代以来,美国和西欧许多国家为缓和日益严重的财政危机以及减弱被救助群体对福利的依赖性,纷纷走上社会政策的改革之路,倡导将"福利"转变为"工作",变消极的福利制度为积极的福利制度,这种改革方案被称为"工作福利"。工作福利是怎样的社会政策?实施过程中曾被如何评价?我们从中能得到何种启示?本文对此将做初步的探析。

一、溯源与发展

根据第18版的《社会工作百科全书》定义:"有就业能力的福利接受者在享受援助时,应当提供服务劳动,以这一要求为条件的福利项目,为了与现金救济相区别,曾被称为'工作救济'(work relieve)。如今,此项福利政策通常被称为'工作福利'(workfare)。"[①]虽然工作

[①] Judith M. Gueron, Patricia Auspos, *Encyclopedia of Social Work*, 18th ed., Maryland: NASW Press, 1987, p.896.

福利的概念在学术界中并不统一,其含义也并不明确,许多研究者将各种形式的"从福利到工作"项目都归于此类,其中包括工作培训项目、工作寻找项目、资助性的私营部门工作项目、公共服务工作项目等,但它反映了一种新的福利价值观。其实施目的旨在打破"福利循环",减少福利依赖,用更为积极的政策来促使社会弱者脱离福利,参与工作,培养负责任的个人,以减轻政府的财政负担和促进经济的增长,更好地应对经济全球化的挑战。

1. 欧美的发端

16世纪的英国到处都有失业、流浪和贫困现象,面对社会动荡,政府不得不出面收拾残局,于是便产生了1601年完成的英国《伊丽莎白济贫法》。该法案确立了将被救助的穷人区分为三个等级的法规:对体格健全的穷人,提供给他们工作,如果他们拒绝工作,就被送进监狱或接受惩罚;对虚弱无力的穷人,则把他们安置在救济院里;对失依的儿童,如果其父母或祖父母不能供养他们,就让他们当学徒。① 此法律规定兼有强迫劳动和法律救济的性质,但以前者为主,过于强调对不劳动者的惩罚而比较忽略对需求者的帮助,它标志着英国社会政策的诞生,也是那个时代占主导地位思潮的产物;大部分17世纪的思想家都认为,政府应该使用自己的权力来迫使每个有能力的人做点事。此后,欧洲大陆许多国家政府也采用了大体相同的政策。

在美国,1935年颁布的《社会保障法案》(Social Security Act)确定了联邦政府有责任向老年人、遗属、儿童、残疾人等对象提供福利援助和康复服务,但是在1962年的《公共福利修正案》(Public Welfare Amendments)中,社会保障立法有了重大变化,它第一次尤其认识到公共福利中预防性、保护性和恢复性服务的重要性。正如肯尼迪总统在签署法案时所说:"这项措施代表了一个新取向——强调除了支持有需要的人还要有服务,要鼓励人们恢复自立能力而不是单纯救济,要培养人们做有用的工作的技能而不是长期依赖福利……

---

① O. William Farley, Larry L. Smith, Scott W. Boyle, *Introduction to Social Work*, Pearson Education, Inc. 2000, p.18.

我们的目标是预防或减少福利依赖,鼓励自力更生,维护功能完好的家庭的作用,帮助功能发挥不足的家庭恢复其功能。"①"工作福利"最早出现于美国约翰逊政府于1967年开始实施的"工作激励项目"中。该项目要求所有接受"失依儿童家庭补助"(Aid to Families with Dependent Children, AFDC)的受助者须参加工作或培训项目。

2. 福利改革与工作福利的推进

尼克松总统在1970年的国情咨文中提出要全面改革美国的福利制度。他认为:"现在美国需要的不是更多的社会福利,而是更多的工作福利。"因此,"要废除不利于工作、损害家庭并使福利领取者丧失尊严的制度,代之以就业培训和鼓励工作的项目"。为此,尼克松提出了一个比较全面的福利改革方案——家庭援助计划,它规定有能力工作的人若拒绝接受工作,就将失去补助。但参议院未通过这一法案。②

1981年,里根总统上台不久就提出《综合预算调整法案》(Omnibus Budget Reconciliation Act),以宣示其推动的所谓"福利战争"(war on welfare),而实施工作福利计划是里根政府解决"福利困境"的重要思路。1986年,众议院提出了《走向自主之路:增强美国贫困家庭的力量》的报告,要求政府更加重视帮助有工作的穷人,并努力向福利领取者提供他们所需的教育和培训,使他们成为自食其力的劳动者。参众两院也相继提出了有关工作福利的法案。同时,由50位州长组成的全国州长协会联合发表声明指出:"我们的共同目标是创造一种理想的制度,使人们宁愿工作而不依赖政府救济。"③此后,许多州、县与地方政府纷纷将工作要求作为接受政府福利援助项目的条

---

① Wilbur J. Cohen, "The New Public Welfare Legislation," News Release, U. S. Department of Health, Education, and Welfare, September 24, 1962.

② Michael Katz, *In the Shadow of the Poorhouse: A Social History of Welfare in America*, New York: Basic Books, 1986, p.158.

③ Michael Katz, *Improving Poor People*, New Jersey: Princeton University Press, 1995, p.95.

件。① 到 80 年代中期,不论共和党或民主党,在福利改革的议题上双方均支持"工作福利共识"(workfare consensus)。

1988 年,《家庭支持法案》(Family Support Act)的实行,标志着联邦政府开始执行强制性的工作福利政策。② 这一法案要求各州制订工作机会与基本技能培训计划,提供教育、培训和就业服务,旨在帮助人们脱离福利依赖;大多数成年当事人要被吸纳到工作机会与基本技能培训计划中,但有 3 岁以下孩子的父母可以免除;自 1994 年起,要求失业的父母每周至少工作 16 小时等。③

克林顿在 1992 年当上总统后,积极推行工作福利制。1996 年,他签署了《个人责任和工作机会法案》(Work Opportunity Reconciliation Act),此激进的福利改革法案在国家公共福利制度中引发了一些根本性的变化,如规定福利受助的成年人在接受 24 个月的援助后,要求参加工作活动等。④ 这个新法案使工作福利项目的数量在美国激增,而第 41 任总统乔治·布什在任期间实行的救助政策则使这一制度得到进一步的加强。

3. 欧洲"福利国家"的改革

20 世纪末,英国及北欧诸国也纷纷在本国的社会保险计划中引入"工作福利"这一受益准入制度,社会政策改革的取向是强调"为你的福利而工作"(work-for-your-welfare,有时也被缩写为 welfare-for-work)。

在英国,布莱尔的工党政府积极提倡工作福利取向、权利与责任哲学,提出"削减福利开支,提倡劳动福利"的口号,把"福利工作"项目推向了福利改革的最前沿。他们明确提出:只有鼓励人们回到工作中,而不是靠津贴度日,这样才能减少社会保障的预算,从而减少税收。工党政府力求通过更低的税率鼓励人们回到工作中,更好地

---

① Koppel, J. G., M. Murphy, *Final Report: A Study of the General Assistance Workfare Programs*, Washing, D. C.: National Association on Counties Research, 1978.

② Jamie Peck, *Workfare States*, New York: Guilford Press, 2001, pp. 84-96.

③ O. William Farley, Larry L. Smith, Scott W. Boyle, *Introduction to Social Work*, p. 198.

④ Ibid., p. 199.

帮助贫困家庭。从1990年开始,英国着重强调从"消极的"福利给付转向积极的劳动力市场参与政策,而这种转型被认为是自由主义、个人主义、劳动力市场灵活性的提升以及在失业保障中引入工作福利的结果。①

在以"福利国家的橱窗"称著于世的北欧,"工作福利"在过去很长一段时间里曾是禁忌的字眼,但在全球化的外在压力下,"积极的劳动力市场政策""工作福利""从福利到工作"等新的政策取向开始被人们所接受,其具体含义分别是"以积极的措施代替消极的给付""以惩罚代替激励""以义务代替权利"。由此,斯堪的纳维亚国家经历了一场"悄悄的革命"。② 在丹麦,1997年颁发的《社会救助法案》规定,没有工作就不能接受公共津贴,而只能接受地方政府的安排,否则将削减20%的津贴。1998年又颁布了一个《灵活性法案》(The Activation Act),再一次弱化了收入保护的原则,强调工作义务和工作福利之间的关联性。丹麦的上述改革基本上没有引起什么不同的争议,而主流意识形态则给予了肯定的评价。③ 在挪威,1993年的《社会救助法案》扩大了地方政府的权力,地方政府有权要求失业救济的申请者必须参加工作,不工作者就没有任何津贴。救助标准的制定由地方政府负责,失业者必须参加培训。这项修正案实施以后,大约一半的地方政府立即"动用"了这项权力。在瑞典,1998年的《社会服务法案》明确了"自立"的个人责任,规定地方政府有权要求社会救助申请者参加培训,并且与丹麦和挪威一样,首次将"工作福利"引入到社会救助计划这个社会最后安全网之中,要求有劳动能力的被救助者应当用工作来回报他们得到的救助。虽然20—24岁的瑞典青年有资格接受失业保险和社会救助,但对于90天以后还没有

---

① Jochen Gasen, Daniel Glegg, "Unemployment Protection and Labour 1VBrket Reform in France and Great Britain in the 1990s: Solidarity Versus Activation?" *Social Policy*, Vol. 32, No. 3, 2003, pp. 361-381.

② 郑秉文:《OECD国家社会保障制度改革及其比较(上)》,《经济社会体制比较》2004年第5期。

③ Nanna Kildal, "Workfare Tendencies in Scandinavian Welfare Policies," paper delivered to the 8th BIEN Congress: Economic Citizenship Rights for the 21st Century, Berlin, October 6-7, 2000.

任何工作和不接受培训的青年人则由地方政府给予安排一份12个月的工作,超过12个月仍没有找到工作,再给3个月的"寻找工作时间",然后就进入"灵活化"计划,即或接受给予的工作,或失去任何津贴。①

一些专家认为,北欧福利国家正对劳动市场大力改革,并使用"工作福利国家"(workfare state)的表述,在普遍实施削减给付水平、缩短给付时间、严格给付条件的政策取向中,各国均不同程度地提出了"工作有其酬"(work pays)的口号,试图进一步强化工作激励机制,加强失业补助和工作给付之间的联系,实现从"消极的补助"向"积极的劳动力市场政策"的过渡与发展。这种趋势的出现,可以较有效地解决富裕社会中低收入者的"贫困依赖"现象,从而通过对低收入者的工作激励进而改善社会保险计划,促进经济增长的正效应。② 总之,随着经济全球化的加速发展,欧美各国在提升国际竞争力的压力下,正在加强对本国社会政策的全面改革,其社会政策的基本精神,是转而强调创造工作机会、弹性劳动市场和加强教育与训练,而使社会福利和劳动市场的就业服务紧密连结。③

二、前提与特征

工作福利制经过近半个世纪时间的发展,虽然并没有成为取代传统福利支持体系的主要救助政策,但已成为福利体系的重要组成部分;也就是说,由福利主义(welfarism)转向工作福利主义(workfarism)已成为当今福利国家社会政策的一个值得注意的发展趋势。福利受助者须提供服务劳动才能接受救助,以下因素构成了这一政策的前提:

---

① Nanna Kildal, "Workfare Tendencies in Scandinavian Welfare Policies".
② 和春雷主编:《社会保障制度的国际比较》,法律出版社2001年版,第231—232页。
③ Bob Jessop, "The State and the Contradictions of the Knowledge-Driven Economy," published by the Department of Sociology, Lancaster University, 2000; Jessop, Bob, "Good Governance and the Urban Question: On Managing the Contradictions of Neo-Liberalism," published by the Department of Sociology, Lancaster University, 2001.

第一,多数福利受助者是身体健康和具有劳动能力的,他们在接受福利援助的时候提供相应的服务劳动是工作伦理的客观要求。早在 20 世纪 60 年代,一些专家就已经发出警告:福利有削弱工作伦理的效应。从对福利接受者的调查中看出,虽然大多数人都有工作的愿望,但同时约有 65% 的人承认他们并不积极寻找工作。丹兹格等人在综合相关研究文献的基础上,估计 AFDC 使每位领取者每年减少 600 个小时的工作。巴赛的研究则认为,在 70 年代,许多人越来越倾向于减少他们的收入,以便有资格获取 AFDC 津贴。① 其他研究也表明,随着福利津贴的增加,妇女更有可能放弃工作,加入福利领取者行列。希尔和奥内尔通过研究发现,AFDC 和食品券补助增加 50%,妇女加入 AFDC 的数量和依赖福利的时间就要增加 75%。② 所以,工作福利的推动者认为,健康的福利受助者应为他们所接受的福利待遇而付出社会劳动。

第二,有劳动能力的被救助者是愿意用工作来回报他们所得到的救助金而且能够投身到一系列公共服务劳动中去的。工作福利政策将使有劳动能力的受助人间接地受到工作价值理念的灌输,而提供服务劳动的过程能直接地使当事人养成良好的工作习惯,并使他们的就业能力得到增强。其结果是那些通过劳动与培训的福利受助人,将较快地实现从纯粹福利接受者角色到工作者角色或工作者与福利接受者双重角色的转换,同时也将可能使一些潜在的福利申请人打消要求福利救助的念头。因此,工作福利政策最终将导致社会福利开支下降、福利受助者的自尊增强、福利项目的公共形象提升的结果。

第三,社会对妇女角色和妇女劳动力的态度发生了变化。当"失依儿童补助"(1962 年更名为"失依儿童家庭补助")于 1935 年设立时,单亲妈妈、需要承担照顾孩子的残疾工人之妻、贫困及家庭负担而难以进入劳动力市场的困难者等是需要救助的主要对象。但是 20

---

① Carl P. Chelf, *Controversial Issues in Social Welfare Policy*, London: Sage Publications, 1992, p.108.

② James Leiby, *A History of Social Welfare and Social Work in the United State*, New York: Columbia University Press, 1978, p.231.

世纪60年代以来,美国的家庭结构和劳动力市场发生了前所未有的变化,一方面随着离婚率的上升和婚外生育的增加,单亲家庭的数量急剧增长;另一方面,职业女性数量也在不断上升。有证据表明,离婚者、分居者和独身者已构成 AFDC 受助妇女的主体,这就使人们开始考虑福利有可能对家庭结构产生负面效应,"AFDC 项目不过是对破裂家庭的一种家庭津贴。一般而言,人们只有通过家庭解体或不建立家庭才有资格获得这种津贴"[①],让这些妇女接受福利援助却不用去参加社会服务劳动,被认为是有失公平的。

基于这些前提,工作福利在实施过程中显示了以下方面的特征:

第一,强制性。工作福利制是一项强制的劳动力市场计划,被救助者需要为救助金而工作,工作参与是全面性和强迫性的,而不是有限性和志愿性的。为了体现工作福利的强制性,福利机构有责任甄别哪些受助者是"必须参与工作的",确保这些对象拥有足够的时间从事所在州授权进行的社会服务劳动、辅导及其他支持性的活动,而后才有资格享受社会福利的相应待遇;相反,当受助者没有履行所安排的工作义务,福利机构有权力决定在这种情况下是否应削减其福利救助金额。对于工作福利的强制性特征,有舆论称它是一种奴隶劳动;罗伯特·西里卡认为,奴隶制度是需要抛弃的,但如今工作福利的受助者是以服务劳动换取福利待遇,虽然没有私人老板为他们的工作支付劳动报酬,但他们却实实在在地从公共机构那里获得了应得的福利待遇。如果有些接受福利援助的市民也认为工作福利是一种类似奴隶劳役的剥削制度的话,他们可以作出另一种选择,那就是终止社会福利受援者的身份而让自己进入劳动力市场。[②]

第二,非职业性。根据工作福利政策提供服务劳动的受助者不被视为一般的就业者,也没有资格享受附加的福利或失业补贴。在这些方面,工作福利不同于先前由联邦政府推行,并获得《综合就业训练法》(CETA)批准的公共服务就业计划所提供的经济援助项目。

---

① Michael Katz, *Improving Poor People*, New Jersey: Princeton University Press, 1995, p.56.

② Robert A. Sirico, "Work Is Moral and So Is Workfare," *The New York Times*, July 27, 1997.

对那些接受食品券福利及参与"社区工作体验计划"的受助者来说，他们被要求提供工作的最长服务时间应与最低工资标准相一致。因此，工作福利的岗位安排通常是非全职的，并安排在公共的或非营利性的领域进行。为换取社会福利提供的救助支票而工作，这一特定的义务将工作福利与职业性的工作岗位相区别。尽管根据工作福利政策而介入的服务劳动岗位是非职业性的，而且通常是技术含量低的岗位，但"隐性的"工资往往被用来作为一个指标，以便计算一个受助者需要提供多长的服务劳动时间来换取其相应得到的福利待遇。

第三，惩罚性。工作福利制的实施往往与一定的惩罚措施相伴随，因为它在某种程度上是一种行为纠正方式，旨在将负责任的行为（如家庭、工作）作为领取福利津贴的一个条件，从而在微观上调控受助者的行为。这也反映了保守主义者的思想。他们希望运用政府的力量解决福利的负面问题，认为政府能设计出一整套奖惩制度，以促使福利领取者以预想的方式行动。他们赞成向福利领取者提供他们所要求的经济补助，以交换能够恢复传统价值观的行为。因此有人将这种福利津贴与行为控制的结合称为"文化福利"。例如，美国的惩罚措施就十分严厉，被救助者拒绝一次工作机会的代价是丧失25%救助资格，当这种拒绝行为达到一定次数的时候，救助金有可能被全部取消。在英国，1999年的救助金申领者当中受到制裁的比例接近于11%。在比利时，1998年有4.8%的被救助者接受制裁。在丹麦，第一次拒绝参加工作活动的人的救助金会减少20%，多次拒绝会导致丧失最后一张安全网的保护。①

第四，局部性。欧美等国家实施工作福利制都是非常谨慎的，仅在局部地区被有选择地实施着。首先，美国各州可以根据"社区工作体验计划"所提供的选择权，逐步实施工作福利政策。由美国审计总署于1984年进行的"社区工作体验计划"立法执行情况的研究表明，大多数州在局部地区实施了不同形式的工作福利政策，只有少数州是全州实施的。其次，许多州对受助者参与工作福利项目有时间的

---

① 肖萌：《发达国家的工作福利制对中国低保政策的启示》，《中国青年政治学院学报》2005年第1期。

限制,如为了让父母可以照顾好孩子,限制夫妻家庭中失业一方参加强制劳动的时间;又如,虽然法律规定州政府应让孩子已经3岁及以上的母亲必须以参加工作为享受福利待遇的条件,但许多州把孩子的年龄提高为5岁。"社区工作体验计划"要求受助者提供工作的时间为13周,但大多数的州并未硬性实施,也没有将提供劳动服务的时间与其享受福利援助待遇的时间绝对地联系起来。最后,工作福利项目的内容和受助者的权利范围也随各个州运行"社区工作体验计划"的不同而相异:有些州在推行工作福利政策时,同步对有劳动能力的受助者开展就业促进活动;有些州则将参与工作和服务作为工作福利项目的一种权利,或者同时与结构性的求职活动相结合。

实践和研究表明,工作福利制在实施过程中曾遭受许多批评,但其有效性是非常明显的。与传统的只向被救助者提供救助金的做法相比,工作福利制更加强调被救助者的责任和义务,从而提高了救助对象个人的工作努力水平。这种更加积极的救助手段可以有效地降低被救助者对救助体系的依赖,提高救助对象的就业率,降低政府的福利支出。

工作福利不是对受助者的束缚,它是受助者摆脱困境、进入劳动市场的一个机会。工作福利的参与经历已成为当事人人生经历的重要组成部分,他们除了领取到了福利支票外,还形成了责任与义务观念,并为进入就业领域打下了基础。当他们感到工作使自己充实和完善时,他们的自尊就得到了提升,就能获得他人的尊重。通过工作,一个人不仅使身体更健康了,而且在精神上也更充实了。因此,尽管工作福利政策还远没有达到人人都乐意接受的程度,但是与对受助者没有任何要求的旧福利制度相比较,工作福利能减少纳税人为社会福利的支付。工作福利还要求工作服务岗位的提供者要具有奉献精神,因为他们需要承担对非熟练工作者进行培训的成本负担。总之,没有人会说,从一种援助贫困者的不成功制度过渡到一个提供有效工作的制度过程会是平稳,工作福利不可能奇迹般地被全社会所接受,但它提供了一种希望,其主要优点是体现了工作的伦理价值。

在实际操作中,工作福利制采取社区工作体验这一重要形式,也取得了双重的积极效果,一方面那些很难靠自己找到工作的被救助者可以在救助机构的帮助下从事社区服务工作,他们所进行的公益活动为改善社区面貌做出了贡献,创造出具有社会价值的产品和服务。另一方面被救助者必须接受社区工作的要求又杜绝了一部分不符合救助资格的人的投机行为。同时,大多数工作福利的受助人感到,他们在享受福利救助待遇时被要求提供相应的劳动与服务是公平的体现,他们不但对自己所从事的岗位工作表示满意,而且期待自己能对社会作出有益的贡献。总之,工作福利被认为是帮助遭受社会排斥的弱势群体重新回归主流社会的最好方法,尤其是在社区层面上的工作服务实践,能使那些缺乏就业机会或缺乏就业技能的被排斥对象获得社会的吸纳和认同;工作福利不仅有利于减贫,而且向社会福利的被援助者提供了现实的选择。

三、启示与借鉴

欧美国家的社会政策改革和工作福利政策的出台,在社会上引起了很大的反响。虽然中国与欧美的社会政策存在着很大的差异,但通过对工作福利政策在欧美国家实施情况的回顾与分析,从中可以使我们获得有益的启示与借鉴:

1. 要增强福利受助者的社会责任感,以积极的社会政策代替消极的福利给付

我国《宪法》第45条第1款规定:"中华人民共和国公民在年老、疾病或者丧失劳动能力的情况下,有从国家和社会获得物质帮助的权利。国家发展为公民享受这些权利所需要的社会保险、社会救济和医疗卫生事业。"这是《宪法》对公民物质帮助权的规定。1999年10月1日开始实施的《城市居民最低生活保障条例》(简称"低保条例")则是将这种宪定权利落实为一种法定权利的具体政策,被誉为城市居民的"最后一道安全网"。当《宪法》规定的物质帮助权成为公民在法律上的权利时,公民与相应的行政机关之间也就形成了特定的权利义务关系。低保条例规定"在就业年龄内有劳动能力但尚未就业的城市居民(在享受城市居民最低生活保障待遇期间)应当参

加其所在的居民委员会组织的公益性社区服务劳动",一定程度上体现了权利与义务对等的原则。

与欧美国家实施工作福利政策后的社会反应相类似,我国部分城市在要求有劳动能力的低保对象参加公益性社区服务劳动,并出台相关惩罚措施后,批评的舆论和强调享受低保救助是公民权利的声音也不绝于耳。对此,我们可以从欧美国家的实践中得到启示,一方面在实施相关政策时要切实体现以人为本,保障公民的权利,维护弱势群体的利益,实现"应保尽保"的低保救助目标,避免一刀切地要求所有贫困者都需提供服务和劳动为享受低保的条件。另一方面,要改变传统福利观念中把获得社会保障看作不附带任何条件的权利,重在帮助受助对象增强社会责任感和工作伦理观念,减少接受福利救助对象对福利的依赖,用一种更为积极的社会保障政策来代替消极的福利给付,使那些缺乏就业机会或缺乏就业技能的弱势群体重新回归主流社会。

2. 要把教育和培训作为福利政策的重点,实现福利事业从公益型向人力资本投资型的转变

工作福利政策是欧美国家福利改革的主要方向,其实质是进一步调整国家、个人之间的责权关系,增加个人的社会责任感,鼓励个人对自己的行为负责,使社会救助对象通过劳动与培训后较快地转变为工作者。值得我们借鉴的是,工作和培训是工作福利政策的核心内容,特别是技能培训对于福利受助者改善困境、增强自信心和竞争能力具有重大的意义。

在我国,虽然享受低保的人数是动态的,但"低保户"的人员构成却日趋稳定,成为一个相对"凝固"的群体。值得注意的是,上个世纪90年代以前的城市贫困群体,主要是无劳动能力、无经济来源、无法定赡养人和抚养人的"三无"人员,而新出现的城市贫困群体中,大部分人有工作能力并且愿意工作但没有工作机会,就业难是造成"低保户"构成趋于定型的重要原因,主观上则是他们的工作技能与劳动力市场的需要不匹配。因此,政府的社会福利机构在向困难群众发放福利救助金的同时,应当采取积极、主动的行动,将福利投资重点由

公益事业转为"人力资本投资"。对福利受助者只有工作要求而没有技能培训,这样的政策是有缺陷的。在美国,没有证据表明福利领取者是"懒汉"群体;从对领取者的调查看出,他们大多数都有工作的愿望,但同时约有65%的人承认他们并不积极寻找工作。对他们中的许多人来说,选择福利而不是工作,往往是基于经济上的一种理性选择。大多数福利领取者,特别是长期领取者,往往缺乏必要的工作技能,即使找到了工作,其工资收入并不比福利津贴要高。因此,1981年美国国会通过的《全面预算调整法》允许州和地方政府在工作培训和福利项目设置上拥有更多的自主权;1986年,众议院提出了《走向自主之路:增强美国贫困家庭的力量》的报告,要求政府努力向福利领取者提供他们所需的教育和培训,使他们成为自食其力的劳动者。在英国,政府在1998年7月提出了一个耗资56亿美元的就业计划,目的是使无技术专长、待在家里无所事事的年轻人从长期失业的困境中解脱出来,但他们必须从政府提供的四个择业机会中,任意做出一种选择,而不能依赖补贴度日。这种注重教育和培训的社会保障政策是值得借鉴的,它从根本上创造了一种制度,使人们宁愿工作而不依赖政府救济,而且工作比依赖政府救济更能改善人们的经济状况。

3. 要完善社会保障体系,建立一套切实可行的福利事业管理制度

在西方对社会保障政策进行全面改革的背景下,我国的社会保障制度建设正处于改革、构建和完善的阶段。如果说,西方福利国家的社会保障制度已经走过了一百多年的历程,目前改革的实质是要"进一步调整国家、个人之间的责权关系,意在保持社会保障制度对整个社会机体积极作用的同时修改其消极的一面,所要达到的目标是减轻政府的负担、激发企业活力、培养增加个人的社会责任感,鼓励个人对自己的行为负责,从而培育一个国家、企业、个人彼此协调负责、积极互动、充满创新和活力的公民社会"①,那么,我国的社会

---

① 张绍平:《西方社会保障政策改革的理念启示》,《中国劳动关系学院学报》2005年第3期。

保障制度尽管跟西方国家有比较大的不同,但把握中国的国情,充分借鉴西方国家的经验和教训,将人力资本投资政策、积极的就业政策、需求管理政策作为政府社会政策的中心来抓,可以少走弯路、降低社会保障制度改革的成本。

当前,我们还可以借鉴国外的经验,加强对有劳动能力被救助者的管理,保证其在享受被救助的权利的同时,尽到相应的义务,并在管理制度上作出制约其长期依赖福利救助的明确规定:一是对有劳动能力者,在计算其收入时应与无劳动能力者有所区别,分类救助,低水平保障,给其造成一定的经济压力,促使其就业,靠自己的劳动去摆脱贫困;二是对拒绝接受学习与培训的受助者、拒绝参加公益服务劳动者、主动放弃就业机会者应有相应的惩罚措施;三是低保受助者参加社区公益劳动时,可以由受益方根据按劳取酬原则支付一定的劳务报酬,这既是对当事人的鼓励,也可以在一定程度上缓解福利支付的财政压力。

(原载《浙江社会科学》2006年第4期。)

第二节 巴西现代化进程中的社会问题与社会政策

巴西是世界上经济发展最快的国家之一。第二次世界大战结束后,历届政府通过推行"进口替代战略""高增长战略"和"综合平衡战略",顺利地完成了经济的起飞;经过几十年的努力,巴西已由一个传统的农业国转变为一个现代化工业国家。近五十年来,巴西国内生产总值平均每10年就翻一番;到1998年,巴西的国内生产总值(GDP)已经达到7580亿美元,人均国内生产总值为4570美元,保持着世界第八大经济强国的地位。但是,绝大多数巴西人并没有从经济"奇迹"中获得好处,经济增长的成果被少数人所垄断,贫富差距由此拉大,社会问题十分突出,相关社会政策的出台与调整已成为巴西政府的紧迫任务。

一、巴西人口概况

巴西国土面积是854.7万平方公里。根据巴西地理统计局所公布的 2000 年人口普查结果,巴西总人口数已由 1991 年的 1.45 亿人发展为 2000 年的 1 亿 6954 万,其中白种人占 55.2%,黑白混血种人占 38.2%,黑人占 6%,黄种人占 0.4%,印第安人约占 0.2%。根据巴西地理统计局测算,到 2030 年,巴西人口将达到 2.377 亿,比 2000 年增加 6700 万,即 30 年增长 39.6%。作为西半球最大的发展中国家,巴西国土面积和人口都居世界第五。

在人口发展方面,1930 年开始工业化进程,巴西人口死亡率呈明显下降趋势,但在 1974 年以前,巴西一直采取自由放任的人口政策,在死亡率下降的同时并未改变巴西人口仍保持高出生率的状况。在 20 世纪 40 年代巴西妇女平均生育 6.3 个孩子,随后虽有所下降,但在 60 年代仍然达到 5.8 个孩子。自 20 世纪 80 年代起,政府人口政策开始逐渐转向控制人口的方向,城市的中上层家庭里,妇女开始使用现代的避孕方法。80 年代后,避孕方法在城市中的低收入家庭和农村中的高收入家庭得到普及。与此同时,绝育的方法被低收入家庭的妇女所广泛采用。根据巴西地理统计局 1996 年的调查,当年在 30 岁至 39 岁年龄段的育龄妇女中,约 36.6% 的人做了绝育手术。出生率在 1971 年至 1980 年间平均为 34‰,1985 年至 1990 年间降至 28.58‰。这与育龄妇女平均生育子女数量下降直接有关。死亡率下降和人均寿命的延长以及生育率的降低,致使老年人口所占比例提高,与此同时 17 岁以下的儿童和青年人所占比例下降,1940 年 17 岁以下的人口所占比例是 55.42%。根据巴西地理统计局预测,到 2020 年这一比例将降至 25%。

在人口构成方面,女性人口增长速度较快,目前巴西全国男女之比为 96.6∶100。1996 年这一比例为 97.2∶100。男女之比相差最大的是东南部地区,达到 95.7∶100;最小的是中西部地区,为 99.7∶100。2003 年,全国男女比例为 95∶100。全国 50 岁以上妇女中,71% 为独居,50 岁以上男人独居者占 41.6%。2003 年全国有 0—14 岁儿童 4720 万,占总人口的 27.2%;15—17 岁少年 1040 万,占 16%;18—24 岁青年 2340 万,占 13.4%。人口增长率下降使得成年人所占比例上升,目前年轻人在全国人口中所占比例仅为 30%。60 岁以上老人增加较明显,2003 年达到 1670 万人,占总人口的 9.6%,其中里约老人比例最高,占 12.7%。

从人均寿命看,1993 年为 67.7 岁,2003 年增加到 71.3 岁。其中女性寿命从 1993 年的 71.6 岁增加到 2003 年的 75.2 岁,男性寿命从 1993 年的 64 岁增加到 2003 年的 67.6 岁。人口死亡率从 1993 年的 6.7‰ 下降到 2003 年的 6.3‰。1993 年 1 岁以下儿童死亡率占 41.1‰,2003 年下降到 27.5‰,10 年下降了 33.1%。65 岁以上人口 1993 年占 5.3%,2003 年上升到 6.6%。

在婚姻方面,呈现出合法结婚者比例下降,同居式婚姻增多趋势。资料显示,在 1970 年仅 12% 的青年采取同居方式,到 1995 年上升至 63%。同期内,采取民事登记及宗教形式婚礼而结婚的青年比例从原来的 45% 降至 17%。从 1991 年到 2000 年,巴西合法婚姻比率由 57.8% 降至 50.1%,与这一社会现象同时发生的是离婚率的上升。根据巴西地理统计局的调查,1985 的巴西的离婚率为 11%,10 年之后上升为 25%。目前巴西人婚姻平均寿命为 10.9 年。但巴西人的结婚年龄呈上升趋势,女性结婚年龄从 24 岁增加到 27.2 岁;男性从 27.5 岁增加到 30.6 岁,只有 10% 的婚姻是 20 岁以下的青年。

在家庭方面,从 1993 年到 2003 年,国民的家庭结构也有所缩小,家庭平均成员数由 1991 年的 3.9 人降至 2000 年的 3.5 人;城市家庭人口数为 1—4 人,乡村则为 5—11 人,4 口之家占全国家庭总数的 60%。在城市家庭中,73.7% 的家庭有住房,照明家庭达到 99.5%,自来水覆盖面 89.6%,市政垃圾处理覆盖面 96.5%,90.3% 的家庭使用彩电,冰箱覆盖面 91.7%。

在生育方面,2003 年巴西育龄妇女人数为 4830 万,其中 3040 万育龄妇女至少有 1 个孩子,3 个和 3 个以上孩子的育龄妇女占 23.9%。至少有 1 个孩子的 15—17 岁的妇女占 6.5%。近 20 年来,巴西生育率明显下降,1993 年到 2003 年,巴西人口出生率从 22.6‰ 下降到 20.9‰,妇女生育率从 2.6 人下降到 2.3 人。

在教育方面,巴西的教育水准仍属低下,现在有近 1/3(31.4%)的 10 岁以上国民是文盲(未完成 4 年级基础教育者)。至 2000 年,10 岁以上的人口中约有 60% 未接受完基础教育。而在上个世纪 90 年代初,此类国民的比例高达 75.1%。2003 年,7—14 岁儿童入学率占 97.2%,4—6 岁儿童入托(幼儿园)率为 68.4%。15—17 岁青年入学率在 10 年内增长 33%,2003 年达到 82.4%。分性别比较显示,巴西妇女受教育程度平均为 7 年,高于男性的 6.8 年。从业妇女平均受教育年限为 8.4 年。

二、过度城市化问题

巴西起始于 20 世纪 30 年代的进口替代工业化在城市创造了较多的工作机会,城市生活对农民也产生了强大的吸引力,从而导致异常迅速的城市化,过度城市化具有以下特点:

第一,城市超常发展,城市化速率高。1940 年巴西城市人口所占比重为 31%,1950 年为 36%,1965 年为 50%。1970 年普查结果表明,城市人口所占比重为 54%,第一次超过农村,1975 年,城市人口比重达到 60%,1980 年为 64%,目前为 80%。人口的大量迁移和流动,城市过多、过大,以及人口和财富过度集中于大城市,导致了城市超常发展,城市与乡村之间出现分离的趋势。

第二,人口流动性高,流动规模大。20 世纪 40 年代有 300 万人从乡村移向城市,50 年代增加到 700 多万人。农村人口特别是东北部生活条件和生产条件很差的农村人口大量向城市流动。其中圣保罗、里约热内卢等大城市是他们的首选目的地。圣保罗州是巴西人口最多的州,总人口达 3430 万;大圣保罗地区集中了全国 10.7% 的人口,即 1870 万。居第二位的是米纳斯吉拉斯州,人口为 1720 万;其次是里约热内卢州,人口为 1417 万。但是,90 年代以来,国内移民已不再选择沿海地区的大城市,而是选择具有发展活力的内地,移民方向的改变,使大城市的人口压力减缓,从劳动力和市场方面为内地的进一步开发创造了条件。

第三,农村劳动力转移中的土地高度集中等问题比较突出。据统计,巴西占地 1000 公顷以上的农户仅占农户总数的 1%,但它们却占有全国 45.1% 的土地面积;占地 10 公顷以下的农户数占总农户数的 49.7%,但这部分农户却只占有 2.3% 的土地面积。由于土地高度集中,大量失地农民就业教育及社会保障等方面的问题突出。尽管巴西政府为解决这一问题曾进行了不懈的努力,但收效不大。在失地农民中,有相当部分人面临着既没有新的就业机会,又缺乏生活保障的两难困境。这就使巴西社会所承担的农村劳动力转移的负担加重。

第四,非正规经济就业部门是巴西农村劳动力转移的主要领域。在截至1997年的13年间,非正规经济员工增加了97%,自主经营者增加了84%,而正规部门的员工仅增加了6%。[①] 1997年巴西经济自立人口中的1/4即1290万人在非正规经济部门工作。巴西的非正规经济主要集中在服务业和商业,工业最发达的东南部地区也是非正规经济最集中的地方。

第五,犯罪与暴力事件日益泛滥。由于贫困化加剧和财富分配不公,巴西社会治安状况明显恶化,尤其是人身伤害等暴力事件在大城市和特大城市频发,抢劫、盗窃、贩毒、走私、卖淫等犯罪活动增多。据2000年10月11日出版的巴西《请看》周刊称,在1997年,巴西全国共有4.99万人遭枪杀,1998年为4.26万人,1999年已突破5万人。青年因暴力事件死亡率持续上升,20—24岁男性青年死亡率是女性的10倍。1980年,男性青年非正常死亡为1.2‰,2003年为1.8‰。根据巴西司法部对全国近几年来的刑事犯罪现象进行的统计,1997年巴西共发生各种偷盗、抢劫案件110万起,1999年上升到199万起;这两年发生的绑架案件分别是539起和510起。此外,还有相当多的案件没有统计上来。犯罪率和暴力事件数量不断上升,使巴西监狱人满为患,95%的在押犯是穷人。正如官方所承认的那样,社会治安对巴西是一个历史性的挑战。

巴西人口研究协会主席乔治·马丁在法国中西部城市图尔出席第25届世界人口大会时说,近几十年来,拉美国家城市化发展快,目前城市化程度基本与欧洲各国相当;在这些国家中,巴西的城市化程度比较高。促使巴西城市人口急剧膨胀的主要原因是大量农村剩余劳动力流入城市,而政府在城市实施工业化政策并强化交通运输能力,为农业人口进城谋生创造了有利环境。因外来人口过于集中而使各大城市出现"贫民窟"是巴西在城市化过程中经历的最惨痛教

[①] 巴西《美洲华报》1997年6月2日。

训。此外,随着各大城市的涌现和扩大,巴西一部分肥沃的耕地被城市吞噬,该现象正引起社会学家的严重关注。①

三、经济发展中的贫困问题

巴西财富分配的两极分化现象极其严重,世界银行的资料表明,20世纪90年代中期,巴西1%的最富有阶层拥有的总收入甚至超过了最贫困的50%人口的总收入;10%的最富有阶层的平均收入相当于占人口40%的最贫困阶层平均收入的30倍。在圣保罗,巨富们以购买直升飞机代步成为时尚,高级职员工资甚至超过瑞士、日本和英国同行的工资,少数艺术家和运动员年薪高达几十万乃至上百万美元,其中一些足球明星的资产数以亿计,跻身于富豪之列。虽然月收入在160美元以上的巴西人占51.9%,但月收入高于1600美元的人口只占2.6%;②在全世界130多个国家中,巴西的居民收入集中度(income concentration)位居第二。

巴西劳动者的日收入在2美元以下的有3300万人,其中日收入在1美元以下的有1500万人。从以上数据可以看出,随着经济的发展,"富者越富、贫者越贫"的现象日益凸显,经济增长的成果被少数人所垄断,15%较富有人口和5%最富有人口占有国民总收入的比重出现增长的势头,尤其是5%最富有人口的收入增长幅度最大。美国学者萨缪尔·亨廷顿早就注意到了这种现象,他指出:"在近期看来,经济增长的直接影响常常是扩大收入的不平等。经济迅速增长的集中受益者往往是少数人,而大多数人却蒙受损失;结果,社会上日益穷困的人便会增加。"③巴西就是这种贫富悬殊的代表,成为当今世界两极分化程度最高的国家之一。

---

① 巴西《南美侨报》2005年7月26日。
② Maria Ozanira da Silva e Silva, "FAMILY SCHOLARSHIP PROGRAM: Pre-conditions, Possibilities and Limits to Unify the Income Transfer Programs in Brazil," paper delivered to 14th International Symposium of the Consortium for International Social Development, Reicife, Brazil, July 25-29, 2005.
③ [美]萨缪尔·亨廷顿:《变化社会中的政治秩序》(王冠华等译),生活·读书·新知三联书店1989年版,第53页。

2003年,巴西劳动力市场有10岁以上劳动力8770万人,占人口的61.4%。失业率9.7%,高于2002年的9.2%,失业率最高的人口群体是青年和妇女,其中女性失业率达到12.3%,比男性高4个百分点。2002年,巴西有92万16岁以下青少年弃学做童工,2000多万农民没有土地,全国2/3贫困者生活在城市贫民窟里。值得注意的是,在巴西受教育程度高的人群比受教育年限低的人群失业率高:2003年,受教育8年以上的人群失业率为11.3%,远高于平均水平。

目前,人均收入不足半个基本保障工资的家庭占家庭总数的24.6%,其中只有1人工作的家庭占40%,2人工作的家庭占32%,3人工作的家庭占13%。在有0—14岁以下的儿童的家庭中,38%的家庭人均收入在半个保障工资以下;只有2.8%的家庭(有0—14岁孩子)人均收入超过5个保障工资,在北部和东北部地区,此类家庭只有1%。

四、社会资源分配不公平问题

巴西经济学家和人口学家在分析人口指标差异时,往往强调地区性指标的差异。巴西全国划分为北部、东北部、中西部、东南部和南部五个地区。前三个地区为经济落后地区,其中东北部最贫困;后两个地区为经济发达地区,其中东南部最发达。以1988年为例,拥有电灯的家庭量全国平均为85.9%,其中东北部地区占67%,东南部地区占94.8%。20岁以上受过4年以上教育的人口所占比重,东北部占28.7%,东南部占46.0%,全国平均为41.2%;20岁以上受过8年以上教育的人口比重,东北部占14.4%,东南部占25%,全国平均为21.4%。家庭收入在贫困线以下的人口所占比重全国平均为20.6%,但在东北部占51.2%,东南部占14.8%。分城乡的比较进一步显示,东南部城市家庭收入在贫困线以下的人口所占比重为10.8%,东北部农村为83.2%。由此可以看出,巴西农村贫困者的贫困程度更为严重。

教育是一个国家最重要的发展资源,但是巴西的教育事业滞后于经济发展,而且存在严重的分配不公平问题。目前,巴西高等教育所获得的经费占国家教育经费的60%,中等教育占28%,基础教育只有12%,其结果是不利于低收入阶层子女教育水平的提高,很大程度上加剧了"富者愈富,贫者愈贫"的马太效应。根据有关统计,90%以上0—3岁的儿童没有进入过幼儿园,10岁以上人口中有31.4%的人口没有完成四年制小学的教育,他们属于功能性的文盲人口。没有完成八年制学校教育的人口占59.9%,只有4.1%的人口接受了15年的学历教育,即拥有大学学历。受教育程度主要受家庭收入影响,20%的富裕家庭学生受教育程度比20%的贫困穷人学生受教育年限高6.5年。

联合国儿童基金会公布的一份报告说,巴西是世界上入学率最低的国家之一,巴西每年花在学生身上的人均费用为120美元,不足国际组织要求标准的一半。地方的教育经费还经常被挪作他用。学生留级、辍学现象十分严重,劳动者文化水平低、素质差,无法适应高新技术发展的需要。在巴西的飞机场、汽车站、地铁、咖啡馆、商店、餐厅等公共场合,几乎没有人能用英语交流,原来自从巴西经济起飞后,大量教育层次低的农村人口移民至城市,从事低薪的服务行业,他们构成了城市贫困人口的主体。巴西现有14岁以下的童工为380万,他们不能上学,从事繁重而危险的劳动,不享有任何劳工权利和社会保障,身体受到严重摧残。

五、性别不平等问题

妇女约占巴西人口的51%。近年来巴西妇女的地位虽有所提高,但由于历史原因和传统观念的影响,妇女受歧视的情况仍很严重。这主要表现在以下几方面。

第一,大多数妇女在非正规部门就业。20世纪70年代以来,巴西妇女就业人数增长很快,从1970年占劳动力总数的20.8%上升至1995年的35.5%,从而使巴西成为拉美妇女就业率最高的国家。然而,由于社会对妇女的长期偏见,以及妇女在子女入托、就学等方面存在很多后顾之忧,众多妇女仍被排斥在正规部门之外。她们不得不进入非正规部门,主要从事非熟练性的手工劳动和家庭服务业,而且多为非全日工。这些妇女的收入很不稳定,工作和生活条件很差,没有社会保障,享受不到现代化和经济发展所带来的益处。

第二,男女同工不同酬。尽管巴西宪法规定男女同工同酬,但实际情况并非如此。就业妇女在收入上同男子存在很大差距,平均劳动报酬要比同工种的男子低50%。巴西妇女就业之初一般从2个最低工资干起,工作10年才能提到7个最低工资,而男子却能在同样时间内从2.6个最低工资提到10.9个最低工资。49%的从业妇女劳动报酬仅为一个基本保障工资,获一个保障工资的男性则占32%。巴西最大工业城市圣保罗的就业妇女与男子在整体收入水平上的差距居美洲各地之首。

第三,妇女深受家庭暴力之害。巴西妇女在家庭中的地位不高,受丈夫虐待的现象普遍。巴西民法条款中把妇女视为丈夫的从属,并认为家庭暴力只是个人问题。国际调查结果显示,该国被杀妇女中有7%是被她们的丈夫杀害的,并有25%的巴西妇女死于各类暴力事件。妇女承担了家庭中几乎所有的繁重劳动,极少有休息娱乐等闲暇。

第四,妇女参政的比例小。根据1995年的数字,巴西联邦政府的21个部中只有1位女部长;27个州中只有1名女州长。在众议院513席中,妇女仅占31席;在参议院81席中,妇女只占2席。而在最高司法机构中,只有1名妇女任最高劳工法院法官。2003年开始执政的卢拉政府虽然加大了推动妇女参政的步伐,被入选内阁的女性仍极其有限。

六、制度性的种族歧视问题

巴西是一个移民为主的国家,种族构成非常复杂。黑人加上黑白混血儿,其比重高达45.3%,人口约7300万。2003年,东北部地区黑人占6.4%,南部地区黑人占3.7%,中西部地区黑人占4.5%。混血人种在东南部地区占30.3%,在南部地区占13.4%,中西部地区占51.8%。在各色人种中,黑人、印第安人和混血种人长期受歧视,社会地位低下,并且得不到公正待遇。

首先是教育差异。2003年黑人和和混血人种文盲率高为16.9%,比白人的文盲率7.1%多1倍。其中白人劳工中文盲占18.4%,黑人和混血劳工文盲占32%。白人和黑人混血人种受教育程度差别亦大。2003年,白人平均受教育年限为7.3年,黑人和混血人受教育年限分别为5.4年和5.6年。调查显示,黑人受中等教育和高等教育的比重较低。在小学,黑人学生占51%,在中学和大学分别占40%和20%。

其次是收入差异。黑人与白人同工不同酬,黑人就业者的平均月薪只有87美元,而白人就业者则在250美元以上。即使从事体面一些工作的黑人,其待遇也比白人低得多。例如,黑人工程师的薪金比白人少19%,黑人医生的收入比白人低22%,黑人教师的工资比白人低18%,就业黑人妇女的收入则仅为白人妇女的1/3。白人劳工平均工资为3.6个最低保障工资,黑人和混血劳工平均工资为1.9个最低保障工资,其中月薪在最低工资以下的黑人,占就业黑人总数的59.6%。

最后是就业差异。黑人比白人更难进入劳动力市场,黑人的失业率远远高于白人。以圣保罗为例,1988年,白人男子的失业率为13.8%,妇女为19.2%;黑人男子与妇女的失业率分别为20.9%和25%。白人家庭使用自来水和拥有排水系统的比重分别达到81%和73.6%,而黑人家庭的这一比重分别为64.7%和49.7%。

以上差异现象的出现,既是社会歧视的结果,也是社会资源分配不公平的产物。

七、现代化进程中的社会政策取向

中国正在致力于和谐社会的构建。和谐社会就是民主法治、公平正义、诚信友爱、充满活力、安定有序、人与自然和谐相处的社会。构建和谐社会离不开人和人口问题,人既是和谐社会的中心和主体,也是构建和谐社会的目的和归宿。构建和谐社会,人口问题至关重要。巴西的发展进程表明,当一个国家的人均GDP达到3000美元发展阶段的时候,如果没有经济发展与社会发展的和谐、没有人与社会的和谐,往往会出现经济失调、社会失序、心理失衡等问题。因此构建和谐社会,切实解决人口问题是一项不容轻视的课题。

(1)和谐社会需要一个与之相适应的人口环境。如果说,因外来人口过于集中而使各大城市出现"贫民窟"是巴西在城市化过程中经历的最惨痛教训,那么随着中国城市化进程的推进,城镇人口急剧膨胀、农民失地、流动人口就业难等城市化问题也已经出现。从巴西的教训看,这种情况曾造成很大的社会经济问题。只有在工业化和现代化的基础上逐步推进城市化,才能为当地居民创造更多的就业岗位,也才能最终实现我们所期望的城市化目标。否则不仅会使那些改变了农民身份的市民因为无业而陷入贫困,也会给政府带来巨大的财政负担。

(2) 和谐社会需要提高人口素质。人的劳动特别是高素质者的劳动是经济增长的三大源泉之一,构建和谐社会,更需要一批高素质的劳动者来推动。中国的人类发展指数居世界 104 位,属人力资源低下的国家之一。虽然人均受教育程度较之以往有了很大的提高,但是与构建和谐社会的要求相比,还有很大的差距。目前中国的教育投入约占 GDP 的 3%,低于世界平均的 5%,这种状况的存在将会影响我国经济社会的可持续发展。为此,必须保证九年义务教育的普及,尤其要解决进城农民工子女的义务教育问题,这不仅只是对流动儿童权益的尊重,更关乎国家和社会的长远和稳定发展。只有提高人口素质,才能为和谐社会提供人力资源。

(3) 和谐社会需要体现社会公平。巴西的教训充分地证明了缺乏公平的社会,必然是不和谐的社会。和谐社会的目标是实现国家总体发展的协调性和可持续性,而公平和公正应当成为是否实现和谐社会目标的评判标准。改革开放以来我国逐步形成的利益关系格局特别是重大的利益关系,已经构成了社会矛盾、社会冲突、社会危机的基础;许多新的利益关系和内部矛盾,如收入分配差距不断扩大、城乡差距、东西部差距、行业之间与群体之间差距突出等问题,使社会和谐蒙上了阴影,从而出现了弱势群体逐步增多、利益关系变化速度加快、社会各个方面对最基本的公共产品需求日益强烈的趋势。为了构建和谐社会,我们要坚决迅速地在就业、教育、社会保障、政治参与等方面推进机会平等化的过程,使全体社会成员能够共同分享经济增长成果,实现社会公平,和平相处,友好相邻。

(4) 和谐社会需要有制度保障。从长远着眼,从制度建设着手,健全以失业保险、医疗保险、养老保险为重点的社会保障体系,在农村逐步推行养老保险,完善社会救济和"五保"供养制度,是和谐社会建设的应有之义。近十年来,执政的巴西政府面对尖锐的社会矛盾和社会冲突,都把社会政策的改革作为解决社会矛盾的突破口:如为了解决贫困人口的温饱问题,2003年开始执政的卢拉政府通过了"零饥饿计划",由此拉开了向饥饿和贫困挑战的序幕;以建立社会保障体系为重点的一系列改革设想也逐渐明朗;政府制订了最低收入计划,并提出了在2006年之前新增780万个就业岗位的目标等,这些制度性措施值得我们在构建和谐社会的进程中予以关注和借鉴。当前,建立一个能够覆盖全国的社会安全网是保证社会居民和谐相处的最基本条件,而社会安全网的建设有赖于政府职能的转变和社会组织的发育。总之,人口是社会存在和发展的主体,构建和谐社会,人口问题的解决始终需要有制度的保障。

(原载《当代人口》2006年第1期。)

第三节 美国的"肯定性行动"及对中国社会政策的启示

现实的美国是一个非常不平等的国家,弱势群体问题像一个巨大的毒疽嵌在美国的社会肌体上,年复一年、日复一日地刺痛人们的心。在弱势群体问题越来越突出的社会背景下,美国政府在就业、教育等若干社会生活领域中制定了以反歧视为目标的向部分弱势群体作适度倾斜的社会政策——"肯定性行动"(Affirmative Action)。"肯定性行动"是美国政治生活和社会政策中的一个重要内容,也是当今美国政治斗争中的一个焦点。虽然这一社会政策并没有从根本上改善美国弱势群体的困境,但通过回顾其出台背景及其对一部分弱势群体处境改善所起的作用,可以深化我们对建构中国体现公平、有力保障弱势群体利益和促进社会和谐的社会政策的认识。

一、美国的弱势群体

庞大的美国弱势群体大军主要由三类人组成。第一类是以黑人为主的有色人种和少数民族。绝大多数波多黎各人、印第安人、黑人、墨西哥人以及从非洲、亚洲等国家来的移民,因其群体特征,即肤色——种族特征而有别于白种美国人,他们中有相当多人的社会地位低下,处于社会底层。虽然美国有世界种族的大熔炉之称,但有色人种却从来没有被融入主流社会中,偏见和歧视给弱势群体带来的苦果主要反映在政治、法律、就业、工资、住房、教育等方面。在美国的社会弱势群体中,尤其以黑人所受的歧视和打击最为严重,他们在美国社会中是最具代表性的弱势群体。第二类是低收入的贫困阶层。这一阶层的困境主要表现为贫困、失业,并以有色人种为主,相当一部分是带着孩子但无丈夫的单亲妈妈,她们通常从事保姆、秘书、看门人或其他零杂短工职业。据美国卫生部的社会委员会调查,美国目前经常性的营养不良者约有2000万人,贫困家庭中约有50%的儿童无法接受教育,而有5%的儿童为先天性弱智者。65岁以上的老年人占生活在贫困线下的美国人总数的一半。第三类是遍布美国各城市的无家可归的流浪者,这一群体中有精神病人、长期病患者、残疾人、同性恋者、妓女、吸毒者、酗酒者、懒汉、流氓、前罪犯等。

美国的弱势群体困境以黑人(非裔美国人)的状况最为典型。美国黑人约有3735万,占美国总人口数的13.1%,①是美国最大的少数民族。长期以来,黑人因种族原因而被主流社会排斥。20世纪,美国黑人经历过两次大迁徙,使黑人人口逐步向东部、西部、北部的工业城市迁移,南部的农业人口迅速向城市人口转变。现在,60%的黑人居住在纽约、芝加哥等十多个大城市里。由于各大城市中黑人人口呈上升趋势,所占城市人口的比例更是越来越大。到1970年时,美国黑人人口中81.3%为城市居民,②不少城市中黑人人口已超过全市人口的一半以上,这使得城市特别是北部城市中的黑人问题愈演愈烈,城市中种族歧视与隔离有增无减,居住、教育与就业这三个主要社会问题,相互交织,恶性循环,构成20世纪美国城市弱势群体的核心问题。

---

① 美国人口普查局:http://www.census.gov/population/socdemo/race/black/ppl-185/tab21icOLD.txt。

② U.S. Bureau of tile Census, 1970 *Census of Population*, Washing, D.C., 1975, Table, 55.

在居住方面,威尔逊(Wilson)认为"在美国,城市生活中的社会问题很大程度上与种族问题联系在一起,这已经不是什么秘密了。随着犯罪、吸毒、婚外生育、女性户主家庭比例的上升,福利依赖问题近年来极大地困扰着美国社会,数量的增加最显著地出现在黑人身上,他们居住在大城市的核心地带,人数越来越多,而且看上去会形成一个永久性的黑人下层阶级"①。破败萧条的城市聚居区成为绝大多数弱势群体能找到住房的唯一地方。据统计,1950年在纽约市68.2%的黑人住在被完全隔离的黑人区,仅29.9%住在混合区;芝加哥黑人中81%住在完全隔离区,底特律和圣路易斯都有74.1%的黑人生活在完全隔离区。②

在教育方面,由于黑人在居住地域上被迫与白人隔离,随之产生了事实上的学校种族隔离体制。1954年之前,南部各州的法律明文规定黑人儿童不得进入白人学校,只能在黑人学校就读。为此南部黑人进行了长时期的斗争,最终于1954年赢得了取消公共学校种族隔离的法院裁决,但最高法院这一裁决却只适用于南部。在北部各州,虽然法律没有规定黑人儿童不得与白人儿童同校学习,而且许多北部城市的教育法还规定儿童应就近在所居住地区的学校上学,但由于严重的种族隔离居住模式,这一规定实际上就造成了事实上的种族隔离学校体制。③ 隔离学校体制造成的后果是黑人学生的文化水平要比白人学生低得多,75%的黑人学生到毕业时是"功能性文盲"(functional illiterates)。造成黑人学校教育质量低劣的因素是教育经费不足、教育资源分配不均。美国各级公共教育经费均由税收支付,这样,大部分负担落在州和地方社区身上。其中州政府提供了全部公共教育基金的40%,10%来自联邦政府,而余下的50%则来自地方学区,并且几乎完全来自财产税。由于黑人聚居社区的贫困

---

① William Julius Wilson, "The Black Underclass," *Wilson Quarterly*, Vol. 7, No. 2 1972, p. 88.
② Davis McEntire, *Residence and Race*, Berkeley: University of California Press, 1960, pp. 35-36.
③ 胡锦山:《20世纪美国城市黑人问题》,《东北师范大学学报》(哲学社会科学版) 1997年第5期。

化,使黑人社区的学校财力、设施、师资、教学质量均无法与白人社区学校相比。

在就业方面,事实上的种族隔离教育体制和不良的教学质量使黑人青年难以在社会上与白人竞争;同时,比就业竞争更为严重的是就业歧视问题。二战初期,黑人基本上被排斥在国防工业部门之外。在康涅狄格、巴尔的摩和洛杉矶等城市,由于劳动力严重不足,许多工厂宁可从其他地方引进白人非熟练工人,也不雇用本地黑人。这些因素都造成了黑人的失业率长期居高不下。此外,黑人还面临就业环境差、劳动强度大、工资报酬低等问题。

为此,热爱自由的美国黑人为反对种族歧视和争取平等权利,进行了长期不懈的斗争。著名黑人学者威廉·杜波依斯(W.E.B. DuBois)对为美国法律认可的种族歧视进行了深刻的批判。在1903年出版的专著《黑人的灵魂》中,杜波依斯描述了被排斥在主流文化之外的黑人民族的精神创伤。他写道:每个美国黑人始终生活在两种同时存在的意识(double consciousness)之中,始终意识到他既是一个美国人,又是一个黑人,"两个灵魂,两种思想,两种不可调和妥协的抗争,两种始终处在交战状态的理想,并存于一个漆黑的躯体之中"①。杜波依斯提出这样一个问题:"我到底是谁?我是美国人,还是黑人?我可不可以同时成为两者?我是不是有责任要尽快地停止成为一个黑人而变成一个美国人?"②从20世纪50年代中期开始,美国黑人掀起了争取平等权利的斗争,由此揭开了民权运动的序幕,迫使政府不得不调整了社会政策,从而不仅改变了美国黑人的命运,也深刻影响了美国人的生活与观念,使社会弱势群体受歧视的处境得到了一定程度的改善。

二、"肯定性行动"

1957年9月,艾森豪威尔总统签署了《民权法》,它授权联邦政

---

① W. E. B. DuBois, *The Souls of Black Folk*, 1903, Boston: Bedford Books, 1997, p.38;转引自王希:《多元文化主义的起源、实践与局限性》,《美国研究》2000年第2期。

② 同上。

府通过司法部长,寻求法庭禁令,以禁止阻碍或剥夺投票权利的行为;它虽然没有对取消学校的种族隔离采取有力措施,但它正式承认黑人的选举权,为以后的民权立法开辟了道路。随着黑人斗争的进一步发展,在民权运动的巨大压力下,肯尼迪总统在1961年3月签发了第10925号行政命令,第一次将"肯定性行动"(Affirmative Action)①写进了总统的行政命令。随后,美国国会在1964年通过了以结束种族歧视为核心的《公民权利法》(Civil Right Act of 1964)。该法案禁止人们根据种族、肤色、宗教信仰和所来自国家的不同,分配学生去上这个学校,不可去上另一所学校;美国的首席检察官被授权向任何违犯这一规定的人提起公诉。1971年美国最高法院裁定,学校不能借口该学校所在地的居民全是白人而保持清一色的白人学校。这实际上是彻底否定了任何形式的种族隔离学校的合法性。美国政府为创造各民族成员享有平等就业机会而采取的政策之一,也包括禁止以种族、肤色、宗教信仰和性别作为招收或解聘雇员的依据。联邦政府还规定了贯彻执行就业平等政策的进一步措施,要求雇主积极主动雇用和训练少数民族的成员,如果他们不是由于文化程度低或缺乏训练根本不适合工作的需要,就要雇用他们,为他们创

---

① 中国学术界对"Affirmative Action"没有统一的译名。有些学者将它意译为"反歧视行动""照顾行动""鼓励性行动""平等权利法计划""倾斜政策""优先行动计划""恢复公正行动""为了实现平等而实行的差别对待原则"等,见金灿荣:《政治、文化分裂与美国政局演变》,《美国研究》1995年第1期;《简明不列颠百科全书》第3卷,中国大百科全书出版社1986年版,第8页;J. M. 伯恩斯等:《美国式民主》,中国社会科学出版社1993年版,第183页;J. 布卢姆:《美国的历程》,商务印书馆1988年版,第583页;谭兢嫦、信春鹰主编:《英汉妇女与法律词汇释义》,中国对外翻译出版公司1995年版,第13页。因为意译很容易加上个人的感情色彩,而这一问题又比较复杂敏感,故许多学者主张将直译为"肯定性行动",我国有好几位资深美国研究学者都采用这一直译名,见李道揆:《美国政府与政治》,中国社会科学出版社1990年版,第717页;沈宗美:《对美国主流文化的挑战》,《美国研究》1994年第5期;董乐山:《自由主义:宽容还是偏执》,《读书》1995年第5期等。近年来国内学术刊物发表有关论文也多采用"肯定性行动"的译名,见任东来:《"肯定性行动"与美国政治》,《太平洋学报》1996年第1期;张爱民:《美国"肯定性行动计划"述评》,《南开学报》(哲学社会科学版)2000年第3期;王希:《多元文化主义的起源、实践与局限性》,《美国研究》2002年第2期;刘宝存:《肯定性行动计划与少数民族的发展》,《外国教育研究》2002年第7期等。

造就业机会。① 为了贯彻《公民权利法》，约翰逊政府于1965年9月签署了全称为《平等的雇佣机会》的第11246号行政命令，以法律形式强化了第10925号行政命令中的"肯定性行动"政策，并为以后"肯定性行动"的实施提供了法律依据。②

肯定性行动政策及相关法令的出台，旨在通过联邦法律的强制，消除对少数民族和妇女等弱势群体在就业、教育等领域的歧视和不公平，即要求一切为政府进行工作或得到联邦政府资助的公司、大学及其他机构采取为了实现平等而实行的差别对待原则，以保证申请工作的人不因其不同的种族、肤色、宗教、性别或原国籍而不被雇佣，而在其被雇佣期间，也不因此遭到不平等对待。否则，违规的大学、机构或企业随时将失去政府的资助或合同。但是，联邦政府发现，这种非歧视政策并不能确保有关单位服从。到了1970年，联邦政府遂要求有关单位向少数族裔（在实践中主要是指黑人和说西班牙语的拉美人）和妇女提供与他们在当地劳动力或人口中的比例相称的工作份额，这一努力的最终目标是让少数族裔工人所获得的工作份额与其在当地劳动力中的比例相一致。联邦政府为防止今后再发生此类歧视行为，设立了"平等工作机会委员会"（The Equal Employment Opportunity Commission）和"联邦合同政策办公室"（The Office of Federal Contract Compliance）作为肯定性行动的执行单位。在执行过程中，联邦政府还发现，那些世代被偏见所歧视的少数民族和妇女是无法与白人、男人进行平等竞争的，因此，肯定性计划逐渐变成一项补偿性计划，在升学、接受政府贷款、分发奖学金或助学金、就业和晋升等方面给予少数民族和妇女以某些照顾和优先，以补偿少数民族和妇女在竞争能力上的不足，克服他们因长期白人种族主义势力压迫和歧视给他们造成的劣势；而且，受肯定性行动覆盖的对象也扩大到残疾人、退伍军人等其他弱势群体对象。

为了贯彻肯定性行动政策，联邦政府在实施过程中曾有一定程

---

① [美]哈文·沃思、乔恩·谢泼德：《美国社会问题》（乔寿宁等译），山西人民出版社1987年版，第80—81页。

② 朱世达：《克林顿政府在肯定行动中的两难处境》，《美国研究》1996年第3期。

度的矫枉过正,如许多美国大学对少数族裔的学生降低了录取标准;在竞争者能力和资格同等的情况下,黑人、妇女和残疾人等弱势群体有被优先录用或得到政府合同的权利。结果,在某些地方的大学招生、企业招工中曾出现过个别具有同等条件的白种美国人因承担这种补偿而未被录取、雇佣的情况,或者被认为受到了不平等的待遇;而有些并未受到歧视的有色人种则因此政策而得益。在这种情况下,反对肯定性行动的阶层开始结成联盟,他们主要在两个问题上谴责肯定性行动:一是认为肯定性行动认可了配额制,由于配额制的存在,使原本不符合条件的人得以被录用或提升。二是认为肯定性行动是反向歧视,即由于使少数种族、妇女享有了优先照顾的待遇,从而使白人和男性受到了歧视。反对者认为肯定性行动最大的问题在于以歧视纠正歧视,从而出现一个群体成员优于另一个群体成员的情况,特别是有些白人男性指责肯定性行动剥夺了他们本来应当获得的机会。有些反对者还认为,以种族、族群、性别等为根据的肯定性行动忽视了人的真正的经济地位,少数种族同样有人很富有,不需要照顾,而白种穷人中也有急需国家帮助的对象,所以不应以性别、种族、族群、民族血统等划线。他们认为,既然肯定性行动已经与配额、目标、预留合同、种族优待、政治正确等弊端联系在一起,就应该被禁止。①

但是在许多民权运动积极分子看来,虽然以肯定性行动政策为核心的平权法案只是用形式上的平等和表面化的优惠取代了以前法律上的不平等,看不见的隐性种族歧视仍然广泛地存在于美国社会之中,最贫困的美国人当中黑人比例依然居高不下,肯定性行动政策自实施至今,不仅没有完成历史使命,无法改变长达三个世纪的奴役和歧视所造成的恶果,而且远远不能解决美国社会中弱势群体所面临的问题和困境。但是,肯定性行动政策作为国家旨在铲除种族歧视努力的一部分,其基本理念就是要克服历史上遗留下来的对弱势群体的集体性和体制性的歧视,帮助黑人、妇女和残疾人等社会弱势群体成员更快地改变在教育和经济地位方面的劣势地位,并在社会

---

① 李英桃:《加利福尼亚州209提案与美国高等教育》,《美国研究》1998年第3期。

上建立起关怀弱势群体及让弱势群体分享社会进步成果的机制,从而一定程度上推动了美国社会男女平等和种族平等的进步,有利于社会弱势群体权益的保护与改善。自 20 世纪 60 年代以来,保护每一个人的平等权利的观念已经浮到了社会表层上,尤其是黑人、少数族裔、妇女、残疾人等特定社会弱势群体的权利受到了前所未有的关注,他们在参加工作、入学、晋升的机会方面也较前有了明显的改善,从而加速了脱贫的进程。

三、启示与借鉴

弱势群体是任何时代任何社会都存在的社会阶层。在资本主义社会里,弱势群体是一个庞大的社会群体,他们生活于社会底层,处于经济贫困状态和政治无权地位,长期遭受社会的歧视和资源、机会的剥夺。由于这种状况的持续必然对资本主义国家的经济社会发展构成威胁,使统治阶级的地位面临动荡,所以严酷的现实引起了西方国家政府和社会民众对弱势群体的关注,并制定相关的社会政策改善他们的境况,缓和日益加剧的社会矛盾。回顾美国的"肯定性行动"的出台及其对一部分弱势群体处境改善所起的作用,我们在思考中国的弱势群体问题及有关社会政策援助的时候,无疑可以得到一些有益的启示和借鉴。

1. 弱势群体应是社会政策关注的重点对象

社会政策是社会公正理念的具体体现。对于现代社会和市场经济社会来说,社会政策对于协调社会群体之间的利益关系、保证社会安全、促进阶层整合、提升生活质量、实现社会良性运行和健康发展均有不可替代的作用。自 20 世纪 60 年代以来,西方国家的社会政策经历了从资源分配发展到社会关系分配的过程,对社会弱势群体的特殊关怀和保护是许多国家社会政策的重点,美国的"肯定性行动"就是其中一个范例。

改革开放以来,中国终于走上了一条具有本国特色的现代化发展道路。但是,一方面是社会结构的急剧转型带来了社会分层结构的迅速嬗变,弱势群体这一特殊社会群体已逐渐浮出水面,并且规模正潜滋扩大;另一方面是经济发展了,相应的社会政策却没有跟上来,弱势群体的社会保护问题已成为新世纪影响中国社会和谐发展的一个重要因素。尽管近年来国家加大了对弱势群体脱贫解困的支持力度,但在解决弱势群体面临的某些制度性障碍方面的措施却相对滞后,如城乡分割的户籍制度,进城农民工的权益保障,弱势群体的教育、就业、居住、医疗权利保障等。事实上,弱势群体面临的困难并不是由于他们自身不努力,而是因为社会没有提供一个公平的舞台,其实质是"游戏规则"的不平等(准入限制)。在这种情况下,维护社会公平、保障弱势群体利益应成为社会政策的重要取向。

2. 建立弱势群体成员参与听证、决策的机制

美国的"肯定性行动"是黑人民权运动长期斗争的产物。当前,为了构建和谐的社会、中国实现持续有序地发展,修改、制定相关的社会政策法规及对社会不稳定因素进行及时疏导,应是政府的重要工作。弱势群体普遍存在不公平感、相对被剥夺感、利益丧失感等心理反应,他们不仅在经济利益上处于弱势,而且在社会权利上也处于贫困和被排斥的状态。所以应本着缓解社会心理冲突、协调不同群体间的利益关系、促进社会整合的原则进行疏导。政府要广开沟通渠道,使人民群众特别是社会弱势群体对社会问题、改革开放、利益分配、自身困境等事项和政策的建议、要求、批评等能直接与政府有关部门进行对话和沟通,建立让弱势群体及其代表参与有关社会政策听证、决策的机制,增加社会政策决策的透明度。通过疏导和参与决策,可以把人们的心理和行为调控在适当的水平,提高社会政策整体上的理性化程度,促进社会发展和公众心态不断走向成熟,为社会的整体稳定增加一个重要的"减压器"。

3. 推进具有中国特色的反歧视法规的立法进程

所谓歧视,"指出于某些人具有的某些天生的特征,或强烈的信仰,或个人的身份,诸如人种、族种、性别、年龄、宗教或性倾向等,而

予以不公平的待遇或剥夺其权益"①。西方法治国家在过去一百多年人权发展的历史,在一定角度上看,就是反歧视、要求平等权利的历史。1789年法国《人权宣言》庄严宣告:"所有的公民都是平等的,故他们都能平等地按其能力担任一切官职、公共职位和职务,除了德行和才能上的差别外,不得有其他差别。"我国是社会主义国家,对平等和社会正义有更高的价值和追求。我国《宪法》第33条规定"中华人民共和国公民在法律面前一律平等",它为保障公民平等、反对歧视现象奠定了原则和精神基础,目前我国已有关于儿童保护、妇女保护、残疾人保护、老年人权益保护等方面的法律,2005年8月,十届全国人大常委会第十七次会议批准了国际劳工大会通过的《1958年消除就业和职业歧视公约》,从而为我国推进具有中国特色的反就业歧视立法提供了依据。但是我国在反歧视方面的法律还不够具体,在实际运用中仍有难以涵盖和使用的地方,既缺乏相关法律约束歧视行为,具体歧视事件不但层出不穷,而且往往面临投诉无门的尴尬。从经济管理、金融投资到生活消费,从受教育到就业录用,社会生活和就业市场中的年龄、性别、地域、户籍、学历、病残歧视现象仍然普遍地不同程度地存在着,而且几乎在每一个层面都在发生着,但是却很少有人对所遭受的歧视诉诸法律,更谈不上有机构因为实行了歧视而受到处罚。

为此,我们可以借鉴美国的"肯定性行动"的经验与教训,推出有中国特色的反歧视法规,落实和保障公民特别是弱势群体的社会权利,在法律、资源、组织和舆论等方面保障民众的合法权益,并通过政府的行政力量,逐步要求所有接受政府资助的学校、企业在升学招生、就业招聘的广告、文件中申明不得对应试、应聘者因户籍、性别、身体、种族、年龄、地域、宗教信仰不同而受到歧视。在推进具有中国特色的反歧视法规立法的进程中,要逐步建立相应的工作、监查机构,使弱势群体的人格尊严和平等公民权利得到切实尊重和保护。推进中国反歧视法规立法的进程也是中国政治改革的必然结果,它

---

① 谭兢嫦、信春鹰主编:《英汉妇女与法律词汇释义》,中国对外翻译出版公司1995年版,第85页。

既有助于张扬社会公正、落实社会权利、完善政府形象,又有利于抑制权力资本、促进社会和谐,为利益格局的合理而又人性化地重组提供了历史性的起点和发展的平台。

四、促进社会各阶层之间的相互理解和融合

在实施"肯定性行动"的四十多年时间里,美国的种族关系有了一定改善,种族隔离和种族歧视也有所缓解,但有关肯定性行动有无存在和实施必要性的争论却一直未曾断过,有关肯定性行动的涉讼案也不断涌现,自加利福尼亚州议会在1996年11月通过法案宣布在该州的公共就业、公共教育以及公共合同领域取消对少数民族和妇女的肯定性行动计划以来,已经有其他一些州取消或准备取消肯定性行动计划。[①] 这种情况使我们不得不正视肯定性行动在实际操作中面临的矛盾,即如何促进弱势群体与社会其他群体、阶层的相互理解和融合的问题。

在当前中国的社会分层过程中,阶层分化现象一方面否定和克服着已有的社会不平等因素,另一方面又不断地产生着新的社会不平等。因此,政府在向弱势群体提供社会福利,并在社会政策制定的价值取向上对弱势群体作出一定程度倾斜的时候,也要在社会上形成有利于促进各阶层之间相互理解和融合的机制,使社会政策能体现社会效率和公正的原则,并使弱势群体树立起自立自强、勇于竞争发展的价值观。

五、建设一支宏大的社会工作人才队伍

在维护弱势群体权益和推动肯定性行动政策过程中,美国的社会工作者发挥了重要的作用。社会工作的重心不仅在于调整被救助者的社会关系和改善他们的社会生活,保护受助者利益;更在于调整整个社会结构与社会关系,维护社会正义和经济公正。自20世纪60年代以来,社会工作教育和社会工作实务等领域强调了反对歧视、尊重文化差异的基本价值观,吸收了更多的妇女和少数民族成员加入

---

① 李英桃:《加利福尼亚州209提案与美国高等教育》,《美国研究》1998年第3期。

社会工作者的队伍，为争取弱势群体更合理的社会福利政策和权利而工作。他们走进学校、灾难中心和社区，提供危机咨询，派发食品和衣服，直面种族紧张、种族主义和偏执分子。同时，美国政府对社会工作也采取了鼓励和支持的方针：一是立法，通过制定法律来保护弱势群体的利益，支持各种公共的和私人的社会服务机构所从事的社会救济和社会服务活动，保障各种社会福利事业的顺利进行和发展等。二是政府提供各种救济和福利资金，给社会工作以稳定的财政资助。三是政府直接参与社会工作事件，直接提供社会服务。美国社会工作事业的发展，很大程度上与政府的社会保障制度形成了互补的关系，使一部分未能被覆盖到社会保障安全网中的弱势群体成员，能在社会工作者提供的专业帮助下走出困难的境地。《中共中央关于构建社会主义和谐社会若干重大问题的决定》提出要"造就一支结构合理、素质优良的社会工作人才队伍"，这是构建社会主义和谐社会的迫切需要。我们应立足中国实际，参照社会工作的国际通则，普及社会工作知识，提高社会工作者的专业水平，加强社会建设，把和谐社会的建设推上新的发展台阶。

（原载《浙江学刊》2007 年第 5 期。）

第四节　全球化时代的社会工作与社会工作教育

19 世纪末 20 世纪初以来的近百年间，社会工作从西方发达国家逐渐扩展到后发达国家，在全世界得到了较快的发展，社会工作已经成为了一种职能广泛的专业，社会工作教育在各国的教育制度中也显示了越来越重要的地位。在世界进入全球化时代的今天，社会工作与社会工作教育正面临着新的发展机遇与任务，社会工作者被要求了解和服务于本国民众的同时，还被要求对其他国家的社会工作有很好的了解，这种趋势正对世界范围内的社会工作与社会工作教育事业发生着重大的影响。

一、全球化与社会工作的国际化

经济全球化是 20 世纪后半期的一种世界性现象。随着"冷战"

的结束,所谓"两个阵营"、"两个市场"的状态被打破,全球化的发展动力已不再单是欧美发达国家自我发展的需要;科学技术的飞速发展,各国经济相互依赖关系的加深,人类生存面临的共同需求和问题等,均成为全球化进程的动力。许多社会工作者认为,在全球化时代,出现在世界不同角落的许多问题将不再是一个国家或地区的局部性问题,而是世界性的问题;因此,时代需要国际化的社会工作(internationalized social work)。

社会工作从诞生开始就与国际社会密不可分。早期的社会工作者十分重视对那些来自其他国家的战争难民和移民实施援助,帮助他们在新的生活环境里再定居;向那些遭受自然的或人为灾难的受害人提供紧急的救助;积极地维护社会弱势群体的权利等。这些工作通常在国内与国际范围内进行,以使那些面临社会不公、处于困境的人们获得帮助。社会工作者也为了促进世界和平而及时地努力工作。

2004年秋在澳大利亚阿德莱德市召开的世界社会工作大会,使用了"全球社会工作"(global social work)的术语,并根据国际社会工作者联盟(IFSW)和国际社会工作学校联盟(IASSW)的提议通过了新的社会工作的定义:"专业社会工作就是在人类关系方面促进社会改变,解决社会问题,赋予人们应有的权利去提高生活质量。运用人类行为理论以及社会科学,介入人们与其环境的相互影响。维护人权与社会正义,是社会工作的基本出发点。"[1]这意味着世界范围内的社会工作正在被打造成一个新的全球的事业,社会工作在全球化的时代已经出现了新的发展趋势。

1. 全球化使社会工作的工作对象更加多样化

从18世纪中叶到19世纪末,社会工作从单纯援助穷人的事业发展为主要的专业领域。[2] 它始终以帮助社会上受到损害的个人、

---

[1] IASSW and IFSW, Global Standards for Social Work Education and Training (Adelaide, Australia, 2004).

[2] Donald Brieland, "Social Work Practice: History and Evolution," in *Encyclopedia of Social Work*, 19th ed., NASW Press, Washington, D.C., 1995, p.2247.

家庭、社区和群体为目标;它的任务是采取各种适当的措施援助那些由于贫困、疾病、冲突,由于个人、家庭或社会群体在经济上和社会环境中失调而陷入困难的人。如果说在全球化之初,不同的民族和国家尚处于相对封闭的状态,虽然在美国、西欧等社会工作发展较早的国家,有相当一部分移民曾经是社会工作者的援助对象,但从整体上看,社会工作的对象仍主要局限在民族国家内部。但随着全球化步伐的加快,不但原已存在于各自内部的问题日益"全球化"了,而且社会工作的对象更加多样化了。

首先是国际移民的大量涌现,世界上每天都有许多移民在不同的国家间流动着。在历来被人们看成是移民国家的美国,每年从世界各地吸收的移民达 100 多万。美国的人口普查表明,在美国生活的 2.81 亿人口中,有 3100 万人是在国外出生的,占人口数量的 11%,[1]而没有合法证件的入境者人数尚未被正式统计。华盛顿城市研究所的人口学家帕塞尔认为,"在移民美国的人口中,大约有1/4的移民、事实上是接近 30%的移民来自墨西哥;另外 1/4 来自拉丁美洲的其他地区,例如加勒比海、中美和南美地区;还有 1/4 来自亚洲,数量最多的是中国、印度和东南亚地区"[2]。这些移民及非法入境者在美国所从事的职业,主要是那些不需要受过太多教育的、低技能的工作,像鸡肉加工厂、肉类包装、轻工业的制造业、农业,还有旅馆和餐馆等;这些移民"面临大量的困难,他们很难找到稳定的工作来养家糊口,找到高收入的工作就更不容易了"。与此同时,1996 年的福利改革使经济上遇到困难的人,即便是合法移民,都很难得到社会保障系统的福利待遇、医疗保障甚至食品券。定居在这些新地方的移民多少会经受双重压力。一方面,许多州大都不愿意为移民提供援助;另一方面,经济每况愈下,这些州的移民随时会失业,并且无法享有社会福利保障。为了帮助这些来自世界各地的移民,社会工作者开展了一系列的工作帮助他们适应环境、提高生存的能力。

---

[1] 《审查严格、生计艰难:美国人口学家谈移民现状》,《中国日报》2002 年 3 月 20 日。
[2] 同上。

其次,随着全球化的进程加快,世界上发生的一些事件、灾难、冲突和战争,也使社会工作的帮助对象变得更加多样化。最近几年,难民在阿富汗、伊拉克、波斯尼亚和其他一些动荡的地区正在不断增加。20世纪90年代末,在世界范围内大约有4000万的战争难民流离失所;这些难民中有2000万人在本国等待救助,还有2000万难民流落到其他国家。光是在阿富汗,大约有六分之一人口是难民。在我们现在生存的这个世界,目前正在经历最大量的人口疏散、人口疏离现象。许多社会弱者实际上是种族主义和暴力的受害者,如发生在伊拉克的教派之间的冲突,发生在中东的阿拉伯人与犹太人的冲突等。因此,社会工作者必须面对受助对象多样化的现状,有责任、有能力在全球范围内去关心、帮助那些在暴力、冲突和歧视中受到精神心理伤害和利益被剥夺的人。

2. 全球化提升了社会工作的价值

全球化促进了世界经济发展,也造成了世界经济发展的不平衡。占世界人口绝大多数的发展中国家从全球化中的受益远远小于经济发达国家,但却更多地承受着全球化带来的负面影响和冲击。因此,全球化进程绝不是一种全人类牧歌式的"携手前进";恰恰相反,这个过程充斥着不公平和非正义,发达国家和不发达国家之间存在着根本性的矛盾和抵触。西方发达国家凭借其技术和资本优势,以跨国公司为工具,在经济全球化进程中实施资源在全球范围的不公平分配,使得南北差距继续拉大,世界贫富之间出现了前所未有的悬殊:据世界银行《2000/2001年世界发展报告》统计,全世界20个最富裕国家的人均收入是20个最穷国家人均收入的37倍,而40年前仅为18倍;世界最富的20%的人口的人均收入为最穷的20%的人口的98倍,而40年前仅为30倍。全球范围内有13亿人口生活在贫困线之下,有10亿人没有基本生活设施保障,有8亿人口面临食品不足,5亿人口长期处于营养不良状态。① 不少发展中国家在世界物质财富不断增加的历程中,却更加相对贫困,有的国家甚至陷入极端贫困

---

① *The World Bank's Annual World Development Report* 2000/2001: *Attacking Poverty*, The World Bank.

状态。严峻的事实是,不但贫困的更贫困了,而且贫困人口也空前增加了。同时,战争、种族主义、经济和社会危机都使社会不平等现象大大增加了;还有一些自然灾害、某些生理疾病,如艾滋病等,也增加了社会的不平等。

美国学者科顿在题为"全球化资本主义导致人类日益贫困"的文章中认为,当今经济的特点是生产力过剩,大量失业,贫富差别扩大,而且出现了追求短期利益的巨额投机资本。由于经济全球化,放宽限制和金融集中化融为一体,民众或民族国家政府的经济政治权力日益被剥夺,权力正在向全球性金融这种动荡不安的、具有掠夺性质的体制转移。全球化新资本主义把金钱与财富混同起来,只关注盈利和创造金钱,而世界的真正财富则正在迅速受到破坏,如世界的自然生存资本(环境、资源),人力资本(人的素质),社会资本(家庭、社会体系)和制度资本(制度的公平、有效、廉洁)均受到金融资本扩张的冲击和破坏。[①] 可以说,科顿是从根本制度上谈论了经济全球化中的负面危害性。

正因为全球范围内贫困人口的剧增以及不公正现象的广泛存在,社会工作的国际化被看成是实现专业价值的重要途径,新教伦理、人道主义和社会福利观念成为国际社会工作价值的深厚基础。社会工作以助人为价值目标,充分肯定个人的至上性和价值的崇高性,强调人是自然和社会的主人。社会工作者帮助工作对象解决问题、摆脱贫穷、克服困难的过程,既是对遭受不公正待遇的个人、家庭和群体发送服务的过程,又是对造成这种不公正后果的社会制度和环境进行调整的过程。在这样的社会工作价值观的支配下,在世界范围内,各种各样正式的或非正式的社会结构中都有社会工作者的身影。每年,都有大量的民间资源被用于支持国际范围的社会福利活动,这些资源主要有基金会、企业、社区,及参与教育、卫生与健康、住房供给、交通运输等国际援助项目的社会工作者与志愿人员等。各国的社会工作者继承了先驱者的传统,不但关心本国的受助对象,

---

① [美]科顿:《全球化资本主义导致人类日益贫困》,《世界》月刊(日本)1998 年 8 月号,转引自《参考消息》1998 年 8 月 2 日。

而且在世界范围内开展了反贫困、艾滋病防治、失学儿童助学、灾害救援等各种形式的社会工作国际合作项目,推动社会发展。

社会工作者被要求与其他群体一道,努力去为社会弱者谋福利和增权,尤其是要服务于那些在世界不同国家中的被剥夺的边缘群体,为形成一个和平与公正的世界社会而奋斗。因此,国际化的社会工作同时也意味着其专业价值在更广、更高、更整合、更人道的层面上得到实现,社会工作对全世界人类福利的贡献,反映了它在众多学科中突出的国际化背景。

3. 全球化丰富了社会工作的内容

全球化诞生于西方,无可置疑地带着西方的胎记,然而作为人类历史中的一个独立进程,全球化一旦产生便会遵循其自在的轨迹,跨出西方。英国社会学家吉登斯认为,全球化实际上有两个过程,在第一阶段确实有一个西方的扩张,而第二阶段这种现象正在消失。他写道:"全球化的第一阶段显然基本上被西方的扩张和源于西方的体制所制约。比较来说,没有一个其他文明可以对世界产生如此广泛的影响,或以自己的形象来如此广泛地塑造世界……虽然西方仍处于权力支配地位,但今天的全球化已不能再说成是一个单向的帝国主义问题……当今的全球化阶段不能再和以前的阶段相提并论,因为以前的结构正在被不断地颠覆。"①虽然吉登斯的言论更多是出于对西方文明"特权的丧失"(loss of privilege)的忧患意识,但事实表明,人类若想获得可持续发展,保持自身与各方关系的融洽与和谐,全球化的进程就必须超越西方中心主义的本质。这也就是说,全球化本身要求重视资源环境与人类物质文明的协调关系,要求各国在平等的基础上相互尊重、协调发展,并注重解决国家间贫富悬殊的状况。而这一切都必然地对社会工作提出了国际化的要求,并为社会工作增添了新的内容,这些新的社会工作内容以实现人类的可持续发展为最终目标,即实现人与人关系、社区与社区关系、国家与国家关系的重构。

---

① A. Giddens, "Living in a Post-Traditional Society," in U. Beck, A. Giddens and S. Iash, eds., *Reflective Modernization*, Cambridge: Polity Press, 1994, p.96.

如前所述,经济上的贫富差距、人口迁移、环境污染、生态失衡、政治文化上的强权政治、霸权主义、民族和种族主义冲突等都是全球问题的最普遍表现。这些社会现象主要是一些国家社会的政治制度和经济结构发生了变化所导致的。所以,社会工作者不仅要向受助对象提供帮助,而且还必须促进受助对象了解自己的处境,并创造条件促进社会和谐,推动政府实施好的社会政策,去改善社会的制度和结构。

全球化的一个引人注目的现象是,跨国公司的纷纷建立。这些无所不在的公司被看成是国际资本的"特洛伊木马",它们的力量之大、影响之广以至于常常被指责为富裕强国的帮凶,也是压迫穷国的工具。但是,也要看到跨国公司给所在国带来的正面的社会后果,如提供就业机会,所交纳的税款可以为开展社会公益项目、技术转换提供资金,还有助于农业国家的工业化以及提供物廉价美的商品。①在这样的情况下,社会工作者面临怎样维护为国外公司工作的工人和劳动者的合法权益、协调劳资矛盾、帮助受雇工人适应跨国公司的管理和技术环境以及人际关系等新的社会工作内容。而为了胜任这样的工作,就要求社会工作者必须熟悉和了解跨国公司的管理机制、运作过程和基本规则,必须探讨如何能为社会、环境以及公司雇员提供保护,这种保护应通过影响国家制定有关社会政策的层面上来进行。换言之,社会工作必须在跨国公司与政府之间建立起沟通和联系,在政策、文化、社会制度方面实现涉外社会工作与本土社会工作的协调。

此外,全球性问题作为一个巨大的问题群落,涉及人与世界关系的方方面面。目前,在人与自然、人与社会关系方面出现的各种全球性问题,以极其曲折和多样化的方式导致了一部分人的心态失衡和个性扭曲,造成了当代人的本质异化和信仰危机。所以,包括西方国家在内的各国社会工作者已逐渐意识到,除了传统的社会工作领域要增添新的内容外,还有足够的理由建立一整套适应全球化时代的

---

① [美]罗宾·科恩等:《全球社会学》(文军等译),社会科学文献出版社2001年版,第191页。

新的价值标准和信仰体系。尽管各国社会工作者的信仰、文化、民族、语言都会有很大的差异性,但如同以往的社会工作先驱者一样,今天的社会工作者不但不回避所面临的时代挑战,而且在新的时代背景下能有新的建树;不仅在本国中积极地参与各项社会发展项目,而且还热情地参与到其他国家的社会发展进程中,使社会工作能在全球化时代发挥特别有效的作用。

二、全球化时代的国际社会工作教育

为了适应全球化时代下的社会工作发展的要求,20世纪80年代以来的西方社会工作教育发生了很大的变化,国际社会工作教育获得了前所未有的重视,国际化的社会工作教育已经成了重要的趋势,社会工作专业的教育者和被教育者们强烈地希望自己能在一个日益相互依赖的世界中贡献他们的才智,提供他们的服务。

1. 国际化的社会工作教育内容

"国际化的社会工作教育"(international social work education)致力于训练受教育者成为具有在全球化时代能提供社会工作服务的专业工作者。这就意味着,虽然社会工作教育所培养的学生并不必然地从事国际社会工作服务,但社会工作教育却日益涉及较广泛的国际问题和比较的内容。

国际化的社会工作课程,对于培养能适应全球化时代的能在不同社会文化环境下从事服务的社会工作者来说,包含了社会运动、草根组织、非暴力冲突的文献整理与评估等教学内容,而且在社会工作教育中加强了传统的以人为本的发展研究、对不同社会群体和文化传统的关怀,以及诸如贫困、饥饿、环境污染、核威胁等世界性问题的重视。也就是说,要以"全球化眼光"反对"种族优越感",反对"身份排斥",促进世界不同国家与地区间人民的交流、理解与合作,共建和平与公平。

为此,欧洲已经有一些学校或国际社会工作学院网络组织提出了一些具体的国际社会工作教育课程。2001年通过的《布拉格决议》要求"高等教育要增加有关'欧洲人'内容的教学模块和课程",

德国、比利时、挪威、捷克、爱尔兰、拉脱维亚、罗马尼亚、法国等国家的社会工作硕士学位课程,就设置了"欧洲社会工作"的课程。还有一些欧洲大学开设了以外国学生为对象的一年制的社会工作课程,其教学模块包含有社会科学理论与方法、小组社会工作、社会工作与社会政策、移民(难民)社会工作、农村社会工作、非营利组织管理、教会社会工作、劣势群体社会工作、文化小群体社会工作等课程。①

　　同样的情况也出现在美国。社会工作教育委员会(Council on Social Work Education)规定,任何一个大学的社会工作教育课程如果要通过每年的评估和认证的话,其课程内容必须包括国际社会工作的内容。美国的社会工作教育要求学生以"国际社会工作者"为目标。所谓国际社会工作者,是意识到全球问题,并准备去迎接当前全球化趋势带来挑战的专业工作者。国际社会工作者要准备去与不同种族的人和群体接触,去了解当今世界的各种社会问题(如艾滋病、无家可归、青少年怀孕、吸毒、恐怖主义、贫困等)。国际社会工作者将致力于因全球化而导致的经济问题的解决(如失业、高生活费、缺乏合适的医疗照顾、退休后的经济担忧等)。

　　关于国际社会工作教育的内容,丹尼尔·桑德提出了五点基本原则:(1)要求学生具有国际文化、社会、经济、政治方面的广泛的知识背景,及解决社会问题的实际工作能力。因此,社会工作教育要从"文化近视"中解脱出来。(2)不仅要强调了解不同国家的文化,而且还要了解不同国家的意识形态、生活方式、社会价值、文化模式。(3)要使学生能接触到不同的思想观点,并能不同国家的社会问题、社会政策、援助模式从不同的角度进行思考和分析。(4)要鼓励国家之间在社会工作教育、实务、研究等领域开展各种可能的合作,鼓励通过共同的努力来消解人类和社会面临的问题。(5)要向生活和成长在不同文化、社会、政治背景的人们展现特定国家的社会工作教

---

① Piotr Salustowicz, "Globalization and social work from European perspectives," paper delivered to International Conference of Social Welfare Issues and Social Worker's New Roles in the Era of Globalization, Kangnam University, South Korea November 26, 2004.

育、方法和技术。①

总之,社会工作已经成为一种全球化的专业。社会工作的价值、工作方法,以及社会工作专业的焦点是独特的唯一的适应于国际合作的专业,这种专业可以缓减正在全球范围内不断增加的社会问题。

2. 国际社会工作的教育模型

社会福利模型、社会发展模型、新世界秩序模型是国际社会工作教育主要的三种模型。

第一,社会福利模型。社会福利模型起源于比较社会政策、比较社会研究,及社会工作的跨文化方法。它从主要的社会科学学科中吸取知识,以了解不同时代、空间、文化中人类制度为导向。社会福利模型的专业基础是社会所规定的价值,制度基础则是社会工作的专业活动。在此模型中,学生要学习其他国家的社会问题与社会福利,了解社会福利在不同时代、不同社会的发展异同;学生通常要在跨民族的层面上进行分析。进行国际比较分析的目标是要确认社会福利发展的原则、实施途径和策略。学习怎样增加对其他社会群体、人口的了解,增强他们的敏感性。

例如,我们有一些下意识的活动,对在本国文化熏陶下的学生可能是很正常的行为,但对于其他文化背景下生活成长的人来说,可能是极大的侮辱。所以,社会工作者必须对不同国家、社会的文化有敏感性,这样,我们面对这些不同文化背景的人士时,当我们与他们沟通或实施帮助时,就会尊重他们的文化,就不会出现冲突,就能使我们的社会工作更加有成效。

第二,社会发展模型。社会发展模型起源于社区组织与社区发展实践,其理论涉及社会学、政治学、经济学、教育学、哲学、宗教学等学科。社会发展模型的主要目的是提供一个框架,以便对当今世界各地出现的人类退化、失去能力、社会不公现象予以识别。其终极目标是指导集体行动,消灭各种形式的社会压迫,社会经济不平等,以

---

① Edwin G. Brown, "Goals and Strategies in Introducing International Social Welfare Content in the Curriculum," in Sanders and Pedersen eds. , *Education for International Social Welfare*, Honolulu: University of Hawaii Press, 1984, pp. 28-38.

及在一国范围或世界范围的暴力行为。学生要学习社会问题之所以产生的深层原因,如社会贫困、人格丧失尊严等社会结构方面出现的问题;社会工作者通过与受助对象建立良好的互动关系,帮助受助对象行动起来,去改变社会中不合理、不公平的状况。社会发展模型的社会工作教育所培养的社会发展工作者,以团体工作、社区工作为主要工作方法。无论是在一个国家内,还是在国际范围内,国际社会工作的知识、价值、方法与社会发展的实践都是完全一致的。

第三,新世界秩序模型,这是比较激进的模型。此模型认为,在当前的世界秩序中,存在一些根本性的社会问题,就是在世界上有一些超级大国非常繁荣昌盛。但他们的繁荣与昌盛,是以世界其他国家的贫困、牺牲发展代价获取的。在过去二十几年中,世界上的情况也是富国更富了,穷国更穷了。

新世界秩序模型对于国际社会工作教育是十分有效的。这一模型从本质上认为,人类所面临的社会、政治、经济、生态问题,归根结底是因为现存的"世界秩序"存在着不公正。根据新世界秩序模型,由于今天的世界秩序是由相对少数的富裕国家处于自身利益而对其他国家进行控制,导致人类面临了各种问题。不发达国家因为在世界秩序中处于边缘的被控制的地位,只有非常有限的机会来发展自己的国家。即使是这些有限的机会被利用来发展,但最终的结果往往是好处都被富国、强国占去了,而穷国、弱国则仍承受着不利的处境。

新世界秩序模型要对当代世界的社会、政治、经济和生态秩序进行重构。这种全球性的重构重点是:最大限度地推动人民群众对发展的参与,寻求和平,使世界各地人民的基本需求得到满足,并且保护地球的生态系统。新世界秩序还提倡保护自然资源、全球共享资源而不是让少数人消耗资源,在所有的国际领域加强合作而不是竞争。这模型教育学生,我们的目标是全球的分享,而不是全球的掠夺;是不同国家之间的合作,而不是冲突;是更好地保护自然资源,而不是掠夺性地开发自然资源。了解现有的世界秩序状况,进而去行动,努力去建造新的世界秩序。

这三种国际社会工作教育模型的目标、原则与内容存在一定的差异,但在实际的社会工作教育中,这三种模型并非是绝然地分立的,社会工作教育者往往根据需要而选择其一,或者混合采用。

3. 国际社会工作教育的实践

为了使社会工作的学生适应全球化时代下社会经济问题的多样性,学校需要给学生传授更多的国际知识和经验,也需要发展更多的社会工作国际交流项目,获得相关的经验,并培养学生能运用最新的科学技术去掌握信息,了解全球化时代下的社会问题,推进社会政策的制定与实施。为了发展国际社会工作教育,使学生能参与到国际社会工作实际活动中去,就要使社会工作者与其服务对象更紧密地结合,就需要专业社会工作更积极地介入到各种社会问题的化解中。

在推进国际的社会工作教育方面,美国目前是走在最前列的。社会工作教育委员会要求各大学的社会工作教材、教案必须包含国际社会工作的内容和材料。全球化使社会工作专业的学生到国外学习和工作不但成为可能,而且也成为必要。许多社会工作学院正在以具体的努力来增加定位为学士学位与研究生课程的学生参与国际领域工作的机会,推进不同学位的国际社会工作教育课程,并发展跨文化的课程。他们把国际社会工作课程的内容结合到其他课程中,提供跨民族和跨国间的社会工作实务机会或海外实习机会,或派遣学生或社会工作者到国外服务;同时也在本国为外国学生提供社会工作学习的机会,发挥有外国背景的教师的作用。许多国际社会工作教育者认为,海外学习与海外服务是使社会工作专业学生了解国际社会工作的好途径,学生在不同的国度和地区与当地的人民生活在一起,通过社会考察与提供服务,获得直接的经验。另外,教师的交流互访也十分重要。通过教师的互访和交流,达到教师对国外社会工作的知识、方法与价值的直接了解,从而有可能把这种体验和知识带回本国,并与本国的经验结合在一起,传授给学生,提高学生对国际社会工作的了解与认同。这是双赢的过程。许多大学已经认识到这种学科间的交流与合作关系,对本学科的建设与发展具有重大的意义。

国际社会工作教育的开展也扩大了社会工作专业学生的就业领

域,提高了就业率;最近几年,社会工作者的就业率与全美的平均就业率比较有了明显的增长。这些公开招募的社会工作职业岗位有老年工作、虐待应对、学校、儿童保护等领域。当学生准备去从事这些工作时,许多社会工作的方法、技巧、知识不仅在美国是适用的,而且在世界其他国家和地区工作时也是适用的。

(原载《中华女子学院学报》2005年第6期。)

附录 2 China's Changing Social Welfare

Situated in eastern Asia and on the western shore of the Pacific Ocean, the People's Republic of China covers a land area of 9.6 million square kilometers (5.9 million square miles), or about the size of the United States. China's population was recorded at 1.3 billion in the 2000 census. China's economic progress in the past thirty years is unprecedented in world history. In just a few decades China has gone from one of the poorest countries in the world to a regional and global leader with a vibrant economy. Since 1980 China's average annual growth rate has been more than 10 percent, and China's economy is now the world's third largest.

According to the Constitution of the People's Republic of China, China is a socialist state based on the alliance of workers and peasants. Chinese citizens exercise the state's power through the National People's Congress and the local congresses at different levels. The State Council is the executive body of the highest organ of state administration. The rights of Chinese citizens, which are specified in the constitution, are well protected by the law and have a direct bearing on the citizens' vital interests. But as the largest and most populous developing country in the world and with a relatively low level of economic development, China is faced with the onerous task of meeting the needs of its people.

Culture and Social Support in Traditional Society

China has a written history of four thousand years, is one of the four oldest civilizations in the world, and has a central culture fundamental to the traditions of many East Asian countries. The Chinese culture has had an extensive impact upon social welfare issues and the provision of assistance.

Confucius has long been regarded as the representative and symbol of traditional Chinese culture. He was born in China in 551 B. C. , a time of conflict, when there was dire need for social theory to reunite the nation and make it powerful. Many theories were proposed, but those of Confucius were the most successful. According to Confucius, society was in chaos because standards had deteriorated and people were not living up to their highest ideals. All would be improved if people would work more conscientiously to fulfill their roles in society. The ideal state of affairs that had once existed could be restored by using moral persuasion to put all on their best behavior. Confucius reasoned that if each individual were perfect in behavior, then society as a whole would likewise be perfect. Confucianism treats humans as social beings whose identities are determined by where they stand in relation to others in the web of social relations. The teachings of Confucius specialize not only in the orderly arrangement of society and relationships between people but also in self-perfection and self-development, humanism, and moral rectitude as the ultimate goals of every person. Confucian philosophy advocates that individuals put group needs above personal needs, placing a high value on family and family norms.

Confucianism teaches that the family is the cornerstone of society. The family in ancient China was the most fundamental social unit, for without good families, the nation could barely be ruled. Confucius also maintained that members of a family must keep harmonious relations with members of other families in the society. Being "friendly with your neighbors and having goodwill toward your acquaintances" continues to be a highly regarded value. Many families are still responsible for providing all types of security for family members, during births, illnesses, aging, accidents, disasters, and death. The mutual help and support among extended relatives is another factor that contributes to the strengthening of family security. The family prototype in traditional Chinese society was that of a stem family, consisting of the elder parents, their sons, daughters-in-law, and grandchildren. The older generation was responsible for the fostering of their children and sometimes even their grandchildren, who later could care for their elderly grandparents in a process called "counter fostering," considered a part of the natural order of things. The family was multifunctional and was involved in all aspects of family care-financial, emotional, medical, and so forth. Children were, and to a large extent remain, the main guarantee of social security for the Chinese people, especially for the farmers. The local government and patriarchal clans in some regions provided refuges for the aged, the sick, and the poor; free schools for poor children; free eating houses for weary laborers; associations for the distribution of secondhand clothing; and even societies that paid marriage and burial expenses for the poor and destitute (Farley, Smith, & Boyle 2006).

Today the state guarantees such security to those with no families to provide for them, and families and work units share long-term responsibility for the individual. The role of families has changed, but families remain important, especially in the countryside. Family members are bound, by law and custom, to support their members who are aged or disabled. The one-child policy, issued in 1980, promotes one-child families and forbids couples in urban areas from having more than one child. Families violating the policy are required to pay monetary penalties and might be denied bonuses at their workplace. However, in most rural areas, families are allowed to apply to have a second child if the first is a girl or has a physical disability, mental illness, or mental retardation. As the first generation of law-enforced only children come of age for parenthood, the one adult child is now responsible for supporting his or her two parents and four grandparents. This is called the "4-2-1 Problem". The 4-2-1 Problem, a severe financial strain on the one adult child/grandchild, makes retirement funds or charity the options for the six aging parents and grandparents.

The Chinese culture is essentially secular, but one of the main characteristics of Chinese religious beliefs is a practical approach to the role of religion in life. One of the features of Chinese folk religion is its promotion of collectivity and a sense of togetherness. Because people in an agricultural society are subject to many circumstances beyond their control, it is difficult to survive alone without some cooperation from others. Collectivity, not individualism, then becomes the common bond of social solidarity. In Chinese history, no philosopher or thinker of the classical period ever developed an ideal of individualism. Instead, in the family, all were taught to restrain themselves in order to avoid conflicts, and conflict had to be avoided because everyone had to live together. In the community, an elaborate system of ritual exchanges and obligations developed, under which even nonrelatives are tied to one another.

Buddhism also has played an enormous role in shaping the mindset of the Chinese people, affecting their politics, literature, philosophy, medicine, and social welfare. Buddhism was introduced to China in the first century A. D. and apparently was embraced by the rich before it was extended to the poor. Part of the success of Buddhism in China was that it taught its believers to be good people. Central to the Buddhist worldview is the concept of human suffering and ways to reduce and eliminate it. Buddhism teaches that with the right outlook and understanding, including living in the present moment, one can cultivate great peace and joy. Hence Buddhist organizations working with the sick and dying have been able to create an atmosphere congruent with clients' needs and expectations. Their commitment to the welfare of all sentient beings also involves them in activities on behalf of the welfare of animals and the physical environment. Buddhist welfare contributions in China are comprehensive and can be grouped into several categories, including palliative care, work with the sick and dying, revenue generation for poor and needy people, and the provision of food for refugees.

Development of Social Welfare in New China

After the establishment of the People's Republic of China in 1949, the new government focused more on social welfare. The new social welfare programs favored urban dwellers by giving them considerable welfare entitlements, whereas rural residents had to rely more on family care. Because this distribution system mainly covered part of the employees in state enterprises, Chinese scholars called it unity (danwei) welfare.

During the early 1950s China's social security system was established, and it provided benefits for retirement, industrial injury, birth, illness, and death. In 1951 the first legislative enactment of social security, the Labor Insurance Regulations of the People's Republic of China, came into effect, providing benefits for birth, disease, injury, medical care, unemployment, retirement, and death internment. This system was immediately put into practice in state, joint state-private, private, and cooperative enterprises or work organizations that employed more than one hundred workers. When an enterprise changed ownership, the security system went into effect in all state and joint state-private enterprises. Similar systems were also gradually established for collectively owned enterprises in urban districts. The social security system played an important role in rehabilitating and developing the national economy as well as guaranteeing the essential needs of the people.

However, this social security system was based on unit security (Zhang 2001). In China, the term unit originally referred to urban dwellers with employment in a work organization, such as an economic enterprise, professional institute, government bureau, school, or shop. These work units were not only specialized organizations for different divisions of labor but also providers of free, comprehensive, in-kind health, housing, and pension benefits designed to compensate for the low national standard wages. The state was responsible for arranging the employment of city and town dwellers. In principle, once an employee was hired, that person had a lifelong voucher for various welfare packages. Some large state-owned enterprises operated their own medical clinics, kindergartens, and schools. Employees could not resign to work in another work unit. The social security system for these work units is described as small and comprehensive or work unit managing society, in terms of the comprehensiveness of the benefits. Without the work unit, chinese society would not function properly. The social security system provided coverage for those working in state agencies and institutions, state-owned enterprises, and some collective enterprises. Workers in other collective enterprises, the self-employed, and farmers, together comprising 70 percent of the population, had no social security coverage.

The work unit social security system was not administered in a unified way. All social security expenditures were funded by the state and state-owned enterprises. Chinese farmers and laborers outside this security system relied excessively on their children for security during accidents, calamities, and old age.

China's social welfare system included the following main characteristics:

- planned high employment rate.
- planned low prices for grain, cooking oil, and fabric.
- labor insurance (including pensions, free medical care, paid sick leave and maternity leave, occupational and nonoccupational injury benefits, disability benefits, and funeral expenses) for employees in state enterprises.
- relief programs for the urban unemployed.
- job security, free medical care, sick pay, and pensions available to urban employees in state enterprises.

While the above provisions looked promising for urban dwellers, problems became increasingly apparent and severe as time went on. China's social welfare under the command economy had the following shortcomings:

- Coverage was limited and unfair; only 30 percent of the population was covered by social security.
- Though the social security system was first socialized in the 1950s, the degree of socialization was low.
- There was no jobless insurance or unemployment benefits.
- Laws and regulations were incomplete, and funding came only from the state, unit, or collective and not from employees.
- During the ten chaotic years of the Cultural Revolution, from 1966 to 1976, social-insurance work suffered serious setbacks as management agencies and trade unions were dissolved, social pooling from society for retirement expenses was canceled, and social insurance was turned into enterprise insurance.

Social Welfare Issues and Social Welfare Reform: 1984-2000

In 1978 China began a new age of reform when it opened its doors to the world. The Communist Party of China explicitly pointed out that the basic target of the reform was the establishment of a socialist market economic order. This breakthrough provided an important basis for establishing a new social welfare system that would be compatible with the development of the market economy and guarantee citizens their right to a livelihood. "The emerging social insurance program has the following advantages: it widens coverage, facilitates economic development, seeks a minimum entitlement, fosters social integration, and enhances individual participation and responsibility. The creation of an economically and socially viable social insurance program will support the economic development of the country in the twenty-first century" (Tang & Ngan 2001).

As China began its social security reform, some regions began exploring reforms of the old-age pension insurance system, including revenue generation for retirement pensions from state and collective-owned enterprises and an employee contribution system. Some regions even boldly explored ways to integrate social pooling with a personal account. Government institutions and some villages also conducted trial reforms in the pension system.

While the shortcomings of the social welfare system cited above could be traced back to the ineffective work unit security system, it was between 1984 and 1986 that this security system began to be regarded as an impediment to the market competitiveness of state-owned enterprises. The state-owned enterprises were regarded as having low economic productivity, and their employees were viewed as having low work incentives. These conditions resulted in a mounting burden on production costs. To address these problems, work unit security began to be dismantled in 1986 through a series of measures including the introduction of the contract worker system, bankruptcy law, open recruitment of labor, and the allowance of employee dismissal. Thereafter enterprises laid off their surplus and inefficient workers, and the enterprises themselves were liable for bankruptcy. During this process, some cities and counties practiced an old-age pension system in state-owned enterprises on a trial basis while others set up a retirement fund for contract workers with individuals contributing to the fund. Meanwhile, "waiting for a job" insurance, a form of unemployment insurance, was established for workers who had been laid off but were still officially listed as part of their state-owned enterprise's workforce.

From 1987 to 1990 a somewhat expanded social security program went into effect across the country on the county, city, and provincial levels to cover industrial accidents and medical care. This program blazed the way for the expansion of the old-age security system and strengthened the ability of social security in general to take risks.

Government support for social welfare was demonstrated in the work report to the First Session of the Seventh National People's Congress in 1988, when Premier Li Peng emphasized the need to accelerate reform of the social security system, establish and perfect various social insurance systems, and gradually form a social security system unique to China.

In 1990 Premier Zhu Rongji noted that reforms of the housing system, insurance system, and medical system should be priorities for the next ten years because they directly affected the well-being of the people. For the next two years, from 1991 to 1993, an overall social insurance reform focused on expanding the public provision program. The reform also promoted regulations managing all social welfare funds, new social security legislation, and contributions by individual workers to their own old-age pensions. The aim of social security reform was that the state financial department, institutions or companies, and employees would all collaboratively fund the program.

After 1994, as China's market-oriented economic reforms deepened, the urgent task to develop, standardize, and improve the social security system became most important, but it was difficult to visualize and implement a unified, standardized, social security system. During this stage China focused on providing security to enterprises by emphasizing the importance of such social insurance programs as old-age insurance, unemployment insurance, and medical insurance. Determining the kind of social security system for the countryside was another important theme at this time. The Policy Research Unit at the Ministry of Civil Affairs clarified that the rural security system to be developed should consist mainly of social relief, old-age insurance, social welfare, care to servicemen with disabilities, care to family members of revolutionary martyrs and servicemen, social mutual aid cooperative medical services, and a service network (Den & Liu 2007).

Reform of the social security system, which started in 1984, continues to move forward with the following aims:

To gradually expand social security coverage. There is already a basic, unified insurance system for old age, unemployment, industrial injury, health care, and birth and maternity care in various types of enterprises. The environment now is favorable for changing the operational mechanism of the enterprises, readjusting the industrial structure, and being open to the world.

· To guarantee daily-life needs and promote production. The social security system must be both just and efficient while promoting enthusiasm, efficiency, and production.

· To establish a revenue-generation system with contributions from the state, enterprises, and individuals.

· To establish a social security management system whereby the state enacts unified legislation, government departments exercise unified leadership, social security agencies run the program, and financial and auditing agencies, as well as trade union and enterprise representatives, provide supervision. Commodity producers need to be free from the burden of completing specific social security operations (Zhang 2006b).

· To establish the social security system in rural areas while developing the rural economy. Meeting this goal will ensure stability and the implementation of the family-planning policy in the countryside. Use of social relief funds for helping the poor should be combined with developing production as much as possible.

Social security reform has achieved tremendous success since it was started in the mid-1980s (Wang 2004). The following changes have been implemented since 1984:

· An increased retirement pension fund for everyone.
· Experiments with the old-age insurance system.
· Insurance provided for the unemployed.
· Experiments with health care plan reform.
· A more equal, comprehensive, and economical industrial-injury insurance system.

There are two current trends in the social security system. First, the government's control over the economy is relaxing, and urban residents are losing their price-subsidies benefits for food and housing. Second, state enterprises are being exposed to the market. Unemployment is becoming a serious issue; therefore, the most urgent task in urban areas now is to establish a new, rational, and effective social security system to address poverty.

During the Annual National Meeting on Financial Work on December 27, 2010, the Chinese finance minister disclosed that the 2011 central budget expenditure would reach nearly RMB 10 trillion, an increase of over RMB 1.3 trillion compared with 2010. The minister also announced that the financial inputs for social security and employment, education, social housing, and rural development would be further enhanced in 2011. A new item in the annual budget was extension of the coverage of the new rural pension insurance pilot program to 40 percent of the counties, a significant increase over the approximately 11 percent in 2009 and 23 percent in 2010. In line with a trend of approximately 10 percent annual increases since 2005, the average per capita monthly pension benefit nationwide for enterprise retirees was to be raised by RMB 140 in 2011 through budget support (Xie 2010).

Current Developments in Social Welfare

As social welfare systems disappeared or were reformed, the "iron rice bowl" approach to welfare changed. Article 14 of the constitution says that the state "builds and improves a welfare system that corresponds with the level of economic development." After years of exploration and practice, China has set up a social security system consisting of social insurance, social relief, social welfare, social mutual help, care for ex-servicemen with disabilities and family members of revolutionary martyrs, revenue generation through various channels, and the gradual socialization of management and services.

The social welfare system is one of the basic aspects of China's socialist market economic system. Under this system, elderly people are supported, patients with diseases are treated, workers suffering from industrial injuries are given insurance, disaster survivors are offered compensation, the unemployed are given relief, people with disabilities are properly placed, and poor people are provided with aid. Social welfare guarantees people essential life needs and ensures industrial and agricultural production, thereby guaranteeing social stability. Social welfare is a safety net that also helps compensate for the limitations of the market economy. Furthermore, the social welfare distribution system regulates the income distribution of different groups in society. Laws and regulations protect elderly people, children, and people with disabilities, and the state and society have adopted measures to improve their livelihood, health, and participation in social development. In recent years China's social welfare has focused on four populations: older people, people with disabilities, children, and those with low income.

Older People

A report presented by the China National Committee on Aging (2010) shows that at the end of 2009, the number elderly people in China reached 167 million, with 11 percent, or nearly 19 million, being 80 years old or above. Most of the 11 percent were wholly or partly unable to look after themselves. The number of wholly and partially disabled elderly people in China reached more than 10 million and 21.2 million, respectively, accounting for nearly 19 percent of the country's total aged population. Disabled elderly people need care services to different degrees. More than 50 percent of families in China are now empty-nest families (in which old people live without their children), and the figure exceeds 70 percent in certain large and medium-sized cities. There are about 40 million empty-nesters in the rural areas, accounting for 37 percent of China's rural aged population. There is clearly a lack of family and social support for old people in both urban and rural areas. In light of these problems, the Chinese government has decided to make more efforts to improve the governmental elder-care system.

In 2001 the state introduced the Starlight Plan, a program of community welfare service for elderly people. By June 2004 a total of 32000 Starlight Homes for Elderly People had been built or rebuilt in urban and rural areas throughout China, for a total investment of RMB 13.5 billion (U.S. \$2 billion). At the same time, the government has expanded the basic old-age pension system in urban areas, improved the pension system in rural areas, and attempted to include in these systems basic health care insurance and minimum living allowances (National Committee on Aging 2010).

China is establishing a subsidy system for elder-care services. Eligible elderly people will receive considerable government subsidies so they can be well cared for in rest homes or their own homes, and their living standards will not be lower than the average levels of local residents. In addition, residents over 80 years old will be entitled to a unified monthly old-age allowance across China. A community basic care program is also being established in all cities and towns so that low-income senior citizens who are physically challenged or live alone can move to rest homes or enjoy home-care services on government subsidies. At present there are 38060 rest homes of various types in China, with nearly 2.7 million beds accommodating 2.1 million elderly people, but the total amount remains inadequate. The number of beds in China's rest homes represents just 2 percent of the total aged population, lower than the 5-7 percent in developed countries and even the 2-3 percent in some developing countries.

All levels of government include services for elderly people in their social-economic development plans; they gradually increase investments in services for elderly people and encourage investments from all sectors of society. Enterprises, private entrepreneurs, and others have also invested in and built welfare institutes. Recently a social service system for elderly people was established as the result of a campaign describing their needs. More elderly people now live at home because state and collective social welfare organizations are providing basic support.

People with Disabilities

The aim of social welfare for people with disabilities is to help them gain access to basic public services and eventually employment, income, medical care, pensions, and housing. The Law on the Protection of Disabled Persons, adopted in 1990 and enacted in 1991, is of significant importance to protect the rights of people with disabilities. This law consists of fifty-four articles and nine chapters that address rehabilitation, education, employment, cultural life, welfare, access, legal liability, and so on.

In 2004 the government announced that its Tomorrow Plan——Operations and Rehabilitation for Disabled Orphans——would provide ten thousand orphans with disabilities the necessary surgical operations and rehabilitation services; this goal was met two years later.

The successful 2008 Beijing Paralympics promoted the work of organizations serving people with disabilities and demonstrated the Chinese people's unprecedented enthusiasm to help people with disabilities.

Data regarding people with disabilities at the end of 2010 were reported by the China Disabled Person's Federation (2011) as follows:

- More than 4.412 million people with disabilities were employed in urban areas, and 13.473 million people were engaged in productive labor in rural areas.
- Some 9.271 million low-income people in urban and rural areas were enjoying income guarantees for life.
- A total of 605000 rural people in residential facilities for seniors with disabilities were receiving concentrated support and the "five guarantees" (food, clothing, medical care, housing, and burial expenses).
- Some 2.92 million people were receiving temporary aid, regular allowances, and special allowances.

Despite significant progress, many challenges and difficulties remain. Owing to lack of awareness and resources, accessibility is uneven across different regions. Availability and accessibility of benefits for people with disabilities have progressed rapidly in big cities, but both need further promotion in the countryside and in small towns.

Children

China's children comprise one-fifth of the children in the world and 24 percent of the population of China. Children are the future of the world, and their well-being is an important part of the human life cycle.

According to a report by the National Working Committee on Children and Women under the State Council (2005), China has 192 special welfare institutions for children and 600 comprehensive welfare institutions with a children's department, accommodating a total of 54000 orphans and children with disabilities. There are nearly ten thousand community services throughout China, for example, rehabilitation centers and training classes for orphans and children with disabilities such as mental retardation.

The State Council of the People's Republic of China (SCPRC) formally issued the Outline of the Program for Chinese Children's Development between 2011and 2020 in August 2011. This outline fully demonstrates the Chinese government's earnest and responsible attitude toward and concern for programs and services that benefit children. Likewise, all thirty provinces, autonomous regions, and municipalities directly under the central government have development programs for children based on the outline and respective local conditions. The measures and implementation have been executed effectively throughout the country. Under the outline, the mortality rate of infants and children under 5 years old is to be reduced to ten per thousand, and within nine years the educational program will cover 95 percent of all urban and rural children (SCPRC 2011).

Welfare homes play a special role in China's efforts to care for children. Welfare homes and some social welfare institutions care for orphans who have lost their parents because of natural disasters or accidents or who have been abandoned by their parents owing to serious illness or severe mental or physical disabilities.

Vigorous promotion of the programs by the government has helped such children enjoy the fundamental right to an education. The state also provides comprehensive welfare for children, including education and planned immunizations. Project Hope, the flagship program of China Youth Development Foundation (CYDF), was founded in 1989. The main goal of the project is to ensure that children in rural communities today and in the future have the opportunity to matriculate in school. By the end of 2009 Project Hope had raised over RMB 5.7 billion in donations, helped 3.46 million children from poverty-stricken rural families continue their schooling, and built 15900 Hope primary schools in poor, remote regions(Wang 2009). In addition, the foundation has set up a Stars of Hope Award Fund to support top-ranked Project Hope students further their education, and a Hope Primary School Teacher-Training Fund allows teachers the opportunity to sharpen their skills.

In addition, the state takes special care to ensure the livelihood, recovery, and education of children with difficulties. Children with disabilities, orphans, and abandoned babies live in residential facilities and receive services.

Low-Income Groups

The poverty level was RMB 785 (U.S. $114.60) per person per year in 2008. According to the Ministry of Finance, the central government spent RMB 276.16 billion (U.S. $40.31 billion) on social welfare and employment programs in 2008, a 19.9 percent increase over 2007. In 2009 the monthly subsidy to low-income households was increased by RMB 15 (U.S. $2.19) for each urban citizen and RMB 10 (U.S. $1.46) for each rural citizen. The government hopes to strengthen social welfare and health care by providing higher subsidies for low-income people and a 10 percent increase in the basic retirement pension for enterprise retirees. In early 2011 Deputy Minister of Agriculture Fang Xiaojian said that China would raise the poverty line to RMB 1196 (U.S. $184) and the monthly subsidy to low-income people to RMB 1404 (U.S. $216) (Fang 2011).

Currently most people with low incomes are workers laid off from state-owned enterprises, migrant workers living in cities, or farmers who lost their land because of industrialization or urbanization. Many employees were dismissed when their enterprises were restructured, and their income, usually quite low, was fixed at their dismissal. This income amount was unlikely to change even after their former employers saw huge increases in revenue. Migrant workers are often underpaid and usually are not covered by employee insurance and subsidies. Many farmers who lost their farmland to urbanization not only lost their source of stable income but also were not fairly compensated for their land. It is estimated that farmers usually received only 10 percent of all the revenues generated in land transference. If the government could grant higher compensation to farmers for lost land and as a general matter initiate policies to prevent these vulnerable groups from falling below the poverty line, the effect would be remarkable.

In November 2008 the Ministry of Housing and Urban-Rural Development issued a plan to make available more than two million low-rent houses and more than four million economical houses for low-income workers in three years. In addition, there would be more than 2.2 million houses in slum areas. In 2010 the government also raised the pension for enterprise retirees, improved treatment for those who receive special care as disabled former servicemen and family members of revolutionary martyrs, and offered more affordable housing to middle-income and low-income families. This policy has increased the supply of affordable housing and promoted the rehabilitation of shantytowns and substandard buildings in urban areas.

Social Work Education

The history of social work education in China can be divided into four phases: adoption, suspension, reconstruction, and institutionalization.

Adoption Phase

Social work entered China from the Western world. The earliest social work education was started in missionary schools in the early twentieth century. Hujiang University in Shanghai was the first university not only to perceive sociology as a systematic subject and profession but also to train social workers. This university, founded by the Christian Association of America, established a Department of Sociology with American short-term lecturers Daniel Kulp II, H. S. Bucklin, and J. Q. Dealey. Some of the courses included content in community work, child welfare, and social policy (Zheng & Li 2003). By 1949 more than ten universities in China had social work education programs. Most students who finished social work training were employed in welfare agencies and schools.

Suspension Phase

Shortly after the Chinese Communist Party took power in 1949, the development of social work education was interrupted, and after 1952 social work courses were canceled altogether in universities and research institutes. There were likely several reasons for this: First, following the Soviet model of higher education meant halting sociology studies. Second, social historical materialism was perceived to be the true science of proletarians, and social work was labeled the "pseudoscience" of the bourgeoisie and thus had no place in socialist higher education. Finally, the new political leadership regarded the Chinese socialist society as a flawless white pearl, untouched by the problems social work was purported to address. From the early 1950s to the mid-1980s, social work education did not exist in universities in China.

Reconstruction Phase

The reemergence of social work began in the mid-1980s. In 1984 a social work and management specialty program was established at Renmin University in Beijing, but no one enrolled. Three years later, Peking University initiated a social work education program in the Department of Sociology, and some students enrolled. Since the mid-1980s social work education has made great progress in China.

Since 2006 efforts have been made to develop social work education on the bachelor's, master's, and doctoral levels. The Ministry of Education is emphasizing the quality of social work education, including the practice element. The government has funded social work labs because of a lack of practice placements. Different colleges are concentrating on different specialist fields, such as social work with women, workers, and youth-made manifest by the names of the universities. The bachelor's program is general while specialization is taught at the master's level. According to statistics from the China Association for Social Work Education, in 2010 approximately 210 universities and colleges offered the bachelor's degree in social work, and several universities offered the master's degree in social work. Currently many colleges offer nondegree undergraduate training in social work as well.

The China Association of Social Work, CASW, was founded in 1988 and became a member of the International Federation of Social Work (IFSW) in July 1992. The CASW is the single authority with delegates from expert social groups and workers in China. It comprises sixteen professional committees, five special funds, eight functional departments, and three units directly under the guidance of the Ministry of Civil Affairs. The mission of CASW is as follows (China Association of Social Work 2011):

· to promote the construction process of specialization and vocationalization of social work under the guidance of the Chinese government.

· to integrate various resources, develop the professional social service that mainly includes social welfare services and commonweal activity, and accelerate the socialization process of social work.

· to strengthen theoretic study and practice innovation, develop social work education, and optimize the efficiency of social work.

· to provide a sparkplug for the conception of social work, pursue social justice, and promote a harmonious and progressive society.

This rapid development of social work evolved from increasing recognition of the use of social work knowledge to address social problems arising from the social and economic changes induced by China's open door policy. New initiatives were undertaken by government departments, academic institutions, and service providers to explore the possibility of reforming service delivery models for older people, children and youth, women, and other vulnerable groups. The development of social work has created demands for personnel with new skills and knowledge. It also led to the promulgation of government policies in 2006 to establish a strong workforce for the social work profession by setting up an accreditation system for social work as a vocation and making funds available for service development and the setting up of NGOs (Law & Gu 2008).

Institutionalization Phase

While considerable progress has been made in social work education, there are some problems that require attention. There is a need to further reform and modernize the field. The principal issues in social work education in China are the following:

· Current social work faculty cannot satisfy the need for the development of social work education. Although many young faculty members have received systematic sociology education, they still must study social work to be better able to teach it.

· We need to develop social work theory and practice models that reflect the concepts, categories, and indexes of the reform and progress of Chinese society.

· Social work education methods need to better integrate knowledge with professional practice skills.

· Social work practitioners should be part of the policy-making process because they have close contact with people, understand their needs, and can reflect their reality to policy makers (Zhang 2001, 2004).

In addition, it may be appropriate to give systematic thought, reflec-

附录2　China's Changing Social Welfare

tion, and action to the following issues:

· Identifying more explicitly the domain of professional social work practice and education and linking this conceptualization to the development of a refined base of social work knowledge and skills for China.

· Relating the characteristics of an increasingly diverse society to the development of curricular and practice models.

· Reinforcing the relevance of social work research as a political instrument in the definition and solution of social problems.

· Promoting social work knowledge and social work education programs and committing to involving the community in social change (Zhang 2001, 2004).

Early in the new century, the Ministry of Civil Affairs, the Chinese Association of Social Work Education, and numerous social work training institutions in mainland China asked the Department of Applied Social Sciences at Hong Kong Polytechnic University to offer a master's-level training program for mainland social work educators. In a collaborative effort, the Department of Applied Social Sciences launched a master's of art social work program to create a critical mass of professionals able to assume leadership in the future development of social work education in China (Zhang 2004, 2005, 2006a).

China could learn also from the experiences of developed countries while simultaneously taking the initiative to develop social work education and a social work profession that is indigenous to China and other developing Asian countries. China does not have the burden of a historically established social work structure; therefore it can take any direction to develop its own national social work theories and practices to meet the specific needs of its unique society. This fact not only benefits China but also has the potential to contribute to the development of social work education globally.

The Social Work Profession

During the traditional planned economy period, China formed a social work model whereby all social services were controlled by the government. The transformation process was the result of serious challenges during the social transformation period. This transformation has made some advances owing to its adaptation to social change and service objectives. Social work is now accepted as a profession.

China lacks a sufficient number of social workers, and most social workers have not received professional training. Incomplete government statistics show that there are about 200000 social workers in the chinese mainland. Of these, though, only about a quarter have a professional background, and they must take further training to be licensed to do social work. Most social workers are concentrated in Beijing, Shanghai, and other big cities, while vast rural expanses, especially those in the country's center and west, are home to hardly anyone in that line of work (He 2011). Following the central government's enthusiastic promotion of building a strong team of social workers, social work as an occupational position has gradually been established in different government departments and communities. The number of social work positions has been increasing. In this time of rapid development, China's social work profession has broken through many fundamental barriers, such as insufficient teaching materials and unqualified teaching staff (Yin 2011).

In June 2008 the first qualification test for social workers was held. Of the more than 133000 people who took the test, only about 20000 were subsequently qualified as professional social workers to work in various fields of public service. The establishment of this test was an important step in the development of the social work profession and social work education. Social workers now have the beginning of credentials that attest to their readiness and competence as professional social workers. Continued professional development and lifelong learning are encouraged.

Existing in a developing country with its own historical, cultural, and political background, China's social work profession provides important values, attitudes, and services for the country's development. China is creating its own indigenous social work education and profession to help vulnerable populations and to promote respect for democracy, social justice, and human tolerance within the Chinese context.

After the Wenchuan earthquake in Sichuan province in 2009, services were oriented toward social work for development. The Community Livelihood Project was established at a local transitional housing area, and services focused on helping injured and disabled people through cultivation and development of mutual support groups for livelihood (Chen 2011). Today, with stronger government support and increasing participation of local and external NGOs, social workers are focusing on community network building. In addition, social workers are playing more important roles in natural disaster relief and crisis intervention work. There is great anticipation that indigenous practice and training approaches suitable for the social context of China will develop more quickly.

According to a circular released by eighteen central governmental departments in November 2011, the government has pledged to ensure that social workers will have more professional training and education opportunities. It intends to adopt payment guidelines and other policies to enable local government departments to purchase the services of charitable and nonprofit organizations, thus encouraging the employment of more social workers. It is planned that two million qualified social workers will be employed on the mainland by the end of 2015 (He 2011).

In summary, during the past one hundred years, China has undergone a number of changes, including going from a government that did not provide social services to a government that is concerned about the social welfare of its people, including vulnerable populations such as orphans and people with disabilities. The early social welfare unit security system, which exclusively favored only urban government employees, has changed markedly to a social security system today that not only is more equitable and comprehensive but also has a broader revenue source based in a market economy.

China faces the problem of an aging population. Family planning and a change in lifestyles have reduced the function of the family as an insurance factor. This fact requires improvement of the social security system and development of the insurance industry. It is imperative that China develop a social welfare system embodying the principles of universality, justice, and regard for individual worth and dignity.

Social welfare has progressed in China in a number of ways. Social security and services and benefits for older people, children, and people with disabilities are more readily available in urban areas; plus, there are currently some plans to expand these services and benefits to the vast rural regions. In addition, social work education, after a thirty-year absence, is now offered in more than two hundred institutions of higher education around the country, and the profession is moving in the direction of credentials with the establishment of the social work qualification test.

Although the outlook for social welfare appears much more promising now than ever before for client needs, social work education, and the social work profession, more attention needs to be focused on the aging population. Toward this end, social work practitioners and scholars may want to collaborate on the issue of aging through joint research projects, dual efforts in policy formation, and the sharing of practice wisdom.

As social work practitioners and academicians in China strive to achieve a stronger social welfare system, social work education, and social work professionalization, they should consider extending their boundaries to include various existing and newly emerging human service practitioners with similar values and social functions. A dialogue among these interested parties may offer a broader perspective for the further emergence and consolidation of the social work profession.

The only conclusion to be drawn at this point is that speedy changes are forthcoming, and the social welfare sector in China has to be more proactive with regard to the continuously changing social, economic, and political situation of China. The state is in a strategic position to continue expanding its social welfare. Collaborative work among the government, social work educators, and social work practitioners could well result in powerful strides being made in social welfare, not only in China but in Asia and the world beyond.

References

Chen, T., F. Chen, & X. Wang (2011). "The Practice of Livelihood Project in Post-earthquake Community and Exploration of Developmental Social Work: Experiences and Reflections of Qinghong Social Work Service Station in Mianzhu." *Social Work 2*: 14-18.

China Association of Social Work (2011). "About China Association of Social Work (CASW)." Retrieved November 5, 2011, from http://www.cncasw.org/cncasw/gywm/xhgk/.

China Disabled Persons' Federation (2011). 2010 Statistical Bulletin of China

附录 2 China's Changing Social Welfare

Undertakings for Disabled People's Development. Retrieved March 24, 2011, from http://www.cdpf.org.cn/sytj/content/2011-03/24/content_30316232.htm.

Den, D. S., & C. P. Liu (2007). *Study on Social Security System in New Rural Areas*. Beijing: People's Publishing House.

Fang, X. J. (2011). "China Will Raise Poverty Line." *Old Areas Construction* 6: 26-27.

Farley, W. O., L. L. Smith, & S. W. Royle (2006). *Introduction to Social Work*. Boston: Pearson Education.

Gao, L. Z., & X. C. Hu (2005). "Overview of and Reflections on Chinese Practice of Microcredit for Poverty Alleviation." *Social Development Issues* 3: 35-48.

Gu, X. B., & H. Q. Yuanzeng, eds. (2004). *Research, Practice and Reflection of Social Work in Indigenous Chinese Context*. Beijing: Social Sciences and Documents Publishing House.

He, D. (2011). "1.8 Million Jobs Open for Social Workers." *China Daily*. November 9.

Information Office of the State Council of the People's Republic ofChina. (2002). "Labor and Social Security in China." *People's Daily*. April 30.

Law, A. K., & J. X. Gu (2008). "Social Work Education in Mainland China: Development and Issues." *Asian Social Work and Policy Review* 1: 1-12.

Li, Y. S. (2005). "What Kind of Social Security for China? A Review of China's Social Security System." *Social Development Issues* 3: 1-13.

National Committee on Aging (2010). "China to Establish Subsidy System for Elder Care Services." Retrieved November 17, 2010, from http://www.cncaprc.gov.cn/en/info/618.html.

National Working Committee on Children and Women under the State Council (2005). National Report on Chinese Children's Development (2003-2004). Retrieved May 30, 2010, from http://www.china.com.cn/zhuanti2005/node_5875376.htm.

Qian, N. (2004). *Modern Social Welfare*. Beijing: Higher Education Press.

Shi, Z. X., ed. (2000). *Report on China's Social Welfare and Social Progress*. Beijing: Social Sciences and Documents Publishing House.

Si, B. N., ed. (2004). *Introduction to Social Security*. Beijing: Higher Education Press.

State Council of the People's Republic ofChina (2011). The Outline of the Program for Chinese Children's Development (2011-2020). Retrieved August 8, 2011, from http://news.sina.com.cn/c/2011-08-08/175122955681.shtml

Tang, K. L., & R. Ngan (2001) "China: Developmentalism and Social Security." *International Journal of Social Welfare* 4: 253-59.

Wang, D. J., ed. (2004). *The Reform and Development of the Social Security System in China*. Beijing: Law Press.

Wang, Q. (2009). "The Weight of Hope." *Business Watch Magazine* 5: 31-39.

Wang, S. B., ed. (2004). *Introduction to Social Work*. Beijing: Higher Education Press.

Wang, S. B., ed. (2006). "The Professionalization of Social Work in Transformation." *Journal of University of Science and Technology* (social science edition) 1: 1-5.

Weiss, I. (2005). "Is There a Global Common Core to Social Work? A Cross-national Comparative Study of BSW Graduate Students." *Social Work* 2: 101-10.

William, H. W., & C. F. Ronald (2003). *Social Welfare in Today's World*. Beijing: Law Press.

Xie X. R. (2010) "Report at the Annual National Meeting on Financial Work." Retrieved May 30, 2011, from http://www.gov.cn/gzdt/2010-12/28/content_1773935.htm.

Yang, T., & G. Yang (2005). "Chinese Policies on Social assistance in Rural Areas." *Social Development Issues* 3: 24-34.

Yin, M. Z. (2011). "Profession, Scientific and Indigenization: Three Conundrums of Social Work in China in Last Ten Years." *Social Sciences* 1: 63-71.

Yip, K. S. (2004). "A Chinese Cultural Critique of the Global Qualifying Standards for Social Work Education." *Social Work Education* 5: 597-612.

Zhang, M. J. (2001). "The Development of Chinese Social Work in the 20th Century." *Journal of Zhejiang Social Academy* 2: 62-66.

Zhang, M. J. (2004). "Social Work Education in China: A Brief Review and Recent Developments." Paper presented at the International Conference of Social Welfare Issues and Social Worker's New Roles in the Era of Globalization, Kangnam University, South Korea, and University of South Carolina, Youngin, South Korea.

Zhang, M. J. (2005). "Social Work and Social Work Education in a Global Age." *Journal of China Women College* 6: 40-45.

Zhang, M. J. (2006a). "Three Obstacles of Social Work Development in Contemporary China." *Journal of Zhejiang Gongshang University* 4: 73-77.

Zhang, M. J. (2006b). "Workfare Policy and Its Revelation to China." *Journal of Zhejiang Social Academy* 4: 91-97.

Zheng, G. C. (2008). *The Strategy of Social Security System Reform in China: Principles, Goals and Action Plans*. Beijing: People's Publishing House.

Zheng, H. S., & Y. S. Li (2003). *A History of Chinese Sociology*. Beijing: China Renmin University Press.

(Minjie Zhang: "China's Changing Social Welfare," in Sharlene B. C. L. Furuto, ed., *Social Welfare in East-Asia and the Pacific*, New York: Columbia University Press, 2013, pp. 17-40.)

参考文献

［德］费舍尔：《纳粹德国——一部新的历史》（佘江涛译），江苏人民出版社2005年版。

［德］马克斯·韦伯：《儒教与道教》（洪天富译），江苏人民出版社1993年版。

［美］阿尔弗雷多·卡杜山等：《社会工作督导》（郭名倞等译），中国人民大学出版社2008年版。

［美］艾伦·布林克利：《美国史》（绍旭东译），海南出版社2009年版。

［美］戈登·A.克雷格：《德国人》（杨立义、钱松英译），上海译文出版社1998年版。

［美］古德：《家庭》（魏章玲译），社会科学文献出版1986年版。

［美］哈文·沃思、乔恩·谢泼德：《美国社会问题》（乔寿宁等译），山西人民出版社1987年版。

［美］罗宾·科恩等：《全球社会学》（文军译），社会科学文献出版社2001年版。

［日］上子武次、增田光吉：《理想家庭探索》（庞鸣、严立贤译），国际文化出版公司1987年版。

［英］鲍勃·迪肯、米歇尔·赫尔斯、保罗·斯塔布斯：《全球社会政策：国际组织与未来福利》（苗正民译），商务印书馆2013年版。

［英］哈特利·迪安：《社会政策学十讲》（岳经纶等译），格致出版社2009年版。

［英］霍华德·格伦内斯特：《英国社会政策论文集》（苗正民译），商务印书馆2003年版。

［英］肯·布莱克默：《社会政策导论》（王宏亮等译），中国人民大学出版社2009年版。

［英］迈克尔·希思：《理解社会政策》（刘升华译），商务印书馆2003年版。

白海燕、刘志财：《浅析我国人口老龄化问题及其对策》，《山西大同大学学报》（社会科学版）2008年第4期。

白重恩、钱震杰：《谁在挤占居民的收入——中国国民收入分配格局分析》，《中国社会科学》2009 年第 5 期。

陈成文:《社会弱者论》,时事出版社 2000 年版。

陈成文、曾武成:《教育公平与建设和谐社会》,《当代教育论坛期》2005 年第 7 期(上)。

陈国钧:《社会政策与社会立法》,三民书局(台北)1975 年版。

陈卫民:《我国家庭政策的发展路径与目标选择》,《人口研究》2012 年第 4 期。

陈晓琴:《教育公平之我见》,《内蒙古师范大学学报》2004 年第 1 期。

陈映芳:《国家与家庭、个人——城市中国的家庭制度(1949—1979)》,《交大法学》2010 年第 1 卷。

陈誉:《社会需要和社会政策简论》,《华东师范大学学报》1981 年第 4 期。

程玲:《中国社会政策的演变与发展》,《河北学刊》2010 年第 4 期。

丁元竹:《命系百姓:中国社会保护网的再造》,天津人民出版社 2001 年版。

费孝通:《家庭结构变动中的老年赡养问题》,《北京大学学报》(哲学社会科学版)1983 年第 3 期。

高建国、展敏主编:《资产建设与社会发展》,社会科学文献出版社 2005 年版。

关信平:《改革开放 30 年中国社会政策的改革与发展》,《甘肃社会科学》2008 年第 5 期。

广州市社会科学界联合会、广州市残疾人联合会编:《残疾人社会保障研究》,广东人民出版社 2004 年版。

郭崇德主编:《社会保障学概论》,北京大学出版社 1992 年版。

韩涵:《"养老责任不能全靠政府"为何引争议》,《新京报》2012 年 8 月 26 日。

和春雷主编:《社会保障制度的国际比较》,法律出版社 2001 年版。

胡湛、彭希哲:《家庭变迁背景下的中国家庭政策》,《人口研究》2012 年第 2 期。

江雪莲:《关于我国的权力寻租与黑色经济腐败现象的思考》,《河北师范大学学报》(哲学社会科学版)2002 年第 5 期。

姜晓星:《论我国社会政策的传统模式及其转变》,《社会学研究》1992 年第 1 期。

李怀印:《现代化与传统:从对立到渗透》,《社会科学评论》1986 年第 11 期。

李培林:《中国改革以来阶级阶层结构的变化》,《黑龙江社会科学》2011 年第 1 期。

李亚妮:《"工作和家庭的平衡:中国状况分析及政策研讨会"综述》,《妇女研究论丛》2008 年第 4 期。

李迎生:《加快与和谐社会建设相配套的社会政策建设》,《河北学刊》2007 年第 3 期。

李迎生:《社会政策与社会和谐》,《教学与研究》2005年第12期。
林闽钢:《社会政策:全球本地化视角的研究》,中国劳动社会保障出版社2007年版。
刘继同:《当代中国的儿童福利政策框架与儿童福利体系》(上),《青少年犯罪问题》2008年第5期。
龙冠海编著:《社会学与社会问题论丛》,正中书局(台北)1964年版。
卢中华:《机会公平:实现社会公平的现实选择》,《中共郑州市委党校学报》2009年第2期。
陆杰华:《快速的中国人口老龄化进程:挑战与对策》,《甘肃社会科学》2007年第6期。
陆学艺:《当代中国社会阶层研究报告》,社会科学文献出版社2002年版。
马瑞映:《德国纳粹时期的妇女政策与妇女》,《世界历史》2003年第4期。
孟钟捷:《试论魏玛共和国的政策》,《德国研究》2003年第4期。
孟钟捷:《现代性与社会政策改革:1890—1933年间德国社会政策探析》,《安徽史学》2004年第5期。
彭华民:《社会福利与需要满足》,社会科学文献出版社2008年版。
尚晓援:《"社会福利"与"社会保障"再认识》,《中国社会科学》2001年第3期。
时正新主编:《中国社会福利与社会进步报告(2002)》,社会科学文献出版社2002年版。
时正新主编:《中国社会救助体系研究》,中国社会科学出版社2002年版。
史柏年、侯欣:《社会工作实习》,社会科学文献出版社2003年版。
孙立平:《断裂——20世纪90年代以来的中国社会》,社会科学文献出版社2003年版。
孙立平:《失衡——断裂社会的运作逻辑》,社会科学文献出版社2004年版。
孙蔚:《反思与构筑——再论和谐社会条件下中国社会公正问题》,《理论月刊》2006年第3期。
孙晓春:《社会公正:现代政治文明的首要价值》,《吉林大学社会科学学报》2005年第3期。
谭兢嫦、信春鹰主编:《英汉妇女与法律词汇释义》,中国对外翻译出版公司1995年版。
田雪原等:《老龄化——从"人口盈利"到"人口亏损"》,中国经济出版社2006年版。
王珏:《世界经济通史》,高等教育出版社2005年版。
王培暄:《我国行业收入差距的现状、成因与对策》,《科学经济社会》2012年第

1期。

王思斌:《社会转型中的弱势群体》,《中国党政干部论坛》2002年第3期。

王思斌主编:《社会工作概论》,高等教育出版社1999年版。

王天夫:《三十年来的个人收入分配:差距扩大、潜在问题与政策调整》,《领导者》2008年第6期。

王扬:《试论原民主德国女性就业模式及其影响》,《湖北大学学报》(哲学社会科学版)2003年第1期。

王玉香:《社会政策与社会工作的协调功能比较分析》,《南都学坛》2008年第4期。

王肇伟:《试论纳粹德国的人口政策》,《山东师范大学学报》(社会科学版)1994年第4期。

王卓棋、雅伦·获加:《西方社会政策概念转变及对中国福利制度发展的启示》,《社会学研究》1998年第5期。

吴帆:《第二次人口转变背景下的中国家庭变迁及政策思考》,《广东社会科学》2012年第2期。

吴军民:《中国残疾人社会政策演进:经验、问题及下一步行动》,《改革与发展》2011年第2期。

吴桢:《试论社会工作的职业化专业化》,《江海学刊》1989年第3期。

吴忠民:《中国社会主要群体弱势化趋向问题研究》,《东岳论丛》2006年第2期。

吴忠民:《走向公正的中国社会》,山东人民出版社2008年版。

奚从清、沈赓方主编:《残疾人工作概论》,杭州大学出版社1990年版。

夏书章:《行政管理学》,高等教育出版社2006年版。

熊跃根:《社会政策的比较研究:概念、方法及其应用》,《经济社会体制比较》2011年第3期。

徐道稳:《论我国社会救助制度的价值转变和价值建设》,《社会科学辑刊》2001年第4期。

徐浙宁:《我国关于儿童早期发展的家庭政策(1980—2008)》,《青年研究》2009年第4期。

严幸智:《西方社会政策的历史沿革及其理论基础初探》,《社会》2001年第10期。

杨迪:《聚焦中国家庭变迁,探讨支持家庭的公共政策》,《妇女研究论丛》2011年第6期。

杨解朴:《德国福利国家的自我校正》,《欧洲研究》2008年第4期。

杨立雄:《从"居养"到"参与":中国残疾人社会保护政策的演变》,《社会保障研究》2009年第4期。

杨善华:《中国当代城市家庭变迁与家庭凝聚力》,《北京大学学报》(哲学社会科学版)2011年第2期。

杨雄:《我国儿童社会政策建设的几个基本问题》,《当代青年研究》2011年第1期。

姚忆江等:《盛世与阴影:关于中国财富差距的对话》,《南方周末》2009年11月26日。

袁缉辉、张钟汝主编:《老龄化对中国的挑战》,复旦大学出版社1991年版。

岳经纶:《建构"社会中国":中国社会政策的发展与挑战》,《探索与争鸣》2010年第10期。

岳经纶:《转型期的中国劳动问题与劳动政策》,东方出版中心2011年版。

张峰:《解决转型时期弱势群体问题的关键是政策调整》,《中国当政干部论坛》2002年第4期。

张浩森:《德国福利体制的转型与重构》,《经济研究导刊》2010年第6期。

张乐天主编:《社会工作概论》,华东理工大学出版社1997年版。

张敏杰:《当代德国的婚姻与家庭》,《浙江学刊》1993年第3期。

张敏杰:《德国妇女的角色选择》,《妇女研究论丛》1993年第3期。

张敏杰:《二十世纪中国社会工作的学科发展进程》,《浙江学刊》2001年第2期。

张敏杰:《构建和谐:中国人民的历史使命》,《观察与思考》2005年第2期。

张敏杰:《论非经济因素与东亚的崛起》,《浙江社会科学》1997年第5期。

张敏杰:《社会政策及其在我国社会经济发展过程中的取向》,《浙江社会科学》1999年第6期。

张敏杰:《新中国60年人口老龄化与养老制度研究》,浙江工商大学出版社2009年版。

张敏杰:《中国弱势群体研究》,长春出版社2002年版。

张敏杰:《中国专业社会工作面临的三大问题》,《浙江工商大学学报》2006年第4期。

张绍平:《西方社会保障政策改革的理念启示》,《中国劳动关系学院学报》2005年第3期。

张时飞、唐钧:《中国社会政策研究十年专题报告集(1999—2008):中国社会救助体系的实践与探索》,社会科学文献出版社2010年版。

张世峰:《变革中的中国儿童福利政策》,《社会福利》2008年第11期。

张秀兰、徐月宾:《建构中国的发展型家庭政策》,《中国社会科学》2003年第6期。

张秀兰、徐月宾、梅志里编:《中国发展型社会政策论纲》,中国劳动社会保障出版社2007年版。

张雨露:《家庭——个人与社会的博弈——关于德国家庭现状及目前家庭政策的分析》,《德国研究》2007年第1期。

张玉杯、杨会良:《论美国社会保障制度及其垄断资本主义性质》,《河北大学学报》1998年第1期。

郑杭生:《转型加速期的社会公平问题》,《前线》2001年第4期。

中国残联康复部:《"浙江模式"——中国残联康复部浙江调研报告》,《中国残疾人》2005年第7期。

中国社会科学院社会学研究所编:《中国社会学年鉴(1979—1989)》,中国大百科全书出版社1989年版。

中国社会科学院社会学研究所编:《中国社会学年鉴(1992—1995)》,中国大百科全书出版社1996年版。

中国战略与管理研究会社会结构转型课题组:《中国社会结构转型的中近期趋势与潜在危机》,《战略与管理》1998年第5期。

朱楼:《我国社会的变迁与发展》,三民书局(台北)1980年版。

后 记

上世纪80年代中,"社会政策"在同国外学者交流时进入了我的研究领域;90年代初走出国门,有机会接触当时的社会政策学科前沿理论,也考察了发达国家的社会福利状况,我曾陆续写过一些文章发表。2002年年末,我从浙江省社会科学院调至浙江工商大学,组建社会工作系,培养行政管理专业研究生,讲授社会政策课程,对中国社会政策的反思与探讨常回旋于脑海。

承蒙公共管理学院院长陈剩勇教授的精心策划与支持,我以历年发表的有关文章与授课讲稿为基础,修改整理为本书。2013年1月美国哥伦比亚大学出版社出版的英文著作《亚太地区的社会福利》(Social Welfare in East-Asia and the Pacific),有我撰写的中国专论,亦作为附录供参考。

作者自知学力不足,书中错误难免,均应自负,恳切期待诸君多提意见,共推中国的社会政策不断前行。

张敏杰
2014年12月于
浙江工商大学

索 引

A

安全网 21,40,55—57,60,66,195—197,199—202,204,225,283,287,289,303,314

B

巴西 152,292—303

保险 8—12,17,18,36—43,45,47,51,56,57,60,63,64,66,69,87,88,90,101,105,109—111,115,116,120,129,130,132,137,138,140—145,148,149,151,153—158,161,171,172,186,191,192,207,208,210,217,218,220,225,227—229,235,237,251,252,271,282—284,289,302,303

北欧 111,152,282—284

俾斯麦 8,9,11,12,110,148,228

C

财政 8,28,45,54,55,61,63—66,68,69,79,86,87,114,115,139,141,143,145,147,149—152,154,155,157,165,166,168,169,186,200,219,224,234,242,247,279,280,292,302,314

财政预算 65,187

残疾人 1,2,16,19,20,22,25,43,46,57,64,100,113,175—205,208,219,242,260,261,269,270,280,304,308—310,312

残疾人事业 43,175,176,179,183—193,196,197,200—202,243

城市 27,30,37—41,44,47,48,54,57,59,61,62,64,65,69,78,80,83,92,96—99,101,104—106,112,114,115,121—123,132,133,136,138,158,169,171,180,183,184,191—193,195,197,206,208,209,212—216,218,219,222,225,226,260,263,289,290,293—302,304—306,316

城乡一体化 56,96,154,156

冲突 11,12,14,32,79,95,109,130,209,224,243,244,273,274,311,316,317,320,321,323,324

初次分配 1,45,69,85—87,93,115,116

传统社会 23,24,27,58,104,111,217,219

传统文化 28,134,135

创新 39,40,42,50,52,58,75,104,159,172,173,184,257—259,

264,291

慈善 7,10,158,163,168,194,247—249,264,270

D

大锅饭 41,54,62,65,85

单位 6,31,36—38,41,42,53,55,57,62,65,88,90,100—102,106,132,138,142,145,155,168,192,193,195,198,201,202,212,213,215—220,257—260,263,265,268,308

道德 1,12,20,71,75,113,181,195,197,210,217,259

德国 8,9,11—14,110,126,148,152,227—243,267,321

邓小平 61,62

蒂特马斯 18

督导 265,268—277

独生子女 67,126,136,141,146,161,219,222—224,242

E

儿童 1,2,6,7,16,19,48,64,67,100,112,120,126,181—183,193,194,199,205,207,208,210,217—223,231—244,252,260,261,269,276,277,280,281,285,293—295,298,299,302,304,305,312,319,326

二次分配 34,69,87,115,186

二元分割 192

二元社会 37

F

发展模式 33,46,140,221

发展中国家 29,53,69,118,221,253,293,317

法国 100,119,121,267,296,312,322

法律 1,7,9,26—28,37,40,46,47,51,57,73,91,96,99,100,103,111,130,132,133,137,149,165,166,178,179,184,189,191,192,194,196—198,200,201,203,210,211,213,215,217,222,224,228,230,231,235—237,239,240,243,246,247,280,284,288,289,304—309,311,312,314

法制 42,57,58,66,93,179,200,201

法治 57,99,301,312

非农化 61

非营利 65,168,202,246,247,263,267,287,322

费孝通 128,136,159,253

费正清 31

分配 7,11—15,18,21,22,34,37,39,40,44,45,50,53,54,56,57,62,67—69,71—77,80,82—96,99,104,107—109,112,114—117,122,127,133,138,145,153,166,191,215,225,234,236,271,296—298,301,302,305,307,310,311,317

风险 6,21,37,41,46,54,55,66,67,80,82,84,106,112,139,142,147,149,155,161,178,200,209,217—219,223,224,226,233,241

扶贫 37,38,40,48,51,54,61,113,183,202,247,252,260

福利国家 8,11,15—18,53,110,111,

147—152,165,206,228,229, 236,239,240,282—284,291

福利主义 10,139,151,284

腐败 30,50,76,90—92,97,102, 106,117

妇女 1,19,46,48,55,57,99,100, 121,131,192,208—211,213, 214,217,219,220,228,230—235,239—241,243,252,254, 260,261,285,286,293—295, 298—301,307—313

傅高义 31

G

改革开放 24,29,31,33,34,38—40, 44,45,47,49,52,57,58,62,74, 76,77,82—85,87,91,96,103, 109,142,172,175,180,185,187, 188,191,215,221—223,242, 245,248,254,260,268,302,310, 311

工人 7—10,12,14,31,45,61—63, 77,79,85,88—90,103—105, 110,145,148,169,191,213,214, 227,229,246,249,285,306,308, 320

工作福利 198,279,281—290

公共服务 45,47,60,67,69,73,112, 115,131,162,165,167,184,192, 207,222,239,258,259,280,285, 286

公共政策 10,55,126,208,220,221, 244

公平 2,5,11,18,19,21,34,40,44, 45,50,53—57,60,62,65,68, 71—76,79,82,84,88,90,91, 93—100,103,107,108,112—117,144,153,154,175,187,199, 200,220,221,225,238,241,242, 268,286,289,298,301—303, 308,311,317,318,321,324

公有制 36,75,79,103

共同富裕 60,61,74,117

国际化 32,264—268,314,315,318, 319,321

国有企业 41,57,59,78,92,96,105, 142,219

H

和谐社会 43,48—50,71,72,74,76, 80,97,111,112,165,166,169, 170,175,178,180,185,225,227, 245—247,258,259,268,301—303,314

户籍 96,101,103,193,227,311,312

灰色收入 92,93

婚姻 4,67,132,186,191,207—213, 215—217,221,231,233—235, 237,260,261,294

J

基金 9,38,39,41,56,66,87,141—143,157,158,163,168,249,270, 299,305,318

基尼系数 55,56,74,76,79—84,86, 87,153,180,189

计划经济 6,36,38,39,51,55,85, 114,153,159,165,172,175,191, 193,195,260

家庭 4,15,17,20,27,32,33,36,38, 39,47,63,64,66—68,86,95,98,

109，111，123，125—139，141，142，144，146，148—151，154，155，159—161，164，167，170—172，174，178—180，185，186，188—190，192，194，196，200，202，205—244，249，256，258，260，261，271，277，281—283，285—287，291，293，294，298—301，304，305，315，316，318

家庭养老　42，64，68，122，123，127—139，146，156，159—161，164，171，224

家庭政策　67，139，205—213，216—220，222—224，227—244

价值观念　1，33，81，140，214

价值观体系　274

教育　1，7，9，15，16，18，30，31，35，40，43—45，47，50，60，61，63，65，67，73，74，77，89，90，94—99，102，104，107，109，110，112，127，165，175，179—183，186，189—192，197—201，203，206，210，217，228—231，233—236，239—243，247—250，252—256，258，259，262—269，272，276，277，281，282，284，290，291，294，295，298—309，311—314，316，318，321—325

阶层　1，5，6，9，13，16，30，32，49，50，53，56，62，63，69，76—80，83，84，92，93，95，96，103—110，115，138，144—146，150，226，227，240，297，299，304，309，310，313

阶层分化　78，79，104，108，313

金融危机　43，48，59，123，156，225，226

津贴　31，63，90，141，154，171，206，220，228—230，233，234，238，241，243，282—287，291

经济体制　18，36，38—41，47，51，55，58，71，76，93，111，114，138，142，165，172，175，191，193，227，248

竞争　21，30，52，55，57，60，65，82，88，94—96，100—102，106，107，109，112—116，162，164，183，185，204，232，241，284，290，306，308，309，313，324

救济　7，9—12，18，20，35—38，42，51，54，60，63，111，113，144，161，179，180，186，191，194，195，200，204，206，228—231，249—252，263，279—281，283，289，291，303，314

就业　5，16，18，23，30，36，41，43—47，56，57，59，60，65—68，73，94—96，99—103，106，110，112，114，117，121，143，150，158，168，179，182，183，185，189—192，195，197，198，200，201，210，213，218，219，223，229，232，233，237，239—242，260—263，279，281，282，284—286，288—292，295，296，299—304，306—308，311—313，320，325，326

居家养老　46，143，165—172，225

居民　5，36，37，39，40，45，54，57，61，64，66，74，79—89，93，96，97，101，106，112，115，141，142，153，157，169，180，197，215，216，225—227，261，289，297，302—304，307

K

康复　150，156，162，164，166，172，

173,179,183—186,189,191,192,195,200,203,222,260,261,264,269,280

肯定性行动　303,306—313

空巢家庭　64,122,123,125,136,219,242

跨文化　135,267,323,325

困难群体　36,46,74,247

L

劳动力　7,16,31,41,42,46,47,59,60,63,65,90,101,125,126,140,144,145,160,161,194,198,232,236,238—240,283—286,290,295,296,298,299,301,306,308

老龄化　64,67,68,118—127,134,136,140,149,157,160,162,178,206

老年社会政策　118,136,143,144,146,147,151,153,159,205

老有所养　45,112,122,137,153—155,170,174,226

利益调整　23

联合督导　268—270,275,277

联合国　123,127,176,187,205,210,220,249,276,299

两极分化　75,76,79—82,245,297

罗斯福　10,110,149

M

马克思　2,14,25,26,73

马斯洛　2—4

马歇尔　18,25

毛泽东　35,210—212,250,251

美国　2,3,9—11,15,17,20,29,32,33,79,88,110,119,121,125,126,130—132,149—151,156,220,225,246,249,252,265,266,268,275—277,279—282,285,287,289—291,296,297,303—314,316,318,322,325,326

民权运动　246,306,307,309,311

民生　15,36,44,45,84,111,112,147,152,171,226,227,242,245

民主　16,38,49,151,207,211,214,228,232,233,239,277,282,301,307

N

农民　7,37,42,47,51,55,56,60—62,64,77—79,83,96,97,101,104—106,114,117,122,140,141,144,154,156,157,171,182,210—212,214,216,221,252,295,296,298,302

农民工　44,45,47,59,64,74,89,101,105,106,113—115,145,157,171,302,311

O

欧洲　12,25,118,123,152,236,239,240,267,280,282,296,321,322

P

贫富差距　5,31,56,63,69,74—76,79—83,108,114,115,153,199,292,320

贫困　1,5—7,10,16,20—22,25,32,33,37,46,54,60—65,69,74,78—80,97,105,106,108,111—

113，149，154，158，175，178—180，189，192，194，200，222，253，267，280，281，283—285，288，290—292，296—299，302—305，309—311，316—319，321，322，324

平均主义 34，40，56，62，68，74，75，82，85，116，153，191

Q

歧视 5，46，48，74，96，99—103，105，114，116，129，187，189，195，197，199，201，203，299—301，303，304，306—313，317

权钱交易 50，91

权益维护 55

全球化 32，38，50，264，266—268，280，283，284，314—323，325

R

人才 100，101，169，204，249，254，256—260，262，263，266，268，277，313，314

人道主义 19，57，175，185，187，188，194—198，248，318

人口 7，33，39，40，44，46，47，49，56，59—65，67—69，74，78，84，93，96，108，112，115，118—127，129，139，145—150，154，155，157，160—162，177，178，180—182，190，191，206—209，212—214，219—221，223，224，227—229，231，234—238，242，244，253，292—304，308，316—318，320，323

人口老龄化 67，68，118—126，142—144，152，153，158，160，161，179，236，237

人口流动 33，125，129，146，178，208，295

人力资本 5，50，94，101，198，199，241，242，290，292，318

人权 19，21，46，48，57，99，100，103，158，160，184，186，191，192，194—203，205，208，210，224，312，315

融合 110，111，135，205，206，264，313

儒教 26—28

弱势群体 2，4—7，19—21，23，43—46，50，54—57，60，61，63，66，69，75，77，78，97，102，105，108，111—114，166，179，185，186，198，199，203—205，208，218，219，226，227，255，266，289，290，302—306，308—315

S

赡养 47，122，126—129，132，133，136—138，140，159，171，172，215，217，220，290

商品经济 117

社会保障 1，3，9—11，15，20—22，31，34，36—45，47，48，50，51，54—58，60，64—66，68，73，86，87，108，110—112，114—116，130，134—136，139—142，144—146，148—150，152—155，157，158，162，165，168，172，173，178，185，186，188，189，191，192，194，199，200，203，204，206，208，218，219，225—227，234，235，242，

247,253,255—257,260,265,280,282—284,290—292,295,299,302,303,314,316

社会保障法案 9,10,280

社会冲突 11,16,69,246,302,303

社会地位 5,28,55,73,77,90,95,101,104,108,186,188,264,300,304

社会福利 1,2,4,8,10,11,15—18,20,21,25,31—34,36—44,47,48,51,54,55,61,63—69,73,74,76,89,90,95,108,110,111,114—116,119,134,135,137,142,144,147—149,154,159,161,163,164,166—168,170,172—174,179,191—195,209,217,219—221,228,229,234,236,237,239—241,243,246,247,249,251,252,255—257,260—264,266,269,281,284—290,313,314,316,318,323

社会工作 8,17,20,169,220,245—272,274—277,279,313—326

社会公正 1,9,11,21,22,34,43,50,71—76,79,80,95,108—112,151,166,185—187,310,313

社会关系 15,25,27,33,49,53,56,71,73,90,109,110,114,115,203,213,310,313,320

社会管理 39,45,50,59,61,103,112,165,246,247,257—260

社会化 34,38,51,57,64—66,116,135,138,142—144,147,167,184,191,192,200,214,225,233,246

社会建设 8,32,44,45,108,111,158,175,226,257,258,303,314

社会结构 16,23,27,33,44,58,61,71,77,78,103—106,108,113,127,146,221,310,313,318,324

社会救助 16,20,36,39,41,47,48,51,54,55,65,66,73,116,154,163,173,192,193,210,261,263,264,283,290

社会排斥 22,99,108,289,304

社会统筹 39,142,172

社会危机 302,318

社会问题 1,5,8—10,12,15—17,20,21,31,38,44,46,50,58,68—70,84,85,108,110,111,116,121,122,151,152,189,203,237,245,246,248,249,251,253,254,260,263,265—267,292,304,305,307,311,315,322—325

社会心理 27,58,311

社会学 15,17,18,23—26,28,29,48,115,176,183,193,202,209,248,249,251—256,265,297,319,320,323

社会政策 1,2,4,6—25,29,32—40,42—45,47—55,58—61,63,66,68—71,73,74,76,84,103,108—114,148,151,152,173,175,179,185,190—195,198,199,201,205—210,218,220—224,226—228,236—238,241,243—250,255,261,266,267,279,280,282,284,289,292,301,303,306,310,311,313,320,322,323,325

社会支持 2,4,5,7,23,111,112,144,194,200—202,204,205,218,247

社会支持系统 201,202

社会转型 5,23—25,29,31—33,49,50,54,55,58,59,67,74—76,80,104—106,111—113,115,118,179,205,209,216,217,219,225,260

社会资本 33,99,173,199,318

社区 7,8,15,32,46,65,123,130,131,136,143,146,150,158,159,162—164,166—173,185,202,220,221,244,245,247,249,250,255,259—261,263—265,269,270,276,286—290,292,305,306,314,316,318,319,323,324

生产力 14,54,56,57,61,73,82,116,117,136,137,140,189,318

生活水平 5,6,21,37,44,58,64,74,78,83,85,90,108,118,122,151,167,173,175,179,180,185,189,238

生育高峰 124,223

失业 1,3,7,10,16,21,39—41,46,55,59,60,63,65,66,75,78,97,98,101,103,105,106,110—113,116,149,182,183,191,198,200,229,230,236,239,250,253,255,267,280,282—284,286,287,291,298,301,302,304,306,316,318,322

市场经济 8,21,31,32,38,41,42,51—53,55,56,58,65,68,69,71,74,76,82,88,92,93,95,100,102,110,111,114—117,138,140,159,165,172,173,190,191,200,221,222,248,260,279,310

事业单位 41,42,90,103,145,153,155,158,171,191,201,259

收入 5,6,10,18,20,21,32,37,39,42,44,45,47,50,54—56,61—63,66—69,71,73—76,78—97,101,103,104,107,108,111,112,114—117,122,126—130,132,134,140,142—144,147,149,150,154,157,159,162,164,167,168,178—180,185,189,191,207,215,216,219,225—228,235,236,238—240,242,247,252,283,284,292,293,297—304,316,317

税收 68,69,115,144,161,168,198,206,220,230,238,239,241,242,282,305

T

特权 30,94,102,105,108,116,117,319

铁饭碗 41,54,65,85

同步发展 39,49,176,183,185—188,190,233

W

瓦格纳 11—13

韦伯 13,26—29

维权 203

文化 1,4,5,10,25—27,29,30,32,33,37,44,48—50,52,67,71,73,77,79,90,104,105,109,127,130,133—136,144,152,158,160,161,165,175,176,179,181,185—187,190,196,197,200,203,205,209,212,214,216,234,248—250,256,267,287,299,

305—307,313,320—323

文明 10,19,29,30,73,94,185—188,195,196,202,217,319

五保 37,47,51,64,140,156,171,191—194,218,221,252,303

X

西方化 29

下岗 41,46,55,57,59,60,62,65,75,78,97,105,106,112,169

现代化 23,24,26,27,29—32,34,44,46,50,58,68,94,104,114,122,132,134,183,188,190,191,207,209,245,251,253,254,292,299,301,302,310

宪法 9,26,35,53,54,100,144,161,186,191,199,228,232,235,238,289,300,312

小康 24,44,49,58,60,63,81,82,144,153,175,178,186,188,191,245

效率 38,50,53,55—57,62,69,71,74,75,92,93,115—117,170,191,198,225,241,244,313

新教伦理 26,318

需要理论 2,3,48

血缘 171,210

寻租 90—92

Y

养老服务 136,139,143,147,154,156,158,159,162—174

养老金 7,10,12,41,42,65,129,132,136,141—145,151—154,157,158,161,227,228,237

伊丽莎白济贫法 7,280

医保 44,219

以人为本 44,49,112,154,175,210,227,290,321

义务教育 44,45,63,181,182,191,302

英国 7—9,15,17,18,111,119,121,126,148,151,152,256,280,282,283,287,291,297,319

婴儿潮 123,125,156,157

优抚 20,36,38,39,41,51,167,171,251,264

Z

再分配 1,7,8,18,20,21,25,63,68,69,71,72,85—87,93,109,111,114—116,219,221,242

整合 2,24,30,32,58,59,153,167,215,232,246,247,269,274,310,311,319

政府 1,2,4,7—11,16,18,20,25,30,31,34—36,38,39,42—47,50,51,53—57,60—62,64,65,67—69,85—88,91—93,96,97,100—103,110,111,114,115,118,124,126,127,130,132,134,139—143,145—159,161—174,176,179,181—184,186,187,190,191,193—198,200—202,204—206,208—210,212,216,218—220,222—248,250—252,260—263,276,280—284,286—288,290—293,295,296,300,302,303,305—314,318,320

政府职能 165,202,303

执法 57,93,117,184,201,259

职业化　170,246—249,251,257,258,
　　260—265,268

中国　15,18,21,23—36,38—40,44,
　　45,48—53,55—63,66—90,92—
　　95,99—109,112,113,116—121,
　　123—129,134—140,142—145,
　　147,149,152—155,157—162,
　　164,165,170,172—179,183—
　　185,188,190—195,197,200,
　　201,205,206,208—219,221—
　　228,240—245,247—257,260—
　　269,271,277,279,287,289,291,
　　301—303,307,310—314,316

住房　7,9,16,18,37,39,43,45,47,
　　50,63,65,77,83,104,105,107,
　　110,130,139,144,150,161,
　　224—227,294,304,305,318

资本主义　8,9,12,14,26—29,48,
　　110,111,148,149,214,310,318

最低生活保障　39,40,45,47,54,57,
　　64,65,140,167,180,192,193,
　　220,225,289